PARIS

RALF NESTMEYER

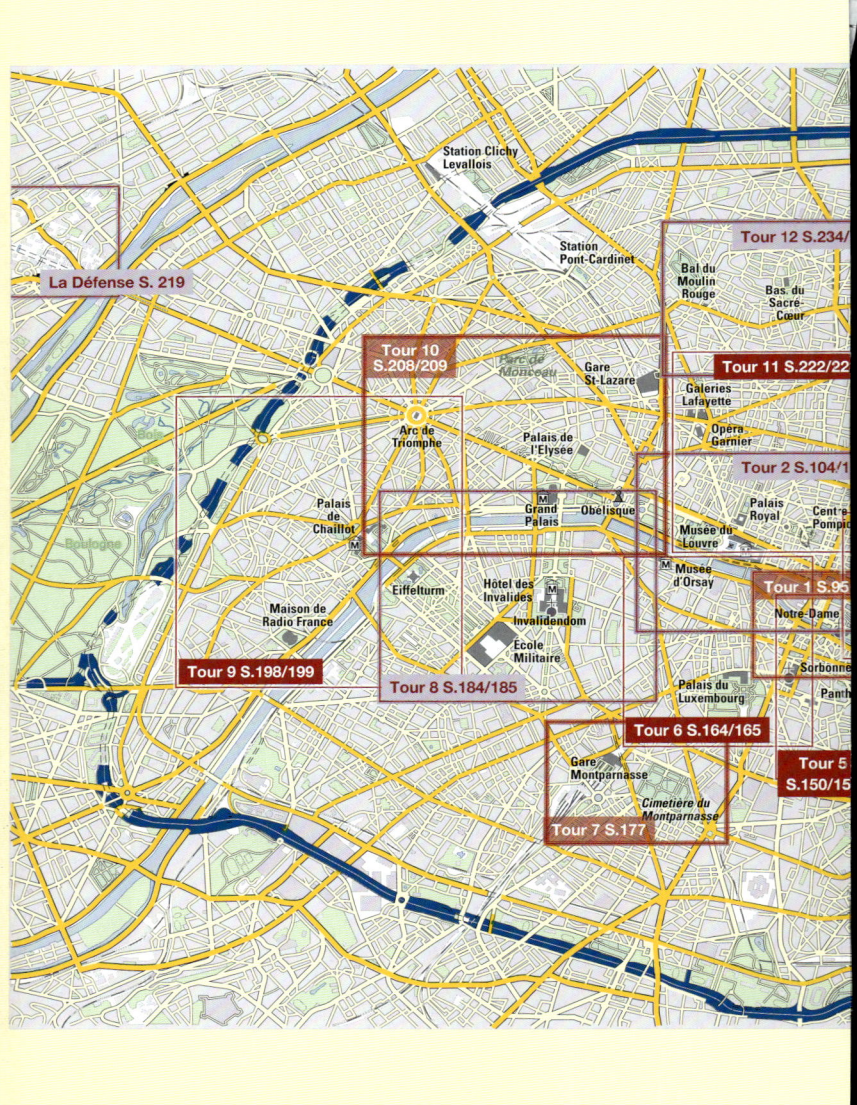

La Défense S. 219

Station Clichy Levallois

Station Pont-Cardinet

Tour 12 S.234/

Bal du Moulin Rouge

Bas du Sacré-Cœur

Tour 10 S.208/209

Parc de Monceau

Gare St-Lazare

Tour 11 S.222/22

Galeries Lafayette

Opéra Garnier

Arc de Triomphe

Palais de l'Elysée

Tour 2 S.104/1

Palais de Chaillot

Grand Palais

Obelisque

Palais Royal

Cent·e Pompi

Musée du Louvre

Eiffelturm

Hôtel des Invalides

Invalidendom

Musée d'Orsay

Tour 1 S.95

Notre-Dame

Maison de Radio France

Ecole Militaire

Sorbonne

Tour 9 S.198/199

Tour 8 S.184/185

Palais du Luxembourg

Panth

Tour 6 S.164/165

Tour 5 S.150/15

Gare Montparnasse

Cimetière du Montparnasse

Tour 7 S.177

Cité des Sciences et de l'Industrie

Parc de la Villette S. 245

Gare de Pantin

Parc des Buttes Chaumont

Gare de l'Est

Tour 13 S.250/251

Cimetière du Père Lachaise

r 3 S.121

France

Tour 4 S.135

Opéra de Paris Bastille

Gare de Lyon

Gare d'Austerlitz

Gare de Paris-Bercy

Bois de Vincennes

Unterwegs mit Ralf Nestmeyer

Obwohl ich seit meiner Jugend frankophil bin, habe ich lange Zeit einen Bogen um Paris gemacht. Erst vor 15 Jahren begann meine „Affäre" mit der Seine-Metropole, doch dann war es gewissermaßen eine „Liebe auf den ersten Blick". Jedes Mal, wenn ich nach Paris komme, zieht mich diese Stadt unwiderstehlich in ihren Bann, ich verfalle dem Charme der Haussmannschen Boulevards und gläsernen Passagen ebenso wie den Cafés in Saint-Germain und dem nächtlichen Treiben entlang der Rue Oberkampf, wobei ich die lebendigen Viertel zwischen Bastille und Père Lachaise dem noblen Pariser Westen vorziehe. Es gibt ein paar Attraktionen, die gehören zu meinem „Pflichtprogramm", so der Blick von der Dachterrasse des Institut du monde arabe auf Notre-Dame und die gesamte Pariser Dachlandschaft. Nirgendwo auf der Welt kann man so schön ziellos durch die Straßen flanieren und ganz nebenbei ein traumhaftes Bistro entdecken, indem die Zeit stehen geblieben scheint. Manchmal lasse ich mich auch einfach vom Zufall leiten, entscheide mich für den blumig-skurrilen Namen einer Métrostation und steige aus. Sobald ich aus dem Untergrund auftauche, ergreift mich dann wieder dieser sanfte Schauer der Vorfreude und Neugier ...

Bon voyage!

Impressum

Text und Recherche: Ralf Nestmeyer **Lektorat:** Christine Beil **Redaktion und Layout:** Jana Dillner **Karten:** Carlos Borell, Susanne Handtmann, Judit Ladik, Torsten Böhm, Gábor Sztrecska, Astrid Wölfel, Michaela Nitzsche **Fotos:** Ralf Nestmeyer **Covergestaltung:** Karl Serwotka **Covermotive:** oben: Galerie Vivienne © Beboy/Fotolia.com, unten: Notre Dame de Paris © mat75002/Fotolia.com

8. KOMPLETT AKTUALISIERTE UND ÜBERARBEITETE AUFLAGE 2013

Inhalt

Paris – Hintergründe

Paris - Praktische Infos

Inhalt

Paris – Stadttouren und Ausflüge

Inhalt

Kartenverzeichnis

Zeichenerklärung für die Karten und Pläne

✈	Flughafen	i	Information
- - - -	Fährlinie	P	Parkplatz
	Gewässer	Ⓜ	Metro
	bebaute Fläche	📮	Post
	Park/Grünanlage	★	Sehenswürdigkeit
🚶	Rundgang mit Start und Ende	M̂	Museum

Inhalt

Alles im Kasten

Was haben Sie entdeckt?

Haben Sie ein empfehlenswertes Restaurant gefunden, ein nettes Bistro, ein gemütliches Hotel?

Wenn Sie Ergänzungen oder Verbesserungsvorschläge zu diesem Buch haben bzw. aktuelle Änderungen feststellen, lassen Sie es uns bitte wissen. Ihr Tipp kommt der nächsten Auflage zugute.

Schreiben Sie an: Ralf Nestmeyer, Stichwort „Südfrankreich" | c/o Michael Müller Verlag GmbH | Gerberei 19, D – 91054 Erlangen | ralf.nestmeyer@michael-mueller-verlag.de

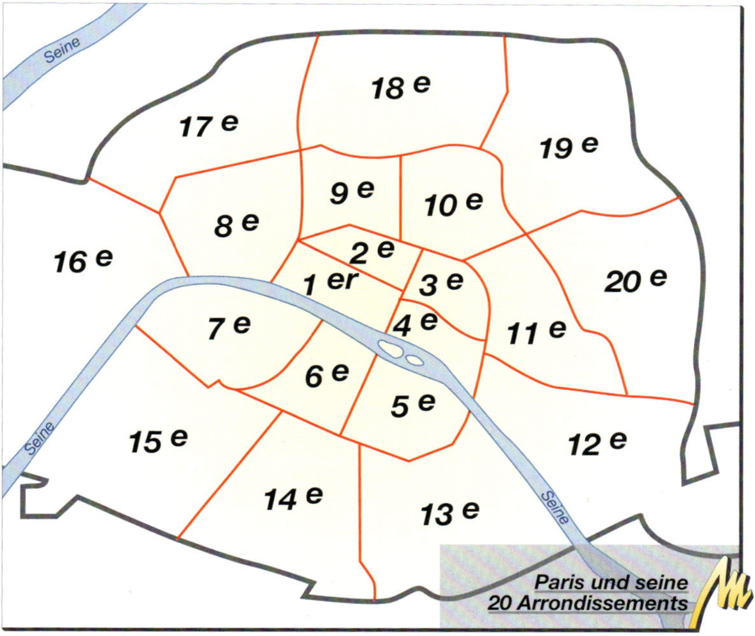

Paris und seine
20 Arrondissements

Über den Autor

Ralf Nestmeyer, Jahrgang 1964, ist Historiker und Reisejournalist. Er lebt in Nürnberg und ist Autor von mehreren Reiseführer und Bildbänden; zudem hat er im Insel Verlag ein Buch über „Französische Dichter und ihre Häuser" sowie einen literarischen Reiseführer über die Provence und Côte d'Azur (Klett-Cotta Verlag) geschrieben. Im Michael Müller Verlag sind von ihm Reiseführer über London, Cornwall, Südengland, Paris, Normandie Languedoc-Roussillon, Provence, Haute-Provence, Côte d'Azur, Nürnberg sowie über Franken erschienen. Weitere Informationen zum Autor: www.nestmeyer.de.

 Mit dem grünen Blatt haben unsere Autoren Betriebe hervorgehoben, die sich bemühen, regionalen und nachhaltig erzeugten Produkten den Vorzug zu geben.

Paris: Die Vorschau

„Die Straßen singen"

Paris ist die erklärte Lieblingsmetropole der Müßiggänger und Flaneure. Unzählige Künstler und Literaten haben sich von der Schönen an der Seine in ihren Bann ziehen lassen. Von seinen Eindrücken überwältigt, rief Henry Miller aus: „Die Straßen singen, die Steine sprechen. Die Häuser triefen von Geschichte, Ruhm und Romantik."

Die Stadt an der Seine betört die Sinne über alle Maßen, „ein Fest fürs Leben", fand Ernest Hemingway. Jenseits des klassischen Sightseeing-Programms mit Eiffelturm, Louvre und Versailles hat die französische Metropole viel zu bieten. Keine andere europäische Stadt zeigt sich beispielsweise gegenüber zeitgenössischen Architekturströmungen so aufgeschlossen wie Paris: Das futuristische Büroviertel La Défense mit der Grande Arche, der Parc de la Villette oder die neue Nationalbibliothek bilden einen spannungsreichen Gegensatz zum jüdischen Marais und zum studentischen Quartier Latin, ganz zu schweigen von dem exotischen Flair von Belleville und anderen ehemaligen Arbeitervierteln im Osten der Stadt. Glücklicherweise gibt es nicht nur ein Paris. In diesem Sinne kann man dem Schriftsteller Julien Green beipflichten: „Als ich ein Kind war, fragte ich mich oft, wie es möglich sei, dass der einfache Name Paris so viele verschiedene Dinge bezeichnet."

Kunst und Kultur

Wer sich für Kunst interessiert, kann an der Seine in einen wahren Begeisterungstaumel verfallen. Mehr als 150 Museen und 350 Kunstgalerien gibt es in Paris. Doch nicht genug der Superlative: Keine andere europäische Stadt hat in den letzten Jahrzehnten

so viel Geld in den Bau und die Erweiterung ihrer Museen investiert! Die absoluten Höhepunkte sind natürlich der Louvre, das Musée d'Orsay und das Centre Pompidou. Doch daneben gibt es noch eine Vielzahl kleinerer attraktiver Museen, so das Musée Rodin, das Musée Zadkine und das Musée Maillol. Verspielt ist das Musée de la Vie Romantique, futuristisch das Musée du Quai Branly, das sich der meist wenig beachteten außereuropäischen Kunst widmet. Literaturfreunden empfiehlt sich hingegen ein Besuch der ehemaligen Wohnhäuser von Balzac und Victor Hugo.

Wer will, kann sich bei seinem Parisaufenthalt nur einer speziellen Kunstepoche, beispielsweise dem Impressionismus, widmen und Tage in den einschlägigen Museen verbringen. Da in Paris mehrmals jährlich hochkarätige Sonderausstellungen stattfinden, ist es ratsam, sich über das aktuelle Ausstellungsprogramm zu informieren.

Paris für Nachtschwärmer

Das Pariser Nachtleben genießt einen ausgezeichneten Ruf, der sich glücklicherweise nicht auf das Moulin-Rouge und das Lido beschränkt. Die Möglichkeiten, sich in Paris die Nächte um die Ohren zu schlagen, sind äußerst vielfältig. Es gibt kaum einen Trend, der seine Spuren nicht hinterlassen hat. Wer „branché", also „in" sein will, nimmt auch gerne die für deutsche Verhältnisse horrenden Eintrittspreise in Kauf. Eine gute Kondition ist zudem vonnöten, da sich die Szenekneipen und Diskotheken vor Mitternacht noch gähnend leer präsentieren.

Zu den schon fast traditionellen In-Vierteln gehören das Marais und die Bastille, in den letzten Jahren wurde auch das 11. Arrondissement rund um die

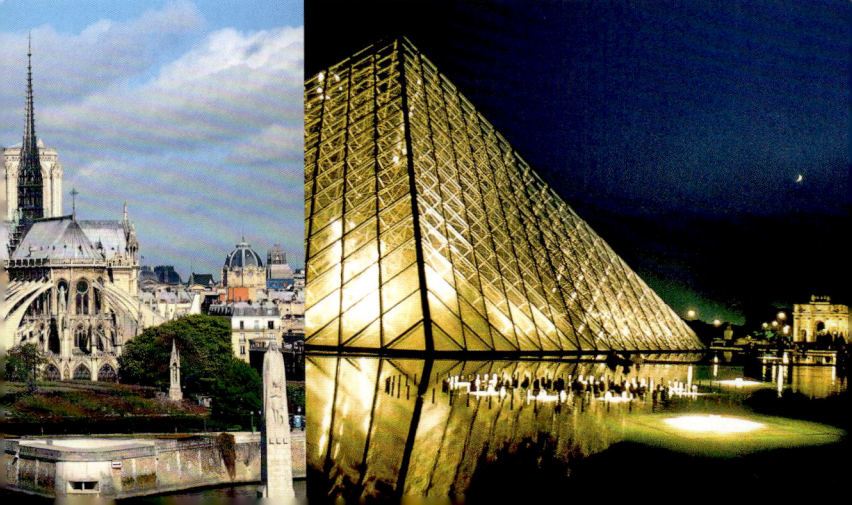

Paris: Die Vorschau

Rue Oberkampf neu entdeckt, wo bis in die frühen Morgenstunden coole Cafés und Bars wie das Café Charbon geöffnet sind. Man kann es allerdings auch mit August Strindberg halten: Der antwortete auf die Frage, warum er so wenig ausgehe, ihm genüge schon das Gefühl, in Paris zu sein.

Grünes Paris

Paris ist eine grüne Metropole. Mehr als 3000 Hektar Grünfläche sind über die Stadt verteilt, den größten Teil nehmen die ausgedehnten Waldparks Bois de Boulogne und Bois de Vincennes ein. Daneben gibt es noch weitere 400 öffentliche Parks, Gartenanlagen und Promenaden, darunter „Klassiker" wie der Jardin des Tuileries und der Jardin du Luxembourg, aber auch moderne Gärten wie der futuristische Parc André Citroën oder der Jardin Atlantique auf einer Terrasse über dem Bahnhof Montparnasse. Mit einem geradezu parkähnlichen Flair kann auch der Père Lachaise aufwarten. Stundenlang kann man über den berühmtesten Friedhof Frankreichs schlendern und dabei die Gräber von bekannten Schriftstellern und Malern bewundern.

Wer mit offenen Augen durch Paris streift, kann darüber hinaus noch so manch andere „grüne Entdeckung" machen: etwa den Viaduc des Arts, eine aufgelassene begrünte Bahntrasse östlich der Bastille-Oper, oder den kleinen, idyllischen Square Chaise Récamiere in Saint-Germain.

Shoppen in gläsernen Passagen

Egal, ob Paul Poiret, Coco Chanel, Karl Lagerfeld, Jean-Paul Gaultier oder John Galliano – die Pariser Modedesigner

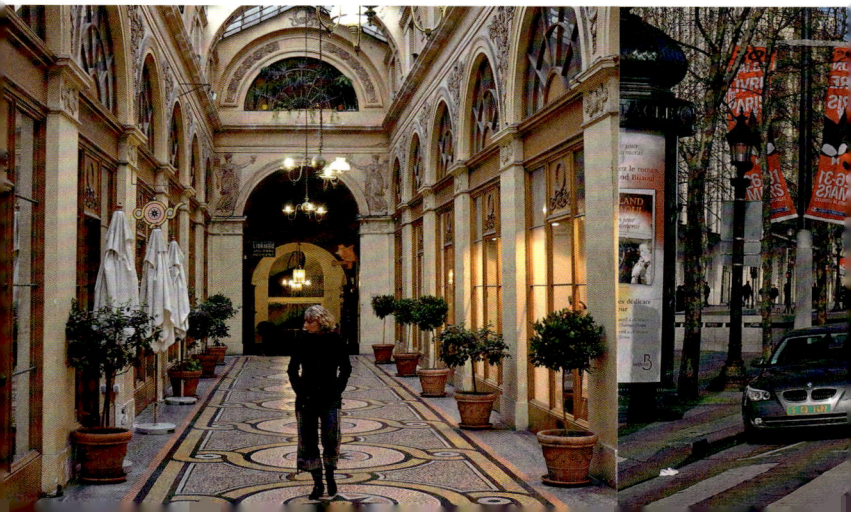

waren und sind noch immer tonangebend. „Mode gibt es nur aus Paris", wusste schon die Schriftstellerin Colette zu berichten. Es soll ja Leute geben, die nur nach Paris fahren, um in der Stadt der Mode eine Tasche von Chanel oder ein Kostüm von Dior zu erstehen.

Doch nicht nur die klingenden Namen der Haute Couture machen Paris zu einem Einkaufsparadies. Die Shopping-Herzen höher schlagen lässt allein schon ein Bummel durch die gläsernen Ladenpassagen des 19. Jahrhunderts oder eine Stippvisite beim berühmtesten und farbenprächtigsten Flohmarkt der Metropole, dem Marché aux Puces in Saint-Ouen am nördlichen Stadtrand.

Wer lieber traditionell einkauft, findet in den drei großen Kaufhäusern der Metropole – Au Bon Marché, Printemps und Galeries Lafayette – fast alles, was das Konsumentenherz begehrt.

Die Stadt der Flaneure

Fraglos ist Paris die Stadt der Flaneure und Müßiggänger. Nirgendwo sonst auf der Welt ist es schöner, sich ziellos durch die Straßen treiben zu lassen, bis man schließlich in einen rauschhaften Zustand verfällt. Walter Benjamin hat die eigenartige Stimmung, die einen Flaneur ereilt, in seinem Passagen-Werk beschrieben: „Das Gehen gewinnt mit jedem Schritt wachsende Gewalt; immer geringer werden die Verführungen der Bistros, der Läden, der lächelnden Frauen, immer unwiderstehlicher der Magnetismus der nächsten Straßenecke, eines fernen Platzes im Nebel, des Rückens einer vor ihm schreitenden Frau. Dann kommt der Hunger. Er aber will nichts wissen von den hundert Möglichkeiten, ihn zu stillen; sondern wie ein Tier streicht er durch

Paris: Die Vorschau

unbekannte Viertel auf der Suche nach Nahrung, nach einer Frau, bis er in tiefster Erschöpfung auf seinem Zimmer, das ihn befremdet, zusammensinkt. Diesen Typus erschuf Paris."

Ein Paradies für Gourmets

In der Stadt, in der das Restaurant erfunden wurde, hängt erwartungsgemäß der Himmel der Gourmets voller (Michelin-)Sterne. Köche wie Alain Ducasse oder Joël Rebouchon genießen Kultstatus.

Doch gibt es erfreulicherweise auch viele Bistrots und einfache Restaurants, die Gaumenfreuden zu erschwinglicheren Preisen bieten. Und so manch eines davon glänzt darüber hinaus noch mit einem außergewöhnlichen Ambiente. So etwa das Polidor im Quatier Latin, das mit einem wahrhaft historischen

Interieur zu glänzen weiß: Seit über hundert Jahren hat sich hier nichts mehr verändert, weswegen Woody Allen hier Szenen für "Midnight in Paris" drehte.

Auch was die gastronomische Vielfalt betrifft, macht Paris seinen Gästen ein schier grenzenloses Angebot. Jede französische Region ist mit ihren Spezialitäten vertreten: Deftige Hausmannskost aus dem Burgund wird genauso angeboten wie Sauerkraut aus dem Elsass und leichte mediterrane Fischküche aus der Provence. Und wer Ausflüge jenseits der Cuisine française starten will, muss sich keineswegs mit Klassikern wie arabischem Couscous, spanischen Tapas oder thailändischen Currys begnügen. Von armenischer bis tibetanischer Küche steht so ziemlich alles auf dem Programm, was die kulinarische Weltkarte zu bieten hat.

Eine Stadt für Verliebte

Nicht erst seit dem berühmten Film von Leos Carax ist der Pont-Neuf eine der ersten Adressen für verliebte Paare. Romantischer gibt sich allerdings der benachbarte Square du Vert-Galant, eine kleine Grünanlage, deren Name auf den als Schürzenjäger berüchtigten König Heinrich IV. zurückzuführen ist. Geradezu klassisch ist es, händchenhaltend am Ufer der Seine entlangzuschlendern oder vom Montmartre aus die Lichter der schlafenden Stadt zu bewundern. Und wer bereits ehrenvoll ergraut ist, sollte seiner Angebeteten vielleicht auf der würdevoll-romantischen Place des Vosges seine Gefühle gestehen.

Mehr als Disneyland

Zwar stehen Disneyland und Parc Astérix unangefochten auf den ersten beiden Plätzen der kindlichen Beliebtheitsskala, doch bietet Paris ein großes Spektrum an Attraktionen, die speziell auf Kinder zugeschnitten sind. Wie wäre es beispielsweise mit einem Besuch des Marionettentheaters im Jardin du Luxembourg oder einem Abstecher zu den Wachsfiguren im Musée Grévin? Jugendliche Technikfreaks kommen in der Cité des Sciences et de l'Industrie oder im Palais de la Découverte voll auf ihre Kosten, kleine Picassos können sich im Atelier pour Enfants des Centre Pompidou ausleben. Tierfreunde sollten das Aquarium tropical oder das Muséum national d'Histoire naturelle mit seinem angrenzenden Jardin des Plantes besuchen, und wer es eher traditionell liebt, kann auch einfach durch den Zoo im Bois de Vincennes spazieren.

Ein Louvre-Besuch gehört zum Pflichtprogramm

Hintergründe

Klima und Reisezeit

Paris ist zwar sicherlich zu allen Jahreszeiten eine Reise wert, aus klimatischen Gründen kommen die meisten Besucher jedoch am liebsten zwischen Ende März und Oktober an die Seine. Die Tagestemperaturen erreichen dann mindestens angenehme 15 Grad Celsius, und die Cafés haben ihre Stühle auf die Straße gestellt.

Als Hauptreisezeiten gelten die Oster- und Pfingstfeiertage. Im Juli und August, wenn die Temperaturen ausgedehnte Sonnenbäder an den Seinekais erlauben, kommt das typische Pariser Leben weitgehend zum Stillstand, zahlreiche Restaurants und Geschäfte haben geschlossen, und auch die Schauspieler an den Theatern schicken sich an, die Ferien an der Küste zu genießen. Während trübe Regentage zum Pariser Alltag gehören, sind die Pariser Straßen nur extrem selten mit Schnee bedeckt. Besonders im Frühjahr fasziniert das milde Licht, weshalb die Stadt auch „La ville lumière" genannt wird.

Tipp: Wer sich selbst ein Bild vom aktuellen Pariser Wetter machen will, muss auf folgende Website klicken: www.paris-live.com. Eine Kamera sendet rund um die Uhr einen aktuellen Online-Blick auf die Hauptstadt.

Klimadaten von Paris				
	Ø Lufttemperatur (Min./Max. in °C)		Ø Niederschlag (in mm), Ø Tage mit Niederschlag >= 1 mm	Ø Stunden mit Sonnenschein
Jan.	0,8	6,0	17	2,0
Febr.	1,3	7,4	14	2,9
März	3,6	12,2	12	4,9
April	6,3	15,8	13	6,6
Mai	9,6	19,8	12	7,3
Juni	12,6	22,8	12	7,2
Juli	14,6	24,7	12	7,4
Aug.	14,4	24,2	13	6,7
Sept.	11,9	21,2	13	6,2
Okt.	7,3	15,7	13	4,1
Nov.	4,6	10,1	15	2,1
Dez.	2,0	6,6	16	1,5
Jahr	7,4	15,5	13,5	4,9

Futuristisches Büroviertel – La Défense

Wirtschaft und Politik

Obwohl Paris nur 2,2 Prozent des französischen Staatsgebietes bedeckt, lebt fast jeder fünfte Franzose im Großraum Paris; 22,5 Prozent der Arbeitsplätze, 28 Prozent des Reichtums und 60 Prozent der Forschung konzentrieren sich auf die französische Hauptstadt.

Es gibt mit Sicherheit kein anderes europäisches Land, dessen Leben so sehr auf die Hauptstadt ausgerichtet ist. Victor Hugo brachte es auf den Punkt: „Alles, was anderswo ist, ist in Paris!" Und richtig, seit alters her strömen die Menschen aus allen Teilen des Landes nach Paris. „On monte à Paris", man steigt nach Paris hinauf, sagen die Provinzler ehrfurchtsvoll. Rund elf Millionen Menschen leben im Großraum Paris, davon etwas mehr als zwei Millionen innerhalb des Boulevard Périphérique; der weitaus größte Teil der Pariser Bevölkerung wohnt in den Vorstädten, der *Banlieue*. Der Statistik zufolge beträgt der Ausländeranteil 17 Prozent, das 13. Arrondissement gilt als Europas größte Chinatown, im nordöstlich der Stadt gelegenen Département Seine-Saint-Denis ist ein Viertel der Einwohner nicht in Europa geboren. Zum multikulturellen Flair der Stadt passend, hat die UNESCO, die Organisation der Vereinten Nationen für Erziehung, Wissenschaft und Kultur, seit 1946 ihren Sitz in Paris.

Jeder fünfte Franzose arbeitet im Pariser Großraum, vorzugsweise im Dienstleistungssektor; größere Industrie- und Handwerksbetriebe sind schon vor Jahren in die Außenbezirke abgewandert. Im Stadtgebiet findet man nur noch eine größere Konzentration der Konfektionsindustrie im 2. Arrondissement sowie zahlreiche Möbelwerkstätten im Faubourg Saint-Antoine. Neben den zahlreichen Bank-, Versicherungs- und anderen Verwaltungsangestellten sollte man die rund 200.000 Personen nicht vergessen, die auch heute noch als Hausangestellte vorzugsweise in den noblen Stadtteilen im Westen – im Volksmund kurz „NAP" (Neuilly, Auteuil und Passy) genannt – beschäftigt sind. Als Einkaufsmetropole für Luxuswaren, Mode und Parfüm genießt Paris einen ausgezeichneten Ruf. Zudem hat sich der **Tourismus** seit Jahrzehnten als bedeutender Wirtschaftsfaktor etabliert. Mit jährlich rund 16 Millionen Besuchern, davon rund 700.000 Deutsche, steht Paris europaweit hinter London an zweiter Stelle. Die meisten Reisenden entscheiden sich für Paris, weil sie die Atmosphäre, die Einkaufsmöglichkeiten und die hohe Qualität der Gastronomie schätzen.

Im Zuge der Revolution wurde Frankreich 1790 in zahlreiche kleine Verwaltungseinheiten, die so genannten **Départements**, eingeteilt, denen allerdings erst durch das Reformgesetz von 1982/83 mehr selbstverwaltende Entscheidungsmöglichkeiten zugestanden wurden. Neben den alten Zuständigkeiten, wie beispielsweise der für die Départementsstraßen und Sozialwohnungen, erhielten die Départements durch die Reform auch die Verantwortung für den größten Teil des Sozial-, Gesundheits- und Transportwesens, den Schulbereich sowie für Kultur und Sport. Neben den 100 Départements (4 davon in Übersee) gibt es seit 1960 noch 26 so genannte Regionen (4 davon ebenfalls in Übersee), an deren Spitze der gewählte Präsident des Generalrats steht. Die wesentlichen Aufgabengebiete der Regionen betreffen die Wirtschaft, die Berufsausbildung und das weiterführende Schulwesen. Die Region **Ile de France** ist verwaltungstechnisch in acht Départements unterteilt: Die Départements Hauts-de-Seine (92), Seine-St.-Denis (93) und Val-de-Marne (94) bilden einen Ring um die Ville de Paris (75), der wiederum von vier weiteren, noch sehr ländlich geprägten Départements umschlossen wird: Yvelines (78), Val d'Oise (95), Essonne (91) und Seine-et-Marne (77). Jedes französische Département besitzt eine eigene, in alphabetischer Reihenfolge vergebene Nummer; sie ist auch (freiwilliger) Bestandteil des Autokennzeichens und bildet die ersten beiden Ziffern der jeweiligen Postleitzahl.

Das Département Ville de Paris setzt sich aus 20 Stadtbezirken, den **Arrondissements**, zusammen, die wiederum jeweils in vier Viertel (*Quartiers*) unterteilt sind. Die Nummerierung der Arrondissements folgt einer Spirale, die sich am Louvre beginnend im Uhrzeigersinn zweimal um das historische Zentrum windet und im Nordosten der Stadt, wo auch der Friedhof Père Lachaise liegt, endet. Zwanzig magische Zahlen, die über Trends, Sozialstatus sowie Lebensqualität entscheiden und sich auch in der Postleitzahl (75005 für das 5. Arrondissement) wiederfinden.

Erstmals in der Geschichte durften die Pariser 1977 einen **Bürgermeister** wählen. Aus Furcht vor Unruhen und Aufständen wurde die französische Hauptstadt bis dahin von einem Präfekten regiert, der vom Staatspräsidenten per Dekret ernannt wurde; der Polizeiapparat unterstand wiederum einem Polizeipräfekten. Die erste Wahl gewann der Gaullist und spätere Staatspräsident Jacques Chirac. Jedem Arrondissement steht zudem ein eigener Bürgermeister vor. Nach dem Ende der Amtszeit des skandalumwitterten Jean Tiberi – er wurde sogar von seiner Partei, der gaullistischen RPR, ausgeschlossen – ging der Sozialist Bertrand Delanoë aus den Bürgermeisterschaftswahlen vom März 2001 als Sieger hervor und wurde 2008 erneut zum Bürgermeister gewählt. Bleibt noch ein Novum zu vermerken: Delanoë war der erste bekennende Schwule, der einer europäischen Großstadt vorstand.

Paris ist die wichtigste kulturelle Drehscheibe Schwarzafrikas

Multikulturelles Paris

Paris ist auch eine Stadt der Exilanten aus aller Herren Ländern. Im Laufe der letzten eineinhalb Jahrhunderte fanden zahllose Deutsche, Italiener, Griechen, Armenier, Russen und Algerier an der Seine eine Zuflucht. Gegenwärtig ist Paris nicht nur die wichtigste kulturelle Drehscheibe Schwarzafrikas, manche Stadtviertel wie das Quartier Belleville sind wahre kosmopolitische Schmelztiegel mit der Atmosphäre eines orientalischen Basars. Man sieht Frauen in bunten Wickelkleidern, Männer sitzen in kabylischen Kaffeehäusern, Gläubige eilen in die Moscheen und zur Koranschule, während auf den Märkten nebenan Hartweizengrieß für Couscous verkauft wird. Eine Straßenecke weiter werben so genannte Marabouts, denen übernatürliche Kräfte zugeschrieben werden, um Kundschaft. Christen, Juden und Muslime leben weitestgehend einträchtig miteinander, doch das bunte Leben zwischen den Falafel-Ständen, Couscous-Buden und Chawarma-Restaurants täuscht darüber hinweg, dass die meisten Immigranten in den Armenvierteln des Pariser Nordosten ein klägliches Dasein fristen; ein großer Teil der Wohnungen besitzt weder eine Dusche noch eine Badewanne. Zwar sind in Belleville, Ménilmontant und Barbès-Rochechouart Sanierungsprojekte geplant und teilweise schon durchgeführt worden, doch werden so oftmals nur die Ärmsten in die monotonen Schlafstädte der Banlieue abgedrängt. Viele, die hier in diesem gigantischen Moloch leben, kennen nur die Schattenseiten der Metropole, deren Koordinaten Armut, Gewalt und Kriminalität heißen. Perspektiven sowie Geld für Bildung und soziale Projekte fehlen und so verwundert es nicht, dass sich die Unzufriedenheit in Gewaltexzessen äußert, wie bei den Unruhen im Herbst 2005, als wochenlang die Autos in den Vorstädten brannten.

Pariser Architekturlandschaften

Mehr als jede andere europäische Hauptstadt ist Paris der modernen Architektur zugewandt. Eine Signalwirkung kam gegen Ende des 19. Jahrhunderts dem Bau des damals umstrittenen Eiffelturms zu. Seither begegnet man neuen Projekten recht aufgeschlossen, so in den siebziger Jahren beim Bau des Centre Pompidou, das eher an eine Raffinerie als an ein Kunstmuseum erinnert. Den städtebaulichen Höhepunkt bilden die während der Regierungszeit von François Mitterrand (1981–1995) ins Leben gerufenen *Grand Travaux*. Der Staatspräsident startete eine große Selbstinszenierung, indem er begann, seine Prestigeobjekte wie gigantische Bauklötze ins Weichbild der Stadt zu zeichnen. Quasi im Alleingang entschied Mitterrand über die wichtigsten städtischen Bauprojekte. Trotz großer Widerstände setzte er die Glaspyramide des amerikanischen Architekten Ieoh Ming Pei durch. Längst ist die Pyramide im Innenhof des Louvre als Glanzstück anerkannt, befriedigt sie doch nicht nur das Verlangen nach Schönheit, sondern erfüllt darüber hinaus noch den eminent praktischen Zweck einer optimalen Beleuchtung der unterirdisch gelegenen Räume. Ein weiterer Meilenstein der *Grands Travaux* ist die Opéra de la Bastille, die 1989 pünktlich zum 200. Jubiläum der Französischen Revolution eröffnet wurde und ein gesamtes Stadtviertel neu belebte. Im hypermodernen Büroviertel La Défense mit seinen mehr als 30 Wolkenkratzern hat der dänische Architekt Johan Otto von Spreckelsen in der Ära Mitterrand ein neues Wahrzeichen der Stadt geschaffen. Der gigantische Kubus der Grande Arche erinnert an ein gerahmtes Stück Himmel aus weißem Marmor, Glas und Beton. Ganz bewusst spielt der Bau mit der Form des Triumphbogens, verlängert er doch die zentrale Achse, die vom Louvre ausgehend über die Champs-Élysées zum Arc de Triomphe führt.

Panoramablick vom Dach der Galeries Lafayette

Ein weiteres renommiertes Bauprojekt ist Jean Nouvels Institut du monde arabe. Direkt am linken Seineufer errichtete der Architekt eines der faszinierendsten Zeugnisse moderner Baukunst in Europa, das seine Funktion auch nach außen hin symbolisiert. Dekorative, zu geometrischen Mustern angeordnete Glas- und Stahlornamente geben dem avantgardistischen Kulturzentrum einen orientalischen Touch. Gelegentlich reicht die Stadtmöblierung bis ins Detail: Der britische Architekt Lord Norman Foster entwarf die Bushaltestellen auf der Champs-Élysées, während Stardesigner Jean-Michel Wilmotte für die Bänke und Ampeln verantwortlich zeichnete. Einzig mit seinem letzten großen Projekt sollte Mitterrand nicht glücklich werden, denn die von Dominique Perrault errichtete Bibliothèque nationale de France erwies sich als nur bedingt zweckmäßig. Die vier einen Innenhof umrahmenden Glastürme – ihre Form erinnert an aufgeschlagene Bücher – sind zwar ein gelungener Blickfang, doch für die Archivierung von bedrucktem Papier denkbar ungeeignet.

Das Projekt mit der größten Zukunftsvision ist sicherlich der Parc de la Villette. Das brachliegende Areal des ehemaligen Schlachthofs La Villette wurde in einen futuristischen Technologie- und Wissenschaftspark verwandelt, die alten Hallen untereinander zu einer phantasievollen modernen Architektur verbunden, so dass der gesamte Pariser Nordosten durch das Wissenschaftszentrum profitierte. Inzwischen richtet sich das Augenmerk der Stadtplaner auf das 13. Arrondissement. Südöstlich der Gare d'Austerlitz wird in den nächsten zwei Jahrzehnten ein neues Stadtviertel entstehen, wobei der Architekt Christian de Portzamparc die Struktur der traditionellen Pariser Quartiere als Vorbild gewählt hat, um ein lebendiges Wohnviertel zu schaffen. Doch nicht genug: Am Quai Branly zu Füßen des Eiffelturms entstand in der Ära Chirac ein Museum für afrikanische und ozeanische Kunst, dessen nüchterne Hightech-Bauformen sich wie auf Stelzen in einen „Zauberwald" zu schieben scheinen.

Filmstadt Paris

Nicht Venedig, nicht Berlin und auch nicht Cannes, sondern Paris ist das europäische Mekka der Cineasten. Seit 1895 der erste Kinofilm der Welt in einem Café am Boulevard des Capucines Premiere feierte, sind die Pariser leidenschaftliche Kinogänger. Obwohl die Seinemetropole rund 100 Lichtspieltheater mit mehr als 400 Leinwänden besitzt, muss man sich selbst am Nachmittag in die langen Warteschlangen vor den Kinokassen einreihen. Die Möglichkeiten für Cineasten sind fast unbegrenzt, zumeist laufen die Filme in der Originalversion mit Untertiteln. Wer einen Blick auf das Programm im wöchentlich erscheinenden *Pariscope* wirft, erfährt beispielsweise, ob ein Kino gerade eine anspruchsvolle Rivette-Retrospektive zeigt.

Architektonisch manifestiert sich die Pariser Kinokultur in teils ausgefallenen Filmpalästen wie dem unter Denkmalschutz stehenden Le Pagode, das einem fernöstlichen Tempel nachempfunden ist, oder dem altmodischen Grand Rex, das ursprünglich sogar über einen Babysitter-Raum und einen Hundezwinger verfügte ...

Paris verdankt seinen Ruf als Zelluloidstadt aber in erster Linie dem Umstand, dass im letzten Jahrhundert mehrere Klassiker an der Seine gedreht wurden. Bereits in den zwanziger Jahren entstand Louis Buñuels „Andalusischer Hund" (*Un chien andalou*), der heute als eines der eindrucksvollsten surrealistischen Werke gewürdigt wird, während sich Man Ray mit *Le retour à la raison* ein filmisches Monument setzte. Die Straßen von Paris waren eine beliebte Inspirationsquelle, so für René Clairs poetische Huldigung „Unter den Dächern von Paris" und Marcel Carnés Kultfilme „Kinder des Olymp" sowie *Hôtel du Nord* mit der unsterblichen Arletty. Nach dem Ende des Zweiten Weltkriegs erfuhr der avantgardistische Film durch Jean Cocteaus „Die Schöne und das Biest" und *Orphée* eine kurze Renaissance. Billy Wilder ließ sich von dem frivolen Charme der Rue Saint-Denis zu *Irma la Douce* inspirieren und Vincente Minelli verklärte die französische Metropole mit „Ein Amerikaner in Paris".

In den späten fünfziger Jahren traten dann die Regisseure der *Nouvelle Vague* mit einem neuen Anspruch auf. Statt im Studio drehten sie direkt in den Straßen von Paris, teilweise mit einer Handkamera wie Jean-Luc Godard, der 1959 mit „Außer Atem" (*A Bout de Souffle*) dem jungen Jean-Paul Belmondo und seiner Filmpartnerin Jean Seberg zum internationalen Durchbruch verhalf. Neben Godard übten sich noch Claude Chabrol, Jacques Rivette, Éric Rohmer und François Truffaut in der neuen Kunst des Filmemachens. Zu den herausragenden Werken jener Epoche gehört sicherlich Truffauts „Die letzte Métro" (1980), das die düstere Stimmung während der deutschen Okkupation einfängt, als sich der jüdische Theaterbesitzer Lucas Steiner im Keller versteckt halten muss. Neben Heinz Bennet sind die Hauptrollen mit Catherine Deneuve und Gérard Depardieu kongenial besetzt. Éric Rohmer wiederum hat sich nicht nur in „Vollmondnächte" (1984) den Pariser Vorstädten gewidmet, zuletzt zeichnete er in dem in Cergy-Pontoise gedrehten Film „Der Freund meiner Freundin" (1987) ein authentisches Bild des Lebens in den Vororten. Das Gegenprogramm findet sich in Mehdi Charefs „Tee im Harem des Archimedes", einem Film, der die sozialen Konflikte in den von nordafrikanischen Einwanderern dominierten Banlieue aus einer ganz anderen Perspektive schildert.

Auch für internationale Produktionen hat Paris immer wieder als attraktive Filmkulisse gedient: Bernardo Bertolucci setzte den alternden Marlon Brando in „Der letzte Tango von Paris" gekonnt in Szene und Roger Moore turnte als James Bond in „Im Angesicht des Todes" auf der Jagd nach Grace Jones auf dem Metallgerüst des Eiffelturms herum. Hinzu kommen moderne französische Kultfilme wie Luc Bessons „Subway" oder Leos Carax' „Die Liebenden vom Pont-Neuf" mit der faszinierend-geheimnisvollen Juliette Binoche in der Hauptrolle.

Kultur

Glücklicherweise beschränkt sich das Pariser Nacht- und Kulturleben nicht nur auf die Kabaretts à la Lido und Moulin-Rouge. Rund 150 Theater, darunter zahlreiche Avantgarde-Theater und Kleinkunstbühnen sowie mehr als 100 Kinos mit 4000 Leinwänden, gibt es in der französischen Hauptstadt. Und die Nachfrage ist groß: Allein die Opéra Garnier und die Opéra de la Bastille werden jährlich von 700.000 Zuschauern besucht.

Alle Pariser Theater, Kinos und Konzertsäle vorzustellen würde den Rahmen dieses Buches bei weitem sprengen, so dass hier nur ein kursorischer Überblick gegeben werden kann. Unerlässlich ist es daher, einen Blick in die jeden Mittwoch erscheinenden Wochenprogramme *Pariscope* (0,40 € mit acht Seiten Tipps in englischer Sprache) und *L'Officiel des Spectacles* (0,35 €) zu werfen.

Oper, Theater, Tanz und Kleinkunst

Bouffes du Nord, das von seinem Intendanten Peter Brook maßgeblich geprägte Theater ist bekannt für anspruchsvolle Inszenierungen moderner und avantgardistischer Stücke. 37 bis, boulevard de la Chapelle, 75010, ☎ 0146073450. Ⓜ La Chapelle (Linie 2). www.bouffesdunord.com.

Cité de la Musique, zeitgenössische Musikarena (Jazz, Chanson, Worldmusic etc.) im Parc de la Villette. 221, avenue Jean Jaurès, 75019, ☎ 0144844484. Ⓜ Porte de Pantin (Linie 5). www.cite-musique.fr.

Comédie Française, hochkarätige, klassische Theaterkunst von Molière über Goethe bis Ionesco. Place Colette, 75001, ☎ 0144581515. Ⓜ Palais-Royal (Linie 1 und 7). www.comedie-francaise.fr.

Opéra Comique, Place Boïeldieu, 75002, ☎ 0825010123. Ⓜ Richelieu-Drouot (Linie 8 und 9). www.opera-comique.com.

Opéra de la Bastille, „Volksoper" mit großer Kulisse und topmoderner Bühnentechnik. Tolle Akustik. Plätze ab 8 €. 11 bis, avenue Daumesnil, 75012, ☎ 0892899090 (0,34 € pro Minute). Ⓜ Bastille (Linie 1,8 und 5). www.opera-de-paris.fr.

Opéra Garnier, in dem neobarocken Opernpalast finden heute hauptsächlich Ballettaufführungen statt. Es gibt auch einige Stehplätze für 5 €. Place de l'Opéra, 75009, ☎ 0892899090 (0,34 € pro Minute). Ⓜ Opéra (Linie 3,7 und 8). www.opera-de-paris.fr.

Salle Pleyel, anspruchsvolle Klassikkonzerte. 252, rue du Faubourg Saint-Honoré, 75008, ☎ 0145615300. Ⓜ Ternes (Linie 2). www.sallepleyel.fr.

La Cigale, beliebte, unlängst von Philippe Starck umgebaute Konzertbühne am Fuß des Montmartre. Ⓜ Anvers oder Pigalle (Linie 2). 120, boulevard Rochechouart, 75018, ☎ 0149258175. www.lacigale.fr.

Kulturfabrik – Centre Pompidou

Tipp: Wer bestimmte Theater- oder Konzertveranstaltungen besuchen möchte, kann unter folgender Adresse bereits vorab Karten bestellen: Paris-Spectacle Kartenservice, ✆ 06252/74618, www.paris-spectacle.de.

Aktuelle Tipps zum Pariser Nightlife bietet auch folgende Homepage: **www.timeout.com/paris.** Theaterkarten zum halben Preis erhält man am Tag der Vorstellung (soweit vorhanden) am Kiosque Place de la Madeleine und am Kiosque Parvis Gare Montparnasse (Di–Sa 12.30–20 Uhr, So bis 16.30 Uhr).

Kinos

Den Grundstein für Paris als Stadt der Cineasten legten die Brüder Lumière, die am 28. Dezember 1895 in der Seinemetropole den ersten Kinofilm der Welt öffentlich vorführten. Zumeist wird angegeben, ob die Filme in Originalversion (VO) oder in der französischen Synchronisation (VS) gezeigt werden. Die Kinopreise liegen etwa 50 Prozent über dem deutschen Preisniveau.

L'Arlequin, neue Filme und Retrospektiven in der Originalversion. In Kooperation mit dem Goethe-Institut werden jeden 3. Samstag neue oder selten gezeigte deutsche Filme vorgeführt. Zudem findet hier jährlich das Festival des deutschen Films statt. 76, rue de Rennes, 75006, ✆ 0892684824. Ⓜ Saint-Sulpice (Linie 4). www.festivalcineallemand.com.

Cinémathèque Française, die Cinémathèque Française zeigt seit Mitte 2005 im American Center in vier Kinosälen Filmklassiker in der Originalfassung. Ⓜ Bercy (Linie 6 und 14). www.cinematheque.fr.

Le Cinéma des Cinéastes, Raritäten u. Klassiker für Filmliebhaber. 7, avenue de Clichy, 75017, ✆ 0153424020. Ⓜ Place de Clichy (Linie 2 und 13). www.cinema-des-cineastes.fr.

Cité-Ciné Bercy, ultramoderner Kinokomplex unweit der Nationalbibliothek. Mit 18 Sälen für 4500 Zuschauer ist es das größte Multiplex-Kino Europas. 2, cour St-Emilion, 75012, ✆ 0153447979. Ⓜ St-Emilion (Linie 14).

Cinéma en plein air, von Mitte Juli bis Mitte August findet im Parc de la Villette Freilichtkino statt. Alle Filme laufen im Original mit Untertiteln. Parc de la Villette. Ⓜ Porte de Pantin (Linie 5). www.villette.com.

Dôme Imax, Hemisphärenkino mit einer 1144 Quadratmeter großen Leinwand in La Défense. 1, place du Dôme, ✆ 0146924550. Ⓜ Grande Arche de La Défense (Linie 1).

Le Grand Rex, eindrucksvoller Filmpalast mit 2750 Sitzplätzen. 1, boulevard Poissonnière, 75002, ✆ 0142368393. Ⓜ Bonne-Nouvelle (Linie 8 und 9). www.legrandrex.com.

Max Linder, in einem wunderschönen Ambiente werden Filme in Originalfassung gezeigt. Über die Panoramaleinwand flimmert zumeist anspruchsvolle Kinokost. 24, boulevard Poissonnière, 75009, ✆ 0148240047. Ⓜ Grand Boulevards (Linie 8 und 9). www.maxlinder.com.

La Pagode, asiatischer Kinotempel. 57 bis, rue de Babylone, 75007, ✆ 0145554848. Ⓜ Saint-François-Xavier (Linie 13).

Forum des Images, ein Besuch der Vidéothèque im Forum des Halles gehört zum Pflichtprogramm für Cineasten. Das 2008 renovierte Archiv beherbergt mehr als 6000 Filme über Paris. Neben dem regulären Programm sind auch individuelle Vorführungen möglich. Montag geschlossen. 21, grand Galerie, 75001, ✆ 0144766200. Ⓜ Les Halles (Linie 1 und 4). www.forumdesimages.fr.

Österliche Blütenpracht

Veranstaltungskalender

Jedes Jahr finden zahllose Sport- und Kulturereignisse in der französischen Hauptstadt statt. Sehr informativ ist der kostenlose und monatlich erscheinende Veranstaltungskalender *Paris Sélection* des Office de Tourisme; er beschreibt auf rund 50 Seiten aktuelle Ausstellungen, Konzerte und Stadtteilfeste. Im Folgenden eine kurze Zusammenfassung der wichtigsten wiederkehrenden Ereignisse des Jahres.

Januar

Chinesisches Neujahrsfest: Farbenprächtige Umzüge in der Pariser Chinatown (13. Arrondissement) mit riesigen Pappschlangen, Feuerschluckern, Musik und Tanz.

März

Salon de l'agriculture: Die Pariser Landwirtschaftsmesse ist für viele Pariser oft der letzte Kontakt zu ihrem Heimatdépartement.

April

Marathon de Paris: Nicht so berühmt wie der Boston Marathon, aber mit knapp 30.000 Teilnehmern am 2. Sonntag dennoch sehenswert. www.parismarathon.com.

Mai

Classique au Vert und *A Fleur de Jazz*: Klassik- und Jazzkonzerte im Parc Floral (Anfang Mai).

French Tennis Open: Die im Stadion Roland Garros stattfindenden internationalen französischen Meisterschaften sind eines der renommiertesten Tennisturniere (Ende Mai/Anfang Juni).

Juni

Fête de la Musique: Am 21. Juni liegt Musik in der Luft. Egal, ob in öffentlichen Parks, in der Métro oder auf der Place de la Bastille – in der ganzen Stadt werden kostenlose Konzerte gegeben.

Garçons de Café: Am dritten Sonntag im Juni findet das 8,1 Kilometer lange Wettrennen der Kellner und Kellnerinnen statt. Start und Ziel ist das Hôtel de Ville (Rathaus).

Christopher-Street-Day: Farbenprächtige Parade der Pariser Schwulen und Lesben, die sich von der Place de la République zur Bastille bewegt.

Juli

Jazz Festival La Villette: Mit knapp 50.000 Zuschauern, acht Bühnen und 50 Konzerten gehört das Anfang Juli im Parc de la Villette stattfindende Festival zu den großen Musikereignissen Frankreichs.

Nationalfeiertag: Am 14. Juli steht Paris kopf. Mit ausgelassener Stimmung, Tanzveranstaltungen auf den Straßen und einem prachtvollen Feuerwerk gedenken die Franzosen dem Sturm auf die Bastille.

Tour de France: In der dritten Juliwoche werden die Radsportprofis von begeisterten Fans beim Zieleinlauf auf den Champs-Élysées gefeiert.

Festival de Cinéma en plein air: Kostenloses Freiluftkino im Parc de la Villette. Von Mitte Juli bis Mitte August.

Paris Plage: An zwei Abschnitten der Seine wird während der französischen Sommerferien ein künstlicher Strand aufgeschüttet.

September

Journées du Patrimoine: An einem Wochenende im September kann man zahlreiche Sehenswürdigkeiten und historische Gebäude besichtigen, die normalerweise für die Öffentlichkeit nicht zugänglich sind, darunter auch den Élysée-Palast.

Festival d'automne: Bis in den November hinein finden unter diesem Motto zahlreiche Veranstaltungen (Theater, Literatur, Musik) statt. www.festival-automne.com.

Oktober

Nuit Blanche: Am ersten Samstag im Oktober wird die Nacht zum Tag, denn dann haben zahlreiche Galerien und Museen bis in den frühen Morgen geöffnet.

Prix de l'Arc de Triomphe: Renommiertes Galopprennen im Hippodrome von Longchamps. Die Pariser Prominenz gibt sich ein Stelldichein.

Salon de l'Automobile: Ein Besuch des berühmten Pariser Autosalons gehört für Autoliebhaber zum Pflichtprogramm. Alle zwei Jahre (2014, 2016 etc.).

FIAC: Internationale Messe für moderne Kunst im Carrousel du Louvre.

November

Mois de la Photo: Alle zwei Jahre (2014, 2016 etc.) finden in der Heimat von Doisneau und Cartier-Bresson zahlreiche anspruchsvolle Photoausstellungen statt.

Das Pariser Rathaus – Hôtel de Ville

Stadtgeschichte

Die Stadtgeschichte von Paris ist in vielerlei Hinsicht auch die Geschichte Frankreichs, zu sehr sind die Geschicke der Stadt mit denen der „Grande Nation" verbunden. Egal, ob in der Bartholomäusnacht oder während der Revolution: Das Schicksal Frankreichs wurde in Paris besiegelt.

Die antike Lutetia

Von den Anfängen der Pariser Geschichte ist nur wenig bekannt, archäologischen Funden zufolge haben sich aber bereits vor rund 7000 Jahren steinzeitliche Sammler und Jäger in der Höhe von Bercy am Ufer der Seine niedergelassen. Die eigentliche Geschichte von Paris beginnt mit dem gallischen Stamm der *Parisii*, der sich um 250 vor unserer Zeitrechnung im Pariser Becken ansiedelte. Wahrscheinlich errichteten die Gallier ihre *Lutuhezi* genannte Hauptstadt aus strategischen Gründen inmitten der Seine, auf der leicht zu verteidigenden Ile de la Cité. Als die römischen Legionen unter der Führung von Julius Caesar Gallien eroberten,

kam es im Jahre 52 v. u. Z. an der Seine zu einer heftigen Schlacht, in der Caesars Unterfeldherr Labienus die von Vercingetorix angeführten Parisii besiegte. Die siegreichen **Römer** gründeten auf der Ile de la Cité und auf dem linken Seineufer eine Stadt nach römischem Vorbild mit Forum, Amphitheater und Thermen, die später noch durch eine Mauer befestigt wurde Eine Vorstellung vom römischen Lutetia vermitteln noch die Grundmauern der römischen Thermen sowie die Reste der Arènes de Lutèce im Quartier Latin. Im dritten Jahrhundert unserer Zeitrechnung breitete sich das Christentum verstärkt im römischen Nordfrankreich aus. Der erste Bischof von Paris, Saint-Denis, soll im Jahre 287 auf einem Hügel, der fortan den Namen *Mons Martyrium* (Montmartre) trug, enthauptet und in Saint-Denis, der späteren Nekropole der französischen Könige, begraben worden sein.

Als Attila im Zeitalter der Völkerwanderung 451 mit seinen Hunnen an Paris vorbeizog, nahte das Ende der römischen Herrschaft. Bezeichnenderweise waren es auch nicht die Römer, sondern die vereinten Franken, Burgunder und Westgoten, die Attila in der Schlacht auf den Katalaunischen Feldern besiegten. Wenige Jahrzehnte später eroberten die **Franken**, ein germanischer

Stamm vom Niederrhein, Paris unter Führung ihres Königs Chlodwig. Der aus dem Geschlecht der Merowinger stammende Chlodwig trat zum Christentum über, machte Paris zur Hauptstadt seines Reiches und läutete eine neue Blütezeit ein. Luxuswaren wie edle Gewürze, feine Textilien, Schmuck, Edelsteine und Papyrus wurden in Südfrankreich umgeschlagen und gelangten auf den bewährten Römerstraßen entlang der Rhône bis nach Paris.

Mittelalter

Nachdem Karl der Große (768–814) seine Residenz nach Aachen verlegt hatte, verlor Paris an Bedeutung.

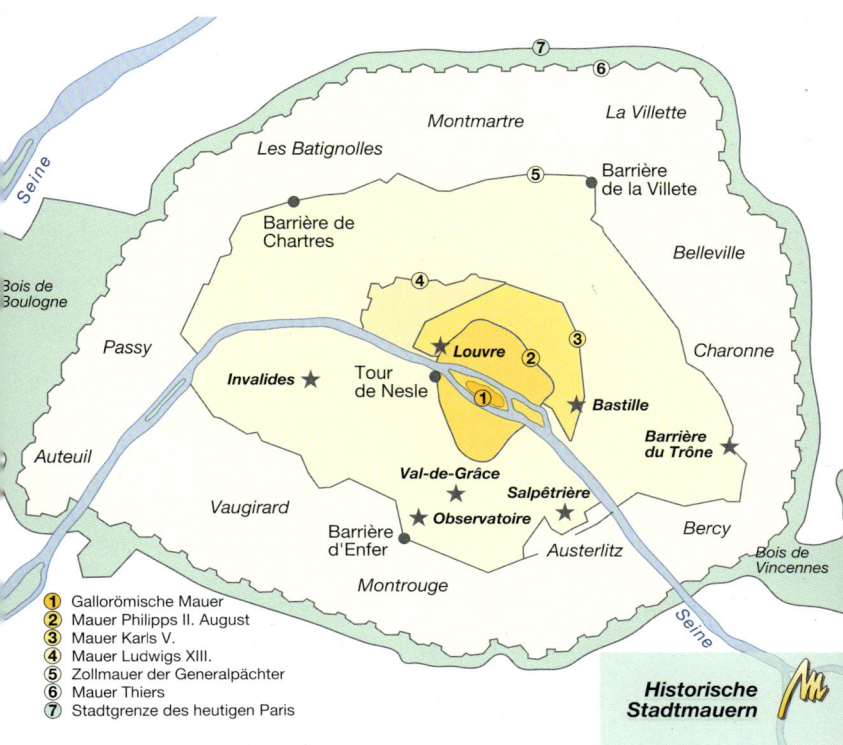

① Gallorömische Mauer
② Mauer Philipps II. August
③ Mauer Karls V.
④ Mauer Ludwigs XIII.
⑤ Zollmauer der Generalpächter
⑥ Mauer Thiers
⑦ Stadtgrenze des heutigen Paris

Historische Stadtmauern

Wiederholt fuhren die Normannen mit ihren leichten, schnell beweglichen Booten seineaufwärts, wobei sie die ufernahen Städte und Dörfer wie beispielsweise Rouen plünderten und verwüsteten. Eine Eroberung der Ile de la Cité scheiterte 885 jedoch trotz monatelanger Belagerung; einzig die Vororte wurden zerstört. Erst als Hugues Capet, der Stammvater der Kapetinger, im Jahre 987 die Nachfolge der Karolinger im westfränkischen Königreich antrat und Paris zu seiner Hauptstadt erwählte, ging es wieder aufwärts: Seither sind die Geschicke der Seine-Metropole und Frankreichs untrennbar miteinander verbunden. Aus der Schar der Kapetingerkönige ragt **Philippe II. Auguste** (1180–1223) hervor, dem Paris die Errichtung der Markthallen und den Bau der ersten Stadtmauer verdankte, welche die Stadt-

Verwitterte Würdenträger

viertel links und rechts der Seine umschloss. Mit päpstlicher Zustimmung wurde während seiner Herrschaft im Jahre 1215 die Universität gegründet, die Paris im Mittelalter den Ruf als geistiges Zentrum des Abendlandes einbrachte. Das linke Seine-Ufer erhielt dadurch sein „intellektuelles Flair", zu dem die 1257 gegründete Sorbonne erheblich beitrug.

Im Spätmittelalter brachen für die französische Hauptstadt unruhige Zeiten an. Die Pest und der so genannte **Hundertjährige Krieg** (1337–1453) mit den Engländern forderten zahlreiche Opfer in Nordfrankreich. Als sich der französische König Johann II. in englischer Gefangenschaft befand, stellte sich der aus einer reichen Tuchhändlerfamilie stammende Etienne Marcel an die Spitze einer bürgerlichen Autonomiebewegung, welche die königliche Herrschaft über Paris beenden wollte. Der Aufstand scheiterte, Marcel wurde am 31. Juli 1358 von Anhängern des Königs ermordet. In den nächsten Jahrzehnten wurden bürgerkriegsähnliche Machtkämpfe ausgefochten, zeitweise beherrschten die Burgunder, später wieder die Engländer die Stadt an der Seine; erst 1436 konnten die Truppen Karl VII. das von den Engländern besetzte Paris wieder zurückerobern.

Religionskriege und Absolutismus

Bereits an der Wende zum 16. Jahrhundert zählte Paris annähernd 300.000 Einwohner und gehörte damit neben London und Neapel zu den größten Städten der Welt. Der den schönen Künsten zugetane Franz I. (1515–1547) machte Paris zu einem glanzvollen kulturellen Zentrum. Er förderte Architektur, Wissenschaft und Literatur, gründete das berühmte Collège de France und ließ den Louvre zu einem Renaissancepalast umbauen. Als Franz I.

starb, befand sich Europa mitten in den Wirren des Reformationszeitalters. Der in Frankreich zwischen den Katholiken und den Hugenotten schwelende Konflikt entlud sich in der **Bartholomäusnacht** vom 24. August 1572 in einem blutigen Gemetzel. Die Katholiken unter Führung des Duc de Guise ermordeten in den frühen Morgenstunden die Elite des protestantischen Adels. Fast 3000 Hugenotten fielen dem Massaker in der Hauptstadt zum Opfer. Friede kehrte erst wieder ein, als Henri de Bourbon, der die Bartholomäusnacht überlebt hatte, mit den Worten „Paris ist eine Messe wert" 1593 zum Katholizismus konvertierte. Ein Jahr später zog er als König Heinrich IV. in Paris ein. Gleichwohl sicherte er den Hugenotten 1598 im Edikt von Nantes die Glaubensfreiheit zu. Die Gefahr weiterer Religionskriege war damit vorerst gebannt. In städtebaulicher Hinsicht vollendete der den Frieden liebende König mit dem Pont-Neuf die erste unbebaute Brücke und ließ die Place des Vosges anlegen.

Eine Glanzzeit feudaler Macht und Pracht erlebte Paris unter der Herrschaft **Ludwig XIV.** Paris galt als Synonym für die königliche Macht und entwickelte sich im 17. Jahrhundert zum politischen, wirtschaftlichen und kulturellen Mittelpunkt Frankreichs. Der Befestigungsgürtel, der die Stadt einschnürte, wurde abgetragen, die Vorstädte uferten bis weit in das Umland aus, erste Boulevards sowie repräsentative Plätze wie die Place des Victoires und die Place Vendôme wurden nach strikten geometrischen Richtlinien angelegt. Das klassizistische Verlangen nach Maß, Klarheit und Monumentalität gipfelte im Bau des Schlosses von Versailles, in dem der Sonnenkönig ab 1682 residierte und seinen absolutistischen Anspruch (*L'état, c'est moi*) perfekt inszenierte. Ludwig XIV. versammelte die gesamte Elite der Nation, vom Dichter Jean Racine bis zum Marschall de Turenne, auf seinem Schloss. Wer sich nun eine illustre Gesellschaft vorstellt,

Ludwig XIV. – „L'état, c'est moi!"

die sich zwischen Dekadenz und Luxus verliert, irrt: Der Hofstaat umfasste 20.000 Menschen, das Leben in Versailles war nicht nur für die Dienerschaft hart und entbehrungsreich: Während des Winters 1695 gefroren auf der königlichen Tafel Wein und Wasser in den Gläsern. Hinzu kam eine strenge Hofetikette, bei der selbst einfache Handlungen wie Aufstehen und Zubettgehen des Königs zeremoniell überhöht wurden; der absolutistische Anspruch wurde bis ins kleinste Detail geltend gemacht und ließ wenig Raum für individuelle Interessen. Das französische Beispiel machte Schule: Der Hof von Versailles wurde innerhalb kürzester Zeit zum Vorbild fast aller europäischer Fürstenhäuser, erreicht oder gar übertroffen wurde Versailles jedoch nicht.

Revolution und Napoléon

Innerhalb der relativ kurzen Zeitspanne von Mai bis Oktober 1789 brach das *Ancien Régime* in Frankreich völlig zusammen. Am 14. Juli 1789 erfolgte der Sturm auf die Bastille – ein symbolischer Akt, der diesen Niedergang in spektakulärer Weise besiegelte. Übrigens paarte sich an diesem Tag revolutionäre Leidenschaft mit der Unzufriedenheit des einfachen Volkes: Am 14. Juli war das Brot teurer als jemals zuvor im 18. Jahrhundert! Bekanntermaßen wurde 1792 die Monarchie abgeschafft, das auf der Flucht gefangen genommene Königspaar wenig später zum Tode verurteilt und öffentlich hingerichtet. Doch auch die Schreckensherrschaft der Sansculotten, während der Tausende der Guillotine zum Opfer fielen, fand ein Ende, als *Robespierre* am 27. Juli 1794 gestürzt wurde und unter dem Fallbeil sein Leben lassen musste.

Unter touristischen Gesichtspunkten sind in jenen Jahren die „Revolutionspilger" zu vermerken, die vor allem aus Deutschland an die Seine fuhren, um die Begeisterung einer revolutionären Bewegung mitzuerleben.

Mit ihrem politischen Glaubensbekenntnis **„Freiheit, Gleichheit, Brüderlichkeit"** sorgten die französischen Republikaner in den ersten Jahren der Revolution für eine bahnbrechende Umwälzung des französischen Staatssystems, von deren politischen und gesellschaftlichen Folgen die Welt bis heute geprägt wird. Jeder Franzose sollte von nun an vor dem Gesetz gleich sein; die Privilegien des Adels und des Klerus wurden genauso abgeschafft wie das Zunftwesen. Konsequenterweise erhielten die französischen Juden bereits wenige Monate nach der Französischen Revolution die vollen Bürgerrechte, jenseits des Rheins mussten die Juden bis 1848, mancherorts gar bis 1868 auf ihre politische Gleichstellung warten. Das Steuersystem wurde vereinheitlicht, der Kirchenzehnte abgeschafft, das Land in neue Verwaltungsbezirke, die noch heute bestehenden Départements, eingeteilt, das Bildungssystem reformiert und die Gewerbefreiheit eingeführt. Kirchliche Besitztümer wurden konfisziert, jahr-

Noch immer präsent – Frankreichs militärische Vergangenheit

Blick vom Arc de Triomphe

tausendealte Bistümer verschwanden von der Landkarte, Klöster wurden aufgelöst und fielen in großer Zahl dem Verfall anheim. Die französischen Frauen mussten sich allerdings bis 1945 gedulden, ehe sie das Wahlrecht erhielten ...

Im Windschatten der Revolution begann der Aufstieg eines kleinen korsischen Leutnants namens **Napoléon Bonaparte**: Am 18. Dezember 1793 machte Napoléon erstmals von sich reden, als er die englische Besetzung von Toulon, dem bedeutendsten französischen Militärhafen am Mittelmeer, erfolgreich beendete. Zum Dank für diesen unerwarteten Sieg wurde Napoléon in den Generalsrang erhoben. Napoléons Stern stieg in den nächsten Jahren höher und höher am französischen Himmel empor: Seit dem 9. November 1799 hatte er die faktische Herrschaft übernommen, am 2. Dezember 1804 krönte er sich in Notre-Dame zum Kaiser der Franzosen. Napoléon veränderte das Stadtbild in den wenigen Jahren bis zu seinem Sturz nur an wenigen Stellen; er ließ die distinguierte Rue de Rivoli und die säulenumgürtete Börse anlegen und gab, in der Hoffnung, aus Paris ein zweites Rom machen zu können, den monumentalen Arc de Triomphe in Auftrag.

19. Jahrhundert

Nach der Niederlage von Waterloo (1815) und der Verbannung Napoléons auf Sankt Helena kehrte langsam wieder Ruhe ein; dank Talleyrands geschickter Verhandlungsführung auf dem Wiener Kongress hatte Frankreich seine Großmachtstellung auf dem europäischen Parkett behaupten können. In Paris etablierte sich nach der **Julirevolution** von 1830 das Großbürgertum als die bedeutendste politische Kraft. Vornehme, überdachte Einkaufspassagen entstanden, ein bourgeoises Flair lag in der Luft. Doch 1848 war es vorbei mit dem Frieden und der Ruhe: Wegen gravierender sozialer Missstände kam es im Februar erneut zu einer Revolution, in deren Folge der Bürgerkönig Louis-Philippe gestürzt wurde und die sozialistischen

Bewegungen mit Hilfe des Militärs brutal niedergeschlagen wurden. Der im Dezember 1848 zum Präsidenten der Republik gewählte Louis Bona- parte, ein Neffe Napoléons, ernannte sich nach einem Staatsstreich sogar zum Kaiser und bestieg 1852 als Na- poléon III. den französischen Thron.

Eine Stadt als Gesamtkunstwerk

Unter Federführung des Präfekten Baron George-Eugène Haussmann er- hielt Paris zwischen 1853 und 1870 ein modernes Stadtbild mit breiten Boulevards, Avenuen und Parkanlagen, aber auch neue Wasserleitungen und ein dringend notwendiges Kanalisationssystem (1832 und 1849 for- derten zwei verheerende Choleraepidemien jeweils mehr als 10.000 Todes- opfer). Um seine weitreichenden Pläne verwirklichen zu können, ließ Haussmann rund 28.000 Häuser abreißen, ohne Rücksicht auf die histori- sche Bausubstanz zu nehmen. Das vorrangige Ziel war nicht etwa, durch die Anlage breiter Straßen den Bau von Barrikaden unmöglich und die Ka- vallerie beweglicher zu machen, nein, Haussmann war ein Bürokrat und Technologe der Macht, ein spießbürgerlicher Zyniker, der mit unnachgie- bigem Eifer an seinem Traum von einem „schöneren" Paris arbeitete. Er ließ Schneisen in das mittelalterliche Dickicht schlagen, um die Stadt für den Verkehr zu öffnen, Bürgersteige anlegen, und er verbannte die Indus- trie in die Vororte. Vor allem dem Westen der Hauptstadt galt seine Auf- merksamkeit. Mit urbaner Theatralik richtete Haussmann die „mit dem Säbel angelegten Straßen" (Zola) sternförmig zum Arc de Triomphe hin aus und hat dabei „das Gesicht der Stadt schneller verändert als das Herz einer Sterblichen" (Baudelaire). Fest steht: Paris wäre ohne diese „bruta- len" Eingriffe an seinen ungelösten Problemen wohl regelrecht erstickt. Ganz nebenbei verwandelte Haussmann die Stadt in eine internationale Touristenattraktion; Paris wurde zum Inbegriff der modernen Großstadt.

Nach der demütigenden Niederlage bei Sedan (2. September 1870) gegen die deutschen Truppen unter der Führung Preußens, die in der Gefangennahme Napoléon III. gipfelte, und dem Sieg der Monarchisten bei den Februarwahlen versuchte sich die **Pariser Kommune** 1871 als Gegenregierung zu etablieren. Die Regierung unter Führung von Adol- phe Thiers und das konservative Bürger- tum flohen nach Versailles; Soldaten rückten gegen die Hauptstadt vor. Der Konflikt mündete in einen blutigen Bür- gerkrieg, in dessen Verlauf die Rebellen, die sich immer weiter in den Pariser Os- ten zurückgezogen hatten, von den Ver- sailler Regierungstruppen niedergemet- zelt wurden. Die Aufständischen hatten mehr als 30.000 Tote zu beklagen, die teils bei den erbittert geführten Gefech- ten starben, teils nach Ende der Kämpfe hingerichtet wurden; Tausende von Kommunarden wurden in die überseei- schen Kolonien deportiert.

Gegen Ende des 19. Jahrhunderts er- lebte Paris eine neue Blütezeit, deren Höhepunkte die **Weltausstellungen** von 1878, 1889 und 1900 darstellten. Die Weltausstellung im Jahre 1889 be- scherte der Stadt mit dem Eiffelturm gar ein neues Wahrzeichen. Paris stieg zum kulturellen Zentrum Europas auf, die Einwohnerzahl überstieg die Zwei- Millionen-Grenze. Die von einer allge- meinen Hochstimmung getragenen Jahre sollten als **Belle Epoque** in die Geschichte eingehen. Bis zum Vor- abend des Ersten Weltkriegs florierten

Kunst, Wirtschaft und Handel, dann fand die unbeschwerte Heiterkeit schlagartig ein Ende. In sozialer Hinsicht verfestigte sich während des Second Empire ein von West nach Ost verlaufendes Gefälle, das bis heute die Pariser Stadtlandschaft prägt. Während sich in den östlichen Stadtvierteln die Wohnungsmisere und das Massenelend verschärften, entstanden im Westen großbürgerliche Wohnhäuser mit klassizistischen Fassaden, die noch immer ganze Straßenzüge dominieren. Als Glanzstück der Stadterweiterung gilt die heutige Avenue Foch, eine 120 Meter breite Prachtstraße, die sich vom Arc de Triomphe zum Bois de Boulogne erstreckt.

Die Metropole der Maler und Literaten

Paris entwickelte sich zwischen den beiden Weltkriegen zum unangefochtenen Mekka der Künstler und Literaten. Als Henry Miller 1930 nach Paris zog, fand er, dies sei der einzige Ort, wo ein Künstler mit Würde leben könne. In den berühmten Cafés am Montparnasse traf sich André Breton, der Papst der Surrealisten, mit dem Multitalent Jean Cocteau, während Josephine Baker im Bananenröckchen das Pariser Jazz-Zeitalter einläutete.

Diese Aneinanderreihung illustrer Namen lässt die Behauptung berechtigt erscheinen, dass zwischen Belle Epoque und Zweitem Weltkrieg jeder bedeutende Maler irgendwann am Montmartre oder Montparnasse gelebt und gearbeitet hat. Amedeo Modigliani und Fernand Léger bewegten sich genauso in den Pariser Künstlerkreisen wie Robert Delaunay, Georges Braque und natürlich Henri de Toulouse-Lautrec.

Exil, Vichy und Résistance

Nicht nur in Deutschland, auch in Frankreich war in den dreißiger Jahren das braune Gedankengut auf dem Vormarsch. So kam es während der Demonstration rechtsgerichteter Parteien zu blutigen Zwischenfällen auf der Place de la Concorde, rechte Schlägertrupps störten die Kinovorführung von Buñuels *L'Age d'Or*, indem sie „Tod den Juden!" brüllten. Die Pariser Weltausstellung im Jahre 1937 war bereits von den europäischen Konflikten überschattet, wenngleich nur die wenigsten an einen Krieg mit Deutschland geglaubt hatten. Doch es kam bekanntlich anders: Am 10. Mai 1940 begann die **deutsche Offensive** gegen Frankreich; in einem „Blitzkrieg" überwand Hitlers Armee die französischen Stellungen. Bereits am 14. Juni marschierten die Nazis in Paris ein, der gesamte Norden des Landes befand sich in deutscher Hand. Als am 22. Juni in Compiègne der Waffenstillstand unterzeichnet wurde, blieb nur der Südosten Frankreichs als unbesetzte Zone vorerst vom direkten deutschen Zugriff verschont. Im Juli 1940 wurden Marschall Pétain in Vichy von der Nationalversammlung die Regierungsvollmachten übertragen. Pétain und seine Mitstreiter versuchten einer antiquierten, „nationalen Revolution" den Weg zu ebnen; „Gott, Familie und Vaterland" sollten von nun an wieder den französischen Lebensmittelpunkt bilden, Scheidungen wurden erschwert, Abtreibungen mit drastischen Strafen belegt, republikanisch gesinnte Würdenträger rigoros der Macht enthoben, Freimaurerlogen aufgelöst, Kommunisten bedroht und antisemitischen Ressentiments freier Lauf gelassen. Ohne deutschen Druck wurden die „Juden französischer Nationalität" diskriminiert und systematisch vom öffentlichen Leben ausgeschlossen. Am 24. Oktober verkündete Pétain im Rundfunk, das Vichy-Regime habe sich zur *Collaboration d'Etat* mit Deutschland entschlossen.

Das Paris der Maler

Wie keine andere Metropole der Welt hat Paris die moderne Kunst geprägt. Ob Impressionismus, Symbolismus, Fauvismus, Kubismus oder Surrealismus – die Wiege dieser Stilrichtungen stand an der Seine. Sicherlich, die Impressionisten wie beispielsweise Monet holten sich ihre Anregungen vorzugsweise an den lichtdurchfluteten Küsten der Normandie, doch es war das Pariser Atelier des Photographen Nadar, in welchem Claude Monet 1874 zusammen mit den Werken befreundeter Künstler sein Gemälde „Impression, Soleil Levant" ausstellte. Ein Kunstkritiker zeigte sich von der Ausstellung wenig begeistert und verhöhnte die Maler in Anlehnung an Monets Bild, das den Hafen von Le Havre im Morgennebel darstellt, als „Impressionisten". Rund vier Jahrzehnte später war es wieder ein Journalist, der im Anschluss an eine Pariser Ausstellung den Namen einer Stilrichtung prägte. Der Kritiker war von den Bildern einer Gruppe von Malern, zu der auch der junge Henri Matisse gehörte, so entsetzt, dass er die Künstler als „Fauves" („wilde Tiere") bezeichnete. Zwei Jahre später wurde der Fauvismus von einer neuen Stilrichtung, dem Kubismus, abgelöst. „Les Demoiselles d'Avignon", eines der Hauptwerke des sich durch eine neue Wahrnehmungsweise auszeichnenden Kubismus, stammte von einem jungen Spanier, der bis zum Zweiten Weltkrieg zum ungekrönten König der Pariser Kunstszene aufstieg: Pablo Picasso. Zusammen mit Max Ernst, Hans Arp, Joan Miró, Salvador Dalí, Yves Tanguy und Marcel Duchamp gehörte Picasso auch zu den führenden Vertretern des Surrealismus, der letzten Kunstströmung, die in Paris ihre Wurzeln hatte.

Allmählich begann sich der Widerstand gegen die Regierung Pétain zu formieren. Einige wenige überzeugte Hitlergegner hatten ihren Unmut mit Sabotageakten und Protesten schon kurz nach der Kapitulation Frankreichs zum Ausdruck gebracht, aber erst in der zweiten Hälfte des Jahres 1941 wurden die **Widerstandsaktionen** in Paris koordinierter und wirkungsvoller. Nach dem Angriff Hitlers auf die Sowjetunion brachten die Kommunisten ihre Untergrunderfahrung ein und wurden zum militärisch schlagkräftigsten Arm der Résistance. Mit der sich im weiteren Kriegsverlauf immer deutlicher abzeichnenden Niederlage Deutschlands nahm auch die Zahl der Résistancekämpfer zu. Zuletzt dürften 100.000 bis 200.000 Personen am aktiven Widerstand beteiligt gewesen sein. Jean Moulin, der 1943 von den Nazis hingerichtete

Führer der Résistance, wurde 1964 im Panthéon, dem französischen Ruhmestempel, beigesetzt.

Nach dem Einmarsch der Alliierten in Nordafrika (November 1942) sahen sich die Deutschen mit Gerüchten einer bevorstehenden Invasion an der französischen Mittelmeerküste konfrontiert. Doch erst am 6. Juni 1944 begann die alliierte Großoffensive in der Normandie, mehr als zwei Monate später, am 15. August 1944, landeten die alliierten Truppen auch an der französischen Mittelmeerküste. Als deutlich wurde, dass Paris nicht zu halten ist, kapitulierte General von Choltitz, ohne die französische Hauptstadt, wie von Hitler gefordert, zu zerstören. Am 26. August 1944 marschierte General **Charles de Gaulle**, der in England eine Exilregierung (*La France Libre*) gebildet hatte, an der Spitze der Befreiungstruppen über die Champs-Élysées und erlöste die Pariser vom Trauma der deutschen Besatzung. Am 12. September trafen die Invasionstruppen aus der Normandie und der Provence in Châtillon-sur-Seine zusammen; sieht man von lokalen Kämpfen im Elsass ab, war die Befreiung Frankreichs abgeschlossen.

Nachkriegszeit

Eine Abrechnung mit den Kollaborateuren erfolgte nur oberflächlich. Zwar wurden im Zuge der Befreiungskämpfe rund 10.000 Franzosen hingerichtet, doch zahlreiche Mitläufer und Nutznießer des Vichy-Regimes kamen äußerst glimpflich davon. Teilweise traten bei diesen Auseinandersetzungen auch klassenkämpferische Aspekte hervor. So richteten sich die Aktionen der kommunistisch geprägten Widerstandsbewegung häufig gegen Industrielle, Geistliche und bürgerliche Parteifunktionäre. Der Übergang zur politischen Normalität fand im Oktober 1945 statt, als die Franzosen eine Nationalversammlung wählten, deren Auftrag es war, eine neue Verfassung zu erarbeiten.

Nach dem kurzen Zwischenspiel der Vierten Republik, die durch den Militärputsch in Algerien ein Ende fand, wurde Charles de Gaulle am 21. Dezember 1958 zum Staatspräsidenten der **Fünften Republik** gewählt. Das Ende des algerischen Unabhängigkeitskrieges hatte den massenhaften Zuzug von Algerienfranzosen, den so genannten *Pieds noirs* (Schwarzfüße), zur Folge. Rund eineinhalb Millionen seit Generationen in Nordafrika ansässiger Franzosen wurden quasi über Nacht an die Häfen ihres Mutterlandes gespült. Besonders schwer hatten es diejenigen Algerier, die vor 1962 freiwillig in der französischen Armee gedient hatten und daher als *Harkis* („Verräter") die Rache ihrer Landsleute zu fürchten hatten; aus Angst um ihr Leben flohen sie

Panthéon: Französischer Ruhmestempel

nach Frankreich. Dort mussten sie die bittere Erfahrung machen, dass die Franzosen alles andere als erfreut waren, sie aufnehmen zu müssen. Anfangs wurden die *Harkis* in Durchgangslagern interniert, bevor sie in den ghettoähnlichen Elendsquartieren (*bidonvilles*) der Pariser Banlieue unterkamen. Der in diesem Zusammenhang stehende 17. Oktober 1961 gilt als der schwärzeste Tag in der französischen Nachkriegsgeschichte. Da es aufgrund des Algerienkrieges immer wieder zu Attentaten gegen die Polizei kam, verhängte der Polizeipräfekt Maurice Papon monatelang eine nächtliche Ausgangssperre für Nordafrikaner. Als diese dagegen protestieren, ereignete sich in der Nacht des 17. Oktober ein regelrechtes Pogrom. Die Polizei richtete ein wahres Massaker unter den Demonstranten an, noch Tage später wurden Leichen aus der Seine gefischt. Seriöse Schätzungen gehen von 35 bis 200 Toten aus. Offiziell wurde der Staatsterror nie aufgeklärt; erst 2001 enthüllte der Pariser Bürgermeister am 40. Jahrestag eine Erinnerungstafel für die Opfer des Massakers.

Mai 68 – „Unter dem Pflaster der Strand"

Im denkwürdigen Mai 68 erschütterte die in der Universität von Nanterre ausgelöste Studentenrevolte mit ihren blutigen Straßenkämpfen die Republik bis in ihre Grundfeste. Wie bei allen Pariser Volksaufständen wurden die Pflastersteine zur bevorzugten Waffe der Unzufriedenen. Mit den Worten „Unter dem Pflaster der Strand" (Sous les pavés la plage) stürzten sich die Studenten auf die Vertreter der Staatsmacht, Barrikaden wurden errichtet, Autos gingen in Flammen auf. Die Polizei griff hart durch und prügelte die Protestierenden rigoros nieder. Die Arbeiter solidarisierten sich und legten Frankreich durch einen Generalstreik lahm. Als schließlich Charles de Gaulle Paris mit unbekanntem Ziel verließ, schien ein Großteil der Wähler zu befürchten, Frankreich werde im revolutionären Chaos versinken. Diese Angst führte letztlich dazu, dass die Gaullisten aus den Juniwahlen als Sieger hervorgingen.

Während der Regierungszeit von Charles de Gaulle veränderte sich das Pariser Stadtbild erheblich: Die ersten Hochhäuser, darunter die monströse Tour Montparnasse, wurden errichtet, im Westen entstand mit La Défense ein neues Büro- und Geschäftsviertel amerikanischen Zuschnitts.

Die siebziger und achtziger Jahre waren von mehreren städtebaulichen Großprojekten geprägt. Staatspräsident Georges Pompidou ließ das mittlerweile nach ihm benannte Centre Beaubourg, einen futuristischen Ausstellungspalast mit nach außen gekehrten Eingeweiden, errichten, während Giscard d'Estaing den Umbau eines stillgelegten Bahnhofs am Seineufer zum Musée d'Orsay forcierte. Doch dann kam **François Mitterrand** (1981–1995) und übertraf seine Amtsvorgänger um Längen. Wie vor ihm nur Baron Haussmann hat er in seinen beiden Amtsperioden das Antlitz der französischen Hauptstadt verändert. Angefangen mit der für die Revolutionsfeierlichkeiten von 1989 errichteten Bastille-Oper, über die spektakuläre Glaspyramide im Louvre bis hin zur gigantischen Grande Arche im supermodernen Büroviertel La Défense trug der geschichtsbewusste Mitterrand höchstpersönlich Sorge, dass sein Name auch künftigen Generationen leicht von den Lippen geht. Von den „kleineren" Projekten, wie dem Institut du monde arabe und dem wie eine abgebrochene Brücke in der Seine stehenden Finanzministerium, soll gar nicht die Rede sein. Geld spielte keine Rolle, ließ Mitterrand doch zum Ruhme der Nation und zu seinem eigenen bauen. Den Schlusspunkt setzte „Dieu" – „Gott" wie Mitterrand ehrfurchtsvollzynisch genannt wurde – mit der Grande Bibliothèque nationale de France, deren vier gläserne Türme an aufgeschlagene Bücher erinnern sollen.

Bibliothèque nationale – ermüdender Büchertempel?

Literaturtipps

Mehr als jede andere europäische Metropole ist Paris eine Stadt der Literatur. Die Anzahl der Bücher und Romane, deren Handlung in Paris spielt, ist erschlagend groß, so dass die folgende Auflistung nur ein paar Anregungen geben kann. Für virtuelle Erkundungen bietet sich die Homepage www. terresdecrivains.com an.

Belletristik

Adnan, Etel: Paris, Paris. Suhrkamp Taschenbuch, Frankfurt 1999. Persönliche Eindrücke zu Pariser Plätzen und Parks sowie zu Politik und Literatur der Seinemetropole.

Aragon, Louis: Aurélien. Fischer Taschenbuch, Frankfurt 1989f. Liebesroman im Paris der zwanziger Jahre.

Beach, Sylvia: Shakespeare and Company. Suhrkamp Taschenbuch, Frankfurt. Persönliche Erinnerungen von Sylvia Beach, die 1919 die wohl berühmteste Buchhandlung von Paris gründete und als Verlegerin von Joyces „Ulysses" berühmt wurde.

Bober, Robert: Wer einmal die Augen öffnet, kann nicht mehr ruhig schlafen. Kunstmann, München 2011. Zu herrlichen Streifzügen durch das Paris der 1960er Jahre lädt der ehemalige Assistent von François Truffaut ein.

Breton, André: Nadja. Suhrkamp, Frankfurt. Ein Klassiker des Surrealismus. Breton schildert die Begegnung mit einer geheimnisvollen Frau, die sich dem Erzähler in den Straßen von Paris nähert.

Brown, Dan: Sakrileg. Lübbe, München. Paris und der Louvre gehören zu den Schauplätzen des Verschwörungs-Megabestsellers.

Clarke, Stephen: Ein Engländer in Paris. Piper, München 2005. Skurril-witzige Geschichte über einen Engländer, der mit dem französischen Savoir-vivre hadert.

Dabit, Eugène: Hôtel du Nord. dtv, München 2001. Von Marcel Carné 1938 verfilmt, wurde dieser Roman längst zum Klassiker.

Dyer, Geoff: Paris Trance. Fischer tb, Frankfurt 2003. Zwei befreundete Pärchen lassen sich durch das bunte Leben des Bastille-Viertels treiben, Sex & Drugs inklusive.

Faschinger, Lilian: Paarweise. Acht Pariser Episoden. dtv, München 2004. Schön erzählte Momentaufnahmen aus dem gegenwärtigen Paris.

Fedderke, Dagmar: Notre Dame von hinten. Konkursbuch, Tübingen 2007. Phantasievolle erotische Abenteuer mit Schauplatz Paris.

Green, Julien: Paris. dtv, München 1989. In 19 Kapiteln streift der berühmte Schriftsteller durch seine Wahlheimat Paris. Leider vergriffen.

Gruenter, Undine: Pariser Libertinagen. bvt Taschenbuch, Berlin 2007. Facettenreiche Momentaufnahmen, Affären und Erinnerungen, durchdrungen vom unnachahmlichen Flair der Seinemetropole.

Hemingway, Ernest: Paris – ein Fest fürs Leben. Rororo, Reinbek 1949ff.

Hugo, Victor: Der Glöckner von Notre-Dame. Insel, Berlin. Die weltberühmte tragische Geschichte über die unglücklich endende Liebe des buckligen Glöckners von Notre-Dame *Quasimodo*.

Jones, Idwal: Die Sterne von Paris, Insel, Berlin 2011. Dieser Roman der kulinarischen Abenteuer führt ins Paris der 1930er Jahre, köstlich und leicht wie ein Soufflé, lebensklug und witzig wie ein Tischnachbar im Maxim.

Malet, Léo: Zahllose Krimiklassiker („Die Brücke im Nebel", „Marais-Fieber" etc.), die alle in einem anderen Pariser Arrondissement spielen. Rororo Taschenbücher, Reinbek. Neuübersetzungen gibt es auch im Distel Literaturverlag.

Mercier, Louis-Sébastien: Pariser Nahaufnahmen. Die Andere Bibliothek, Frankfurt 2000. Interessante Reportagen über das Paris am Vorabend der Revolution in einer wunderschönen Ausgabe.

Miller, Henry: Stille Tage in Clichy, rororo, Reinbek. Ein Klassiker der obszönen Weltliteratur.

Orwell, George: Erledigt in Paris und London. Diogenes, Zürich 2001. Eindrucksvolle Reportage über die Armut in den beiden Metropolen.

Passelaigue, Martine/Wachinger, Kristian (Hg.): Paris, un florilège, Paris-Lesebuch.

dtv, München 2000. Zweisprachige Anthologie mit 36 Texten berühmter Autoren.

Queneau, Raymond: Zazie in der Metro. Suhrkamp Taschenbuch, Frankfurt 1989. Weniger eine Hommage an die Metro als an Paris.

Rolin, Jean: Boulevard Ney. Berlin Verlag, 2009. Ethnographische Spurensuche im heruntergekommenen Nordosten, verknüpft mit der Biographie des General Ney.

Scherer, Hans: Remeurs Sünden. Fischer Taschenbuch, Frankfurt 2001. Niveauvolle homoerotische Literatur, deren Fixpunkte an der Seine zu finden sind.

Smaïl, Paul: Unterm Strich. Fischer Taschenbuch, Frankfurt 2000. Temporeicher Roman über Franzosen nordafrikanischer Herkunft, die in Paris ohne Chancen auf einen festen Arbeitsplatz von einem besseren Leben träumen.

Sombart, Nicolas: Pariser Lehrjahre. Fischer Taschenbuch, Frankfurt 1996. Die „Lehrjahre" des berühmten Soziologen waren vor allem erotischer Natur. Leider vergriffen.

Sue, Eugène: Die Geheimnisse von Paris. Insel, Frankfurt 2008. Berühmter Zeitungsroman aus dem 19. Jahrhundert, der den Alltag der Pariser Unterschichten schildert.

Süskind, Patrick: Das Parfüm. Diogenes Taschenbuch, Zürich; mehrfach aufgelegt. Megabestseller um den psychopathischen Mörder Jean-Baptiste Grenouille. Schauplatz: Paris und Grasse im 18. Jahrhundert.

Vargas, Fred: Das Orakel von Port-Nicolas. Aufbau, Berlin 2001. Wie alle Romane der Krimiautorin spielt auch dieses Buch im Pariser Milieu.

Wallner, Michael: April in Paris. Luchterhand, München 2006. Paris 1943: Ein deutscher Gefreiter verliebt sich in eine geheimnisvolle Französin, die sich für die Résistance engagiert.

Reiseliteratur

Bauner, Hans Georg: Literarischer Führer Frankreich. Insel, Frankfurt 2002. Ausführliches Paris-Kapitel, das die Wohnorte der berühmtesten Autoren vorstellt.

Chao, Ramón/Ramonet, Ignacio: Paris – Stadt der Rebellen. Rotpunkt, Zürich 2010.

Die Bouquinisten sind eine feste Größe im Stadtbild

Ein ungewöhnlicher Stadtführer, der zu zahllosen Orten und Plätzen der Rebellion führt, von der Französischen Revolution bis zur Revolte der Studenten im Mai 68.

Chimelli, Rudolph: Lokaltermin bei Mona Lisa – Pariser Promenaden. Picus, Wien 1998. Mehrere ansprechende Essays des Pariser Korrespondenten der Süddeutschen Zeitung.

Fitch, Riley Noël: Die literarischen Cafés von Paris. Arche, Hamburg 1993. Kurzweilige literarische Spurensuche durch die berühmten Pariser Cafés, mit Anekdoten über Hemingway, Miller, Sartre, Picasso & Co.

Lehnartz, Stefan: Unter Galliern. Ullstein, Berlin 2011. Witzig und pointiert werden hier Erfahrungen mit dem Pariser Alltagsleben, französischen Handwerkern, Parkplatzprobleme und andere reizvolle Begleiterscheinungen des Pariser Savoir-vivre charakterisiert.

Merian: Paris. Hoffmann und Campe, Hamburg. Neben dem aktuellen Merian-Heft von 2006 empfiehlt es sich, im Antiquariat auch nach alten Heften (z. B.: 1954, 1969, 1997 oder 2000) zu suchen.

Scherer, Hans: Pariser Passagen. Schöffling & Co, Frankfurt 1996. Amüsante und kurzweilige Essays aus der Feder eines Paris-Kenners par excellence.

Sucher, Bernd C.: Paris. Prestel, München 1999. Ein illustrer Streifzug durch Architektur und Literatur der französischen Hauptstadt, in bester Tradition der Prestel-Landschaftsbücher.

Troller, Georg Stefan: Paris geheim. Artemis & Winkler, Düsseldorf 2008. Streifzüge durch die Seine, abseits der Haupttouristenpfade. Ebenfalls von Georg Stefan Troller im gleichen Verlag: Dichter und Bohemiens. Literarische Streifzüge durch Paris.

Troller, Georg Stefan: Paris, Liebe, Moden, Tête-à-Têtes. Corso, Hamburg 2011. Ein Bildband für Bibliophile, mit schönen Essays und ansprechenden Fotografien.

Ukena, Silja: Ein Jahr in Paris. Herder, Freiburg 2007. Hintergründige Einführung in den Pariser Alltag.

Geschichte und andere Sachbücher

Cobb, Richard: Tod in Paris. Die Leichen der Seine. Klett-Cotta, Stuttgart 2011. Ein eindrucksvolles und vielschichtiges Panorama der französischen Gesellschaft im Revolutionszeitalter, rekonstruiert aus den Lebensumständen von 404 zwischen 1795 und 1801 tot aus der Seine geborgenen Menschen.

Franck, Dan: Montparnasse und Montmartre. Parthas, Berlin 2011. Interessante Streifzüge durch die Welt der Literaten und Künstler, die zu Beginn des 20. Jh. in Montparnasse und Montmartre gelebt haben.

Jordan, David: Die Neuerschaffung von Paris. Fischer, Frankfurt 1996. Fundierte Beschreibung der Umgestaltung von Paris durch Baron Haussmann. Derzeit nicht mehr lieferbar.

Götze, Karl Heinz: Französische Affairen. Fischer Taschenbuch, Frankfurt 1995. Kenntnisreiche Annäherung an die Mentalität der Pariser.

Haensch, Günther/Tümmers, Hans J. (Hg.): Frankreich. Beck'sche Länderreihe. C.H. Beck, München 1996. Systematische Beschreibung des sozialen, politischen und wirtschaftlichen Alltags unseres westlichen Nachbarn in den letzten Jahrzehnten.

Hazan, Eric: Die Erfindung von Paris. Ammann, Zürich 2006. Ein faszinierendes Buch für Paris-Liebhaber. Mit viel Sachkenntnis unternimmt der Autor einen Streifzug durch die einzelnen Stadtviertel und seziert sie gewissermaßen.

Hinrichs, Ernst (Hg.): Kleine Geschichte Frankreichs. Reclam, Stuttgart 2006. Preisgünstiger und kompakter Überblick für Fachleute und interessierte Laien.

Loth, Wilfried: Geschichte Frankreichs im 20. Jahrhundert. Fischer Taschenbuch, Frankfurt 1997. Informiert kompetent über die Grundzüge der modernen französischen Geschichte.

Meyer, Nicolle Aimée/Smith, Amanda Pilar: Pariser Märkte. Könemann, Köln 2000. Opulenter Bildband mit Rezepten und lesenswerten Begleitessays.

Münchhausen, Thankmar von: Paris. Geschichte einer Stadt. DVA, München 2007. Umfangreiche Darstellung der Pariser Geschichte der letzten 200 Jahre.

Nestmeyer, Ralf: Französische Dichter und ihre Häuser. Insel, Frankfurt 2005. Auf den Spuren von Balzac, Victor Hugo und fünfzehn anderen französischen Schriftstellern.

Paris – Architektur der Gegenwart. Prestel, München 1997. Ansprechender Bildband über die zeitgenössische Architektur der Seinemetropole.

Roe, Sue: Das private Leben der Impressionisten. Parthas, Berlin 2007. Statt der Kunstwerke werden hier die Lebensverhältnisse der berühmten Maler geschildert.

Schultz, Uwe: Paris. Insel, Frankfurt 2003. Literarische Spaziergänge durch die französische Hauptstadt. Kenntnisreich und umfassend.

Stephan, Peter: Des Lebens Dernier Cri. Reclam, Leipzig 1996. Ein anregendes Lesebuch für Streifzüge über die Pariser Friedhöfe. Nur noch antiquarisch erhältlich.

Stierle, Karl-Heinz: Der Mythos Paris. dtv Taschenbuch, München 1998. Grandioses literarisches Porträt von Paris, der „Hauptstadt des 19. Jahrhunderts".

Weisenfeld, Ernst: Geschichte Frankreichs seit 1945. C. H. Beck, München 1997. Umfassende Darstellung der jüngsten französischen Geschichte.

Wickert, Ulrich: Und Gott schuf Paris. Heyne, München 1996. Publikumsliebling Wickert, der zehn Jahre als ARD-Korrespondent in Paris gelebt hat, schildert kenntnisreich die verschiedenen Facetten der französischen Metropole.

Willms, Johannes: Paris, Hauptstadt Europas 1800 – 1914. C.H. Beck, München 2000. Ein fundierter Streifzug, der die gesellschaftlichen, politischen, wirtschaftlichen und kulturellen Facetten der französischen Metropole ausführlich anhand von Originaltexten auffächert.

Das Beste auf einen Blick

Eine von 37 Brücken über die Seine

Praktische Infos

Paris bei Nacht

Anreise

Tourismus und Umweltschutz sind zwar an sich so gut wie unvereinbar, man muss sich aber notgedrungen darüber hinwegsetzen, will man seinen Urlaub nicht nur im eigenen Land verbringen oder Johann Gottfried Seumes berühmte Wandertour in einen „Spaziergang nach Paris" umwandeln. Der schnellste Weg an die Seine ist zugleich der ökologisch verwerflichste; selbst das Auto ist im Vergleich mit dem fliegenden Kerosinkanister umweltschonend. Die unter ökologischen Gesichtspunkten günstigste Anreiseform ist – sieht man von den wackeren Pedalrittern und Nachfahren Seumes ab – die Bahnfahrt, wenngleich manch ökologisch bewegter Zugreisender nur mit Schaudern daran denken kann, dass die französische Eisenbahn mehr als drei Viertel ihrer Leistung aus Atomkraftwerken bezieht. Wie dem auch sei, letztlich wird aber die Wahl des Transportmittels von den eigenen Vorlieben bestimmt werden.

Mit dem Auto oder Motorrad

Für Westdeutsche, Südwestdeutsche und Schweizer ist die An- und Abreise nach Paris durchaus in einem Tag zu bewältigen; wer jedoch im Nordosten Deutschlands wohnt bzw. aus Kostengründen oder des gemächlicheren Tempos wegen nur Landstraßen benutzen will, sollte eine Übernachtung einplanen.

Je nach Wohnort bieten sich mit dem eigenen Fahrzeug verschiedene Anreisemöglichkeiten. Auf der Autobahn kommt man zwar sicherlich am schnellsten voran, doch sind diese in Frankreich kostenpflichtig. Zwischen Saarbrücken und Paris ist einfach mit rund 28 € **Autobahngebühr** zu rechnen. Die Gebühren sind an den mit Péage angekündigten Mautstellen entweder bar oder mittels Kreditkarte (Amex bzw. Visa) zu entrichten. Als Richtgröße kann

Allgemeine Hinweise für Frankreichfahrer

Fahrzeugpapiere: Der nationale *Führerschein* und der *Fahrzeugschein* genügen vollkommen; die internationale *Grüne Versicherungskarte* ist zwar nicht mehr Pflicht, sie kann aber bei Unfällen sehr hilfreich sein.

Tempolimit: Während auf den französischen Autobahnen eine Höchstgeschwindigkeit von 130 km/h (bei Nässe 110 km/h) erlaubt ist, darf auf Schnellstraßen mit zwei Fahrbahnen in jeder Richtung nicht mehr als 110 km/h (bei Nässe 100 km/h) und auf Landstraßen nicht schneller als 90 km/h (bei Nässe 80 km/h) gefahren werden. Innerhalb geschlossener Ortschaften gilt die Geschwindigkeitsbegrenzung von 50 km/h. Führerscheinneulinge, die ihren Schein noch kein ganzes Jahr besitzen, dürfen auf allen Straßen nicht schneller als 90 km/h dahinbrausen. Bei Überschreitung der vorgegebenen Höchstgeschwindigkeit werden satte Geldbußen verhängt.

Alkohol am Steuer: Beachtung verdient die französische *Promillegrenze*. Im Gegensatz zu unseren bierschweren Politikern konnten sich die Franzosen schon vor einigen Jahren auf eine Grenze von 0,5 Promille einigen. Seit Juli 2012 muss man in Frankreich einen Alkomaten mitführen. Die Test-Kits sind relativ billig (ca. 5 EUR) und können an Grenzübergängen und Tankstellen erworben werden.

Bußgelder: Seit 1999 ist zwischen Deutschland, Österreich, Frankreich und Italien ein „Vollstreckungsabkommen" in Kraft getreten, durch das Verkehrssünder auch in ihren Heimatländern zu Bußgeldern herangezogen werden können. „Voraussetzung" ist allerdings, dass das Bußgeld mindestens 40 Euro beträgt.

Parken: Bevor man seine Blechkarosse am Straßenrand abstellt, sollte man sich vergewissern, dass das Auto nicht in einer gelben Zone (Streifen am Straßenrand) steht – dies bedeutet nämlich strengstes Parkverbot. Blaue Zonen oder die Beschriftung *Payant* weisen darauf hin, dass Parken nur mit einer Park scheibe (*disque*) erlaubt bzw. kostenpflichtig ist.

Kreisverkehr: Der im deutschsprachigen Verkehrsraum eher seltene Kreisverkehr (*rond point*) erfreut sich in Frankreich als Alternative zur ampelgesteuerten Kreuzung großer Beliebtheit, wobei das sich bereits im Kreisverkehr befindliche Fahrzeug fast immer Vorfahrt hat.

Pannenhilfe: Auf den Autobahnen kann die Pannenhilfe über die Notrufsäulen angefordert werden, bei Unfällen hilft der Polizeinotruf, ✆ 17.

Sicherheitsweste: Seit 2008 ist in Frankreich das Mitführen einer signalfarbenen Sicherheitsweste und eines Warndreiecks Pflicht. Die Weste muss bei einem Unfall oder einer Panne sofort angezogen werden.

Benzin: Am teuersten sind auch in Frankreich die Tankstellen an der Autobahn, billiger tankt man bei den großen Supermärkten; dort wird allerdings keinerlei Service geboten. Die Preisunterschiede können bis zu 13 Cent betragen.

Die Homepage www.carbeo.com ermöglicht einen Vergleich, wo man im jeweiligen Département günstig tanken kann. Wer über einen Gastank verfügt, kann sich vorab auf www.gas-tankstellen.de über die Lage der betreffenden Tankstellen informieren.

Karten: Für die Anreise nach Paris via Autobahn oder Nationalstraße genügt in der Regel ein normaler Straßenatlas oder eine Karte mit großem Maßstab.

man davon ausgehen, dass der Autobahnkilometer etwa 5 Cent kostet. Rund um die größeren Städte wird in der Regel keine Gebühr erhoben. Wer Geld sparen will und Zeit hat, benutzt die mit „N" gekennzeichneten Nationalstraßen (Route National). Die zahlreichen Ortsdurchfahrten erschweren den Fahrspaß allerdings spürbar, zudem muss auf diesem Weg mit mehr als nur einem Anreisetag gerechnet werden, denn von Strasbourg sind es rund 450

Kilometer nach Paris, von Berlin etwa 1000 Kilometer.

Anfahrtsrouten: Von Nord- und Westdeutschland empfiehlt sich die Anreise von Aachen über Belgien (Chaleroi, Cambrai) und Compiègne; von Süddeutschland und Österreich aus bietet sich die Autobahn über Saarbrücken, Metz und Reims (A 4) nach Paris an; Schweizer können auch über Besançon und Beaune (A 6) anreisen.

Aus welcher Himmelsrichtung der Urlauber auch anreist, irgendwann erreicht er den Boulevard Périphérique, den die Pariser schlicht Périph nennen. Diese stets überlastete, 35 Kilometer lange Ringautobahn umschließt die gesamte Pariser Innenstadt. Rund 1,3 Millionen Fahrzeuge nutzen an einem gewöhnlichen Wochentag die achtspurige Hauptverkehrsader mit ihren 36 Aus- und Auffahrten. 200 Polizisten und eine ausgefeilte Überwachungsanlage mit Kameras und Kontaktschwellen sorgen dafür, dass der Verkehr reibungslos fließen kann. Elektronische Anzeigetafeln informieren über das Verkehrsaufkom-

men. Heißt es dort „Périph flute", so erlebt man den Périph ohne Stau und kann das Pariser Zentrum unter Einhaltung der Richtgeschwindigkeit von 80 km/h in einer halben Stunde umrunden. In den morgendlichen und abendlichen Stoßzeiten sind aber auch „Geschwindigkeitsrekorde" von 15 Minuten für zwei Kilometer möglich.

Internet: Der Routenplaner www.via michelin.de gibt Informationen zur schnellsten, kürzesten oder touristisch interessantesten Anreise.

Mit dem Zug

Die Anreise mit der Bahn ist eine bequeme Alternative. Züge aus Norddeutschland (Eurostar, Thalys) kommen an der Gare du Nord an, Züge aus Süddeutschland, Österreich und der Schweiz sowie der TGV Est laufen an der Gare de l'Est ein.

Die Fahrzeit von Stuttgart nach Paris beträgt mit dem TGV über Karlsruhe und Strasbourg nur noch 3:40 Stunden, Schweizer fahren von Zürich über Basel in 4:35 Stunden an die Seine.

Zur Oper fährt man am besten mit dem Taxi

Gare de Lyon – Ab nach Süden!

Von Frankfurt aus schafft der ICE die Strecke über Mannheim und Saarbrücken in ebenfalls beachtlichen 4:07 Stunden. Mit dem THALYS-Zug gelangt man von Köln in 3:51 Stunden nach Paris!

Das Preisspektrum schwankt stark. Im internationalen Verkehr mit Frankreich werden bei Nachtverbindungen **Liegewagen** 2. Klasse (4–6 Personen pro Abteil) und teilweise auch **Schlafwagen** 1. und 2. Klasse (1–3 Personen pro Abteil) eingesetzt. Es gibt zwar Sparangebote ab 98 € (Hin- und Rückfahrt), aber meist muss mit rund 190 € (Liegewagen) und 440 € (Schlafwagen) gerechnet werden.

Ermäßigungen: Seitdem das neue Tarifsystem der Deutschen Bahn gilt, lohnt es sich, rechtzeitig zu buchen. Wer auf dem Schienennetz der Deutschen Bahn weite Strecken zurücklegen muss, sollte sein Ticket rechtzeitig kaufen, da man so oft Angebote nutzen kann. Allerdings ist das Kontingent der günstigen Karten begrenzt, eine Stornierung sehr teuer. Bis zu vier Mitfahrer reisen zudem für den halben Preis (Mitfahrer-Rabatt), Kinder bis 14 Jahre fahren gar kostenlos auf dem gesamten deutschen Schienennetz, im Ausland zum halben Preis. Weitere Vorteile bietet die BahnCard: Es werden nochmals 25 Prozent bzw. 50 Prozent Ermäßigung auf alle Rabatte gewährt! Auf dem Netz der französischen Staatsbahnen gibt es nur für Jugendliche unter 26 Jahren, die Inhaber einer BahnCard mit RailPlus sind, eine Ermäßigung! Die französischen Staatsbahnen halten für Zugreisende das Découverte Séjour bereit. Bedingungen: Auf der Hin- und Rückfahrt müssen mindestens 200 Kilometer zurückgelegt werden; zwischen Ein- und Ausreise muss ein Wochenende liegen; am Freitag und Sonntag ist das Ticket zwischen 15 und 20 Uhr, am Montag zwischen 5 und 10 Uhr nicht gültig. Die Ermäßigung beträgt beim Découverte Séjour bis zu 35 Prozent.

Auskunft: Weitere Informationen zu Verbindungen und Vergünstigungen in Frankreich erteilt die **Reiseauskunft der Deutschen Bahn** (bundeseinheitliche Rufnummer, ☎ 0180/5996633, 0,14 €/15 Sek.) oder **Thalys-Hotline**, ☎ 01805/215000. In Frankreich erhält man Informationen zu Zugverbindungen ab Paris unter: ☎ 0836353535. Zudem empfiehlt sich die Recherche im Internet:

www.bahn.de
www.oebb.at
www.sbb.ch
www.thalys.com
www.nachtzugreise.de
www.voyages-sncf.com

Mit dem Flugzeug

Auf rund eineinhalb Stunden verkürzt sich die Anreise mit dem Flugzeug. Fast alle Maschinen aus Deutschland, Österreich und der Schweiz landen auf dem internationalen Flughafen im Pariser Osten (Roissy-Charles de Gaulle). Flugzeuge in andere französische Städte starten am Flughafen Paris Orly, der im Süden der Stadt liegt.

Air Berlin, Air France, Lufthansa, Swiss und Austrian Airways fliegen Paris (CDG) von verschiedenen Städten aus an. Die meisten Verbindungen bietet Air France, die Paris (jeweils oft mehrmals tgl.) beispielsweise von Berlin, Düsseldorf, Frankfurt, Hannover, Hamburg, Leipzig, München, Nürnberg, Stuttgart, Basel und Strasbourg anfliegt. Easyjet ist von Berlin-Brandenburg nach Orly unterwegs, während Sky Europe Wien mit Paris Orly verbindet.

Auskunft: Uhrzeiten der Flüge ab Paris: www.airberlin.de; www.adp.fr; www.air france.de; www.easyjet.com; www.sky europe.com.

Wegen der Weitläufigkeit des Flughafenareals sollte man darauf achten, von welchem Terminal man zurückfliegt. Während Lufthansa am Terminal 1 landet, kommen Fluggäste von Air France am Terminal 2G an; Austrian Airways und Swiss am Terminal 2B (Zubringerbusse fahren zur RER-Bahn). Das Zentrum erreicht man entweder mit dem Taxi (ca. 50 €) oder mit der Schnellbahn (Linie B der RER), die für 14,20 € (Tageskarte) oder 9,25 € (einfach) alle 8 Minuten zum Gare du Nord oder zur Station Châtelet fährt (Münzgeld ist am Automaten hilfreich, da dort deutsche Kreditkarten nicht akzeptiert werden und sich vor den Schaltern oft lange Schlangen bilden); eine Alternative ist der Roissybus, der im 15-Minuten-Takt zwischen Flughafen und Place de l'Opéra pendelt (Passe Navigo découverte mit 5 Zonen oder 10 € für die einfache Fahrt), allerdings eine etwas längere Fahrzeit benötigt. Von Orly nimmt man die RER-Linie Orlyval, dann ab Antony mit RER B. Alle 10 Minuten, 10,90 €; alternativ mit dem Orlybus in 30 Minuten zur Place Denfert-Rochereau für 7 €.

Mit dem Flugzeug geht es am schnellsten

Auskunft: Der Flughafen Charles de Gaulle wie auch der Flughafen Orly sind in Frankreich unter ☏ 3950 und aus dem Ausland unter ☏ 0033170363950 erreichbar. Zu den öffentlichen Verkehrsmitteln: www.ratp.fr.

Tarifdschungel: Das Tarifsystem auf dem Flugreisemarkt ist nicht gerade übersichtlich. Die Fluglinien locken mit verschiedenen Tarifen, die sich je nach Reisezeit und Verfügbarkeit aber ständig ändern. Nur eins steht fest: In der Business-Class fliegt man am teuersten. Am besten erkundigt man sich in einem guten Reisebüro – oder mehreren – nach den aktuellen Angeboten und studiert zudem noch die Tarife im Internet. Faustregel: Die Preise für den Hin- und Rückflug bewegen sich in der Regel zwischen 150 und 400 €.

Gestrandet in Paris

Den Namen Mehran Karimi Nasseri haben wohl die wenigsten je gehört. Aber seit Steven Spielberg mit dem Film Terminal Nasseris Lebensgeschichte (mit Tom Hanks in der Hauptrolle) verfilmt hat, ist das Schicksal des staatenlosen Flüchtlings weltbekannt.

Mehran Karimi Nasseri wurden 1988 bei einem Zwischenstopp auf dem Pariser Flughafen sämtliche Dokumente gestohlen, so dass er weder nach Frankreich einreisen durfte noch in ein anderes Land abgeschoben werden konnte. Obwohl er 1999 als Flüchtling anerkannt wurde, weigerte sich Nasseri, den Flughafen Charles de Gaulle zu verlassen und lebte bis zum August 2006 fast 20 Jahre auf dem Terminal 1.

Mit dem Bus

Die Deutsche Touring verkehrt täglich zwischen Hamburg und Paris (Hin- und Rückfahrt ab ca. 90 €) sowie 6-mal wöchentlich ab München (ab 112 €), Köln und Frankfurt. Ab Berlin täglich mit Berlinlinienbus (Hin- und Rückfahrt ab 134 €).

Auskunft: Deutsche Touring, ☏ 069/7903-0, www.touring.de.
Berlinlinienbus, ☏ 030/8619331, www.berlinlinienbus.de.

Mitfahrzentralen/Trampen

Die goldenen Tramperzeiten sind – wenn es sie jemals gegeben hat – schon lange vorbei. Das Warten an den viel befahrenen französischen Nationalstraßen und Autobahnauffahrten kann zur harten Geduldsprobe werden. Abhilfe schaffen die preiswerten Mitfahrzentralen.

Wer die Ungewissheit und Risiken des Trampens scheut, sollte sich an die Mitfahrzentralen (MFZ) wenden. Sie sind für Fahrer und Mitfahrer gleichermaßen eine feine Sache. Ersterer bekommt einen Fahrtkostenzuschuss, Letzterer gelangt zuverlässig und günstig ans Ziel; die Kosten liegen unter denen eines Bahntickets. Genauere Informationen zu Mitfahrgelegenheiten und Preisen können in den größeren deutschen Städten unter der **bundeseinheitlichen Rufnummer 1 94 40** erfragt werden. Frauen haben die Möglichkeit, auf Wunsch nur Frauen mitzunehmen bzw. nur bei ihnen mitzufahren. Die Preise errechnen sich aus einer Benzinkostenbeteiligung und einer Vermittlungsgebühr und belaufen sich derzeit auf 5 Cent pro Kilometer. Von Nürnberg nach Paris beträgt der Gesamtpreis für den Mitfahrer rund 45 €, wovon dem Fahrer rund zwei Drittel zustehen. Um spätere Schwierigkeiten zu vermeiden, sollte man unbedingt den von der MFZ ausgestellten Beleg mitführen. Für einen Euro kann jeder Mitfahrer bei der MFZ eine Zusatzversicherung abschließen.

Eine von 300 Métrostationen

Unterwegs in Paris

„Die Fremden erkennt man daran, dass sie oben, schon auf dem letzten Absatz der Métrotreppe, sich nicht mehr auskennen, sie verlieren sich nicht wie die Pariser aus der Métro übergangslos in das Straßenleben. Auch stimmt beim Herauskommen die Wirklichkeit erst langsam mit der Karte überein." (Franz Kafka)

Es empfiehlt sich nicht, Paris mit dem eigenen Auto zu erkunden. Nicht nur während der Hauptverkehrszeiten erfordert eine Autofahrt ein strapazierfähiges Nervenkostüm. Wenn irgendwie möglich, sollte man die öffentlichen Verkehrsmittel benutzen; sie sind in vielerlei Hinsicht dem eigenen Auto überlegen, auch muss man sich weder über Parkplätze, Strafzettel oder Autoaufbrüche Gedanken machen.

Métro, RER und Bus

Zwischen Porte Maillot und Porte de Vincennes verkehrte am 19. Juli 1900 die erste Métro. Wenige Monate später wurden die Abschnitte zwischen Arc de Triomphe und Trocadéro sowie zwischen Arc de Triomphe und Porte Dauphin eröffnet. Seither hat sich viel getan: Paris besitzt das dichteste U-Bahn-Netz der Welt; kein Haus ist weiter als 500 Meter von einer Haltestelle der Métro entfernt. Insgesamt verkehren 16 Métrolinien mit rund 300 Stationen und einem Gesamtnetz von 195 Kilometern im Pariser Untergrund. Die Linien 1 und 14 verkehren fahrerlos. Die für Touristen attraktivste Hochstrecke ist die Linie 6, die von der Seinebrücke Bir-Hakeim einen herrlichen Blick auf den Eiffelturm bietet.

„Die Metro ist wegen ihrer leichten Verständlichkeit für einen erwartungsvollen und schwächlichen Fremden die beste Gelegenheit, sich den Glauben zu verschaffen, richtig und rasch im ersten Anlauf in das Wesen von Paris eingedrungen zu sein", notierte Franz Kafka vor fast hundert Jahren in sein Tagebuch. In vielerlei Hinsicht hat Kafka noch immer recht, zudem ist die Métro auch eine Art Kulturzentrum, spielen in den Gängen doch Tag für Tag zahllose Musiker Flöte, Gitarre, Saxophon oder Geige; an der Station Louvre-Rivoli verführen Repliken alter orientalischer Statuen zum Museumsbesuch. In kultureller Hinsicht nicht zu vergessen: Die schönen Artnouveau-Eingänge des Architekten Hector Guimard. Die Métrostationen mit ihren einprägsamen, von Pflanzen und Tierskeletten inspirierten Dekorationen prägen noch heute das Pariser Stadtbild. Mit einem Aufwand von zwei Millionen Euro wurden die 86 original erhaltenen Métroeingänge in den letzten Jahren restauriert. Zu den schönsten Portalen in die Unterwelt gehören Palais-Royal, Porte Dauphine und Abbesses.

Zum öffentlichen Verkehrsnetz gehören außerdem die vier Schnellbahnen (**RER** = *Réseau Express Régional*), die seit 1969 die Vorstädte mit dem Zentrum verbinden, sowie die mehr als 50 **Buslinien**, die sich zwar durch den Stadtverkehr kämpfen müssen, dafür aber eine preisgünstige Alternative zu den touristischen Sightseeing-Bustouren darstellen. Geeignet sind die Linien 29 (Gare St. Lazare – Bastille), 95 (Montmartre – Montparnasse) und 63 (Gare de Lyon – Porte de la Muette). Die Linie 29 besitzt sogar eine offene Plattform! Seit Dezember 2006 gibt es noch eine weitere Pariser **Trambahn**: die Linie T 3 verkehrt am südlichen Stadtrand auf einer Strecke von knapp 8 Kilometern zwischen der Porte d'Ivry und dem Pont du Garigliano.

Métro und RER verkehren nur zwischen 5.30 Uhr und 1.15 Uhr, zwischen 0.30 und 5.30 Uhr werden die Hauptverkehrslinien der Métro ab Châtelet mit **Nachtbussen** (*Noctilien*) bedient, die

auf Handzeichen hin halten. Noch ein Tipp: Allein reisende Frauen sollten die Métro zu später Stunde besser meiden und mit den sichereren Bussen fahren.

Tarife: Eine normale Fahrkarte kostet 1,70 € (im Bus 1,90 €), in der Regel empfiehlt sich der Kauf von 10 Tickets (carnet) für 12,70 €; Kinder unter 4 Jahren fahren gratis, zwischen 4 und 10 Jahren ist der halbe Preis zu entrichten. Tickets sind in den Métrostationen sowie in Cafés mit dem „Tabac"-Schild erhältlich. Die Fahrkarte muss vor Antritt der Fahrt an den Sperren entwertet werden und ist zwei Stunden gültig; sie berechtigt auch zum mehrmaligen Umsteigen mit Métro und RER. Mit einer Tageskarte (Mobilis) für 6,40 € kann man in Zone 1 und 2 beliebig oft mit Métro, RER und Bus fahren.

Bleibt man längere Zeit in Paris, so ist es ratsam, sich an einer der großen Métrostationen eine Mehrtageskarte (*Paris Visite*) zu kaufen. Es gibt Paris Visite für verschiedene Zonen mit einer Gültigkeit von 1, 2, 3 oder 5 Tagen. Der Geltungsbereich einer Karte für 3 Zonen (1 Tag 9,75 €, 2 Tage 15,85 €, 5 Tage 31,15 €) erstreckt sich beispielsweise bis La Défense oder St-Denis; wer nach Versailles oder zu den Flughäfen will, benötigt eine Karte für bis zu 6 Zonen (1 Tag 20,50 €, 2 Tage 31,15 €, 5 Tage 53,40 €). Mit der Paris-Visite-Karte erhält man zudem 20–35 % Ermäßigung bei den Eintrittsgeldern zu mehreren touristischen Sehenswürdigkeiten (Kinder fahren für den halben Preis). Ein Tipp: Mit einer Wochenoder Monatskarte (*Passe Navigo découverte*), für die ein Passfoto (25 x 30 mm) nötig ist, fährt man wesentlich günstiger: 1 Woche (nur Mo–So möglich) für 2 Zonen kostet 19,15 €, für 5 Zonen 33,90 €, Kinder zahlen denselben Preis. Die einmalige Gebühr für die Ausstellung der Karte für das elektronische System Navigo kostet 5 €. Die Karte ist nicht am Automaten erhältlich. Weitere Informationen unter www.ratp.fr.

Hinweis: Um die Orientierung zu erleichtern, ist in diesem Reiseführer bei allen Sehenswürdigkeiten, Hotels oder Restaurants die nächstgelegene Métrostation angegeben.

Durch die Eingeweide von Paris

Zu den unbekanntesten, aber wirkungsvollsten städtebaulichen Maßnahmen des berühmt-berüchtigten Baron Haussmann gehörte der Bau einer funktionstüchtigen Abwasserentsorgung für die Millionenmetropole. Das Gefälle des Pariser Beckens geschickt nutzend, entwickelte der Ingenieur und Geologe Eugène Belgrand ein labyrinthartiges Kanalisationsnetz. Das

System hat sich bewährt, heute durchziehen Kanäle mit einer Gesamtlänge von 2100 Kilometern den Pariser Untergrund, die von 500 Egoutiers, wie die Kanalarbeiter genannt werden, instand gehalten werden; aufgrund der schweren Arbeitsbedingungen haben sie nur 33 Stunden pro Woche Dienst. Ein Teil der Egouts de Paris ist öffentlich zugänglich, wobei die Besucher auch über die Geschichte der Pariser Abwasserkanäle von römischer Zeit bis in die Gegenwart informiert werden (Adresse: 93, quai d'Orsay, 75007, Ⓜ Alma-Marceau (Linie 9), Sa–Mi von 11–16 Uhr, im Sommer bis 17 Uhr, Eintritt 4,20 €, erm. 3,40 €. www.egouts.tenebres.eu).

Wer sich für eine andere Facette der „Pariser Unterwelt" interessiert, kann an einem 45-minütigen Rundgang durch die Catacombes de Paris teilnehmen. In den Katakomben ru-

Die Herren der Unterwelt

hen rund sechs Millionen Gebeine, die aus den im 18. Jahrhundert geschlossenen Friedhöfen hierher überführt wurden.

1, avenue Colonel du Henri Rol-Tanguy/Ecke place Denfert-Rochereau, 75014. Ⓜ Denfert-Rochereau (Linie 4 und 6). Tgl. außer Mo 10–16 Uhr. Eintritt: 8 €, erm. 6 €. www.catacombes-de-paris.fr.

Stadtrundfahrten

Von manchen Reisenden als zu touristisch verschmäht, von anderen gerne als Einstieg in die Stadt genutzt, bieten L'Open Tour und Les Cars Rouges unkomplizierte Stadtrundfahrten an. Mit den oben offenen Doppeldeckerbussen geht es durch die Stadt, wobei man nach Lust und Laune aus- und wieder einsteigen kann. Zur Auswahl stehen vier verschiedene Linien mit rund 50 Haltestellen. Da der Preisunterschied unerheblich ist, kann man sich gleich für ein 2-Tage-Ticket entscheiden. Eine besondere Attraktion ist eine Stadtrundfahrt mit einer „Ente" über die Champs-Elysées. Der Veranstalter

4 roues sous 1 parâpluie hat verschiedene Touren im Angebot.

L'Open Tour: **Tagesticket** 31 €, 15 € für Kinder von 4–11 Jahren; 2-Tage-Ticket 34 € bzw. 15 €. www.parislopentour.com; Les Cars Rouges ist günstiger (29 € für 2 Tage), hat aber weniger Haltestellen. www.cars rouges.com; halbstündige Touren mit der Ente ab 19 €/Pers.
www.4roues-sous-1parapluie.com.

Mit dem Schiff

Reizvoll ist eine Schifffahrt auf der Seine, da sich die französische Metropole auf einer Fahrt mit dem Batobus aus einer ganz anderen Perspektive zeigt. Von 10 bis 19 Uhr (im Winter 10.30–18.30 Uhr) verkehren Boote zwischen dem Eiffelturm (Port de la Bourdonnais) und dem Jardin des Plantes (Quai Saint-Bernard) mit Zwischenstopps am Musée d'Orsay (Port de Solférino), Musée du Louvre (Quai Malaquais), Notre-Dame (Quai de Montebello) und Hôtel-de-Ville (Quai de l'Hôtel de Ville). Im Südosten verkehrt seit 2009 zudem eine neue öffentliche Schiffslinie (Voguéo) von der Gare d'Austerlitz über die Bibliothèque F. Mitterrand, den Parc de Bercy und Ivry Pont Mandela bis zur École Vétérinaire de Maisons-Alfort.

Eine Alternative sind die kommentierten Fahrten der Bateaux Mouches, während derer man ein Mittag- oder Abendessen zu sich nehmen kann. Heute werden die Körbe mit den Mahlzeiten allerdings nicht mehr so spektakulär wie in den fünfziger Jahren in Körben von den Brücken hinuntergelassen … Sehr zu empfehlen ist auch eine von Paris Canal oder Paris Canaux rama organisierte zweieinhalbstündige Fahrt auf den Pariser Kanälen zwischen dem Musée d'Orsay und dem Parc de la Villette, wobei vier Doppelschleusen und illuminierte Tunnelpassagen durchfahren werden.

Informationen: Batobus, Tageskarte 15 €, erm. 9 € oder 7 €, ✆ 0144113399, www.bato bus.com. Voguéo, Ticket 3 €, ist aber in einer 2-Zonen-Karte enthalten, www.vogueo.fr. Paris Canal, 19 €, erm. 16 € oder 12 €. Reservierung erforderlich unter ✆ 0142409697, 19/21 quai de la Loire, 75019. www.pariscanal.com. Ähnliches Angebot bei Canauxrama, Abfahrt 9.30 oder 9.45 Uhr bzw. 14.30 oder 14.45 Uhr. www.canauxrama.com.

Bootstouren bieten ungewöhnliche Ausblicke

Über den Dächern von Paris

Dass dem Besucher von der obersten Plattform des Eiffelturms (276 m) ganz Paris zu Füßen liegt, ist hinlänglich bekannt. Doch es gibt noch zahlreiche andere Sehenswürdigkeiten und Plätze, von denen sich ein atemberaubender Blick über die französische Metropole bietet. Ein ähnlich spektakuläres Panorama wie vom Eiffelturm erwartet den Besucher von der Freilufterrasse im 59. Stock der Tour Montparnasse (209 m). Vom Arc de Triomphe (49 m), dem Symbol des französischen Heldentums, lässt sich die berühmte

Pariser Achse bis zur Grande Arche de la Défense hervorragend in Augenschein nehmen. Eine phantastische Aussicht hat man auch im Pariser Norden von Sacré-Coeur (83 m) auf der Butte Montmartre sowie den Türmen von Notre-Dame (69 m). Wer im Quartier Latin, dem geistigen Zentrum der Stadt, den Überblick bewahren will, muss auf das Panthéon (50 m) steigen. Auch die Aussichtsterrasse des berühmten Konsumtempels Le Printemps (30 m) am rechten Ufer der Seine ist einen Besuch wert. Besonders reizvoll ist die (kostenpflichtige) Fahrt mit der Rolltreppe auf die oberste Etage des Centre Pompidou (35 m), wobei man sich in einer Plexiglasröhre gemächlich über die Dächer der Stadt emportragen lässt. Von der Dachterrasse (25 m) des Restaurants im Institut du Monde Arabe bietet sich ein schöner Blick auf die Seine und den Chor von Notre-Dame. Eine ganz besondere Möglichkeit, Paris von oben zu erleben, bietet eine Fahrt mit dem Heißluftballon im Parc André Citroën.

Mit dem eigenen Fahrzeug

Wenn es möglich ist, sollte jeder Ortsunkundige vermeiden, mit dem Auto durch Paris zu fahren. Diejenigen, die im Rahmen eines längeren Frankreichurlaubs auf dem Weg in die Bretagne oder Normandie auch Paris für ein paar Tage besuchen möchten, sollten das Auto für die Zeit ihres Aufenthaltes am besten auf dem Hotelparkplatz oder in einem der öffentlichen Parkhäuser (ca. 15 € pro Tag) abstellen. Wer im August und an manchen Feiertagen nach Paris kommt, kann in einigen Straßen kostenlos parken: ein gelber Punkt über dem Parkscheinautomaten weist darauf hin. Da jedes Jahr zahllose Fahrzeuge mit ausländischem Kennzeichen aufgebrochen werden, empfiehlt sich die Beachtung einiger Verhaltensregeln: Im geparkten Auto sollten niemals Wertsachen zurückgelassen oder dieser Anschein erweckt werden (Übrigens: Durch das Autofenster hindurch kann man nicht sehen, dass die Kameratasche leer ist). Sinnvoll ist es zudem, das Handschuhfach offen zu lassen, damit erst gar keine Spekulationen aufkommen können.

Parkhäuser: Parking 44, 44, rue Meslay, 75003, ✆ 0442780392; Oberkampf Parking, 46, rue Oberkampf, 75011, ✆ 0448050430; Grand Garage de Clignancourt, 120, rue de Clignancourt, 75018, ✆ 0146064872.

Parking Valmy Liberté, dieses Parkhaus ist aus Deutschland kommend vom Peripherique aus sehr leicht zu erreichen. Adresse: 139 route de Paris, Charenton Le Pont. Metrostation Liberté, Metro Linie 8.

Vinci, die Parkhauskette „Vinci" bietet Rabatte für längerfristiges Parken an. Diese Rabatte bekommt man aber nur, wie uns ein Leser berichtete, wenn man sofort nach der Einfahrt mit der Parkkarte zum Parkhausservice geht und dort die gesamten für die geplante Parkdauer anfallenden Gebühren im Voraus bezahlt. www.vincipark.com.

Autoverleih: Grundvoraussetzung für das Mieten eines Leihwagens sind ein Mindestalter von 21 Jahren und der einjährige Besitz des Führerscheins. Eine Kaution in Höhe von mehreren hundert Euro ist zu stellen, wenn man keine in Frankreich akzeptierte Kreditkarte besitzt. Zumeist ist es preisgünstiger, schon im Heimatort einen Wagen bei den internationalen Verleihfirmen im Voraus zu buchen. Die französische Bahn (SNCF) mit den Rail-and-drive-Angeboten sowie die Fluggesellschaften mit den Fly-and-drive-Angeboten halten ebenfalls preiswerte Alternativen bereit. Ein Kleinwagen kostet ab 50 € pro Tag.

Mit dem Taxi

Nachts oder mit viel Gepäck empfiehlt es sich, eines der vergleichsweise günstigen Taxis zu nehmen. Insgesamt sind 15.100 Taxen auf den Pariser Straßen unterwegs. Sie können entweder bestellt, auf offener Straße angehalten oder an einem der 745 mit einem „T" gekennzeichneten Taxistände (zumeist in der Nähe einer Métrostation gelegen) bestiegen werden.

Es gibt eine Grundgebühr (2,20 €), eine Mindestgebühr (5,60 €) sowie drei verschiedene **Grundtarife**: Der günstige Tarif A gilt im Stadtgebiet tgl. außer Sonntag von 9–17 Uhr; der Tarif B ist im Stadtgebiet von 17–9 Uhr sowie au-

ßerhalb des Boulevard Périphérique von 7–19 Uhr zu bezahlen; der Tarif C gilt sonntags von 0–7 Uhr und außerhalb des Boulevard Périphérique von 19–7 Uhr. Hinzu kommen noch diverse, teilweise nicht unerhebliche Zuschläge: Wenn ein Taxi über eine Taxizentrale bestellt oder am Bahnhof bestiegen wird. Steht man im Stau oder lässt man ein Taxi bei laufender Uhr warten, kommen pro Minute mindestens 0,45 € hinzu. Ein vierter Erwachsener kostet 2,85 € extra, ebenso Haustiere und Gepäckstücke über 5 kg (1 €). Nicht vergessen: Zehn Prozent Trinkgeld gelten als angemessen. Da Taxis zu Stoßzeiten rar sind, empfiehlt sich eine rechtzeitige Vorbestellung unter ✆ 014 5303030. www.infotaxiparis.com.

Mit dem Segway durch Paris

Die ungewöhnlichste Form, Paris zu erkunden, ist mit einer geführten Segway-Tour. Die zweistündigen Touren auf dem nur durch Gewichtsverlagerung zu steuernden Gefährt beginnen am Eiffelturm um 10.30 Uhr, im Sommer auch um 13.30 und 17.30 Uhr. Die Führung findet auf Englisch statt und kostet 59 €. Anmeldung unter ✆ 0156581054. http://citysegwaytours.com.

Segway-Touren liegen im Trend

Mit dem Fahrrad

Zugegeben, die Vorstellung, die großen Pariser Boulevards mit dem Fahrrad zu erkunden, erscheint auf den ersten Blick befremdlich. Doch wer

das „Wagnis" auf sich nimmt, wird feststellen, dass sich auf einer Radtour ganz andere Perspektiven der Seinemetropole offenbaren. Zudem wurde in den letzten Jahren ein regelrechtes Fahrradwegenetz mit teilweise separaten Spuren aufgebaut, eine erhöhte Vorsicht ist dennoch angebracht. Die Stadt Paris gibt eine kostenlose Radwegekarte Plan des itinéraires cyclables heraus.

Leser lobten vor allem die geführten Fahrradtouren von Paris à vélo, c'est sympa! Sie führen am Wochenende an sehr versteckte Stellen im Süden bzw. Nordosten von Paris.

Geruhsam radelt es sich sonntags von 10–16 Uhr auf den für den Autoverkehr gesperrten Uferstraßen der Seine: Am rechten Ufer zwischen Place de la Concorde und Pont de Sully sowie am linken Ufer zwischen Musée d'Orsay und Passerelle Debilly. Achtung: Die Fahrradmitnahme ist in der Métro nicht gestattet!

Die in Paris überall zu mietenden Fahrräder von Vélib (www.velib.paris.fr) sind an sich eine tolle Sache, allerdings ist die Bezahlung nur mit einer deutschen Kreditkarte möglich, die über eine Speicherchipfunktion verfügt (ab 1,70 € pro Tag oder 8 € pro Woche, die ersten 30 Minuten sind dann gratis). Die Pariser Verkehrsbetriebe RATP so-

wie mehrere Firmen verleihen Fahrräder (ca. 10–15 € pro Tag) bzw. veranstalten geführte Fahrradexkursionen:

Paris à vélo, c'est sympa!, 22, rue Alphonse Baudin, 75011, Ⓜ Richard Lenoir, ✆ 0148876001, www.parisvelosympa.com; Gepetto & Vélos, 59, rue du Cardinal Lemoine, 75005, Ⓜ Cardinal Lemoine, ✆ 014 3541995, www.gepetto-velos.com; Paris à vélo, 2, rue du Fer á Moulin, 75005, Ⓜ Censier-Daubenton, ✆ 0143375922.

Mit Inlineskates

Wer seine Inlineskates eingepackt hat, muss unbedingt am Freitagabend zur Place Raoul Dautry kommen. Jede Woche treffen sich hier um 21.30 Uhr mehrere tausend Inlineskater, um, von der Polizei eskortiert, auf einem wöchentlich wechselnden Parcours drei Stunden lang über den Asphalt zu jagen. Das Tempo ist anspruchsvoll und somit für Anfänger ungeeignet. Gemütlicher ist eine Tour, die am Sonntagnachmittag um 14.30 Uhr auf der Place de la Bastille, Ecke Boulevard Bourdon startet (ein Lesertipp von Mayken Brünings). Weitere Infos finden sich im Internet: www.pari-roller.com sowie www.rollers-coquillages.org.

Inlineskater vermietet für 12 € pro Tag: Roulez champions cosmopolis, 75015, 5, rue Humblot, ✆ 0140581222. www.roulezchampions.com.

Zu Fuß

Die preiswerteste und beste Variante, Paris zu entdecken. Die Seinemetropole ist leicht überschaubar, zudem erschließen sich dem aufmerksamen Flaneur Einblicke, die anderen zumeist verwehrt bleiben. Darüber hinaus gibt es noch zwei markierte Wanderwege durch die Stadt: einer führt vom Bois de Boulogne zum Bois de Vincennes, der andere vom Parc de la Villette zum Parc Montsouris. Es gibt auch einen Wanderführer Paris à Pied.

www.rando-paris.org.

Fahrradtouren durch die Metropole werden immer beliebter

Übernachten

Das Spektrum der rund 80.000 Pariser Hotelzimmer reicht von nobel in der Luxusherberge an der Place Vendôme über gediegen im Stadthotel bis hin zu einfach in der persönlich geführten Herberge. Was das Preissegment der Unterkünfte betrifft, setzt neben persönlichen Vorlieben nur der eigene Geldbeutel Grenzen: Manch einer gibt für eine Nacht im Luxushotel mehr Geld aus als andere für ihre ganze Reise.

Hotels

Wie überall in Frankreich sind die Hotels in vier mit Sternchen gekennzeichnete Kategorien eingeteilt. Die **Klassifizierung** – ersichtlich an einem blauen Schild am Eingang – reicht vom Luxushotel über die gehobene Mittelklasse bis hin zum durchschnittlichen Zwei-Sterne-Hotel und dem einfachen Ein-Stern-Hotel. Die Sterne beziehen sich nur auf den Komfort, nicht auf die Preise. Doch sollte man sich nicht allzu sehr von den Sternen leiten lassen, ein niedriger eingestuftes Hotel kann einem „sternereicheren" durchaus an Sauberkeit, Ausstattung und Flair überlegen sein. Ein Kriterium für ein Drei-Sterne-Hotel ist beispielsweise, dass die Badezimmer mit einem Fön ausgestattet sind. Neben den klassifizierten Hotels gibt es Beherbergungsbetriebe ohne Stern – dies muss aber ebenfalls keineswegs bedeuten, dass die Ausstattung schlechter wäre als die eines Ein-Stern-Hotels. Wer sich gerne mit eigenen Augen von der Lage und der Ausstattung des Zimmers überzeugen möchte, sollte freundlich darum ersuchen. Bezüglich Komfort und Ausstattung unterscheiden sich die Pariser Hotels erheblich. Neben stilvollen Herbergen mit historischem Flair und gestylten Hotels, die die Handschrift zeitgenössischer Designer tragen, gibt es auch schlichte Unterkünfte mit der Toilette auf dem Flur.

Das folgende grobe **Preisschema** soll als Orientierungshilfe dienen: Ein Doppelzimmer ohne Frühstück kostet in einem Ein-Stern-Hotel 45–70 €, in einem Zwei-Sterne-Hotel 55–150 € und in einem Drei-Sterne-Hotel 100–250 €; ein Zimmer in einem Vier-Sterne-Hotel ist nicht unter 180 € zu bekommen.

Nobelherberge Ritz

In den Hotels der Luxusklasse (*****) ist preislich beinahe alles möglich. Während der Hauptreisezeit (April bis Juni sowie September und Oktober) ziehen die Übernachtungspreise deutlich an, bei längeren Aufenthalten lässt sich über einen Preisnachlass verhandeln. Die Hotels sind verpflichtet, die aktuellen Preise am Eingang, an der Rezeption sowie in den Zimmern auszuhängen. Zwar vermieten die Pariser Hoteliers rund 80.000 Zimmer, dennoch ist es schwer, über Ostern oder Pfingsten an der Seine ohne rechtzeitige Buchung ein freies Zimmer zu bekommen; die Hoteliers erwarten eine schriftliche Bestätigung der Reservierung bzw. eine Kreditkartennummer als Sicherheit.

Die Franzosen unterscheiden zwischen einem Zimmer mit zwei Betten (une chambre à deux lits) und einem Zimmer mit einem breiten Französischen Bett (une chambre avec un grand lit); Letzteres ist in der Regel etwas günstiger. Allerdings ist das Französische Bett normalerweise nur 135 oder 140 Zentimeter breit, so dass sich eine gewisse nächtliche Nähe fast zwangsläufig einstellt. Hinzu kommt, dass es nur eine Zudecke gibt und man anstelle

von zwei Kopfkissen (oreiller) mit einer fürchterlichen Bettwurst (traversin) vorlieb nehmen muss. Wer also nicht als Liebespaar unterwegs ist, sollte darauf Wert legen, ein Zimmer mit zwei Betten zu reservieren. Einzelreisende werden durch die Übernachtungspreise fast immer benachteiligt, da zumeist für das Zimmer bezahlt wird, gleichgültig, ob man alleine oder zu zweit im Bett liegt. Wenn überhaupt, ist ein Einzelzimmer nur unwesentlich günstiger als ein gleich ausgestattetes Zweibettzimmer. Pro Person und Nacht wird je nach Kategorie zusätzlich eine Kurtaxe zwischen 0,20 und 1,50 € erhoben.

Da die Zimmerpreise nur in seltenen Fällen das **Frühstück** (petit déjeuner) beinhalten, erscheint es günstiger und authentischer, sein Croissant im nächsten Café zu ordern; nach wie vor ist das Frühstück ein Schwachpunkt im französischen Hotelgewerbe. Wenn für Tee oder Kaffee, Orangensaft aus der Tüte, Brötchen und Croissant, die mit Butter und abgepackter Marmelade bestrichen werden können, zwischen 5 und 20 € berechnet werden, hinkt das Preis-Leistungs-Verhältnis entschieden.

Freiheit für die Beine!

Auch wenn die Franzosen seit der Revolution die Freiheit zu einem Bürgerrecht erhoben haben, gilt diese Freiheit nicht für die Beine in einem französischen Bett. Die Franzosen stopfen nämlich die Zudecke rundherum unter die Matratze, wodurch das Ganze einem überdimensionalen Schlafsack ähnelt, der nur am Kopfende einen Einschlupf freilässt. Wer gerne mal ein Bein ins Freie streckt, muss das nächtliche Gefängnis erst zerstören. Doch vergeblich – das Hotelpersonal wird nicht müde, den ursprünglichen Zustand wieder herzustellen, denn ein Bett mit allseitig freiem Zugang ist für einen Franzosen scheinbar ein nicht akzeptabler Zustand.

Hotels von edel bis preiswert

**** **Lutétia** 🏨, Karte S. 164/165. Hinter der Belle-Epoque-Fassade verbirgt sich ein historischer Ort. In den zwanziger Jahren trafen sich hier die französischen Intellektuellen, nach 1933 kamen vermögende deut-

sche Exilanten wie Klaus und Heinrich Mann, Ernst Toller sowie Egon Erwin Kisch – Grund genug für die Gestapo, sich ebenfalls hier einzuquartieren. Wer besonders frankophil ist, kann nach dem Zimmer fragen, in dem Charles de Gaulle seine Hochzeitsnacht verbracht hat. Dies hilft dann auch über die hohen Zimmerpreise hinweg. Wer Glück hat, trifft vielleicht Catherine Deneuve, die hier ihren 5-Uhr-Tee zu nehmen pflegt. Zimmer ab 290 €. 45, boulevard Raspail, 75006, ☎ 0149544646, 🖨 0149544600, Ⓜ Sèvres Babylone (Linie 10 und 12). www.lutetia-paris.com.

**** Villa Beaumarchais **5**, Karte S. 121. Nur fünf Minuten von der Place des Vosges, bietet dieses absolut ruhig gelegene Hotel höchsten Komfort. Die Zimmer sind in warmen rot-gelben Tönen eingerichtet. Das Frühstück wird im lichtdurchfluteten Wintergarten serviert, abends begeistert das Restaurant L'Orangeraie auch verwöhnte Gourmets. WLAN vorhanden. DZ im Internet ab 179 € (kann leicht mehr als das Doppelte kosten); Frühstück 26 €. 5, rue des Arquebusiers, 75003, ☎ 0140291400, 🖨 0140291401, Ⓜ Chemin Vert (Linie 8). www.villa-beaumarchais.com.

**** La Villa Saint Germain **10**, Karte S. 164/165. Das von Marie-Christine Dorner eingerichtete Hotel lässt Designerträume wahr werden. Bei Internetbuchungen beachten: Je näher der Termin kommt, umso billiger wird das Zimmer. Gutes Frühstück. DZ 280–370 € (Frühbuchertarife im Internet ab 166 €); Frühstück 22 €. 29, rue Jacob, 75006, ☎ 0143266000, 🖨 0146346363, Ⓜ Saint Germain des Prés (Linie 4). www.villa-saintgermain.com.

**** De l'Abbaye **43**, Karte S. 164/165. Das ehemalige Kloster gehört zu den stilvollsten Unterkünften in Saint-Germain. Bei schönem Wetter frühstückt man im lauschigen Innenhof. Die Suiten, haben eine eigene Terrasse mit Blick über die Pariser Dächer. Zimmer ab 260 € (inkl. Frühstück), Suite 442–519 €. 10, rue Cassette, 75006, ☎ 0145443811, 🖨 0145480786, Ⓜ Saint Sulpice (Linie 4). www.hotel-abbaye.com.

**** Jeu de Paume **6**, Karte S. 95. Stilvolle Unterkunft auf der Ile Saint-Louis mit freigelegtem Fachwerk und unverputzten Bruchsteinmauern. Einst wurde ein Teil des Gebäudes als Ballspielhalle genutzt – daher auch der Name des Hotels. Entspannung findet man in der Sauna oder dem Whirlpool. EZ ab 185 €, DZ 285–360 €; Frühstück 18 €. 54, rue Saint-Louis-en-l'Ile, 75004, ☎ 0143261418, 🖨 0140460276, Ⓜ Pont Marie (Linie 7). www.jeudepaumehotel.com.

Noble Adresse

**** Costes **1**, Karte S. 104/105. Klassische, von Prominenten bevorzugte Nobelherberge mit einem schönen Innenhof. Extras: 18-Meter-Pool mit Unterwassermusik (!), Restaurant. Designerzimmer von 400 € (EZ) über 500 € (DZ) bis zu 1400 € für eine Suite. 239, rue Saint-Honoré, 75001, ☎ 0142445000, 🖨 0142445001, Ⓜ Tuileries (Linie 1). www.hotelcostes.com.

*** Hôtel des Académies et des Arts **50**, Karte S. 164/165. Das Boutique-Hotel in der Nähe des Jardin du Luxembourg ist eine ideale Adresse für Art-Déco-Liebhaber. Kostenloses WLAN. Zimmer je nach Ausstattung 189–322 €; Frühstück 16 €. 15, rue de la Grande Chaumière, 75006, ☎ 0143266644, 🖨 0140468685, Ⓜ Vavin (Linie 4). www.hotel-des-academies.com.

*** Color Design Hotel **32**, Karte S. 135. Eines der wenigen besseren Hotels im Bastille-Viertel. Wie der Name schon andeutet, ein Design-Hotel, wobei die Zimmer aber hauptsächlich in Weiß gehalten sind wie das Foyer, nur je Stockwerk kommt eine weitere, Akzente setzende Farbe hinzu. Sehr komfortabel, mit Flatscreen und wunderschönen Bädern mit kleinen Mosaikkacheln. Das leider eher langweilige Frühstück (12 €) wird im Kellergewölbe serviert. Die meisten Zimmer sind um einen ruhigen

Innenhof gruppiert. Günstigere Tarife bei kurzfristiger Buchung im Internet. Der Zugang zum weltweiten Netz per WLAN ist im Hotel kostenlos. 180–210 €, im Internet deutlich günstiger. 35, rue Citeaux, 75012, ☎ 0143077728, ✆ 0143466745, Ⓜ Faidherbe-Chaligny (Linie 8).
www.colordesign-hotel-paris.com.

*** Saint Georges 🟥30, Karte S. 234/235. Südlich des Boulevard de Clichy in einer ruhigen Straße gelegen, bietet dieses Hotel 30 moderne Zimmer, die schlicht möbliert, aber mit poppigen Farben ausgestattet wurden. WLAN vorhanden. Die Preise variieren von 130–195 €; Frühstück 14 €. rue Laferrière, 75009, ☎ 0148786092, ✆ 0148781652, Ⓜ Saint Georges (Linie 12). www.arvor-hotel-paris.com.

*** Le Pavillon des Lettres 🟩9, Karte S. 208/209. Ein Themenhotel für Literaturfreunde. 26 Buchstaben – 26 Zimmer – 26 Autoren: Jedes Zimmer ist einem Autor der französischen oder internationalen Literatur gewidmet und bekommt durch ausgesuchte Textauszüge an der Wand sein ganz besonderes Etwas. „B" steht beispielsweise für Baudelaire, „S" für Shakespeare. DZ 300–340 €.   12, rue des Sausaies, ☎ 0149242626, 75008. Ⓜ Miromesnil (Linie 9). www.pavillondeslettres.com.

≫ Lesertipp: *** Crayon 🟥7, Karte S. 104/105 „Das Hotel Crayon wurde in 2011 komplett saniert. Die 27 Zimmer des Art und Boutique Hotel sind alle individuell und sehr schön gestaltet", lobt Andrea Mewes dieses in Louvre-Nähe gelegene Hotel. EZ ab 93 €, DZ ab 110 € (kann aber auch schnell deutlich teurer werden). 25, rue du Bouloi, ☎ 0142365419, 75001. Ⓜ Louvre-Rivoli (Linie 1). www.hotelcrayon.com. ≪

*** Sorbonne 🟥48, Karte S. 164/165 Ein farbenfrohes, verspieltes Design-Hotel in Saint-Germain, in den Räumlichkeiten eines ehemaligen Studentenwohnheims. Jedes Zimmer ist mit einem iMac ausgestattet. Kostenloses WLAN. DZ je nach Ausstattung und Saison 100–350 €; Frühstück 8 oder 13 €. 6, rue Victor Cousin, ☎ 0142365419, 75005. Ⓜ Cluny La-Sorbonne (Linie 10). www.hotelsorbonne.com.

*** Standard Design Hotel 🟥4, Karte S. 135. Modernes Hotel in einem dreistöckigen Haus (unterm Dach ist der Frühstücksraum), dominierend sind die Farben Weiß und Schwarz, was beim schwarzen Teppichboden etwas gewöhnungsbedürftig ist. Die Zimmer sind recht klein, dafür sind sie mit einem iTam Tam (Dockingstation für den iPod) ausgestattet. Kostenloses WLAN. EZ ab 150 €, DZ 215–250 €; Frühstück 15 €, Angebote im Internet. 29, rue des Taillandiers, 75011, ☎ 0148053097, ✆ 0147002926, Ⓜ Bastille (Linie 1,5 und 8).
www.standard-design-hotel-paris.com.

🌿 *** Joyce 🟥28, Karte S. 234/235 Dieses im Jahr 2009 eröffnete Hotel gefällt durch seine modernen Zimmer, die trotz Design viel Behaglichkeit ausstrahlen. Kostenloses WLAN. EZ ab 199 €, DZ ab 219 €; Bio-Frühstück! 29, rue la Bruyère, ☎ 0155070001. 75009. Ⓜ Saint-Georges (Linie 12).
www.hotel-joyce.com. ▪

*** Caron de Beaumarchais 🟥23, Karte S. 121. Hinter der einladenden blauen Fassade verbirgt sich ein kleines, gut geführtes Hotel. Einrichtung liebevoll verspielt im Stil des 18. Jahrhunderts, manche Zimmer im 2. und 6. Stock haben einen Balkon. WLAN. 145–185 € im DZ; Frühstück 13 €. 12, rue Vieille du Temple, 75004, ☎ 0142723412, ✆ 0142723463, Ⓜ Hôtel-de-Ville (Linie 1 und 11).
www.carondebeaumarchais.com.

*** Bourg Tibourg 🟥20, Karte S. 121. Kleines Designhotel (30 Zimmer) im orientalisch-neugotischen Stil mit viel Samt und Holz. Einige Zimmer haben einen kleinen Balkon. WLAN im Hotel. EZ 190 €, DZ 250–270 €; ausgezeichnetes Frühstück (16 €). 19, rue du Bourg-Tibourg, 75004, ☎ 0142784739, ✆ 0140290700, Ⓜ Hôtel de Ville (Linie 1 und 11).
www.bourgtibourg.com.

*** De Lutèce 🟥7, Karte S. 95. Der offene Kamin im Foyer stimmt auf die einladende Atmosphäre des mitten auf der Ile Saint-Louis gelegenen Hotels ein. In manchen Zimmern sind die Fachwerk-Holzbalken aus dem 17. Jahrhundert freigelegt. Moderne Bäder. WLAN. DZ je nach Ausstattung 175–230 €; Frühstück 13 €. 65, rue Saint Louis en l'Ile, 75004, ☎ 0143262352, ✆ 0143296025, Ⓜ Pont Marie (Linie 7).
www.paris-hotel-lutece.com.

*** Beaubourg 🟥4, Karte S. 121. Das Hotel, das in unmittelbarer Nähe des Centre Pompidou gelegen ist, besitzt viel Charme. Einige Zimmer gehen auf den ruhigen Innenhof hinaus. Kostenloses WLAN. DZ ab 170 € (im Internet mit Glück ab 95 €); Frühstück 10 €. 11, rue Simon Lefranc, 75004, ☎ 0142743424,

℘ 0142786811, Ⓜ Rambuteau (Linie 11). www.beaubourg-paris-hotel.com.

*** Verneuil Saint-Germain 🔳 **3**, Karte S. 164/165. Kleines Hotel mit Stil und verspieltem Interieur mitten in Saint-Germain. Jedes der 26 Zimmer ist individuell eingerichtet, Pastelltöne und stimmungsvolles Wanddekor sorgen für eine angenehme Atmosphäre. DZ 230–245 € (im August und in der Nebensaison auch Sondertarife); Frühstück 15 €. 8, rue Verneuil, 75007, ℘ 0142608214, ℘ 0142614038, Ⓜ Saint Germain des Prés (Linie 7). www.hotelverneuil.com.

*** Hôtel de la Tulipe 🔳 **5**, Karte S. 184/185. An der Stelle eines ehemaligen Klosters (von dem allerdings kaum mehr etwas zu sehen ist) wurde ein Hotel errichtet, das sich in der Farbauswahl und im Stil die Provence zum Vorbild genommen hat. Ansprechende Zimmer mit Fachwerkdecke und teilweise unverputzten Bruchsteinmauern. Besonders schön ist der idyllische Innenhof, in dem auch das Frühstück (10 €) serviert wird. EZ ab 129 €, DZ 149–189 € Appartements ab 310 €. 33, rue Malar, 75007, ℘ 0145516721, ℘ 0147539637, Ⓜ La Tour Maubourg (Linie 8). www.paris-hotel-tulipe.com.

≫ Mein Tipp: *** Des Grandes Ecoles 🔳 **24**, Karte S. 150/151. Klösterliche Ruhe am Ende einer Sackgasse inmitten des Quartier Latin. Das Hotel verteilt sich auf mehrere Gebäude, die um einen hübschen Garten – in dem im Sommer das Frühstück (9 €) serviert wird! – angeordnet sind. Manche Zimmer sind etwas klein, die im 1. Stock sind vorzuziehen. Von Lesern gelobt. Sehr beliebt, daher empfiehlt es sich, rechtzeitig zu buchen. WLAN. Die etwas altertümlich eingerichteten Zimmer besitzen – trotz Blümchentapete und Häkeldecke – durchaus Flair und kosten 130–150 €, Parkplatz 30 €. 75, rue du Cardinal Lemoine, 75005, ℘ 0143267923, ℘ 0143252815, Ⓜ Cardinal Lemoine (Linie 10). www.hotel-grandes-ecoles.com. ≪

*** Lenox Saint-Germain 🔳 **5**, Karte S. 164/165. Elegante, geräumige Zimmer mit Flair und Stil (die Eingangshalle datiert in die 30er Jahre). Ein Schmankerl für Joyce-Fans: In diesem Hotel beendete er seinen „Ulysses". DZ ab 185 €; Frühstück 15 €. 9, rue de l'Université, 75007, ℘ 0142691095, ℘ 0142615283, Ⓜ Saint Germain des Prés (Linie 4). www.lenoxsaintgermain.com.

≫≫ Mein Tipp: *** Hôtel de la Paix 🔳 **6**, Karte S. 177 Ansprechendes unlängst renoviertes Hotel in zentraler Lage am Montparnasse: Bereits in der Lobby mit den schönen Holzdielen ist ein stimmungsvoller Auftakt. In den Erdfarben gehaltenen Zimmer strahlen viel Charme aus. Moderne Bäder. Kostenloses WLAN. DZ je nach Ausstattung 99–185 €; Frühstück 9 €. 225, boulevard Raspail, 75014, ℘ 0143203582, Ⓜ Raspail (Linie 4 und 12). www.hoteldelapaix.com. ≪

*** Minerve 🔳 **13**, Karte S. 150/151. Stilvolles, dennoch günstiges Hotel am Rande des Quartier Latin. WLAN. DZ – teilweise mit Balkon – je nach Ausstattung 132–168 €; Frühstück 9 €. 13, rue des Ecoles, 75005, ℘ 0143262604, ℘ 0144070196, Ⓜ Jussieu (Linie 7 und 10). www.hotel-paris-minerve.com.

*** Beaumarchais 🔳 **16**, Karte S. 250/251. Charmantes Hotel mit großzügigen Zimmern in modernen Farben, vorzugsweise gelb. Ideal für Szenegänger, da die Kneipen in der Rue Oberkampf genauso wie das Marais bequem zu Fuß zu erreichen sind. WLAN vorhanden. EZ 75–90 €, DZ 110–130 €, Suite ab 150 €; Frühstück 10 €. 3, rue Oberkampf, 75011, ℘ 0153368686, ℘ 0143383286, Ⓜ Filles-du-Calvaire (Linie 8). www.hotelbeaumarchais.com.

*** Istria 🔳 **8**, Karte S. 177. Ein Traditionshaus: Schon Man Ray, Marcel Duchamp, Elsa Triolet, Rainer Maria Rilke und Eric Satie logierten in der charmanten Herberge am Montparnasse. Kostenloses WLAN. Die Preise für die in braunen Holzfarben gehaltenen Doppelzimmer variieren je nach Reisezeit, Größe und Ausstattung von 80–150 €, wobei die günstigsten Zimmer recht klein sind; Frühstück 10 €. 29, rue Campagne Première, 75014, ℘ 0143209182, ℘ 0143224845, Ⓜ Raspail (Linie 4 und 12). www.hotel-istria-paris.com.

≫≫ Lesertipp: *** Corail 🔳 **41**, Karte S. 135. Das Hotel am Gare de Lyon ist ein Lesertipp von Sibylle Feith und Jörg Schlecht, die das Preis-Leistungs-Verhältnis und die gute zentrale Lage lobten. Eines der günstigsten Drei-Sterne-Hotels der Stadt. WLAN. EZ 89 €, DZ ab 99 €, bei Internetbuchungen sowie im August und am Wochenende günstiger; Frühstück 8 €. 23, rue de Lyon, 75012, ℘ 0143432354, ℘ 0143438255, Ⓜ Gare de Lyon (Linie 1 und 14). www.corailparishotel.com. ≪

»» Mein Tipp: ** Amour **27**, Karte S. 234/235. Attraktives Designhotel in einem ehemaligen Stundenhotel unterhalb des Montmartre – und es weht immer noch ein Hauch von Erotik durchs Haus. Jedes Zimmer wurde individuell in teils kräftigen Farben (rot, grün, schwarz) gestaltet. Kein TV, kein Telefon, dafür WLAN im ganzen Haus. Idyllischer Innenhof, coole Bar, gutes Restaurant. EZ (klein) 105 €, DZ 155–215 €. 8, rue Navarin, 75009, ℡ 0148783180, Ⓜ Saint Georges (Linie 12). www.hotelamourparis.fr. **«**

** Valadon **12**, Karte S. 184/185. Ansprechendes Boutique-Hotel zwischen Eiffelturm und Invalidendom. Die Zimmer sind individuell und geschmackvoll eingerichtet. Das Frühstück wird im benachbarten Hotel Cadran serviert, wo sich auch die Rezeption befindet. Kostenloses WLAN. DZ ab 190 €; Frühstück 10 €. 16, rue Valadon, 75007, ℡ 0147538985, ✆ 0140626713, Ⓜ La Tour Maubourg (Linie 8). www.hotelvaladon.com.

»» Mein Tipp: ** Mama Shelter **12**, Karte S. 250/251. Dieses von Philippe Starck eingerichtete Designhotel im Pariser Osten (unweit des Père Lachaise) liegt neben einer aufgelassenen Bahnlinie ein wenig im touristischen „Abseits", aber es besticht durch sein gutes Preis-Leistungs-Verhältnis (günstige Internetangebote) und das ungewöhnliche Ambiente. Schon die Lobby begeistert! Die Zimmerwände sind entweder schwarz gestrichen oder in Sichtbeton ausgeführt, die Bäder weiß gefliest. Herrliche Matratzen! Das Hotel ist zudem ein Paradies für Internet- und Mac-Liebhaber (kostenloses WLAN). Jedes Zimmer ist mit einem iMac samt DVD- und CD-Player sowie einer Mikrowelle ausgestattet, zudem kann man ZDF und 3Sat schauen. Ein gutes Restaurant sowie eine Pizzeria sind vorhanden, im Sommer sitzt man auf der Terrasse. DZ je nach Saison 119–309 € (die teureren verfügen sogar über einen Balkon oder eine eigene Terrasse); Frühstück 15 €. 109, rue de Bagnolet, 75020, ℡ 0143484848, ✆ 0143484949, Ⓜ Alexandre Dumas (Linie 2). www.mamashelter.com. **«**

** De la Place des Vosges **38**, Karte S. 121. Kleines, familiäres Hotel mit 16 Zimmern, nur einen Steinwurf weit von der Place des Vosges entfernt. EZ 80 €, DZ von 90–95 €; Frühstück 8 €. 12, rue de Birague, 75004, ℡ 0142726046, ✆ 0142720264, Ⓜ Bastille (Linie 1, 8 und 9). www.hotelplacedesvosges.com.

** Villa des Princes **38**, Karte S. 164/165 Zeitgenössisches kleines Hotel mit nur elf Zimmern in einem Haus aus dem 17. Jahrhundert in Saint-Germain. Die Zimmer sind teilweise recht klein, verfügen aber über tolle Bäder. Kosteloses WLAN. EZ 129 €, DZ 149 €; Frühstück 10 €. 75006, ℡ 0146333169, Ⓜ Odéon (Linie 4 und 10). www.villa-des-princes.com.

** Regyn's Montmartre **14**, Karte S. 234/235. Kleines, freundliches Hotel im Zentrum von Montmartre. Wenn möglich, sollte man unbedingt eines der teuren Zimmer im 4. oder 5. Stock reservieren, da man von dort eine phantastische Aussicht über Paris hat. Teures WLAN! Zimmer je nach Ausstattung EZ 91–111 €, DZ 122–142 €; Frühstück 8 €. 18, place des Abbesses, 75018, ℡ 0142544521, ✆ 0142237669, Ⓜ Abbesses (Linie 12). www.paris-hotels-montmartre.com.

** Hôtel du Collège de France **10**, Karte S. 150/151. Kleineres Hotel mit 29 Zimmern im Herzen des Quartier Latin. Behagliche (teils kleine) Räume mit altertümlichen Bädern, dafür viel persönliches Flair. Kostenloses WLAN. EZ ab 95 €, DZ je nach Saison und Ausstattung 110–165 €, das teuerste Zimmer sogar mit Balkon; Frühstück 10 €. 7, rue Thénard, 75005, ℡ 0143267836, ✆ 0146345829, Ⓜ Maubert-Mutalité (Linie 1). www.hotel-collegedefrance.com.

🌿 ** De la Porte Dorée **43**, Karte S. 135. Persönlich geführtes (Nichtraucher-)Hotel im Pariser Osten. Die charmanten Zimmer sind in freundlichen Farben gehalten, haben Parkettböden und schöne Bäder. Außerdem fühlt man sich dem ökologisch-verantwortlichen Tourismus verpflichtet (*La Clef vert*). Ein weiteres Plus: Wer will, ist in wenigen Fußminuten im Bois de Vincennes, wo man herrlich spazieren gehen oder Frühsport treiben kann. Kostenloses WLAN. Günstigere Preise ab drei Nächten sowie bei Internetbuchung. EZ 70–80 €, DZ 85–130 € (Internettarife variieren stark); Frühstück 10 €. 273, avenue Daumesnil, 75012, ℡ 0143075697, ✆ 0149280818, Ⓜ Porte-Dorée (Linie 8). www.hoteldelaportedoree.com. ■

** Grand Hôtel des Balcons **39**, Karte S. 164/165. Hinter der ansprechenden Fassade verbirgt sich ein nettes Hotel mit zivilen Preisen, aber etwas zu kleinen Zimmern. Das Frühstück für 12 € lohnt sich. WLAN. EZ ab 95 €, DZ ab 115 €. 3, rue Casimir Delavigne, 75006, ☎ 0146347850, ✆ 014634062, Ⓜ Odéon (Linie 4 und 10). www.balcons.com.

** Michelet Odéon  46, Karte S. 164/165. Angenehmes Hotel am Théâtre de l'Odéon, stilvoll und modern renoviert mit großen französischen Fenstern. Vorzuziehen sind die Zimmer in den oberen Stockwerken, beispielsweise Nr. 26 und 38. Kostenloses WLAN. EZ 100 €, DZ je nach Ausstattung 120–140 € (von Mitte Juli bis Aug. 20 € günstiger); Frühstück 12 €. 6, place de l'Odéon, 75006, ☎ 0153100560, ✆ 0146345535, Ⓜ Odéon (Linie 4 und 10). www.hotelmicheletodeon.com.

** Du Printemps 19, Karte S. 250/251 Ebenfalls im Pariser Osten gefällt dieses Hotel mit seinen geschmackvoll eingerichteten Zimmern durch sein gutes Preis-Leistungs-Verhältnis. Kostenloses WLAN. EZ ab 66 €, DZ ab 72 €. 80, boulevard de Picpus, 75012, ☎ 0143436231, Ⓜ Nation (Linie 1, 2, 6 und 9) oder Picpus (Linie 6). www.parishotelprintemps.com.

》》 Mein Tipp: ** Chopin 8, Karte S. 222/223. Mitten im Zentrum und dennoch vollkommen ruhig! Das Hotel befindet sich nämlich am Ende der malerischen Passage Jouffroy. Etwas altertümlich, aber durchaus mit Charme. Keines der unterschiedlich großen Zimmer grenzt an eine Straße, den besten Blick haben die Zimmer im 4. Stock. EZ 68–84 € (das günstigste mit Etagendusche), DZ 89–114 €; Frühstück 7 € (mit frisch gepresstem Orangensaft!). 10, boulevard Montmartre (46, passage Jouffroy), 75009, ☎ 0147705810, ✆ 0142470070, Ⓜ Richelieu Drouot (Linie 8 und 9). www.hotelchopin.fr. 《《

** De Nice 27, Karte S. 121. Herrlich verspieltes Hotel mit allerlei Nippes, an einer etwas lauten Straße gelegen. Bereits der Gang zur Rezeption im 1. Stock aber begeistert. Zwei Dachzimmer mit eigenem Balkon. Kostenpflichtiges WLAN. EZ ab 80 €, DZ 110–160 €; Frühstück 8 €. 42 bis, rue de Rivoli, 75004, ☎ 0142785529, ✆ 0142783607, Ⓜ Hôtel de Ville (Linie 1 und 11). www.hoteldenice.com.

** Grand Hôtel Jeanne d'Arc 32, Karte S. 121. Günstige, kinderfreundliche Herberge im historischen Marais-Viertel nahe der Place Sainte-Catherine. Ruhig, gepflegt und mit großzügigen, farbenfrohen Zimmern, nur die günstigsten Einzelzimmer sind etwas

Das Hôtel Chopin liegt
mitten in einer Passage

klein bemessen. Freundlicher Empfang. WLAN. Rechtzeitige Reservierung ratsam. EZ je nach Größe 65–90 €, DZ 81–118 €, Frühstück 8 €. 3, rue Jarente, 75004, ☎ 01488 76211, ✆ 0148873731, Ⓜ Saint-Paul (Linie 1). www.hoteljeannedarc.com.

** Du Globe 32, Karte S. 164/165. Kleines, sympathisches Hotel in einem Haus aus dem 17. Jahrhundert, allerdings preislich am oberen Ende der Skala eines Zwei-Sterne-Hotels angesiedelt. Manche der 14 Zimmer besitzen ein offenes Bruchsteinmauerwerk. WLAN. EZ 99–160 €, DZ 109–170 €; Frühstück 12 €. Günstigere Preise im Internet. 15, rue des Quatre Vents, 75006, ☎ 0143263550, ✆ 0146336269, Ⓜ Odéon (Linie 4 und 10). www.hotel-du-globe.fr.

** Hôtel des Arts 11, Karte S. 135. Das kleine Hotel am nordöstlichen Rand des Bastille-Viertels ist eine angenehme Adresse.

Leser äußerten sich ebenfalls recht positiv. Alle Räume haben Schallschutzfenster Die Preise der in hellen Farben strahlenden Zimmer wurden in den letzten Jahren erhöht: EZ je nach Ausstattung ab 90 €, DZ ab 115 € (im Internet meist günstiger); Frühstück 6,50 €. 2, rue Godefroy Cavaignac, 75011, ✆ 0143797257, 🖷 0143790660, Ⓜ Voltaire (Linie 9). www.paris-hotel-desarts.com.

** **Baudelaire Bastille** 23, Karte S. 135. Näher kann man an der Partymeile der Rue de Lappe nicht wohnen. Die Zimmer sind inzwischen allerdings etwas heruntergekommen. WLAN in der Rezeption. EZ ab 55 €, DZ ab 65 €; Frühstück 7 €. 12, rue de Charonne, 75011, ✆ 0147004098, 🖷 0143385781, Ⓜ Bastille (Linie 1, 5 und 8). www.paris-hotel-bastille.com.

》》》 **Mein Tipp:** * **El Dorado** 23, Karte S. 234/235. Die unweit des Montmartre gelegene Herberge ist so kosmopolitisch wie individuell und das vollkommene Gegenteil eines langweiligen Kettenhotels. Einige Zimmer sind mit Antiquitäten ausgestattet und in warmen Farbtönen gehalten, was ihnen einen afrikanischen Touch verleiht, andere wieder sind einen Tick moderner gestaltet. Kleinode sind die Terrasse und der begrünte Innenhof hinter dem Haus, wo man bei einem Glas Wein zusammensitzen kann. Nettes Bistro, WLAN. Fazit: In dieser Preisklasse kann man in Paris nicht charmanter wohnen, wenngleich man bei den günstigsten Zimmern zum Duschen und zur Toilette über den Flur huschen muss. Rechtzeitige Reservierung ratsam! Frühstück 9 €. EZ 39–65 €, DZ 67 bzw. 75–85 €. 18, rue des Dames, 75017, ✆ 0145223521, 🖷 0143 872597, Ⓜ Place de Clichy (Linie 2 und 13). www.eldoradohotel.fr. 《《

》》》 **Mein Tipp:** * **Henri IV** 2, Karte S. 95. Das einzige Hotel auf der Ile de la Cité liegt schmalbrüstig zwischen Häuserfronten eingeklemmt; es befindet sich seit 1937 in Familienbesitz und verfügt über 15 einfache, aber gepflegte Zimmer, davon drei mit Balkon und Blick auf die Place Dauphine. Hier wohnte übrigens in den 1950er Jahren der Soziologe Nicolaus Sombart und erlebte seine (erotischen) „Pariser Lehrjahre". Zimmer 67–90 € (je nach Ausstattung) und Saison, inkl. Frühstück, die günstigsten ohne Dusche und WC. 25, place Dauphine, 75001, ✆ 0143544453, Ⓜ Pont-Neuf (Linie 7). www.henri4hotel.fr. 《《《

* **Stella** 47, Karte S. 164/165. Ein altes Haus mit Patina, mitten in Saint-Germain. Über alte Holzstiege geht es hinauf zur Rezeption und den individuell geschnittenen Zimmern mit ihren wuchtigen Fachwerkbalken. EZ 60 €, DZ 70 €. Kein Frühstück, kein Telefon. 41, Monsieur le Prince, 75006, ✆ 0140510025, Ⓜ Odéon (Linie 4 und 10). http://hotel-stella.voila.net.

* **Saint André des Arts** 25, Karte S. 164/165. Sehr gut geführtes und gepflegtes Ein-Sterne-Hotel im Herzen von Saint-Germain. Das Haus aus dem 17. Jahrhundert besitzt Charakter, Atmosphäre und hohe Decken. Die Zimmer sind individuell zugeschnitten, haben keinen Fernseher, aber moderne Bäder und WLAN. Es gibt keine Lift und bis zum 4. Stock sind es exakt 102 Treppenstufen, wie uns ein Leser schrieb. EZ 76 €, DZ 96–103 € (inkl. Frühstück). 66, rue Saint André des Arts, 75006, ✆ 0143269616, 🖷 0143297334, Ⓜ Odéon (Linie 4 und 10). hsaintand@wanadoo.fr.

🍃 * **Solar Hotel** 10, Karte S. 177. Relativ modernes gepflegtes Hotel mit gutem Preis-Leistungs-Verhältnis, das sich stark an umweltschonenden Kriterien orientiert. Viele Zimmer haben einen kleinen Balkon. Unweit des Friedhofs von Montparnasse und der Marktstraße Rue Daguerre gelegen. Kleiner Garten, kostenloser Fahrradverleih, kostenloses WLAN. DZ 69 €, Familienzimmer 89 € (inkl. Bio-Frühstück). 22, rue Boulard, 75014, ✆ 0143210820, Ⓜ Denfert Rochereau (Linie 4 und 6). www.solarhotel.fr. ∎

* **Port-Royal** 34, Karte S. 150/151. Kleines, aber nettes Hotel in der Nähe der Rue Mouffetard im Quartier Latin. Seit 1931 in Familienbesitz! Zimmer zum Hof recht ruhig. EZ mit fließend Wasser ab 47 €, DZ ab 58 € (plus 2,50 € pro Duschvorgang), mit Dusche oder Bad 84–89 €; Frühstück 6 €. 8, boulevard Port-Royal, 75005, ✆ 0143317006, 🖷 0143313367, Ⓜ Les Gobelins (Linie 7). www.hotelportroyal.fr.

* **Hôtel de la Herse d'Or** 40, Karte S. 121. Im Marais-Viertel unweit der Place de la Bastille gelegen, empfiehlt sich dieses ordentlich geführte Hotel. Ruhebedürftige wählen ein Zimmer zum — leider recht düsteren — Innenhof oder nach hinten. Kostenloses WLAN. Die 35 Zimmer kosten je nach Größe und Ausstattung 69 € (EZ mit Etagendusche und WC), DZ 65 € (Etagendusche) bis hinaus zu 129 € (mit Bad und WC).

Manch einer träumt von einem Wasserbett …

Wobei es bei Zimmerpreisen über 100 €
schönere Alternativen gibt. 20, rue Saint-Antoine, 75004, ☏ 0148878409, ✆ 0148879401, Bastille (Linie 1, 8 und 9).
www.hotel-herse-dor.com.

Appi Hotel 🟫, Karte S. 222/223. Einfaches,
aber sauberes Low-Budget-Hotel in einem
etwas anrüchigen Viertel, auf einen Aufzug
und einen Fernseher muss man verzichten,
dafür gibt es WLAN. EZ mit Waschbecken
30–45 €, DZ 50–65 € (das teure mit WC und
Dusche); Frühstück 6 €. 158, rue Saint-Denis, 75002, ☏ 0142333516, ✆ 0142333157, Ⓜ Réaumur (Linie 3 und 4). www.appihotel.com.

Oops Hostel 🟫, Karte S. 150/151. Das im
September 2007 eröffnete Budget-Hostel ist
so farbenfroh wie stilvoll. Nicht nur den
schönen Doppelzimmern ist anzumerken,
dass hier ein guter Innenarchitekt beschäftigt
war. Zum Quartier Latin sind es nur wenige
Fußminuten. Je nach Saison für 23–30 € im
Schlafsaal oder 70–90 € im eigenen Zimmer
(verschiedene Größen, manche mit Balkon).
50, avenue des Gobelins, 75013, ☏ 0147074700,
✆ 0143311774, Ⓜ Les Gobelins (Linie 7).
www.oops-paris.com.

Le Village Hostel 🟦, Karte S. 234/235. Das
Hostel für alle Montmartre-Liebhaber. Viele
englische Gäste. Übernachtung 28–45 € im
Schlafsaal oder 35–55 € im DZ (pro Pers., jeweils inkl. Frühstück). 20, rue d'Oursel,
75018, ☏ 0142642202, ✆ 0142642204, Ⓜ Anvers
(Linie 2). www.villagehostel.fr.

Plug-Inn 🟦, Karte S. 234/235. ein Boutique
Hostel am Montmartre. Die Zimmer sind

von 11–15 Uhr nicht zugänglich. Kostenloses WLAN. Übernachtung im Schlafsaal
25 €, DZ ab 60 € (jeweils inkl. Frühstück). 7,
rue Aristide Bruant, 75018, ☏ 0142584258,
Ⓜ Abbesses (Linie 12). www.plug-inn.fr.

Hôtel du Commerce 🟦, Karte S. 234/235.
Schlichtes, wenig charmantes Low-Budget-
Hotel mit Jugendherbergspreisen, direkt auf
dem Montmartre. Gemeinschaftsduschen,
kein Frühstück. EZ ab 19 €, DZ je nach Ausstattung 23–40 €. 34, rue des Trois-Frères,
75018, ☏ 0142648169. Ⓜ Abbesses (Linie 12).

young & happy hostel 🟫, Karte S. 150/151.
Einfaches Backpacker-Hostel im Quartier
Latin mit internationalem Flair. Lockere Atmosphäre. Achtung: 11–16 Uhr geschlossen! Übernachtung im 4- bis 6-Bett-Zimmer
27–35 €, im DZ ab 35 € (beide mit Etagendusche), jeweils inkl. Frühstück. 80, rue
Mouffetard, 75005, ☏ 0147074707,
✆ 0147072224, Ⓜ Place Monge (Linie 7).
www.youngandhappy.fr.

The 3 Ducks Hostel 🟦, Karte S. 184/185.
Vorzugsweise internationales Publikum
trifft sich in diesem Backpacker-Hostel. Für
viele ist es nur eine Station auf ihrem Euro-
patrip. Auf alle Fälle kann man hier schnell
Kontakte knüpfen. Einziges Manko: Im touristisch uninteressanten 15. Arrondissement
gelegen. Zum Eiffelturm ist es aber nur eine Viertelstunde zu Fuß. Ⓜ Commerce (Linie 8). Übernachtung im DZ ab 23 €, im
Mehrbettzimmer ab 18 €, jeweils inkl. Frühstück. 6, place Etienne Pernet, 75015,
☏ 0148420405, ✆ 0188829999, Ⓜ Félix-Faure
oder Commerce (Linie 8). www.3ducks.fr.

Preislich sehr attraktiv sind die zahlreichen französischen Kettenhotels der günstigsten Kategorie. Sieht man davon ab, dass die Zimmer kein Flair haben und am Stadtrand liegen (viele an den Ausfahrten links und rechts des Boulevard Périphérique), so kann man beispielsweise im Hotel Formule 1 für rund 45 € in einem Zimmer für bis zu drei Personen nächtigen.

Internet: www.hotelformule1.com, www.etaphotel.com, www.campanile.fr.

Appartements, Privatzimmer (Chambres d'hôtes), Boote und Ferienwohnungen

Die attraktiven Alternativen für Besucher, die längere Zeit in Paris bleiben und sich gelegentlich auch selbst versorgen wollen.

Adagio City Aparthotels, eine Alternative zum Hotel, vor allem auch für Familien und Geschäftsreisende: ein modernes Appartement mit Hotelservice und komplett ausgestatteter Küche, sodass man nicht immer ins Restaurant gehen muss. Insgesamt unterhält Adagio acht Aparthotels in Paris – u. a. beim Eiffelturm, den Champs-Élysées, der Opéra und am Montmartre sowie eines im Disneyland. Einige der Hotels verfügen sogar über einen Fitnessbereich mit Schwimmbad, Kardio-Trainingsraum, Whirlpools und Dampfbad. WLAN vorhanden. Auskünfte erteilt die deutsche Zentrale: Kaltenbornweg 1–3, 50649 Köln. Die Preise beginnen je nach Ausstattung, Größe (2–6 Pers.) sowie Reisezeit und -dauer bei 105 € pro Nacht. ℡ 01805/901011, www.pv-holidays.de.

www.ebab.de, unter dieser Internetadresse findet man unkompliziert Zimmer und Wohnungen in Paris. Eine genaue Beschreibung sowie Bilder finden sich im Internet. Hinweis: In erster Linie richtet sich das Angebot an schwule oder lesbische Reisende, allerdings werden auch Heteros gerne als Gäste akzeptiert. Mit Preisen von 45–140 € pro Nacht für 1 oder 2 Personen ist dieses Angebot sehr günstig. www.ebab.de.

Citadines Apparthotels, vermietet in mehreren Stadtteilen Studios. Studio je nach Saison ab 100 € pro Tag. ℡ 0033/0825/333332, www.citadines.com.

France Appartements, möblierte Appartements für eine Woche bis hin zu drei Monaten vermitteln: **France Appartements**. 97, avenue des Champs-Élysées, 75008 Paris, ℡ 0033/0156893100, ✆ 0033/0156893101, www.rentapart.com. **Servissimo**, 33, quai Tournelle, 75005 Paris, ℡ 0033/0143290323, ✆ 0033/0143295343 www.servissimo-paris.com. **Paris Appartements Services**, 69, rue d'Argout, 75002 Paris, ℡ 0033/0140280128, ✆ 0033/0140289201, www.paris-apts.com.

we-Paris, ℡ 0033/0663972811. www.we-paris.com.

Bed & Breakfast, sehr schöne Privatzimmer vermittelt diese deutsche Agentur: Bed & Breakfast. Ab 40 € pro Person. ℡ 06251/702822, www.bed-breakfast.de.

Meeting the French, ansprechende Chambres d'hôtes in ganz Paris. 58, rue Custine, 75018 Paris, ℡ 0033/0142511980, www.meetingthefrench.com.

Jugendhotels/-herbergen

In Paris stehen in Jugendherbergen und Jugendhotels rund 3000 Betten für jugendliche Reisende bereit. Eine Übernachtung in einer Auberge de Jeunesse setzt auch in Frankreich den Besitz eines internationalen Jugendherbergsausweises voraus – er kann entweder beim Deutschen Jugendherbergswerk oder seinem französischen Pendant erworben werden –, eine Altersbegrenzung gibt es hingegen nicht. Aktuelle Verzeichnisse zu Jugendherbergen können beim jeweiligen Landesverband oder beim Französischen Fremdenverkehrsamt angefordert werden.

MIJE Maubuisson **34**, Karte S. 121. Charmantes, unlängst renoviertes Jugendhotel im Marais-Viertel (es gibt noch zwei weitere von MIJE in Paris). EZ 51 €, im 4-Bett-Zimmer 31 €, im DZ 38 € pro Person (jeweils inkl. Frühstück). 12, rue des Barres, 75004, ✆ 0142742345, 🖷 0140278164, Ⓜ Saint-Paul/Pont Marie (Linie 1 und 7). www.mije.com.

Auberge Internationale des Jeunes **29**, Karte S. 135. Umtriebige und günstige Herberge am Rand des Bastille-Viertels. Nur für Reisende bis 25 Jahre. Übernachtung in 2-Bett-Zimmern mit Frühstück je nach Reisezeit bis zu 20 € pro Person, im 4-Bett-Zimmer 17–18 €, ebenfalls inkl. Frühstück. 10, rue Trousseau, 75011, ✆ 0147006200, 🖷 0147003316, Ⓜ Faidherbe Chaligny (Linie 8). www.aijparis.com.

Auberge de Jeunesse Jules Ferry **4**, Karte S. 250/251. Relativ klein, daher oft ausgebucht. WLAN. 25,80 € im Mehrbettzimmer inkl. Frühstück. 8, boulevard Jules Ferry, 75011, ✆ 01435755860, 🖷 0143148209, Ⓜ République (Linie 3, 5 und 9). www.fuaj.org/Paris-Jules-Ferry.

Auberge de Jeunesse d'Artagnan **13**, Karte S. 250/251. Die zweite Pariser Jugendherberge liegt etwas weiter außerhalb, hinter dem Friedhof Père Lachaise. Zum Ausgleich ist sie größer und moderner. Übernachtung ab 27,80 € (inkl. Frühstück). 80, rue Vitruve, 75020, ✆ 0140323456, Ⓜ Porte de Bagnolet (Linie 3). www.fuaj.org/Paris-Le-d-Artagnan.

Weitere Informationen Deutsches Jugendherbergswerk, Bismarckstr. 8, 32756 Detmold, ✆ 05231/99360. www.jugendherberge.de. Fédération Unie des Auberges de Jeunesse (FUAJ) Centre National, 27, rue Pajol, 75018, ✆ 0033/0144898727, 🖷 0033/014489 8710. www.fuaj.org.

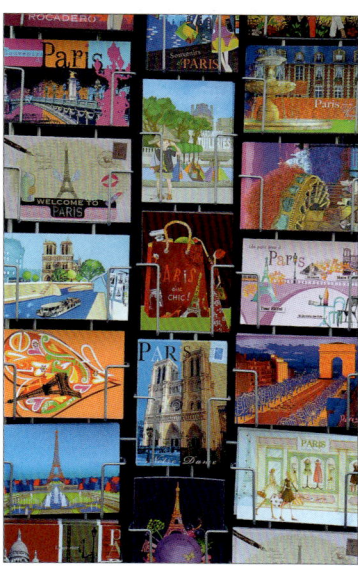

Postkartenidyllen

Camping

Wer in Paris im Zelt oder Wohnwagen übernachten will, hat keine große Auswahl. Auf dem Pariser Stadtgebiet gibt es nur einen Campingplatz im Bois de Boulogne, aber als Ausweichstandorte bieten sich Plätze in der Umgebung an, von denen man problemlos mit RER-Schnellzügen ins Zentrum fahren kann.

**** Camping Bois de Boulogne, direkt an der Seine zwischen Pont de Puteaux und Pont-de-Surenes. Ganzjährig geöffnet, in der Hochsaison wegen seiner zentralen Lage zumeist überfüllt und nicht gerade billig. Wohnwagenvermietung. Im Sommer mit Supermarkt, Bar, Restaurant. Rund 35 € mit Zelt in der Hochsaison. 2, allée au Bord de l'eau, 75016, ✆ 0145243000, 🖷 0142244295. Ⓜ Porte Maillot und Bus 244 (hält 200 m südl. des Platzes; von April–Sept. gibt es zudem einen kostenpflichtigen Shuttleservice ab Porte Maillot). www.campingparis.fr.

** Camping du Parc-Etang, im Südwesten von Paris, ganzjährig geöffnet. ✆ 0130585620, 🖷 0134600714. 78180 St.-Quentin-en-Yvelines (RER C). www.camping-paris.net.

*** Camping Paris Est, in der Nähe von Disneyland, ebenfalls ganzjährig geöffnet. Boulevard des Alliés, 94507 Champigny sur Marne. ✆ 0143974397, 🖷 0148890794. www.campingparis.fr.

Chartier – eine der letzten historischen „Suppenküchen"

Essen und Trinken

Paris ist die kulinarische Metropole der Welt. Doch ist bei der Auswahl des Restaurants manchmal Vorsicht angebracht, wie schon der Reiseschriftsteller Hans Scherer aus eigener Erfahrung wusste: „Ich habe noch nirgendwo besser gegessen als in Paris, aber ich habe auch noch nirgendwo so schlecht, so teuer und mit so unfreundlichem Service gegessen wie in Paris."

Mehr als 8000 Restaurants gibt es in Paris, darunter mehr als 1000 mit asiatischer Küche. Neben erlesenen Gourmettempeln, deren Starköche einen regelrechten Kultstatus besitzen, findet man einfache Bistros, die sich auf eine der französischen Regionalküchen spezialisiert haben. Eine Pariser Küche im eigentlichen Sinn existiert nicht. Wer die Abwechslung liebt, kann in einem der zahllosen Restaurants mit internationaler Küche schlemmen, wobei die nordafrikanischen, vietnamesischen und thailändischen Lokale und Schnellimbisse auf kulinarische Weise an die koloniale Vergangenheit Frankreichs erinnern.

Die französische Küche hat ihren **Preis.** Im Restaurant schlägt ein durchschnitt-liches Abendmenü mit Vorspeise, Hauptgericht, Dessert und einem Viertel offenen Landwein mit mindestens 25 € zu Buche, in der Regel wird man in Paris mit mehr als 30 € rechnen müssen. Es gibt einige, wenige gute Restaurants mit französischer Küche, die mittags die 15-€-Grenze unterschreiten, doch meist ist bei solch preisgünstigen Angeboten Skepsis angebracht. Wer hingegen in edlem Ambiente über vier oder fünf Gänge hinweg dinieren möchte, wird leicht ein Mehrfaches los. Die bekannten Gourmetrestaurants bieten ihre Spezialitäten ab 75 € aufwärts an. À la carte zu bestellen, lohnt sich nur in den seltensten Fällen, meist ist eine selbst zusammengestellte, dreigängige Mahlzeit mindestens einein-halbmal so teuer wie ein vergleichbares Menü. Deutlich günstiger sind die Preise für ein **Mittagsmenü**, in sehr touristi-schen Vierteln ist allerdings davon abzu-raten, da die Angebote oft nicht halten, was sie versprechen. Ein Tipp für alle, die mit einer eher knapp bemessenen Reisekasse unterwegs sind, aber an-spruchsvolle Gaumenfreuden nicht mis-sen möchten: Statt 25 € für ein langwei-liges 08/15-Menü ohne Wein zu zahlen, empfiehlt es sich, zur Mittagszeit in ei-nem wohlfeilen Restaurant zu tafeln – die Rechnung für ein Mittagsmenü oder Tagesgericht (*plat du jour*) fällt dann nur unwesentlich höher aus, die Qualitätsun-terschiede können jedoch beachtlich sein. Hinweis: Vor allem abends empfiehlt es sich, vorab einen Tisch zu reservieren.

Der Gemeinplatz „andere Länder, ande-re Sitten" charakterisiert wohl am tref-fendsten die Esskultur eines Landes. Die französischen **Essgewohnheiten** unterscheiden sich in vielerlei Hinsicht von denen ihrer deutschsprachigen Nachbarländer. Das Frühstück (*petit déjeuner*) beispielsweise fällt wie in al-len romanischen Ländern eher karg aus, eine Schale Milchkaffee (*café crème*) und ein Croissant genügen den meisten Franzosen bis zum Mittages-sen (*déjeuner*). Auch pflegen die Fran-zosen in der Regel später als die Deut-schen zu essen. Mittags füllen sich die Restaurants erst ab 12.30 Uhr, mit dem Abendessen (*dîner*) wird kaum vor 19.30 Uhr begonnen. Zum Essen sollte man viel Zeit mitbringen; wer mittags nur schnell eine Kleinigkeit zu sich neh-men will, ist daher in einem Café, ei-nem Bistro oder einer Brasserie besser aufgehoben. Am Wochenende und in beliebten Restaurants empfiehlt es sich, einen Tisch vorzubestellen, und sei es nur eine Stunde vorher. Auch ohne Re-servierung gebietet die französische Höflichkeit, dass der Gast im Restau-rant nicht einfach den nächstbesten freien Tisch ansteuert, sondern sich am

Eingang geduldet, bis ihm ein Platz an-geboten wird; eigene Wünsche können selbstverständlich geäußert werden. Die Bedienung wird mit *Madame* bezie-hungsweise *Monsieur* angesprochen. Im Restaurant wird erwartet, dass man sich zumindest für ein dreigängiges Menü entscheidet, mittags kann man allerdings – falls angeboten – problem-los nur das Tagesgericht (*plat du jour*) ordern. Obwohl eine Karaffe mit einfa-chem Leitungswasser sowie Brot (zu-meist *baguette*) kostenlos zu jedem Es-sen gereicht werden, bestellen die Fran-zosen zum Wein oft noch ein kohlen-säurearmes Mineralwasser. Ein geflügel-tes deutsches Sprichwort behauptet zwar, Käse schließe den Magen, die Fran-zosen lassen auf den Käsegang aber meist noch ein Dessert oder Obst folgen.

Nobles Ambiente: Café im Musée d'Orsay

Meeting the French

Oft ist es schwer, mit Einheimischen in Kontakt zu kommen. Die Initiative „Meeting the French" arrangiert private Abendessen bei Franzosen (ab 45 €), Kochkurse (100 €) oder Gourmetspaziergänge mit Degustationen (ab 30 €) durch die Stadt, wobei man natürlich über gewisse Französischkenntnisse verfügen sollte. 58, rue Custine, 75018 Paris, ✆ 0033/0142511980. www.meetingthefrench.com, www.voulezvousdiner.com.

Zum Ausklang genehmigt man sich häufig einen kleinen Kaffee (*café*).

Die Rechnung (*addition*) wird nach Aufforderung gebracht, wobei man dies diskret andeutet oder höflich darum ersucht: *L'addition, s'il vous plaît!* In Frankreich ist es nicht üblich, getrennt zu bezahlen. Wer also in einer größeren Gruppe Essen geht, sollte sich vorher absprechen, wer die Rechnung begleicht, und erst hinterher den Betrag aufteilen. Die Bedienung ist im Restaurant zwar ausnahmslos im Preis inbegriffen (*service compris*), zwischen 5 und 10 Prozent **Trinkgeld** (*pourboire*) sind je nach Zufriedenheit dennoch angemessen; sich Minimalbeträge herausgeben zu lassen, gilt als unhöflich. Das Bedienungspersonal ist wegen seines geringen Grundlohns auf Trinkgeld angewiesen, das man üblicherweise nach der Bezahlung auf dem Tisch zurücklässt.

Hinweis: Ein Speise- und Getränkelexikon finden Sie im Anhang am Ende dieses Reisehandbuchs.

Pariser Café-Kultur

Ihre Glanzzeit erlebten die Pariser Cafés zwischen dem Ersten und Zweiten Weltkrieg, als Ernest Hemingway in der „Closerie des Lilas" seine weltberühmten Kurzgeschichten schrieb, und in den fünfziger Jahren, als die Existentialisten um Jean-Paul Sartre im „Café de Flore" ihre Debatten führten. Am linken Ufer der Seine gibt es immer noch ein gutes Dutzend legendärer Cafés, die sich großer Beliebtheit erfreuen. Allerdings mit einem Unterschied: Anstelle der Dichter und Denker sitzen heute kulturbeflissene Parisreisende an den Cafétischen und träumen von den Zeiten, als Louis Aragon im „La Coupole" die Bekanntschaft von Elsa Triolet machte und Henry Miller auf der Terrasse des „Sélect" mit Anaïs Nin poussierte.

Von den Cafés am Boulevard Saint-Germain lassen sich ähnlich denkwürdige Ereignisse berichten: Im „Deux Magots", in dem bereits Oscar Wilde allmorgendlich frühstückte, machte Picasso die Bekanntschaft von Dora Maar, während im benachbarten „Café de Flore" André Breton über dem surrealistischen Manifest brütete.

Auf der Suche nach dem letzten Bistro

Das Bistro gilt als der Inbegriff der Pariser Gastronomie. Knapp zwei Drittel aller Pariser erachten diese Einrichtung als „einen unentbehrlichen Bestandteil des Lebens", und der klassische Bistrotisch mit seiner Marmorplatte und den gusseisernen Beinen hat seinen Siegeszug durch ganz Europa inzwischen erfolgreich beendet. Obwohl das Bistro(t) – mal mit, mal ohne t geschrieben – eine Pariser Institution ist, ist sein Bestand akut gefährdet: Nur ein paar hundert „echte" Kulturstätten dieser Art soll es noch an der Seine geben. Ein kleiner Hoffnungsschimmer ist da die Restaurantkette Batifol, die seit einigen Jahren erfolgreich auf eine Wiederbelebung des Bistroprinzips setzt.

Einer Legende nach geht das Wort „bistrot" auf ein versprengtes Häuflein Kosaken zurück, das nach dem Sieg über Napoléon in die Pariser Schenken einfiel, mit der Faust auf den Tisch schlug, unwirsch Getränke orderte und dabei am Ende lautstark „bistro, bistro" (schnell, schnell) rief. Eine andere Theorie besagt, der Name leite sich von „bistouille" ab, worunter man damals in Nordfrankreich sowohl Kaffee mit einem Schuss Alkohol als auch schlechten Schnaps verstand.

Längst ist Bistro ein dehnbarer Begriff geworden, oft handelt es sich um eine Mischung aus Café, Restaurant und Stehpinte mit rauchgeschwängerter Luft, die eine große Auswahl offener Weine anbietet. Klassische Beispiele für diesen Bistrotyp sind das Le Rubis in der Rue du Marché-Saint-Honoré (Seite 230) oder das La Gavroche in der Rue Saint-Marc (Seite 230). Doch die Grenzen sind fließend: Das Spektrum reicht von der schlichten Kneipe bis zum edlen Bistro, in dem die Speisen ebenso teuer sein können wie in einem guten Restaurant. In der Regel handelt es sich um ein Lokal mit lockerer Atmosphäre, das im jeweiligen Quartier fest verwurzelt ist. Die Gäste sind größtenteils Stammkunden, die kurz hereinschauen, um Bekannte zu treffen und eine Kleinigkeit zu sich zu nehmen. Im Bistrot du Peintre (Seite 140) mit seinem schönen Art-nouveau-Dekor trifft man sich etwa an der langen Bar aus dunklem poliertem Holz. Häufig handelt es sich um Familienbetriebe: Vergilbte Fotos hängen in alten Holzrahmen an den Wänden, der Patron steht hinter dem Tresen und schenkt Wein in bauchige Gläser, ballon genannt, während seine Frau emsig in der Küche werkelt. Im du Peintre stehen die kleinen Tische dicht gedrängt vor den rot gepolsterten Sitzbänken mit den obligatorischen Spiegelwänden. Manche Gäste kehren schon morgens auf dem Weg zur Arbeit auf einen café noir oder café crème ein, werfen einen Blick in die Tageszeitung und tunken ihr Croissant gedankenverloren in die Tasse.

Es gibt unter den Bistros wahre Perlen, in denen solide Hausmannskost in traditionellem Ambiente aufgetischt wird. Ein vortreffliches Menü belastet die Reisekasse mit weniger als 20 Euro und man bekommt dafür beispielsweise einen Schweinefleischeintopf mit gefülltem Kohl (*potée de choux farci*), Kalbsrücken mit Nieren oder einen würzigen Rinderschmorbraten. Andere Bistros bieten Sauerkrautgerichte und reichen dazu Wein aus dem Elsass. Dies ist einer der wenigen positiven Nebeneffekte des französischen Zentralismus: In den Pariser Bistros vereinigen sich die kulinarischen Genüsse der verschiedenen Regionen. Neben dem Elsass bereichern Auvergne, Normandie, Bretagne, Provence und Savoyen mit ihren Spezialitäten den Speisezettel der französischen Hauptstadt. Erweitert wird das Spektrum durch Nobelbistros, die Restaurantkritiker à la Siebeck ihren Lesern zu empfehlen pflegen. Häufig bemühte äußere Kennzeichen dieser Bistro-Spezies sind das oft denkmalgeschützte Interieur und ein distinguiertes Ambiente. Die schönsten Pariser Bistros stammen aus der Belle Époque oder besitzen eine authentische Jugendstileinrichtung wie das Chardenoux im 11. Arrondissement (Seite 137). Einen Gleichklang aus optischen und kulinarischen Genüssen garantieren das Benoît im 4. Arrondissement (Seite 115) sowie das Perraudin im 5. Arrondissement (Seite 158). Und wer mit offen Augen durch die Straßen von Paris bummelt, der wird sicherlich sein ganz persönliches Lieblingsbistro entdecken …

Tafeln mit Montmartre-Panorama

Restaurant- und Ausgehtipps für jeden Geschmack

Markt auf dem Boulevard Richard Lenoir

Märkte

Paris ist eine Stadt der Märkte, deren Atmosphäre so vielfältig ist wie die der einzelnen Stadtteile. Jeder Markt hat seinen eigenen Charakter, es gibt Wochenmärkte, Flohmärkte, Blumenmärkte und sogar einen sonntäglichen Vogelmarkt.

Der berühmteste Pariser Markt ist allerdings unwiederbringlich verschwunden, der Abrissbirne und der mangelnden Sensibilität der Politiker zum Opfer gefallen. Noch heute vermissen die Pariser schmerzlich ihre Hallen, den viel besungenen „Bauch von Paris". In den sechziger Jahren wurde der größte Großmarkt der Welt samt seiner filigranen Metallzelte zerstört und durch das gesichtslose Einkaufszentrum „Forum des Halles" ersetzt. Doch glücklicherweise gibt es in den 20 Pariser Arrondissements immer noch zahlreiche Märkte, die mit ihren bunten Facetten zum Einkaufsbummel verführen. So viele lebendige Treffpunkte sind nicht verwunderlich für eine Stadt, deren Markttradition bis in das 5. Jahrhundert

zurückreicht, als die Bauern der Umgebung ihr Gemüse auf der Ile de la Cité feilboten.

Die meisten Märkte sind Einkaufsparadiese unter freiem Himmel und werden zwei oder dreimal pro Woche abgehalten. Bereits in den frühen Morgenstunden bauen die Verkäufer ihre Stände auf, entrollen die gestreiften Markisen und beginnen ihre frischen Waren auf den Verkaufstischen ansprechend zu dekorieren; Salate, Kräuter und Gemüse werden zu bunten Kaskaden aufgebaut. Noch bevor sich der erste Kunde nähert, stapeln sich leere Kisten und Pappkartons im Rinnstein.

Die Franzosen legen Wert auf frische regionale Produkte, so werden Obst und Gemüse nach wie vor saisonal angeboten. Man darf sich also im Sommer auf die sonnengereiften Cavaillon-Melonen und Erdbeeren aus dem Périgord freuen und im Herbst und Winter auf dicke Artischocken aus der Bretagne, Quitten aus der Normandie und Trüffeln aus dem Dordognetal. Die Gemüse- und Obsthändler sind das Herz jeden Marktes, hinzu kommen die Käse-, Geflügel- und Fischstände. Ein wahres Fest für die Sinne, Wachteln, Bresse-Hühner und anderes frisch ausgenommenes Geflügel neben fangfrischen Dorschen, Seebarben und Körben voll Austern zu sehen. Am benachbarten Käsestand werden Spezialitäten aus allen französischen Regionen offeriert,

Camembert, Pont l'Évêque, Reblochon, Banon und diverse Arten von Rohmilchkäse. Wer eine Auswahl unter den angeblich 365 Käsesorten Frankreichs treffen will, hat die Qual der Wahl.

Typische Stadtteilmärkte sind der Sonntagsmarkt auf dem Boulevard Richard Lenoir oder der Markt auf der Place d'Aligre im 11. Arrondissement, wo sich Paris von seiner multikulturellen Seite zeigt. Auch auf dem Marché de Belleville feilschen Marokkaner, Tunesier und Chinesen lautstark um ihre Waren. Der Marché Maubert gehört zusammen mit dem Marché Saint Charles zu den wenigen authentischen Straßenmärkten am linken Ufer der Seine, während der Markt in der Rue Mouffetard längst fest in der Hand der Touristen ist.

Der Marché Biologique de Raspail (Boulevard Raspail zwischen Rue du Cherche Midi & Rue des Rennes) und der Marché Biologique Batignolles (Boulevard Batignolles) sind eine wichtige Adresse für all diejenigen, denen eine ökologische Ernährung wichtig ist. Neben der üblichen Produktpalette findet man ein breites Angebot an Brotsorten, aber auch Eier von freilaufenden Hühnern und Biofleisch haben in den

Zeiten von BSE Konjunktur. Zu den lebendigsten kleinen Marktstraßen (rue commerçantes) gehören die Rue Lepic auf dem Montmartre und die Rue Daguerre am Montparnasse.

Zu den beliebtesten Pariser Märkten gehören die am Wochenende abgehaltenen Flohmärkte. Zu Zehntausenden strömen die Schnäppchenjäger am Samstag und Sonntag auf den Marché aux Puces de St. Ouen (75018, Ⓜ Porte de Clignancourt) oder auf den Marché aux Puces de Montreuil (75020, Ⓜ Porte de Montreuil); im Vergleich dazu kann der Marché aux Puces de la Porte de Vanves (75014, Ⓜ Porte de Vanves) noch als Geheimtipp bezeichnet werden. Bibliophile stöbern auf dem nahen Marché du Livre Ancien et d'Occasion im Parc Georges Brassens nach literarischen Raritäten.

Fangfrischer Fisch auf den Märkten

Salsa tanzen im Barrio Latino

Freizeit und Sport

Es gibt viele Möglichkeiten, sich sportlich in Paris zu betätigen. Zahlreiche Infos hält der von der Stadt herausgegebene Guide du Sport à Paris bereit.

Joggen

Entlang der Seine, im Bois de Boulogne und Bois de Vincennes finden sich gute Möglichkeiten zum Laufen. Wer Lust hat, kann auch rund um die Place des Vosges oder durch den Parc Monceau joggen. Zudem verläuft in west-östlicher Richtung eine Laufroute quer durch Paris; beginnend an der Porte de la Muette, joggt man die meiste Zeit durch die Stadtviertel am linken Ufer der Seine.

Klettern

Bei Sportkletterern und Alpinisten genießen die Felsen des südöstlich von Paris gelegenen Wald von Fontaine-bleau Kultstatus. Kletterführer mit genauen Tourenbeschreibungen (Schwierigkeitsgrad etc.) und diversen Tipps rund um das Klettern sind in Fachbuchhandlungen sowie einschlägigen Sportgeschäften erhältlich.

Schwimmen

In den zwanziger Jahren ging man in das legendäre Samaritaine-Schwimmbad an der Seine, heute fast ausschließlich ins Hallenbad:

Aquaboulevard, Erlebnisbad mit Wellenbad, Riesenrutschen, Wasserfällen, Sauna und anderen Attraktionen (Squash, Fitness, etc). Eintritt 22 €, erm. 15 €. 4–6, rue

Louis Armand, 75015. Ⓜ Porte de Versailles/Balard.fr.

Espace Sportif Pailleron, historisches Bad mit Glaskuppel im Nordosten. Neben dem Sportbecken (33 x 15 m) gibt es noch ein Freizeitbad. 32, rue Edouard Pailleron, 75019. Ⓜ Bolivar (Linie 7). wwwpailleron19.com.

Paris Plage, seit dem Jahr 2002 wird alljährlich von Mitte Juli bis Mitte August das rechte Seineufer auf Höhe der Seineinseln mit Liegestühlen und Sonnenschirmen zum Strand. Als neueste Attraktion werden schwimmende Wasserbassins zum Baden verankert. Seit 2006 gibt es auch einen „Strand" am linken Ufer bei der Nationalbibliothek.

Piscine du Marché Saint-Germain, 12, rue Lobineau, 75006. Ⓜ Mabillon (Linie 10).

Piscine d'Auteuil, stilvolles Hallenbad im Bois de Boulogne. Porte de Passy, 75016. Ⓜ Ranelagh (Linie 9).

Piscine des Halles, modernes Hallenbad mit 50-m-Becken im Untergeschoss der Hallen. 10, place de la Rotonde, 75001. Ⓜ Châtelet (Linie 1 und 4).

Piscine Joséphine Baker, das im Sommer 2006 eröffnete Freibad mit Glasdach für schlechtes Wetter befindet sich auf einem „Boot" am linken Seineufer vor der Bibliothèque Nationale. Sonnenterrasse. Quai François-Mauria, 75013. Ⓜ Bibliothèque François Mitterrand (Linie 14).

Piscine Roger Le Gall, das zweite Pariser „Freibad", ebenfalls mit beweglichem Dach. 34, boulevard Carnot, 75012. Ⓜ Porte de Vincennes (Linie 1).

Piscine Pontoise, selbst die Hallenbäder besitzen im Quartier Latin Flair. Dieses stammt aus den dreißiger Jahren und hat bis 24 Uhr geöffnet. Auch Squash und Fitness möglich. 19, rue de Pontoise, 75005. Ⓜ Maubert-Mutualité (Linie 10).

Tennis

Freunde des weißen Sports finden mehrere Plätze im Jardin du Luxembourg. Allerdings benötigt man zuvor die Karte Paris-Tennis, die man sich in einem der 20 Arrondissementrathäuser abholen muss. www.paris.fr/tennis

Das Pariser Zäuneschieben – Freizeitspaß für Jung und Alt

Wissenswertes von A bis Z

Adressen

Bei allen in diesem Reiseführer erwähnten Pariser Adressen sind nach dem Straßennamen zur leichteren Orientierung die Postleitzahl (z. B. 75012 = 12. Arrondissement) und die nächste Métrostation (z. B. Ⓜ Gare de Lyon) aufgeführt. Die Franzosen geben grundsätzlich die Hausnummer vor dem Straßennamen an. Ein Beispiel: 55, rue de la Gare. Besitzt das Haus zusätzlich einen Nebeneingang, so lautet dessen Anschrift 55 bis, rue de la Gare; ein zweiter Nebeneingang würde mit 55ter markiert sein. Die gängige Abkürzung für Avenue lautet „av.", für Boulevard „bd.". Fremdenverkehrsämter und andere größere Institutionen sind postalisch oft per Postfach (B.P.) zu erreichen. Sucht man eine Adresse, so sollte man wissen, dass sich die geraden Hausnummern auf der rechten, die ungeraden auf der linken Straßenseite befinden.

Diplomatische Vertretungen

Französische Vertretungen im Ausland:

Bundesrepublik Deutschland: Französische Botschaft, Pariser Platz 5, 10117 Berlin, ✆ 030/20639000, 📠 030/20639010. www.botschaft-frankreich.de. Konsulate in Berlin, Düsseldorf, Frankfurt, Hamburg, München, Saarbrücken und Stuttgart.

Schweiz: Französische Botschaft, Schosshaldenstr. 46, 3006 Bern, ✆ 031/3592111. www.ambafrance-ch.org. Konsulate in Basel, Zürich und Genf.

Österreich: Französische Botschaft, Technikerstr. 2, 1040 Wien, ✆ 01/502750. www.ambafrance-at.org.

Ausländische Vertretungen in Paris (ohne Vorwahl):

Deutschland: Deutsche Botschaft, 13–15, av. Franklin-D.-Roosevelt, 75008 Paris, ✆ 0153834500. www.paris.diplo.de. Deutsches Konsulat, 28, rue Marbeau, 75016 Paris, ✆ 0153647670.

Österreich: Österreichische Botschaft, 6, rue Fabert, 75007 Paris, ✆ 0140633063.

Schweiz: Schweizer Botschaft, 142, rue de Grenelle, 75007 Paris, ✆ 0125556700.

Dokumente

Für Bürger aus der Bundesrepublik Deutschland und Österreich genügt ein gültiger Personalausweis, für Schweizer die Identitätskarte, doch hat sich in der Praxis die zusätzliche Mitnahme des Reisepasses bewährt: Der Ausweis bleibt an der Rezeption, mit dem Reisepass wechselt man Geld oder mietet ein Auto. Für Kinder unter 16 Jahren reicht ein Kinderpass beziehungsweise der Eintrag im elterlichen Pass aus. Mit dem internationalen Studentenausweis erhalten Berechtigte diverse Vergünstigungen.

Feiertage

Banken, Büros und die meisten Geschäfte, aber auch zahlreiche Museen und Sehenswürdigkeiten haben an den beweglichen Feiertagen wie beispielsweise **Ostermontag** sowie an folgenden Tagen geschlossen:

1. Januar	Neujahr
1. Mai	Tag der Arbeit
8. Mai	Waffenstillstand 1945
14. Juli	Nationalfeiertag
15. August	Mariä Himmelfahrt
1. November	Allerheiligen
11. November	Waffenstillstand 1918
25. Dezember	Weihnachten

Fundbüro

Das Fundbüro (Bureau des objets trouvés) finden Sie unter folgender Adresse:

Préfecture de Police, 36, rue des Morillons, 75015, Ⓜ Convention. Mo–Fr 8.30–17 Uhr, Di und Do bis 20 Uhr.

Geld

Da Frankreich schon früh der Europäischen Währungsreform beigetreten ist, gehören umständliche Wechselprozeduren bereits lange der Vergangenheit an. Manchmal ist auf Quittungen noch ausgewiesen, dass ein Euro (€) 6,55957 französischen Franc (FF) entspricht. Hinweis: Den Cent bezeichnen die Franzosen übrigens weiterhin als „Centime".

Kreditkarten sind weit verbreitet; sie werden von fast allen Geschäften, Hotels und Restaurants angenommen. Probleme gibt es mitunter mit American Express und Diners. Leider akzeptieren die Fahrscheinautomaten der SCNF und RATP keine deutschen Kreditkarten, das gleiche Problem stellt sich bei den Vélib-Fahrradständern. Bei den immer seltener werdenden **Reiseschecks** beträgt die Tauschgebühr zumeist 1 %. Wegen der umständlichen Prozeduren am Bankschalter erweist sich eine ec-Karte mit Geheimzahl oder eine Kreditkarte als sehr hilfreich, denn Geldautomaten sind mittlerweile weit verbreitet. Wer Geld mit seiner Kreditkarte abhebt, muss in der Regel mit 2 % des Betrags bzw. mindestens 5 € Gebühr rechnen. Inhaber von **Postsparbüchern** können nur noch mit der Postbank SparCard 3000plus Geld abheben.

Achtung: Sperrnummer für Bank- und Kreditkarten 0049/116116. Diese einheitliche Sperrnummer gilt mittlerweile für eine Reihe deutscher Banken, ausgenommen der Hypovereinsbank, der Postbank und der Deutschen Bank. www.sperr-notruf.de.

Gesundheit

Zwischen Deutschland sowie zwischen Österreich und Frankreich besteht ein gegenseitiges Versicherungsabkommen. Bei einem Arztbesuch ist eine Europäische Krankenversicherungskarte hilfreich; dennoch muss der Arztbesuch erst einmal bar bezahlt werden. Die Rechnung beziehungsweise die Quittungen der Apotheke werden dann später der heimischen Krankenversicherung zur Erstattung vorgelegt. Wegen der umständlichen Prozedur und des hohen Eigenanteils – abgerechnet wird nämlich nach dem französischen System – empfiehlt es sich, vor der Reise eine Zusatzversicherung abzuschließen, die oft schon für 10 € zu bekommen ist. **Apotheken** (*pharmacie*) sind mit einem grünen Kreuz gekennzeichnet. Außerhalb der normalen Öffnungszeiten (ca. 9–12.30 Uhr und 14–18.30 Uhr) informiert ein Hinweisschild, welche Apotheke gerade Nacht- oder Sonntagsdienst hat. Tgl. 24 Std. geöffnet ist die Pharmacie Les Champs, 84, avenue des Champs-Élysées, 75008, Ⓜ Georg V. Es gibt auch eine Apotheke mit deutschsprachigem Personal in Paris: Pharmacie du Grand Pavois, Mo–Sa 9–19.45 Uhr.

Auch eine Möglichkeit,
Geld zu verdienen

360, rue Lecourbe, 75015 Paris Ⓜ Balard, www.pharmacie-grand-pavois.fr. In den Apotheken sind auch Präservative (préservatifs) erhältlich.

Goethe-Institut

Wer sich während seines Paris-Aufenthaltes über das aktuelle politische Geschehen in Deutschland informieren möchte, findet in der Bibliothek des Goethe-Instituts eine große Auswahl an Zeitungen und Zeitschriften. Außerdem gibt es Ausstellungen, Lesungen und Kinovorführungen:

Centre Culturel Allemand, die Bibliothek ist Di–Fr 12–20 Uhr und Sa 10–14 Uhr geöffnet. Adresse: 17, avenue d'Iéna, 75116, ✆ 0144439 230. Ⓜ Iéna. www.goethe.de/paris.

Haustiere

Katzen und Hunde unter 3 Monaten dürfen nicht mitgenommen werden. Ältere Tiere benötigen ein tierärztliches Zeugnis sowie den Nachweis einer Tollwutschutzimpfung, die mindestens einen Monat, aber weniger als ein Jahr zurückliegen muss.

Information

Die Französischen **Fremdenverkehrsämter** (*Atout France*) halten auf Anfrage Prospektmaterial bereit und helfen vor Reiseantritt mit Auskünften weiter. Dort ist auch das jährlich neu zusammengestellte Magazin „Tours de France: Paris-Ile-de-France" kostenlos erhältlich:

In Deutschland: Atout France, Zeppelinallee 37, 60325 Frankfurt/M. (Zentrale). www.franceguide.com.

In Österreich: Atout France, Lugeck 1–2, 1010 Wien. www.franceguide.com.

In der Schweiz: Atout France, Rennweg 42, Postfach 3376, 8021 Zürich. www.franceguide.com.

In der Region Paris: Office de Tourisme et des Congrès Paris, 25–27, rue des Pyramides, 75001 Paris, ✆ 0892/683000 (0,34 € pro Minute), info@paris-touristoffice.com (tgl.

9–19 Uhr). Zudem gibt es nun fünf lokale Anlaufstellen: An der Gare de Lyon (20, bd. Diderot), an der Gare du Nord (18, rue de Dunkerque), Anvers (72, boulevard Rochechouart) sowie an der Gare de l'Est (place du 11 Novembre 1918). Comité Régional du Tourisme Ile de France, Place de la Pyramide Inversée (99, rue de Rivoli), 75001 Paris, ✆ 0144501998, www.neues-paris-idf.com.

Internet und WLAN

Inzwischen verfügen die meisten Hotels in Paris über einen drahtlosen, doch leider nicht immer kostenlosen Zugang zum Internet. In Frankreich spricht macht dabei nicht von WLAN, sondern wie im Englischen von Wi-Fi (Wireless Fidelity). Viele Cafés locken ihre Gäste mit einem kostenlosen Zugang ins World Wide Web. Wer mit einem Laptop unterwegs ist, kann sich an einem von über 400 kostenlosen Hotspots einloggen, wobei die Startseite aktiv bleiben muss. Man findet sie beispielsweise in öffentlichen Einrichtungen (Bibliotheken etc.), aber auch in sämtlichen Parkanlagen der Stadt. Die Accesspoints sind manchmal ausgeschildert (z. B. Jardin du Monceau), manchmal gut versteckt (Jardin du Ranelagh). Die WLAN-Antennen ähneln einer weißen Schachtel in Größe einer Zigarettenpackung. Einen Überblick über den nächsten Zugang ins Netz bietet www.wifi.paris.fr.

Wer sich bereits vorab beim Surfen im Internet über Paris informieren möchte, kann dies unter folgenden Adressen tun:

www.paris.fr, die offizielle Seite der Stadt Paris;

www.online-in-paris.de, umfangreicher deutscher Internetstadtführer mit zahlreichen Tipps, nach Arrondissements gegliedert;

www.paris-bei-nacht.de, zahlreiche Tipps fürs Nachtleben, vor allem in erotischer Hinsicht;

www.parisnightlife.fr, alles rund ums Nachtleben;

www.paris.org, zahlreiche Tipps rund um Paris;

www.paris-touristoffice.com, offizielle Seite des Office de Tourisme;

www.paris-tourist.com, informativer deutschsprachiger Internetreiseführer;

www.france-mail-forum.de, frankophone, kosmopolitische Internetzeitung;

www.paris-ile-de-france.com, touristische Infos zur Umgebung von Paris;

www.parisvoice.com, englisches Magazin;

www.paris-capital.com, Kultur, Sehenswürdigkeiten, Hotels und mehr, Veranstaltungstipps;

www.radiofg.com;

www.pariscope.fr, Veranstaltungstipps;

www.timeout.com/paris, Veranstaltungshinweise und Infos in englischer Sprache;

www.magicparis.com, virtueller Reiseführer;

www.parisbalades.com, virtuelle Touren durch die Stadt;

www.paris-live.com, Webcam und andere multimediale Angebote;

www.ratp.fr, alles zu den Pariser Verkehrsbetrieben.

Wer keinen Computer dabei hat und in Paris heimische E-Mails checken will, geht am besten in das bei den Hallen gelegene Web-Café Milk. Das gigantische Cybercafé besitzt 250 Flatscreens, die rund um die Uhr zugänglich sind. Angeboten werden alkoholfreie Getränke und kleine Snacks. 31, boulevard Sébastopol, 75001, Ⓜ Châtelet bzw. Les Halles. Günstiger ist das Internet Café Paris-Cy (tgl. außer So 10–20 Uhr), 8, rue de Jouy, 75004. Ⓜ St. Paul. www.paris-cy.com.

Paris Museum Pass

Lohnend ist der Kauf eines Museumspasses, mit dem man 2, 4 oder 6 Tage lang für 39, 54 oder 69 € mehr als 60 Museen und historische Monumente in Paris und Umgebung besuchen kann (der Eiffelturm gehört allerdings nicht dazu). Ein weiterer Vorteil ist, dass die Karte nach dem Erwerb zu einem beliebigen Zeitpunkt erstmals verwendet werden kann; zudem ersparen sich die Kartenbesitzer das Anstellen in der Warteschlange. Die Carte Musées ist an den jeweiligen Museumskassen, in Bahnhöfen und in den Filialen von FNAC erhältlich. www.parismuseumpass.com.

Immer wieder eröffnen sich spektakuläre Blickachsen

Kochkurse

Kochkurse liegen derzeit ja groß im Trend. Einfach und lohnend ist es, einen Kochkurs in einer der sechs Filialen von L'Atelier des Chefs zu buchen. Täglich werden mehrere Kochkurse angeboten, die von 30 Minuten bis zwei Stunden dauern. Ausgerüstet mit Plastikkochschürzen bereitet man in lockerer Atmosphäre die saisonal wechselnden Gerichte zu. Anschließend werden die Köstlichkeiten an einer langen Tafel mit den rund zwölf Kursteilnehmern verspeist. So lecker wie ungewöhnlich! Allerdings sollte man über Grundkenntnisse der französischen Sprache verfügen. Die Rezepte bekommt man anschließend per Mail zugeschickt. Mittagskurse (*L'En-Cas*) für 15 € (ein Hauptgericht), das 3-Gang-Menü (*Le Menu*) für 54 €. Eine Vorabanmeldung ist fast unumgänglich!
www.atelierdeschefs.fr.

Menschen mit Behinderung

Wer mit einem Handicap unterwegs ist, steht in Paris häufig vor – im wahrsten Sinne des Wortes – unüberwindbaren Hindernissen. Am schwersten wiegt die eingeschränkte Mobilität: Rollstuhlfahrer können die Métro nicht benutzen, da es keine Aufzüge (Treppen!) gibt, zudem sind die Wege zwischen den Linien oft weit wie z. B. an der zentralen Umsteigestation Châtelet. Auch bei einer Busfahrt sind Rollstuhlfahrer oft auf Hilfe angewiesen, da nur ein Teil der Linien rollstuhltauglich ist (diese sind am hinteren Eingang mit einer kleinen Rampe ausgestattet). Die Verkehrsbetriebe (RATP) geben eine Broschüre heraus, in der die einzelnen Métrostationen nach ihrer Zugänglichkeit aufgelistet sind und die kostenlos bestellt werden kann: RATP Département Commercial, Relations Clientèle, 124, rue du Mont-Cenis, 75018 Paris.

Bei der Wahl eines geeigneten Hotels oder Restaurants hilft außerdem eine kostenpflichtige Broschüre, die von der Association des Paralysés de France herausgegeben wird.

Anschrift: A.P.F., Délégation de Paris, 22, rue du Père Guérin, 75013 Paris, ✆ 0033/0140786900. www.apf.asso.fr.

Beliebt: Kochen unter fachkundiger Anleitung

Museen

Paris ist ein Eldorado für Kunstliebhaber, in über 100 Museen warten Kulturschätze auf neugierige Besucher. Wer einen Museumsbesuch zwischen Mittwoch und Sonntag in der Zeit von 10–12 oder 14–17 Uhr plant, steht bei größeren Museen nur selten vor verschlossenen Türen. Fast alle Museen haben an einem Tag der Woche, zumeist Montag oder Dienstag, geschlossen. Im Gegensatz zu Deutschland sind die gesetzlichen Feiertage in Frankreich nicht für einen Museumsbesuch geeignet, da auch das Museumspersonal einen freien Tag einlegt. Hinweis: Bei Sonderausstellungen wird häufig ein Preiszuschlag erhoben. Mit einem Schwerbehindertenausweis ist der Eintritt in nahezu alle Museen kostenlos. EU-Bürger bis 26 Jahre haben in allen staatlichen Museen (Louvre, Centre Pompidou etc.) ebenfalls freien Eintritt.

Musik

Es steht außer Zweifel, dass sich Paris in den letzten Jahrzehnten zum größten Kulturzentrum der Maghrebstaaten und Schwarzafrikas entwickelt hat. Vor allem auf dem musikalischen Sektor ist die Seinemetropole im wahrsten Sinne des Wortes tonangebend. Statt Musette und Edith Piaf hört die Jugend heute Rai, Soukous und Afro-Beat in den jeweils angesagten Varianten. Einige Rai-Sänger wie Cheb Mami und Cheb Khaled sind bekannte Stars und immer wieder in den europäischen Charts vertreten. Rai ist ein aus dem algerischen Oran stammender Musikstil, dessen fröhliche Klänge mit westlichen Rhythmen aufgepeppt wurden und vor allem Liebe und Lebensfreude zum Ausdruck bringen.

Mehr noch als für die Künstler aus den Maghrebstaaten ist Paris die wichtigste Bühne für afro-karibische Musiker, die mit ihren Trommeln, Tomtoms und Marimbas längst eine feste Größe im internationalen Musikgeschäft geworden sind. Mehr noch: Die Alben zahlreicher afrikanischer Interpreten werden inzwischen in den Musikstudios an der Seine produziert und anschließend wieder nach Afrika oder in die Karibik „exportiert". Man muss nur einmal auf den Champs-Élysées bei FNAC oder im Virgin Megastore in den Regalen der Worldmusic-Abteilung stöbern, um feststellen zu können, welch großen Anteil am Musikmarkt die afrikanischen Tonkünstler für sich gewonnen haben. Zu den renommiertesten Musikern des Schwarzen Kontinents gehören der aus Guinea stammende Mory Kanté – ihm gebührt eine Vorreiterrolle – sowie Youssou N'Dour, Mano Negra, Manu Dibango oder die aus dem Benin stammende Sängerin Angélique Kidjo.

Notruf

Im Falle eines Falles gilt die in ganz Frankreich gültige Notrufnummer: ✆ **17** für die **Polizei** (police) und ✆ **18** für die **Feuerwehr** (sapeurs-pompiers). Europaweit gilt auch die ✆ **112**.

Öffnungszeiten

In Frankreich gibt es keine gesetzlich vorgeschriebenen Öffnungszeiten; man kann aber davon ausgehen, dass die meisten Geschäfte zwischen 9.30 und 19 Uhr geöffnet haben. Große Supermärkte in den Vorstädten (Carrefour, Géant Casino etc.) schließen gar erst um 21 oder 22 Uhr. In den Kaufhäusern im Zentrum (Galeries Lafayette, Printemps etc.) ist das Einkaufen am Donnerstag auch bis 21 oder 22 Uhr möglich; im FNAC oder Virgin Megastore auf den Champs-Élysées kann man gar bis Mitternacht nach Büchern und CDs stöbern. Boutiquen und kleinere Geschäfte haben oft mittags von 13–16 Uhr geschlossen. Der Samstag gilt als ganz normaler Werktag und auch am Sonntag findet sich in jedem Viertel ein Lebensmittelgeschäft, das geöffnet hat.

Zudem haben Geschäfte, die sich in einer „touristischen Zone" befinden, die Erlaubnis, sonntags zu öffnen. Im Marais haben die meisten Geschäfte am Sonntag geöffnet, dafür sind viele jüdische Geschäfte am Samstag geschlossen.

Im Juli und August, wenn die Franzosen Ferien machen, schließen zahlreiche Restaurants, Boutiquen und Einzelhandelsgeschäfte. Für **Banken** gelten andere Öffnungszeiten. Sie haben in der Regel Mo−Fr von 9−12 und 14−16 Uhr geöffnet, montags ist manchmal kein Publikumsverkehr möglich. Die Filialen der Post öffnen Mo−Fr von 8−19 und Sa von 8−12 Uhr ihre Pforten.

Post

Auch in Frankreich wurde die alte Post (P.T.T.) aufgesplittet. La Poste widmet sich heute nur noch dem Brief- und Paketdienst. Briefmarken für eine Postkarte (*carte postale*) oder einen Brief (*lettre*) sowie Telefonkarten (*télécarte*) sind auf allen französischen Postämtern sowie in den **Bureaux de Tabac** erhältlich. Die hellgelben Briefkästen besitzen zumeist zwei Einwurfschlitze, einen für Paris und die nähere Umgebung, den anderen (*autres destinations*) für den Rest der Welt. Wer will, kann sich auch problemlos postlagernd Briefe oder Päckchen schicken lassen und diese mit Personalausweis oder Reisepass am „Poste-Restante"-Schalter innerhalb von 15 Tagen abholen (sonst gehen die Sendungen wieder an den Absender zurück). Das Hauptpostamt hat 24 Stunden durchgehend geöffnet.

Poste Principale, 52, rue du Louvre, 75001, Ⓜ Louvre.

Radio

Wie in Deutschland wird der französische Rundfunk von zahlreichen kommerziellen Lokalsendern bestimmt. Das Programm zeichnet sich in gewohnter Weise durch wenig Wortbeiträge, Werbung und aktuelle Chartmusik aus. Die Frequenzen der lokalen Rundfunkstationen kann man dem Pariscope entnehmen. Eine Ausnahme macht F I P (auf 105,1 FM oder im Internet unter www.radio-france.fr/chaines/fip zu empfangen): Keine Werbung und ein absolut anspruchsvolles Musikprogramm, das größtenteils mit Jazz, World und Lounge Music bestritten wird, dazwischen Independent, Blues und Soul, ab und an auch Klassik oder ein Oldie (Mit anderen Worten: Der erklärte Lieblingssender des Autors).

Weitere trendige Sender sind Nova (101,5) und FG (98,2), die auch attraktive Internetseiten mit Infos zum Nachtleben unterhalten (www.novaplanet.com und www.radiofg.com), während Freunde von Rockmusik Oui (102,3) und Salsafans Radio Latino (99,0) hören. Liebhaber von ethnischen Rhythmen hören Sender wie Africa Numero 1 (107,5 MHz) oder Radio France-Maghreb (99,5 MHz), die rund um die Uhr chartverdächtige Hits spielen. Wer an Nachrichten aus Deutschland interessiert ist, kann diese täglich in deutscher Sprache von 19 bis 20 Uhr auf der Mittelwellenfrequenz 1278 empfangen.

Rauchen

Seit dem 1. Januar 2008 ist auch in Frankreich das Rauchen in Bars, Restaurants und Diskotheken verboten.

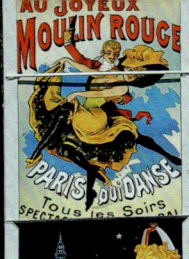

Wer trotzdem raucht, soll 75 Euro Strafe zahlen, der Verantwortliche der betreffenden Einrichtung das Doppelte.

Rungis

Seit den 1970er Jahren befindet sich der „Bauch von Paris" in den Markthallen von Rungis im Süden der Stadt. Der Großmarkt erstreckt sich über eine Fläche von 232 Fußballfeldern und versorgt täglich 18 Millionen Verbraucher mit Fleisch, Fisch, Gemüse, Obst, Käse und Blumen.

Für Individualreisende gibt es die Möglichkeit, jeden 2. Freitag im Monat an einer geführten Besichtigung teilzunehmen. Beginn: 4.30 Uhr an der Place Denfert-Rochereau. Rückkehr gegen 10.30 Uhr. Kosten: 75 € inkl. Bustransfer und Hallenfrühstück. Anmeldungen unter ☏ 0033/0383501085. www.visiterungis.com.

Reisegepäckversicherung

Sicherheitsbewusste fahren nur mit Reisegepäckversicherung ins Ausland, andere betrachten diese für einen übertriebenen Luxus, da im Hotel auch die Hausratversicherung Diebstähle abdeckt. Wie auch immer man es persönlich hält, Tatsache ist, dass Autoaufbrüche in Paris nicht selten sind. Hierzu ein Preisbeispiel: Wer sein Gepäck im Wert von 1500 € für 24 Tage versichern will, muss mit etwa 35 € rechnen. Kaum teurer ist dann allerdings die Kombination mit einer Reiseunfall- und Reisekrankenversicherung. Achtung: Tritt ein Schadensfall ein, muss dieser polizeilich dokumentiert werden, da sonst keine Schadensregulierung erfolgen kann.

Schwule und Lesben

Nicht erst seit Paris im Jahre 2001 mit Bertrand Delanoë einen bekennenden Homosexuellen zum Bürgermeister wählte, ist die Stadt an der Seine eine Hochburg für Gays und Lesben. Vor allem das Pariser Nachtleben profitiert von dem großen schwulen Publikum, wie man in der Diskothek Queen hautnah miterleben kann. Tagsüber ist das Marais der beliebteste Treffpunkt der Szene. Modeboutiquen und zahlreiche Cafés signalisieren mit der bunten Regenbogenfahne ihre Zugehörigkeit zur Gay-Community. Ende Juni findet alljährlich die Paris Gay Pride statt, die in Frankreich *Marche des Fiertés* genannt wird. Infos im Internet unter www.paris-gay.com.

Sprache und Sprachkurse

Mit Deutsch und Englisch kommt man auch in Paris nicht sehr weit. Ein großer Teil der Bevölkerung besitzt entweder keine oder nur mäßige Fremdsprachenkenntnisse. Da erschwerend hinzu kommt, dass sich Franzosen – auch wenn sie es können – im eigenen Land nur ungern des Englischen bedienen, ist es ratsam, sich zumindest französische Grundkenntnisse anzueignen. Dies hilft bei der Suche nach einem Zimmer und erleichtert die alltäglichen Einkäufe beim Bäcker und im Lebensmittelgeschäft ungemein. Allein der Versuch, sich in der Landessprache verständlich zu machen, wird wohlwollend zur Kenntnis genommen. Pluspunkte lassen sich auch durch den häufigen Gebrauch von *s'il vous plaît* sammeln. Denn im Gegensatz zu Deutschland gilt es in

Frankreich als unhöflich, das Wörtchen bitte zu vergessen. Wer um eine Auskunft nachsucht, sollte ein freundliches Pardon, dem ein Madame oder Monsieur folgt, nicht vergessen.

Opéra Garnier

Französisch lernen in Paris, verbunden mit ausgiebigen kulturellen Streifzügen durch die Stadt – so lässt sich das Angenehme mit dem Nützlichen verbinden. Zahlreiche private Anbieter von Sprachkursen machen sich auf diesem Gebiet Konkurrenz, aber auch die Universität veranstaltet Sommersprachkurse. Ein Preisvergleich lohnt sich: Die Angebote schließen manchmal Unterkunft und Verpflegung ein:

Eurocentres, 13, passage Dauphine, 75006 Paris, ✆ 0033/0140467200. www.eurocentres.com.

Institut Parisien, 29, rue de Lisbonne, 75015 Paris, ✆ 0033/0140560953. www.institut-parisien.com.

Sprachkurse-weltweit: Sehr informativ ist auch die Homepage www.sprachkurse-weltweit.de, auf der zahlreiche Sprachschulen in Paris ausführlich vorgestellt werden.

Stadtplan

Abgesehen von dem beiliegenden Faltplan ist der Michelin Stadtplan im Maßstab 1:10.000, der vor Ort für ca.

5 € erhältlich ist (mit Index), zu empfehlen. Wer patentgefaltete Stadtpläne vorzieht, kann sich bereits im heimischen Buchhandel einen Falkplan besorgen.

Stadtführungen

Sehr interessante, individuell zugeschnittene Stadtführungen bietet die Organisation **Paris-Balades** an. Die Teilnahme an einer zweistündigen Tour kostet 10 €. Über das täglich wechselnde Programm und den genauen Treffpunkt kann man sich im Internet informieren. Es bietet sich auch die Möglichkeit, zu einem interaktiven Stadtrundgang. Die gemeinnützige Organisation **Parisien d'un jour** bietet ehrenamtliche Stadtführungen für Kleingruppen, bei denen Einheimische den Fremden nicht nur das alltägliche Leben der Pariser näher bringen, sondern Sie auch zu unbekannten und außergewöhnlichen Entdeckungsreisen in ihrem Wohnviertel einladen.

Adresse: www.parisbalades.com; www.parisiendunjour.fr.

Wer des Französischen nicht mächtig ist, der kann sich an Elke Pastré wenden. Die Journalistin kennt Paris wie ihre Westentasche und bietet Stadtspaziergänge durch verschiedene Pariser Viertel, Museen und Ausstellungen an. Kosten pro Rundgang (je nach Teilnehmerzahl) ab 160 €.

Adresse: Elke Pastré, info@paris4you.biz, www.paris4you.biz. Ebenfalls Stadtführungen, Touren und mehr auf Deutsch bietet Claudia Semmel an: www.claudiassecretparis.fr.

Strom

Normalerweise 220 Volt Wechselstrom. Da die französischen Steckdosen einer anderen Norm unterliegen, werden flache Eurostecker oder Adapter benötigt, die es vor Ort in Supermärkten oder im Fachhandel zu kaufen gibt.

Telefonieren

In Paris existiert ein dichtes Netz öffentlicher Telefonzellen. Um den Kauf einer Telefonkarte (Télécarte) kommt man kaum herum, da die meisten Münzfernsprecher in den letzten Jahren auf Telefonkarten umgestellt wurden.

Kartentelefone sind wie gewohnt zu handhaben. Französische Telefonkarten gibt es entweder mit 50 oder 120 Einheiten. Bei fast allen Telefonzellen ist es möglich, sich zurückrufen zu lassen (die Nummer ist am Apparat angegeben). Wer mit Vorliebe mobil telefoniert, kann sich zwar über die gute Netzqualität freuen, darf dabei aber nicht vergessen, dass man auch dann bezahlt, wenn man aus Deutschland angerufen wird. Je nach Tageszeit können sich die Gebühren für ein Gespräch schnell auf ein paar Euro summieren. Angesichts der Roaming-Preise kann sich für Vieltelefonierer durchaus eine französische Prepaid-Karte für das Handy lohnen. Die Karten sind ebenso wie in Deutschland in vielen Shops in den Innenstädten zu bekommen. Empfehlenswert ist es auch, sich im Hotelzimmer anrufen zu lassen.

> **Vorwahlen aus Frankreich**: nach Deutschland: 0049, nach Österreich: 0043, in die Schweiz: 0041. Achtung: Die Null der Ortskennzahl entfällt.
>
> **Vorwahl nach Paris**: von D, A, CH: jeweils 0033, die Null vor der Regionalkennzahl (01) ist nur innerhalb Frankreichs vorzuwählen. Bei einem Anruf aus dem Ausland nach Paris entfällt daher die 0 vor der 1; also nur 00331 …

Toiletten (öffentliche)

Wer kennt das Problem nicht: Irgendwann beim Stadtbummel drückt die Blase … Wer nicht gerade in einem Museum oder Restaurant ist, dem bieten sich die Sanisettes an. Allerdings gibt es in Paris immer noch zu wenige dieser öffentlichen, kostenlosen und selbst reinigenden Toiletten, die über das Stadtgebiet verteilt sind.

Zeitungen/Zeitschriften

Die überregionalen deutschsprachigen Tages- und Wochenzeitungen (Süddeutsche Zeitung, Frankfurter Allgemeine Zeitung, Spiegel, ZEIT, gelegentlich auch die WELT) sind in der Regel noch am Erscheinungstag in den gut sortierten Maisons de la Presse erhältlich. Deutschsprachige Zeitungen und Zeitschriften sind manchmal auch in den Bureaux de Tabac zu finden; dort liegen auch die renommierten überregionalen französischen Printmedien wie Le Monde, Le Figaro oder Libération sowie Le Parisien, die einzige regionale Zeitung der Ile de France, aus. Zudem werden an den Métro-Eingängen kostenlose Zeitungen wie Direct verteilt, die kurz und knapp Informationen zu Paris bieten.

Zollbestimmungen

Seit dem 1. Januar 1993 existieren an den Binnengrenzen der Europäischen Union keine mengenmäßigen Ein- und Ausfuhrbeschränkungen mehr. Tabak, Alkohol und andere Waren können problemlos eingeführt werden, soweit erkennbar ist, dass sie ausschließlich für den Privatgebrauch bestimmt sind. Als Richtmenge gelten 800 Zigaretten bzw. 400 Zigarillos, 200 Zigarren oder 1 Kilo Tabak, 10 Liter Spirituosen sowie 90 Liter Wein und 110 Liter Bier. Für Schweizer gelten die üblichen Mengenbeschränkungen: 50 Gramm Parfüm oder 0,25 Liter Eau de Toilette, 1 Liter Spirituosen oder 2 Liter Wein, 200 Zigaretten oder 100 Zigarillos oder 50 Zigarren oder 250 Gramm Tabak.

Breitwandpanorama mit Pont Alexandre und Eiffelturm

Stadttouren

Pont des Arts

Ile de la Cité und Ile Saint-Louis

Die Ile de la Cité ist nicht nur die Keimzelle der französischen Hauptstadt, eine vor dem Westportal von Notre-Dame in den Boden eingelassene Messingplatte weist die Ile de la Cité als das symbolische Zentrum von Frankreich aus, da alle Entfernungen von diesem Nullkilometer aus gemessen werden.

Auf der leicht zu verteidigenden Ile de la Cité errichteten bereits die Parisii, ein gallisches Fischer- und Jägervolk, ihre Holzhütten. Nach ihrem Sieg über die Gallier nahmen dann die Römer von der Insel Besitz, auch wenn sie sich hauptsächlich am linken Ufer der Seine ausbreiteten. Auf der Altstadtinsel, die Victor Hugo zufolge aussieht „wie ein großes Schiff, das sich der Stromrichtung nach im Schlamm festgefahren hat und nun gescheitert beinahe mitten in der Seine liegt", stehen mit dem als Conciergerie bezeichneten mittelalterlichen Königspalast und der Kathedrale Notre-Dame zwei besonders geschichtsträchtige Bauwerke. Victor Hugo hat mit seinem 1831 erschienenen Roman über den buckligen Glöckner Quasimodo und die schöne Zigeunerin

Esmeralda eine regelrechte Begeisterung für die „französische Mutterkirche" ausgelöst, durch die die Kathedrale vor dem weiteren Verfall bewahrt werden konnte. In mancherlei Hinsicht ist Notre-Dame auch das Werk von *Eugène Viollet-le-Duc* (1814–1879). Frankreichs „Oberrestaurator" gebührt der Verdienst, die vom Verfall bedrohte Kathedrale gerettet zu haben, wenngleich bei diesen Renovierungsarbeiten so manches Detail „erfunden" wurde, da Viollet-le-Duc seine eigenen Vorstellungen von der gotischen Formensprache hatte.

Das Interesse für das Mittelalter währte nur kurz, bereits zwei Jahrzehnte später erhielt die Ile de la Cité durch die städteplanerischen Maßnahmen des Baron Haussmann ein vollkommen neues Gesicht. Die alte Bausubstanz wurde bis

auf wenige Ausnahmen abgerissen, um Platz für ein zeitgenössisches Verwaltungsviertel mit Justizpalast und Gefängnis zu schaffen. Hierzu mussten 25.000 Menschen zwangsweise umgesiedelt werden! Das Viertel mit seinen Kneipen und Bordellen, das von *Eugène Sue* in „Die Geheimnisse von Paris" (1843) so schauderhaft beschrieben worden war, verschwand unter der Spitzhacke. Seit Haussmanns Radikalschlag ist die Ile de la Cité so gut wie „tot". Es gibt kaum mehr Geschäfte und Wohnhäuser, der Vorplatz der Kathedrale wirkt trotz Touristenmassen öde und leer. Einzig der *Marché des Fleurs* setzt mit seinen Orchideen und Geranien bunte Akzente.

Das eigentliche Herz von Paris ist die Ile Saint-Louis. Sie bestand ursprünglich aus zwei getrennten Inseln, die bis in das frühe 17. Jahrhundert hinein noch unbewohnt waren. Die direkte Nachbarinsel der Ile de la Cité hieß damals noch Ile Notre-Dame, die andere wegen der auf ihr weidenden Kühe Ile aux Vaches. Erst unter Louis XIII. wurde der Seinearm, der beide Inseln trennte, zugeschüttet; die neugeschaffene Insel erhielt später den Namen Ile

Saint-Louis, da Louis IX., genannt der Heilige, auf den Seineinseln häufig gebetet haben soll. Nachdem knapp zehn Meter hohe Quais zum Schutz vor Hochwasser errichtet worden waren, begann eine planmäßige Bebauung im klassizistischen Stil.

Die Atmosphäre auf der Insel ist faszinierend: Wer auf der Ile Saint-Louis aufgewachsen ist, hält ihr in der Regel ein Leben lang die Treue; doch gibt es mittlerweile auch zahlreiche Neubürger, da die Mieten für die alteingesessenen Inselbewohner kaum mehr zu bezahlen sind. Seit den sechziger Jahren, als die Ile Saint-Louis in Mode kam, vollzog sich ein umgreifender Strukturwandel. Die traditionellen Malergeschäfte und Metzgereien wurden von Galerien und Restaurants verdrängt und die Wäschereien, für die die Insel einst berühmt war, sind mittlerweile gänzlich verschwunden. Doch welches Pariser Viertel wurde nicht irgendwann im Laufe der Zeit entdeckt? Zu den prominentesten Insulanern gehört Georges Moustaki, den die von der Seine umspülte Ile Saint-Louis an das heimatliche Mittelmeer erinnert.

Brücken über den Fluss

Was wäre Paris ohne seine 37 Seinebrücken? Erst diese architektonischen Meisterwerke machen den Reiz des Flusses aus. In fotogenes Flutlicht getaucht, setzen die Brücken auch nachts dekorative Akzente. Ursprünglich waren die Brücken bis auf den 1578 errichteten *Pont-Neuf* – der trotz seines Namens heute die älteste noch erhaltene Brücke der Stadt ist – mit bis zu vierstöckigen Häusern bebaut. Erst 1786 versetzte ein königliches Edikt den malerischen Brückenensembles den Todesstoß: Wegen Einsturzgefahr wurden sämtliche Gebäude abgerissen. Auf einer Rangliste der schönsten Brücken steht der *Pont-Neuf* immer auf einem der vordersten Plätze, beliebt sind aber auch der verschnörkelte, zur Weltausstellung im Jahr 1900 konstruierte *Pont Alexandre III*, der kleine, zum Louvre führende *Pont des Arts*, der nur für Fußgänger zugänglich ist, sowie der *Pont Royal*, der Ende des 17. Jahrhunderts errichtet wurde. Als jüngste unter den Pariser Brücken übergab man die kunstvoll geschwungene *Passerelle Simone de Beauvoir* in der Nähe der Nationalbibliothek im Juni 2006 ihrer Bestimmung.

Spaziergang

Der Pont-Neuf, der das rechte Seineufer mit der Ile de la Cité verbindet, gehört seit jeher zu den schönsten Pariser Brücken, doch besonders eindrucksvoll erstrahlte die Brücke im September 1985, als der Verpackungskünstler Christo sie mit Falten werfenden Planen drapierte. Christo verpackte damals allerdings auch die insgesamt 384 grotesk wirkenden Masken, welche die Brücke säumen. In zahlreichen Filmen verewigt und millionenfach fotografiert, ist sie ein idealer Ausgangspunkt zur Erkundung der Ile de la Cité und der Ile Saint-Louis. Einen Eindruck von der Ile de la Cité vor der Ära Haussmann bieten nur noch ein paar Häuser nördlich der Kathedrale und zwei Häuserzeilen an der Westspitze der Insel, die 1601 infolge einer Anordnung Henri IV. gebaut wurden. Diese die dreieckige Place Dauphine einrahmenden Häuser gelten als die ersten planmäßig errichteten Wohnquartiere von Paris. Der Platz selbst besitzt viel Atmosphäre, wenngleich von der ursprünglichen Bebauung nur noch die Eckhäuser am

Pont-Neuf zeugen, die anderen wurden abgerissen und erneuert. Yves Montand und Simone Signoret wohnten übrigens einst in einem der zur Seine blickenden Häuser. Direkt an die Place Dauphine grenzt die **Conciergerie**, der mittelalterliche Königspalast und spätere Wohnsitz des königlichen Verwalters (daher rührt auch der Name). Im benachbarten Justizpalast wird noch immer Recht gesprochen, in schwarze Roben gehüllte Anwälte durchschreiten die weiten Hallen mit würdevoller Haltung. Inmitten des Palais de Justice liegt etwas versteckt die **Sainte Chapelle**, eine faszinierende Doppelkapelle mit den wohl schönsten Kirchenfenstern von Paris. Am *Marché aux Fleurs* vorbei ist es nur noch ein kurzes Stück bis zum Vorplatz von Notre-Dame; eine Kupferplatte markiert den ideellen Mittelpunkt der Grande Nation, von dem aus alle Entfernungen nach Paris gemessen werden. Die Hauptfassade von **Notre-Dame** wirkt auf ihre Besucher, die alljährlich in großer Zahl herbeiströmen, wie ein steinerner Vorhang.

Mit rund 15 Millionen Touristen jährlich ist die Kathedrale das am meisten besuchte Denkmal Frankreichs. Vor ein paar Jahren wurde am Eingang noch in sechs Sprachen erklärt, wie Weihwasser zu verwenden sei ... Religiöse Devotionalien sind im **Musée de Notre-Dame** ausgestellt. Lohnenswert ist auch ein Besuch der **Crypte Archéologique**, einer unterirdischen Ausgrabungsstätte. Nordöstlich der Kathedrale befinden sich noch Gassen mit einigen altertümlichen Häusern, in dem Anwesen Nr. 9–11 am Quai aux Fleurs lernte Abélard einst seine Héloïse kennen. Eine Liebe mit unglücklichem Ausgang, da der Onkel des Mädchens, der Domherr Fulbert, den berühmten Theologen entmannen ließ, worauf die Liebenden ins Kloster gingen. An der östlichsten Spitze der Ile de la Cité steht das 1962 von Henri Pingusson angelegte *Mémorial de la Déportation*, das an die rund 200.000 Franzosen

erinnert, die von den Nazis in die Konzentrationslager deportiert wurden: *„Pardonne – n'oublie jamais"* („Verzeih, aber vergiss niemals").

Über den Pont Saint-Louis geht es hinüber zur **Ile Saint-Louis**, die der Dichter Louis Aragon wegen ihrer dichten Bebauung einst treffend als „Steinschiff" bezeichnete. Genau besehen handelt es sich aber um ein brüchiges Gestein, das inzwischen mit Betonstützen fester „verankert" werden musste. Mit ihren stillen Gassen und den vielen Cafés und Bistros strahlt die Insel ein fast dörfliches Flair aus; sie ist eine Oase inmitten der Millionenstadt, zentral und doch zugleich isoliert. Diese architektonische Geschlossenheit spiegelt sich auch beim harmonischen Ineinandergleiten der Fassaden wider. Trotz des einheitlichen Erscheinungsbildes sind soziale Unterschiede nicht zu übersehen: Die vornehme Bourgeoisie wohnt seit jeher entlang der Seinequais, vorzugsweise

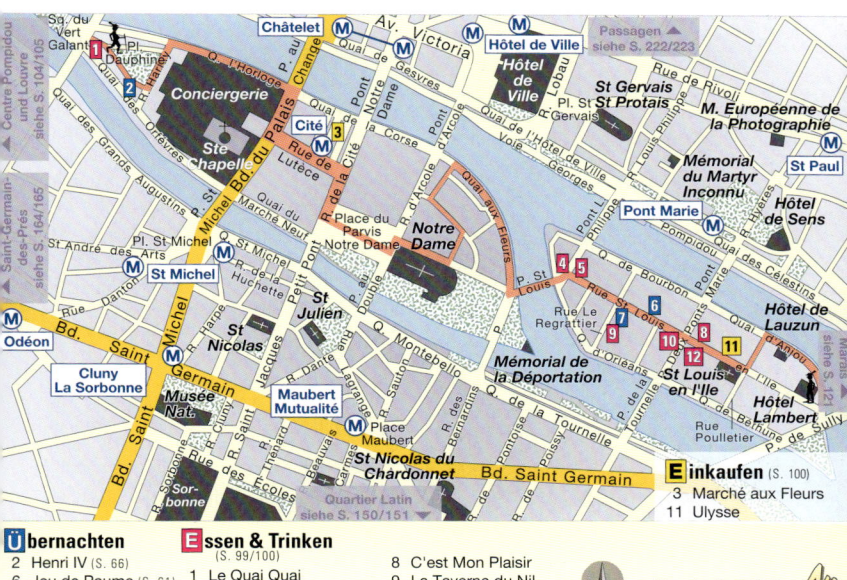

Ile de la Cité

200 m

im Ostteil der Insel. Sehenswert sind die stattlichen Adelspaläste, allen voran das Hôtel Lambert (Nr. 1), in dem kein Geringerer als Voltaire gewohnt hat. Es gehört heute der Familie Rothschild und kann nicht von Innen besichtigt werden. Eindrucksvoll ist auch das 1657 errichtete Hôtel de Lauzun am Quai d'Anjou (Nr. 17), das durch den von Charles Baudelaire und Théophile Gautier im 19. Jahrhundert gegründeten Club der Haschischraucher berühmt wurde. Gegenwärtig werden in dem reich dekorierten Stadtpalais wichtige Gäste der französischen Regierung beherbergt. Einen Besuch lohnt die inmitten der Insel gelegene barocke Kirche **Saint-Louis-en-l'Ile**.

Sehenswertes

Conciergerie: Die wuchtigen Rundtürme aus dem 14. Jahrhundert erinnern noch an die Herrschaft der Kapetingerkönige. Der Kassenraum liegt im ehemaligen Wächtersaal, der *Salle des Gardes*, von wo aus man in die, allein wegen ihrer Größe eindrucksvollen *Salle des*

Glasfenster Sainte-Chapelle

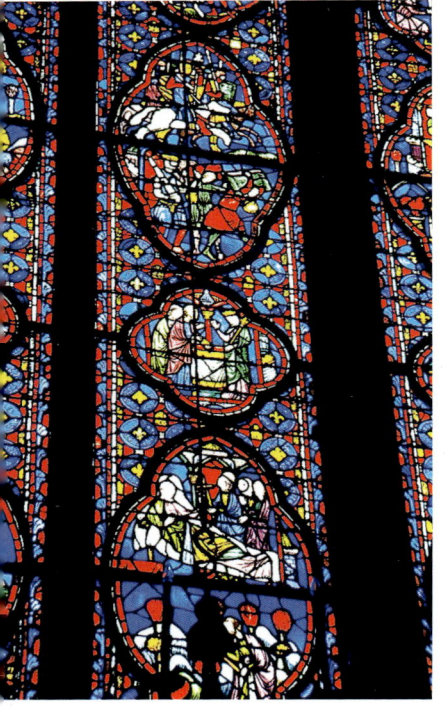

Gens d'Armes gelangt. Der zwischen 1302 und 1313 von Enguerrand de Marigny errichtete gotische Saal ist die eigentliche Attraktion der Conciergerie. Mit einer Länge von 64 Metern und einer Breite von 27,40 Metern ist er der größte erhaltene profane Saalbau des Mittelalters! Einst diente die *Salle des Gens d'Armes* als Speisesaal für das königliche Personal; bis zu 2000 Personen wurden von der benachbarten Küche mit ihren vier imposanten Eckkaminen aus verköstigt. Während der Wirren der Revolution hielt man unter dem Kreuzrippengewölbe und in der angrenzenden *Galerie des Prisonniers* mehr als 2700 Verurteilte gefangen, die für das Schafott bestimmt waren, darunter auch Robespierre, Danton und die Königin Marie Antoinette. Ein Nachbau der Zelle, in der die Königin auf ihre Hinrichtung wartete, kann besichtigt werden. Doch auch vor den Tribunalen der Revolutionäre waren nicht alle Menschen gleich: Wer über die nötigen finanziellen Mittel verfügte, konnte sich seine letzten Stunden mit dem Luxus einer Einzelzelle „versüßen".

Palais de la Cité, Eingang: Quai de l'Horloge. 9.30–18 Uhr (März–Okt.) und 9–17 Uhr (Winter). Eintritt 8,50 €, erm. 5,50 € (Kombiticket mit Sainte Chapelle: 12,50 €, erm. 8,50 €). Für EU-Bürger unter 26 Jahren frei!

Sainte-Chapelle: Die mittelalterliche Doppelkapelle ist ein echtes kunsthistorisches Kleinod. Vom mächtigen Justizpalast regelrecht eingemauert, ist sie nahezu unzerstört erhalten geblieben.

Notre-Dame – vollendete Gotik

Ludwig der Heilige – eigentlich Ludwig IX. – hat sie 1245 als Palastkapelle errichten lassen, um die in Byzanz geraubten Reliquien – darunter auch die „echte" Dornenkrone Christi und ein Stück des Kreuzes – zu verwahren; die obere Kapelle war nur für den König und seinen Hofstaat bestimmt und entsprach Ludwigs Vorstellungen von Frömmigkeit und Macht. Die faszinierende, durch die Glasfenster hervorgerufene Atmosphäre, die der einschiffigen Oberkirche eine ungewöhnliche Leichtigkeit verleiht, bewog einen Zeitgenossen Ludwig des Heiligen zu folgender Feststellung: „Beim Eintreten meint man, im Himmel zu sein, und man bildet sich zu Recht ein, in eines der schönsten Zimmer des Paradieses geführt worden zu sein." Während der Revolution zogen die Franzosen das Profane dem Heiligen vor und funktionierten die Kapelle kurzerhand zum Mehlspeicher um, später bewahrte man

in den gotischen Mauern Akten auf. Erst 1837 wurde das Kleinod renoviert und der Öffentlichkeit zugänglich gemacht.

Palais de la Cité. 9.30–18 Uhr (März–Okt.) im Winter 9–17 Uhr. Eintritt 8,50 €, erm. 5,50 € (bzw. 12,50 €, erm. 8,50 € als Kombiticket mit Conciergerie). Für EU-Bürger unter 26 Jahren ist der Eintritt frei!

Cathédrale Notre-Dame: Notre-Dame ist mehr als eine Kirche; sie ist ein nationales Monument, in dem sich die Bedeutung Frankreichs widerspiegelt.

Die Pariser Bischofskirche ist einer der ersten gotischen Sakralbauten des Mittelalters. Erzbischof Maurice de Sully verfügte 1160 den Abriss eines spätantiken Vorgängerbaus, doch gingen noch rund eineinhalb Jahrhunderte ins Land, bis die Arbeiten an der Kathedrale zum Abschluss kamen. Das Ergebnis ist ein 35 Meter hohes und 130 Meter langes Gotteshaus, dessen prachtvolle Formensprache sich im Laufe der langen Bauzeit verändert hat: Während der Chor, das kaum über die Seitenschiffe hervorstehende Querhaus und die dunklen Emporen frühgotisch sind, atmen die riesigen Rosetten und die lichten Fenster im Obergeschoss deutlich den Geist der Hochgotik. Besonders eindrucksvoll ist die Hauptfassade mit ihren drei Portalen, von denen das Mittelportal mit der fein gearbeiteten Darstellung des Jüngsten Gerichts besonders hervorsticht. Erhöht wird die architektonische Wirkung durch die die gesamte Fassade umlaufende Königsgalerie sowie die fragil wirkenden Spitzbögen über der Rosette. Im Inneren fasziniert das großzügig bemessene Mittelschiff mit seinem doppelten Chorumgang, das durch die bunten Glasfenster gebrochene Licht verbreitet eine feierliche und erhabene Stimmung, die allerdings durch die großen Besucherscharen getrübt wird. Zuletzt sollte niemand versäumen, die 387 Stufen zum 69 Meter hohen Nordturm der Kathedrale zu erklimmen; belohnt wird die kurze Mühe mit einem schönen Panoramablick auf die Stadt und der Möglichkeit zur genauen Betrachtung der an der Fassade klebenden Chimären,

skurrile Fabelwesen, die der Phantasie des 19. Jahrhunderts entsprungen sind. *Victor Hugo* sprach von einer „machtvollen Symphonie in Stein".

Die Schriftstellerin *Dagmar Fedderke* konnte Notre-Dame noch ganz andere Aspekte abgewinnen: „Die gotischen Strebebögen, die Wasserableiter vom Dach machen das im Verhältnis zu den Fassadentürmen mächtige Kirchenschiff zu einem reichen Faltenrock, der an das aufgebauschte Hinterteil *Cul de Paris* der Frauenkleider um 1900 erinnert ... Das Hinterteil von Notre-Dame erklärt, warum Paris eine Stadt, nein, nicht eine, sondern die Stadt der Frauen ist, die den Glauben ans Vergnügen nicht aufgegeben haben und die Bedeutung ihres Hinterteils ermessen können."

Tgl. 8–18.45 Uhr, So bis 19.45 Uhr; Turm: 10–18.30 Uhr im Sommer und 10–17.30 Uhr im Winter, Juni–Aug. Sa und So bis 23 Uhr. (Der Eingang befindet sich links neben dem Kirchenschiff, längere Wartezeiten.) Eintritt Turm 8,50 €, erm. 5,50 €. Für EU-Bürger unter 26 Jahren ist der Eintritt frei! www.notredamedeparis.fr.

Wie ein steinernes Schiff – Ile Saint-Louis

Liebesbekundungen auf dem Pont des Arts

Musée de Notre-Dame: Vom Chor gelangt man in die Schatzkammer (*Trésor*) der Kathedrale, in der eine ansehnliche Sammlung von Devotionalien und religiösen Kultgegenständen zu bestaunen sind.

Tgl. 9.30–18 Uhr, So nur 13.30–17.30 Uhr. Eintritt 2,50 €, erm. 1,50 €.

Crypte Archéologique: Bei den von 1965–1972 durchgeführten archäologischen Grabungen wurden die Grundmauern des antiken Paris freigelegt. Über einen leicht zu übersehenden Eingang bei den Treppen zur Tiefgarage gelangt man in die über 100 Meter lange unterirdische Ausgrabungsstätte. Neben den freigelegten Bauten aus der galloromanischen Epoche lassen sich auch die Fundamente der merowingischen Kathedrale Saint-Etienne sowie mehrerer mittelalterlicher Häuser bewundern. Drei Räume konnten hypokaustisch geheizt werden. Wer das Geld hatte, konnte sich schon damals eine Fußbodenheizung leisten.

Tgl. außer Mo 10–18 Uhr. Eintritt 4 €, erm. 3 bzw. 2 €. www.crypte.paris.fr.

Saint-Louis-en-l'Ile: Der Architekt Louis Le Vau, der als Hofbaumeister auch die Pläne für Versailles erstellte, entwarf die Barockkirche nach dem Vorbild der römischen Jesuitenkirche Il Gesù. Die Innenausstattung mit viel Marmor, Holz und Email ist typisch für den französischen Barock.

Praktische Infos

(→ Karte S. 95)

Essen und Trinken

Brasserie de l'Ile Saint-Louis **4**, beliebte, an der Westspitze der Insel gelegene Brasserie mit elsässischer Küche. Besonders abends finden sich viele Stammgäste ein, um ein letztes Glas Wein oder Bier zu trinken. Große Straßenterrasse. Mi sowie im

Aug. geschlossen. 55, quai Bourbon, 75004, ☎ 0143540259. Ⓜ Pont Marie (Linie 7).

Saint-Régis ⑤, die Lage zielt natürlich auf die zahlreichen Touristen ab, die Richtung Notre-Dame pilgern, aber das im Vintage-Stil eingerichtete Café ist eine angenehme Adresse auf der Ile Saint-Louis. Schöne Straßenterrasse, kostenloses WLAN. 6, rue Jean du Bellay, 75004, ☎ 0143545951. Ⓜ Pont Marie (Linie 7). www.cafesaintregisparis.com.

C'est Mon Plaisir ⑧, unter einer zünftigen Balkendecke wird hier eine ansprechende Bistro-Küche zu einem hervorragenden Preis-Leistungs-Verhältnis geboten. Lecker ist die Lammschulter (*Epaule d'agneau*)! Menüs zu 17,50 und 19 € (mittags) sowie 28 und 33 €. Mo und Di Ruhetag. 42, rue Saint-Louis-en-l'Ile, 75004, ☎ 043267927. Ⓜ Pont Marie (Linie 7).

Reiterstandbild von Henri IV.

La Taverne du Nil ⑨, die Seine ist zwar nicht der Nil und durch den Libanon fließt der größte Strom Afrikas auch nicht. Sieht man aber von diesen Ungereimtheiten ab, so ist das libanesische Restaurant auf der Ile Saint-Louis uneingeschränkt zu empfehlen. Eine ideale Adresse, um einmal *Mézzé*, Kafta und andere orientalische Spezialitäten zu probieren. Ein Menü zu 15,50 € wird bis 21 Uhr serviert, sonst kosten die delikaten Menüs 34 bzw. 38 € (jeweils mit einer halben Flasche Wein). Montagmittag geschlossen. 16, rue Le Regrattier, 75004, ☎ 0140460902. Ⓜ Pont Marie (Linie 7).

Sorza ⑩, in dem kleinen Restaurant mit dem rot-schwarzen Dekor wird gute italienische Küche serviert — egal, ob Minestrone, Pasta oder Risotto. Günstig ist das Mittagsmenü für 16,50 €, abends kostet es 38 €. Kein Ruhetag. 51, rue Saint-Louis-en-l'Ile, 75004, ☎ 0143547862. Ⓜ Pont Marie (Linie 7).

Le Quai Quai ①, das Lokal im Retro-Stil (die Wände sind mit alten Türen verkleidet) bietet traditionelle französische Küche. Mittagsmenü 17 oder 21 €. So und Mo Ruhetag. 74, quai des Orfèvres, 75001, ☎ 0146336975. Ⓜ Pont-Neuf (Linie 7).

》》Mein Tipp: Berthillon ⑫, hier wird seit Jahrzehnten anerkanntermaßen das beste Eis der Stadt hergestellt. Allein acht verschiedene Sorten Schokoladeneis werden zubereitet. Im Sommer zieht sich die Schlange bis weit auf die Straße hinaus. Tgl. 10–20 Uhr. In den Schulferien sowie Mo und Di geschlossen. 31, rue Saint-Louis-en-l'Ile, 75004. Ⓜ Pont Marie (Linie 7). www.berthillon.fr. 《《

Einkaufen

Marché aux Fleurs ③, bunter Blumenmarkt, dem sich sonntags ein Vogelmarkt anschließt. Place Louis Lépine, 75004. Ⓜ Cité (Linie 4).

Bouquinisten, auf einer Strecke von rund vier Kilometern entlang der Seine, verteilt auf das rechte und linke Flussufer sowie rund um die Ile de la Cité, bieten 245 Bouquinisten in ihren Metallkisten edle Gedichtbände, Taschenbücher sowie alte Postkarten feil.

Ulysse ⑪, kein auf James Joyce spezialisiertes Antiquariat, sondern eine sehr gut sortierte Reisebuchhandlung. Nur Di–Fr von 14–20 Uhr. 26, rue Saint-Louis-en-l'Ile, 75004. Ⓜ Pont Marie (Linie 7). www.ulysse.fr.

Mächtig und trotzdem filigran:
Notre-Dame

Carrousel du Louvre

Centre Pompidou und Louvre

Kunst und Kommerz heißt die Devise zwischen den beiden Topsehenswürdigkeiten am rechten Ufer der Seine. Durch den Abriss der alten Markthallen hat das Quartier leider seinen „Bauch" verloren, darüber kann auch das umsatzstarke Forum des Halles nicht hinwegtrösten.

François Mitterrand, der große Gesten liebte, ist der grandiose Umbau des Louvre zu verdanken. Er setzte sich über alle Proteste und Unterschriftenaktionen hinweg und entschied sich fast im Alleingang für die gläserne Pyramide des amerikanischen Architekten Ieoh Ming Pei. Die gewaltigen Umbaumaßnahmen waren erforderlich geworden, da die alte Infrastruktur weder zeitgemäß noch dem Ansturm der bis zu 30.000 Besucher täglich gewachsen war, die zu dem berühmten Frauentrio *Mona Lisa*, *Venus von Milo* und *Nike von Samothrake* pilgerten. Der Grand Louvre gehört seither fraglos nicht nur zu den bedeutendsten, sondern auch zu den schönsten Museen der Welt. Längst vergessen ist auch, dass die Tageszeitung *Le Monde* einst polemisierte, es sei unwürdig, einen Palast durch den Keller zu betreten. Peis Pyramide befriedigt nicht nur das Verlangen nach Schönheit, sondern erfüllt darüber hinaus noch einen eminent praktischen Zweck.

Das kulturelle Großprojekt von Mitterrands Amtsvorvorgänger Georges Pompidou war der Bau des Centre Beaubourg. Das Centre Pompidou, wie es auch gerne genannt wird, veränderte das Beaubourg-Viertel erheblich. Statt Clochards und kleinen Händlern prägen seither Kunstliebhaber und Galeristen das Straßenbild. Je mehr man sich dem 1979 an Stelle der alten Hallen eröffneten Forum des Halles nähert, desto mehr dominieren Jeansboutiquen, Souvenirhändler und die obligatorischen Fastfood-Restaurants das Straßenbild. Im unterirdischen Einkaufszentrum herrscht dann der Kommerz pur. Daran können auch ein Schwimmbad mit

Rundgang 2

olympischen Maßen, eine Zweigstelle des Musée Grevin und die renommierte Vidéothèque de Paris nichts ändern. Derzeit ist das gesamte Viertel im Umbruch, da das alte Shopping-Center bis zum Jahr 2016 durch einen Neubau ersetzt wird und auch die Métro-Eingänge modernisiert werden.

Der Bauch von Paris

Wo heute im *Forum des Halles* auf mehreren unterirdischen Etagen gesichtsloser Kommerz feilgeboten wird, errichtete einst der Architekt Pierre Baltard 1851 seine berühmten Metallzelte, ein kühnes und sehr praktisches Beispiel früher Eisenarchitektur. Es war die modernste und geräumigste Anlage, die Europa bisher auf diesem Gebiet gekannt hatte. Der Lebensmittelhandel erfüllte das ganze Viertel mit wimmelndem Leben. Im benachbarten Gassengewirr nisteten sich Agenten, Groß- und Einzelhändler, aber auch Dirnen, Zuhälter, Clochards und Diebe ein. Das von Aktivität, Gerüchen und Farben geradezu berstende Viertel regte Emile Zola 1873 zu seinem berühmten Roman „Der Bauch von Paris" an, einer realistischen Schilderung „dieses gigantischen Stilllebens". Aufgrund der wachsenden Bedürfnisse, des alltäglichen Verkehrschaos und der veränderten hygienischen Anforderungen erschienen die Hallen in den sechziger Jahren nicht mehr zeitgemäß. Zudem erforderte ein neuer Verkehrsknotenpunkt aufwendige Tiefbauarbeiten, da sich unterhalb der Hallen zwei neue RER-Linien mit den vier bereits existierenden Métrolinien kreuzen sollten. Im Süden von Paris, genau genommen in Rungis bei Orly, entstand 1969 ein funktioneller nüchterner Großmarkt. Die leerstehenden Hallen fielen der Abrissbirne zum Opfer – ein Fehler, wie man heute weiß. Lediglich eine einzige Halle wurde in Nogent-sur-Marne im Osten von Paris wiedererrichtet (www.pavillonbaltard.fr).

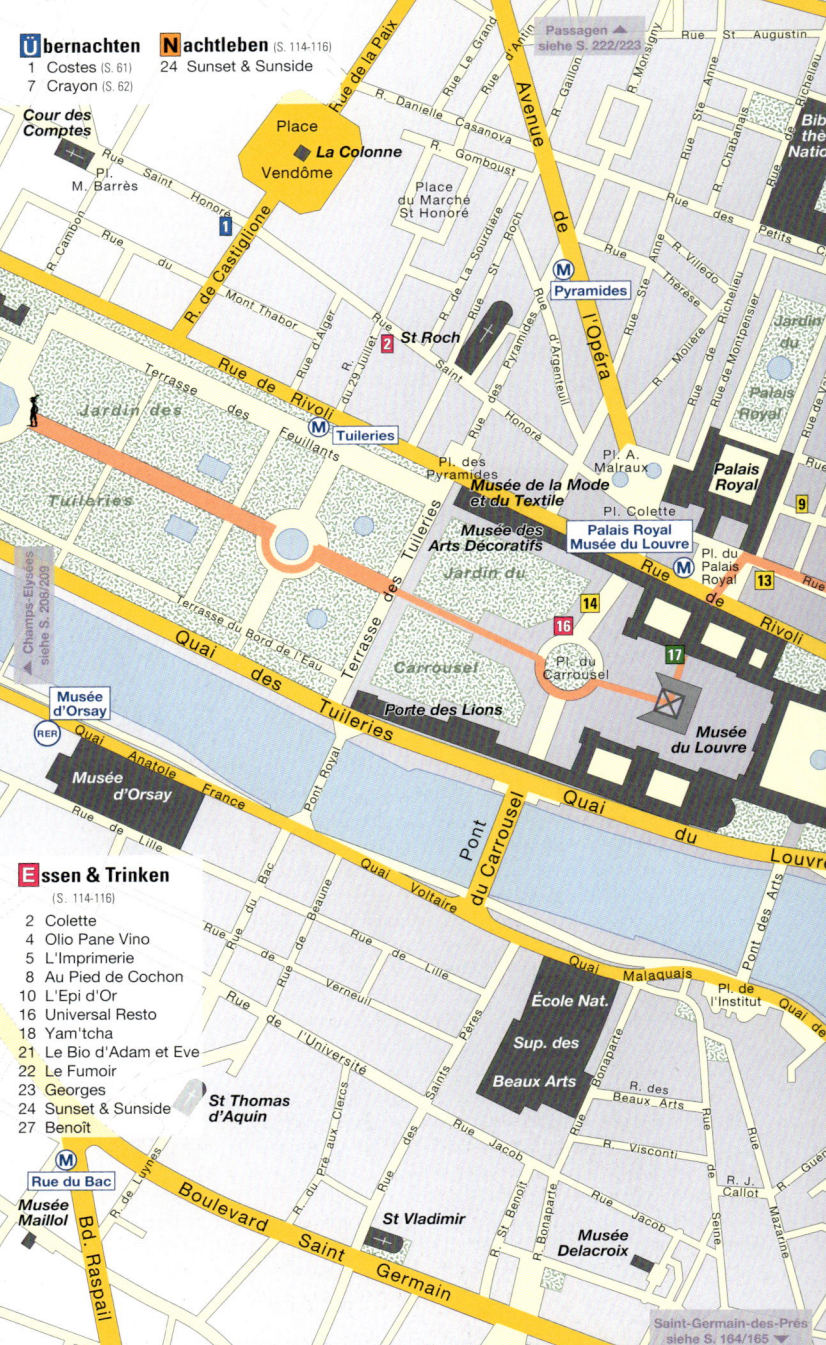

Übernachten   **N**achtleben (S. 114–116)
1 Costes (S. 61)   24 Sunset & Sunside
7 Crayon (S. 62)

Cour des Comptes

Place Vendôme
La Colonne

Essen & Trinken
(S. 114–116)
2 Colette
4 Olio Pane Vino
5 L'Imprimerie
8 Au Pied de Cochon
10 L'Epi d'Or
16 Universal Resto
18 Yam'tcha
21 Le Bio d'Adam et Eve
22 Le Fumoir
23 Georges
24 Sunset & Sunside
27 Benoît

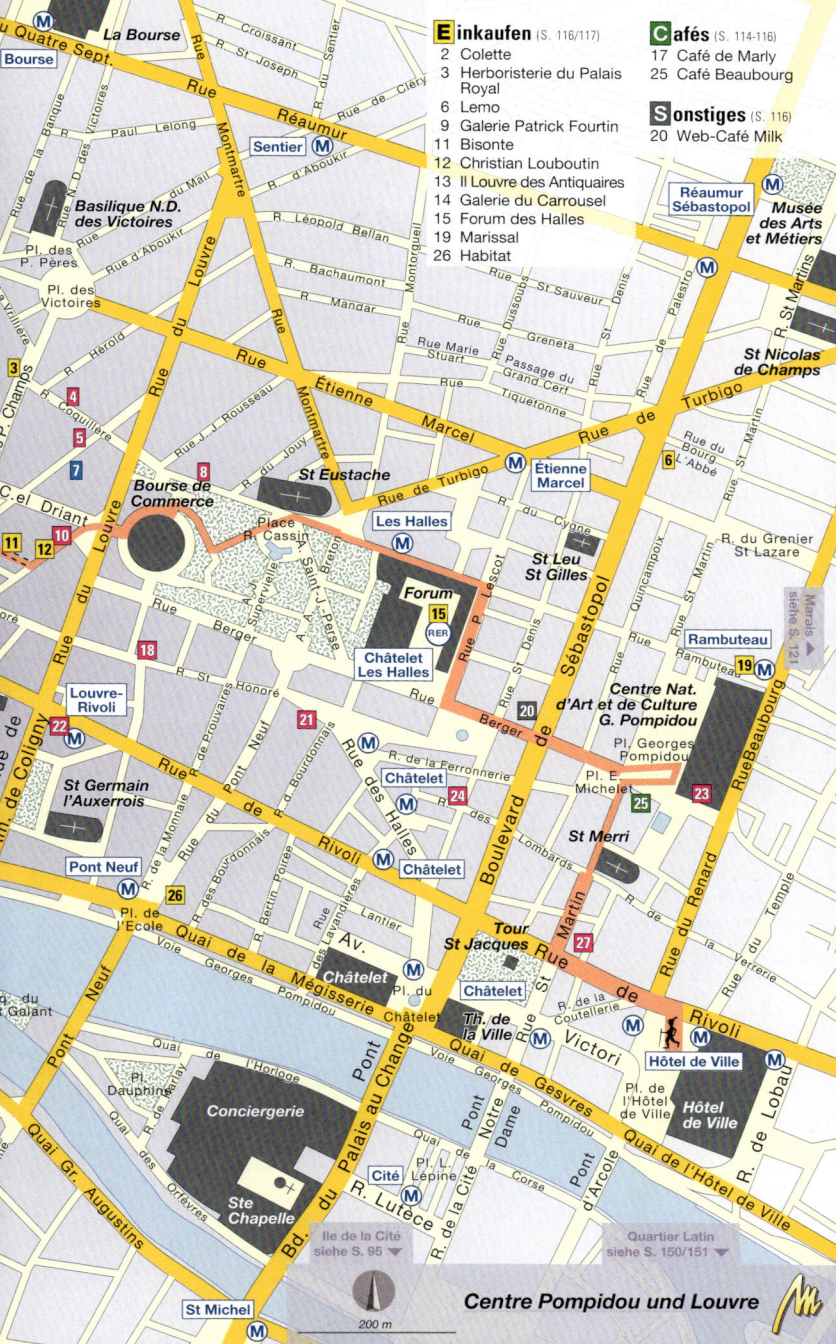

Einkaufen (S. 116/117)
2 Colette
3 Herboristerie du Palais Royal
6 Lemo
9 Galerie Patrick Fourtin
11 Bisonte
12 Christian Louboutin
13 Il Louvre des Antiquaires
14 Galerie du Carrousel
15 Forum des Halles
19 Marissal
26 Habitat

Cafés (S. 114-116)
17 Café de Marly
25 Café Beaubourg

Sonstiges (S. 116)
20 Web-Café Milk

Marais siehe S. 121

Ile de la Cité siehe S. 95 ▼

Quartier Latin siehe S. 150/151 ▼

Centre Pompidou und Louvre

200 m

Spaziergang

Der Spaziergang startet am **Hôtel de Ville**, dem Pariser Rathaus, dessen vorgelagerter Platz bis in das 19. Jahrhundert hinein für spektakuläre Hinrichtungen genutzt wurde. Nur zwei Straßenzüge entfernt zeugt die 52 Meter hohe *Tour Saint-Jacques* noch von der abgetragenen Pfarrkirche St-Jacques-la-Boucherie. Der Glockenturm wurde ebenso im spätgotischen Flamboyantstil ausgeführt wie die nahe gelegene Kirche *Saint-Merri*, deren Glockenturm die älteste Glocke (1331) von Paris beherbergt. Kaum zu übersehen ist nun das **Centre Pompidou**, dessen gewagte Architektur in den siebziger Jahren heftige Diskussionen auslöste. Es empfiehlt sich, mit der futuristischen Rolltreppe, die sich wie eine Glasraupe am Gebäude emporzieht, hochzufahren und einen Blick auf die Dächer des Viertels zu werfen (kostenpflichtig). Auf dem großen, leicht abfallenden Platz vor dem Centre ist fast zu jeder Tageszeit etwas geboten: Zauberkünstler, Musiker und Akrobaten finden hier stets ein interessiertes Publikum. Weitere Attraktionen sind die *Fontaine Stravinsky*, ein farbenfroh-verspielter Brunnen an der Südseite des Centre, der von Niki de Saint-Phalle und Jean Tinguely entworfen wurde, sowie das rekonstruierte Atelier des Bildhauers Brancusi. Am *Forum des Halles* vorbei, das an Stelle der abgerissenen Pariser Hallen erbaut wurde, geht es zur Kirche **Saint-Eustache**, die mit einer Länge von 125 Metern zu den größten Sakralbauten der Stadt gehört. Über der unterirdischen Einkaufswelt des Forum des Halles wurde eine kleine Parkanlage, der Jardin des Halles, angelegt und

Skulptur „Ecoute" vor Saint-Eustache

Mona Lisa – zu Tode fotografiert?

mit Sonnenuhr und Skulpturen aufgepeppt. Bei Kindern beliebt ist vor allem Henri de Millers überdimensionale Skulptur „Ecoute" vor der Südfassade von Saint-Eustache. Der Chlorgeruch, der einem im Park gelegentlich in die Nase steigt, stammt übrigens von dem Schwimmbad in den Hallen. Den westlichen Rand des Parks markiert die Bourse de Commerce, ein imposanter neoklassizistischer Rundbau aus dem Jahre 1887.

Auf dem Weg zum Louvre bietet sich ein Abstecher in die jüngst renovierte *Galerie Véro-Dodat* an, die sich mit edlem Marmordekor von ihrer vornehmsten Seite zeigt. Einer Anekdote zufolge soll die Passage 1826 von den beiden namensgebenden Metzgern erbaut worden sein, um den Weg von den Hallen zu den Freudenmädchen des Palais Royal zu verkürzen. Anschließend muss man noch die arkadengesäumte Rue de Rivoli überqueren, deren Bau Napoléon

Bonaparte veranlasst hat. Der **Louvre** beherbergt mit dem **Musée du Louvre** das größte Museum der Welt, in dem sich spielend Tage und Wochen verbringen lassen. Architektonisch faszinierend ist die Glaspyramide, vor allem nachts, wenn 70.000 Scheinwerfer den Schlosshof und die Pyramide erhellen. Wahrscheinlich fällt es nach einem Besuch des Louvre schwer, noch die Muße aufzubringen, sich dem in einem Seitenflügel untergebrachten **Musée des Arts décoratifs** oder dem **Musée de la Mode et du Textile** zu widmen. Erholsamer ist es sicherlich, den Tag geruhsam im **Jardin des Tuileries** ausklingen zu lassen. Allerdings bedarf es bei schönem Wetter einer gewissen Portion Glück, einen der rund um die Wasserbecken aufgestellten Stühle zu ergattern. Wer will, kann noch einen Abstecher zur Place de la Concorde unternehmen, in deren Mitte der 3000 Jahre alte Obelisk von Luxor steht.

Sehenswertes

Hôtel de Ville: Während der Regierungszeit von König Franz I. erhielt Paris ein Rathaus im Stil der Renaissance. Nachdem die Kommunarden 1871 das Rathaus in Brand gesteckt hatten, kamen die Renovierungsarbeiten einem Neubau im Neorenaissancestil gleich. In den Mauernischen sind Plastiken berühmter, in Paris geborener Persönlichkeiten aufgestellt. Allerdings blieb das Rathaus seit der Revolution „verwaist", erst 1977 zog mit Jacques Chirac wieder ein Bürgermeister ein. Heute werden im Rathaus gelegentlich kostenlose Ausstellungen gezeigt.

Place de l'Hôtel de Ville, 75004. Ⓜ Hôtel de Ville (Linie 1 und 11).

Futuristisch – Centre Pompidou

Centre Pompidou: Als 1971 ein Wettbewerb für ein neues Museum ausgeschrieben wurde, nahmen 681 Architektenteams aus aller Welt teil. Die Jury entschied sich für den Entwurf zweier junger, bis dato unbekannter Architekten: Der Italiener Renzo Piano und der Brite Richard Rogers stapelten die Räume gewissermaßen übereinander und verlegten die Zugänge in Form verglaster Rolltreppen nach außen. Um möglichst viel Raum zu schaffen, wurden sämtliche Installationen wie Nervenstränge an der Rückseite des Gebäudes angebracht. Kritiker verhöhnten das Centre verächtlich als „Raffinerie", „Kühlschrank" oder „Chemiefabrik", während seine Bewunderer es als technologische Poesie rühmten. Verteilt auf mehrere Etagen, bietet das Centre Platz für das Musée National d'Art Moderne, eine umfangreiche Bibliothek sowie eine Mediathek, ein Kino und eine Kunstbuchhandlung. Ursprünglich für „nur" 5.000 Besucher pro Tag konzipiert, konnte das Centre den mehr als viermal so großen Andrang der Kunstliebhaber nicht bewältigen. Umfangreiche Renovierungsarbeiten waren erforderlich, bis das Centre Pompidou nach zwei Jahren mit einer um 5000 Quadratmeter erweiterten und vollkommen neu konzipierten Ausstellungsfläche symbolträchtig zur Jahrtausendwende am 31.12.1999 wiedereröffnet werden konnte.

Das **Musée National d'Art Moderne** bietet im 5. Stockwerk hochkarätige Kunst des 20. Jahrhunderts und kann sich durchaus mit dem New Yorker Museum of Modern Art messen. Zum Fundus gehören Werke von Matisse, Picasso, Braque, Delaunay, Léger, Gris, Kandinsky, Klee, Magritte, Dix, Arp, Max Ernst, Chagall, Miró, Dalí, Duchamp, Giacometti, Beuys, Hartung, Calder, Pollock, Rauschenberg, Andy Warhol und Gerhard Richter. Zudem Fotografien, Installationen, Videos, Filme und Designobjekte. Besonders sehenswert ist auch das Kabinett von André Breton, dem „Papst der Surrealisten". Im 4. Stockwerk dreht sich alles um die zeitgenössische Kunst, ausgestellt sind Fotografien, Videoinstallationen, Skulpturen und Konzeptkunst.

Wer will, kann auch mit der Rolltreppe hinauffahren und auf der Dachterrasse des noblen Restaurants Georges köstlich speisen (nur mit Eintrittskarte oder Panoramaticket für 3 € zugänglich).

Palais Beaubourg, 75004, Ⓜ Rambuteau (Linie 11). Tgl. außer Di 11–21 Uhr. Abgesehen von den Sonderausstellungen und dem Musée National d'Art Moderne samt Rolltreppe und Restaurant ist der Eintritt zum Centre Pompidou kostenlos. Eintritt 13 bzw. 11 €, erm. 10 bzw. 9 €. Jugendliche unter 26 Jahren haben freien Eintritt und auch am ersten Sonntag im Monat kostet der Besuch nichts. www.centrepompidou.fr.

Centre Pompidou und Louvre
Karte S. 104/105

Wer die Hand wider den König erhebt …

Zu den verwerflichsten Straftaten, die im Ancien Régime begangen werden konnten, zählte ein Attentat auf den König. Und genau dieses Vergehens hatte sich 1757 Robert-François Damiens schuldig gemacht, als er versucht hatte, Ludwig XV. mit einem Messer zu ermorden. Durch einen dicken Mantel geschützt, überlebte der König leicht verletzt. Damiens, ein geistig verwirrter Einzeltäter, wurde dennoch zum Tode verurteilt, zuvor aber in der Conciergerie grausam gefoltert, um etwaige Hintermänner preiszugeben. Wegen der Schwere der Tat gilt die Hinrichtung Damiens als die spektakulärste und brutalste, die je vor dem Hôtel de Ville stattgefunden hat. Eine riesige Menschenmenge – auch Casanova war Augenzeuge – versammelte sich vor dem Rathaus, um sich an dem Schauspiel zu ergötzen. Nachdem Damiens bereits die Beine mit Hilfe des „Spanischen Stiefels" gebrochen worden waren, riss ihm der Scharfrichter mit einer glühenden Zange die Brustwarzen und Fleischstücke aus Armen und Schenkeln heraus. Unter dem Beifall der Zuschauer wand sich Damiens vor Schmerzen, als ihm siedendes Öl und geschmolzenes Blei in die Wunden gegossen wurden. Die Qualen galten als Vorwegnahme des Fegefeuers und sollten – vorausgesetzt, der Delinquent bereute seine Verfehlungen – die Seele retten. Doch der Grausamkeiten nicht genug, folgte nun der Höhepunkt der Hinrichtung: Damiens sollte geviertteilt werden, wozu an jedem seiner Gliedmaßen ein Pferd angebunden wurde. Obwohl die Zahl der Pferde nach einer Viertelstunde von vier auf sechs erhöht wurde, stellte sich der gewünschte Erfolg nicht ein. Erst als man nach einer weiteren Viertelstunde die Sehnen an den Armen und Beinen bis auf die Knochen durchtrennte, fanden Damiens Qualen ein Ende. Damiens sterbliche Überreste wurden unter dem Jubel der Schaulustigen auf den Scheiterhaufen geworfen und die Asche in alle Winde verstreut.

Saint-Eustache: Das spätgotische Gotteshaus erinnert an die Kathedrale von Notre-Dame, die fraglos als Vorbild diente. Leider fiel die Fassade der klassizistischen Mode zum Opfer. Während der Revolution mutierte die Kirche, in der unter anderem Kardinal Richelieu, Madame Pompadour und Molière getauft wurden, zum „Tempel der Vernunft".

Das Innere des fünfschiffigen Gotteshauses ist kostbar ausgestattet. Neben einem Gemälde von Rubens ist auch Raymond Masons zynische Skulptur „Der Auszug von Obst und Gemüse aus dem Herzen von Paris" zu bewundern, die auf den Abbruch der Hallen anspielt. Regelmäßig finden in der Kirche anspruchsvolle Orgelkonzerte statt.

Louvre: Spektakulär und anstrengend

Louvre: Der heutige Louvre erscheint zwar als einheitlicher Baukomplex, doch ist er gewissermaßen ein „Zufallsprodukt". Hervorgegangen aus einer im frühen 13. Jahrhundert unter Philipp II. August errichteten Burg – wie die freigelegten Grundmauern im Untergeschoss des Sully-Flügels eindrucksvoll beweisen – baute fast jeder französische Herrscher ein wenig am Louvre herum: Nachdem sich Franz I. wieder in Paris niedergelassen hatte, erweiterte sein Nachfolger Karl IX. die Zitadelle zur königlichen Residenz; Katharina von Medici ließ sich das Palais des Tuileries als Witwensitz errichten; ein paar Jahrzehnte später erteilte Heinrich IV. den Auftrag, das Tuilerienschloss durch die entlang der Seine ausgerichtete Grande Galerie mit dem Louvre zu verbinden; Ludwig XIV., der bekanntlich stets in größeren Dimensionen dachte, ließ das Schloss beträchtlich erweitern und die Gärten in den Tuilerien anlegen, um anschließend seinen barocken Repräsentationstraum aber doch in Versailles zu verwirklichen; Napoléon Bonaparte errichtete 1806 den Carrousel-Triumphbogen und versuchte, das Ensemble durch einen nördlichen Trakt zu schließen; Napoléon III. verfügte den Abriss eines sich bis zu dem Zeitpunkt noch im Innenhof befindlichen mittelalterlichen Wohnquartiers und vollendete das Werk seines Onkels mit neobarocken, zwei Höfe umschließenden Flügelbauten.

Den vorläufigen Schlusspunkt setzte François Mitterrand, indem er den angestaubten Museumsbau von dem amerikanischen Architekten Ieoh Ming Pei in ein modernes, lichtdurchflutetes Kunstmekka verwandeln ließ, das seither offiziell *Le Grand Louvre* heißt.

Musée du Louvre: Die Geburtsstunde des größten Museums der Welt schlug während der Revolution: 1793 entschied der Nationalkonvent, die Kunstsammlungen des Königs als „Musée

Central des Arts" für das Volk zu öffnen. Der Fundus, der den Konservatoren des „neu gegründeten" Museums zur Verfügung stand, war recht ansehnlich, da sich die französischen Könige seit Franz I. als leidenschaftliche Sammler betätigt hatten. Auch das berühmteste Gemälde des Louvre, wenn nicht gar das berühmteste der Welt, Leonardo da Vincis *Mona Lisa* (von den Franzosen *La Joconde* genannt) erwarb bereits Franz I. für seine persönliche Sammlung. Sehr erfolgreich war dann die „Ankaufspolitik" im Zeitalter der Revolution, als viele Kunstschätze durch die Enteignung des Adels und die Säkularisierung der Kirchen und Klöster ihren Weg in den Louvre fanden. Auch Napoléon wusste den Museumsfundus zu vermehren: Auf seinen Feldzügen eroberte der kleine Korse zahlreiche Kostbarkeiten, die er umgehend nach Paris bringen ließ. Im Laufe des 19. Jahrhunderts entwickelte sich der Louvre zu einem der bedeutendsten Kunstmuseen der Welt. Während der letzten, 1998 abgeschlossenen Umbauarbeiten wurde die Ausstellungsfläche für 1,1 Milliarden Euro verdoppelt. Allein die Zahlen sind beeindruckend: 8,4 Millionen Besucher schieben sich jährlich durch die Korridore, die eine Gesamtlänge von 1,7 Kilometern aufweisen; rund 30.000 Werke des 350.000 Kunstwerke umfassenden Bestandes sind auf einer Fläche von mehr als 60.000 Quadratmetern ständig ausgestellt. Nicht zu vergessen: 1600 Mitarbeiter sind im Louvre beschäftigt – mehr Menschen als in vielen mittelständischen Unternehmen.

Drei Eingänge führen die Besucher in den unter der Pyramide gelegenen Eingangstrakt, in dem sich die Kassen befinden. Eine regelrechte unterirdische Allee mit Buchhandlungen, Restaurants, Cafeteria und diversen Verkaufsräumen (Carrousel du Louvre) lockt den Neugierigen von den Kunstschätzen weg, die auf sieben Abteilungen in

drei verschiedenen Flügeln (franz. *Aile*) verteilt sind. Die ausgestellten Kunstwerke stammen aus neun Jahrtausenden. Ausgerüstet mit einem detaillierten *Orientierungsplan*, der an den Kassen auch in deutscher Sprache kostenlos erhältlich ist, steht dem Kunstgenuss nun nichts mehr im Wege. Allerdings sollte man sich aufgrund der Weitläufigkeit des Louvre erst einmal auf eine oder zwei Abteilungen beschränken und den Museumsstreifzug am nächsten Tag fortsetzen. Je nach den persönlichen Interessen kann man sich vorrangig der Ägyptischen Antike, dem Griechischen, Römischen und Etruskischen Altertum, der Orientalischen Sammlung, der Malerei, den Skulpturen und der graphischen Abteilung widmen oder einfach vom Zufall treiben lassen. Anbei ein kurzer Überblick über die bekanntesten Sehenswürdigkeiten in den einzelnen Flügeln:

Der **Richelieu-Flügel**, in dem sich früher das Finanzministerium befand, wurde erst durch die letzten Renovierungsarbeiten als Ausstellungsfläche hinzugewonnen. Architektonisch besonders eindrucksvoll sind die drei von einem gewölbten Glasdach überspannten Innenhöfe, die der französischen Plastik des 17. Jahrhunderts sowie dem assyrischen Palast von Sargon II. gewidmet sind. Ausgestellt sind die monumentalen geflügelten Stiere, die als Wandschmuck dienten. Das Dachgeschoss ist deutschen, niederländischen und flämischen Gemälden vorbehalten: Dürer (*Selbstbildnis mit Eryngium*), Cranach, Holbein, Breughel, Rembrandt, Vermeer. Sehenswert sind auch die originalgetreu erhaltenen Appartements von Napoléon III. samt dem opulenten Speisesaal.

Im Untergeschoss des **Sully-Flügels**, der im Osten die Cour Carrée einschließt, befinden sich eine Ausstellung zur Geschichte des Louvre und des Museums sowie die freigelegten

Fundamente des mittelalterlichen Königsschlosses. Im Erdgeschoss ist nicht nur die Abteilung für ägyptische Kunst ein Magnat, sondern auch die *Venus von Milo*. Der erste Stock hält ebenfalls Altertümern aus Ägypten, Griechenland und Italien bereit, darunter die *Nike von Samothrake*. Unter dem Dach breitet sich die französische Gemäldegalerie mit ihren Schätzen aus (Watteau, Fragonard, Delacroix etc.).

Der sich im Süden parallel zur Seine erstreckende **Denon-Flügel** zieht die Besucherscharen vor allem durch das geheimnisvolle Lächeln der *Mona Lisa* an. Im Untergeschoss befinden sich italienische, deutsche und niederländische Skulpturen – darunter auch Tilman Riemenschneiders „Verkündungsmadonna" –, im Erdgeschoss italienische Skulpturen und Altertümer. Die *Mona Lisa* „residiert" zusammen mit anderen herausragenden Gemälden aus Italien (Caravaggio, Raffael, Veronese, Tintoretto etc.), Frankreich (Ingres, Delacroix etc.) und Spanien (Velázquez, Goya, Greco etc.) im ersten Stock des Flügels. Vor ein paar Jahren wurden die Räumlichkeiten, in denen Leonardo da Vincis *Mona Lisa* ausgestellt ist, für fünf Millionen Euro neu gestaltet, um das weltberühmte Kunstwerk wirkungsvoller in Szene zu setzen.

Im Herbst 2012 wurde der Louvre um einen neuen Flügel mit islamischer Kunst erweitert. Auf einer Fläche von 3000 qm werden 18.000 Werke von der Spätantike bis zum 19. Jh. präsentiert.

Cour Napoléon, 75001. Ⓜ Palais Royal – Musée du Louvre (Linie 1 und 9). Tgl. außer Di 9–18 Uhr, am Mi und Fr bis 22 Uhr. Eintritt 10 €. Audioguide 5 €. An jedem ersten Sonntag im Monat ist zudem der Eintritt frei! Internet: www.louvre.fr. Aufgrund des großen Andrangs empfiehlt es sich, entweder noch vor 9 Uhr zu kommen oder den abgelegenen Eingang in der Porte des Lions zu benutzen (tgl. außer Di und Fr geöffnet). Schneller geht es auch über die Zugänge zum Carrousel du Louvre, von dem man ebenfalls direkt unter die Glaspyramide gelangt. Wer das anschließende Schlangestehen vor den Kassen umgehen will, kann sich im Vorverkauf bei einer der FNAC-Filialen eine Eintrittskarte kaufen; Besitzer des Museumspasses (*Paris Museum Pass*, 2 Tage für 39 €) ersparen sich ebenfalls das Anstehen. Für schwerbehinderte Menschen (mit und ohne Begleitperson) gibt es einen gesonderten Zugang an der Pyramide

Architektonisches Highlight: Pei-Pyramide

(es steht ein Schild an einer der Absperrungen) ohne Wartezeiten. Zudem gilt der Schwerbehindertenausweis als Eintrittskarte. Aufgrund von Personalmangel sind manche Abteilungen nicht an allen Tagen geöffnet. Ein kostenloser, auch auf Deutsch erhältlicher Lageplan erleichtert die Orientierung im Museum. Informationen am Museumseingang oder vorab im Internet: www.louvre.fr.

Centre Pompidou und Louvre
Karte S. 104/105

Der Raub der Mona Lisa

Die Aufregung war verständlicherweise groß, als man am 22. August 1911 bemerkte, dass die Mona Lisa verschwunden war. Der Louvre blieb eine ganze Woche lang geschlossen und die Polizei ermittelte fieberhaft, aber letztlich vergeblich, wer die Mona Lisa gestohlen haben könnte. Der Rahmen und auch die Glasplatte, die wenige Wochen zuvor zum Schutz des Meisterwerkes angefertigt worden war, waren schnell gefunden. Ein Fingerabdruck konnte sichergestellt, aber nicht zugeordnet werden. Die unter Druck stehende Polizei verdächtigte den „Erbfeind" Deutschland ebenso wie eine Künstlergruppe um Pablo Picasso und Guillaume Apollinaire. Als man sich schon mit dem dauerhaften Verlust des berühmten Gemäldes abgefunden hatte, wurde einem Florentiner Kunsthändler von einem Unbekannten die Mona Lisa zum Kauf angeboten. Als die Echtheit des Gemäldes feststand, verhaftete die italienische Polizei im Dezember 1913 einen 32-jährigen Dekorateur namens *Vincenzo Peruggia*. Schnell stellte sich heraus, dass Peruggia wirklich der gesuchte Kunstdieb war. Er kannte sich im Louvre aus, wo er nicht nur im Museum als Handwerker gearbeitet, sondern sogar das Schutzglas für das Meisterwerk befestigt hatte. Und obwohl er als Kleinkrimineller aktenkundig war, konnte ihm die Polizei erst jetzt seine Fingerabdrücke zuordnen.

Peruggia wurde vor ein italienisches Gericht gestellt, aber nur zu sieben Monaten Haft verurteilt, da er glaubhaft beteuern konnte, nicht in krimineller Absicht gehandelt zu haben. Mehr noch: Peruggia wurde als Nationalheld gefeiert, weil er in der Annahme, Napoléon hätte Mona Lisa zusammen mit anderen Kunstwerken geraubt, das berühmte Gemälde in sein Heimatland zurückbringen wollte. Da Leonardo da Vinci das Bild ehedem aber persönlich an den französischen König verkauft hatte, wurde das Gemälde in einer feierlichen Zeremonie wieder in den Louvre zurückgebracht.

Musée de la Mode et du Textile – Musée des Arts décoratifs: Einen besseren Ort als Paris kann es für ein Modemuseum wohl kaum geben. Das seit 1997 im Rohan-Flügel des Louvre untergebrachte Museum, das im Rahmen des Umbaus zum Grand Louvre grundlegend renoviert wurde, beschreibt die Entwicklungsgeschichte der Mode vom 17. Jahrhundert bis in die Gegenwart. Ob Paul Poiret, Coco Chanel, Karl Lagerfeld, Jean-Paul Gaultier oder John Galliano – die Pariser Modemacher haben stets für Furore gesorgt. Das Museum besitzt einen reichhaltigen Fundus von historischen Kostümen bis hin zu ausgefallenen Kreationen der Haute Couture. Da der Ausstellungsraum begrenzt ist, werden die „Textilien" im Rahmen von wechselnden Ausstellungen präsentiert. Im gleichen Gebäude (3. und 4. Stock) ist auch das *Musée des Arts décoratifs* untergebracht. Das Museum besitzt erlesenes Kunsthandwerk vom Mittelalter bis zum Design des 20. Jahrhunderts. Ausgestellt sind Fayencen, Goldschmiedearbeiten und Möbel.

Vor allem bei Kindern beliebt – Segelboote im Jardin des Tuileries

107, rue de Rivoli, 75001. Ⓜ Palais Royal – Musée du Louvre (Linie 1 und 9). Tgl. außer Mo 11–18 Uhr, Do bis 21 Uhr. Eintritt 9,50 €, erm. 8 €, unter 18 Jahren frei. www.lesartsdecoratifs.fr.

Jardin des Tuileries: Der Garten des 1871 während der Pariser Kommune abgebrannten Tuilerienschlosses – der Abbruch der Ruinen erfolgte 1882 – wurde im 17. Jahrhundert von keinem Geringeren als André Le Nôtre, dem Gartenbaumeister Ludwig XIV., gestaltet. Die spätere Ausrichtung der Ost-West-Achse in Richtung Arc de Triomphe und La Dé-fense findet hier ihren Ursprung. Typisch für Le Nôtre, der die Gartenarchitektur des Barockzeitalters maßgeblich geprägt hat, ist das Spannungsverhältnis zwischen großen Terrassen und kleinräumigen Arrangements, das durch Rondells, Wasserbassins und Statuen aufgelockert wurde. Sein Meisterwerk gelang Le Nôtre allerdings in Versailles. Von den späteren Veränderungen zeugen beispielsweise die Skulpturen; sie stammen größtenteils aus dem 19. Jahrhundert.

75001, Ⓜ Tuileries. Tgl. 7–19.30 Uhr, im April, Mai und Sept. bis 21 Uhr, im Juni, Juli und Aug. bis 23 Uhr.

Praktische Infos

(→ Karte S. 104/105)

Essen und Trinken

Au Pied de Cochon 8, für all jene, die noch nachts um 3 Uhr Appetit auf herzhafte Kost haben. Die berühmte Zwiebelsuppe der Hallen (7,60 €) und die namensgebenden Schweinefüße (18,60 €) werden bis in die frühen Morgenstunden serviert. Schwerpunktmäßig werden Meeresfrüchte angeboten. Jacques Chirac und Paul Bel-mondo waren zwar auch schon zu Gast, doch geht es unter den roten Markisen recht touristisch zu. Menü zu 17,90 €, Hauptgerichte zwischen 18 und 30 €. Durchgehend 24 Stunden geöffnet! 6, rue Coquillière, 75001, ☎ 0140137700. Ⓜ Les Halles (Linie 1 und 4). www.pieddecochon.com.

Yam'tcha 18, ebenfalls in unmittelbarer Nähe des Hallenviertels bietet dieses kleine

Restaurant (nur 20 Plätze) höchste kulinarische Erlebnisse (ein Michelinstern, drei Gault-Millau-Hauben). Chefköchin Adeline Grattard bietet eine moderne asiatische Küche, wobei sie auch auf klassische französische Ingredienzien wie bretonische Jakobsmuscheln oder pochierte Gänseleber zurückgreift. So ungewöhnlich wie empfehlenswert. Unbedingt reservieren! Menüs zu 50 € bzw. 80 € am Wochenende. Sonntagabend, Mo und Di Ruhetag, im August Betriebsferien. 4, rue Sauval, 75001, ✆ 0140262807. Ⓜ Les Halles (Linie 1 und 4). www.yamtcha.com.

L'Imprimerie , das 1904 eröffnete Eckbistro mit seinem dominierenden Tresen besitzt viel Patina. Hauptgerichte um die 15 €, beispielsweise ein *Souris d'agneau* mit Artischockenpüree. Straßenterrasse. Tgl. 8–2 Uhr geöffnet. 28, rue Coquilière, 75001, ✆ 0145080708. Ⓜ Louvre-Rivoli (Linie 1).

Olio Pane Vino , an einfachen Holztischen wird eine bodenständige italienische Küche serviert. Hervorragende Antipasti, beispielsweise das *Carpaccio de Bresaola*, aber auch leckere Salate. So Ruhetag, Sa–Mi nur mittags geöffnet. 44, rue Coquilière, 75001, ✆ 0142332115. Ⓜ Louvre-Rivoli (Linie 1).

Benoît , das traditionsreiche Bistro im Belle-Epoque-Stil gehört seit 2005 zum Imperium von Starkoch Alain Ducasse. Geboten wird traditionelle französische Küche auf hohem Niveau! Mittagsmenü 36 €. Im August Betriebsferien. 20, rue Saint-Martin, 75004, ✆ 0142722576. Ⓜ Les Halles (Linie 1 und 4). www.alain-ducasse.com.

≫ Mein Tipp: L'Epi d'Or , altertümliches Bistro mit guter bodenständiger Küche (*Oeufs cocotte* oder *Gigot d'agneau*) und zivilen Preisen. Ausgesprochen lecker ist der mit Kapern angemachte *Salade de bœuf à la parisienne*. Menüs zu 17 und 23 €. Samstagmittag und Sonntag geschlossen, im Aug. Betriebsferien, denn auf Touristen ist man nicht angewiesen. 25, rue Jean-Jacques Rousseau, 75001, ✆ 0142363812. Ⓜ Louvre-Rivoli oder Châtelet (Linie 1). ≪

Café Beaubourg , das von Stararchitekt Christian de Portzamparc entworfene Café gehört zu den beliebtesten Plätzen rund um das Centre Pompidou. Billig ist es nicht, aber nirgendwo kann man das illustre Treiben besser beobachten. Große beheizte Straßenterrasse. Tgl. 8–1 Uhr. 43, rue Saint-Merri, 75004. Ⓜ Les Halles (Linie 4).

Georges , eines der schönsten Museumsrestaurants, die es gibt, befindet sich auf dem Dach des Centre Pompidou. Postmodernes Styling, fast ausschließlich in Weißtönen gehalten. Traumhaft ist der Blick von der luftigen Dachterrasse, wo man auch nur einen Café trinken kann. Da ist es fast zweitrangig, dass sich der Küchenchef ausgezeichnet auf internationale Gerichte versteht. Ein Wermutstropfen: Die Kellner wurden von Lesern als arrogant empfunden. Hauptgerichte um die 30 €. Zugang nur mit Eintrittskarte für das Centre Pompidou (Panoramaticket für 3 €). Tgl. außer Di 12–2 Uhr geöffnet. Esplanade Beaubourg, 75004, ✆ 0144784799. Ⓜ Les Halles (Linie 4).

Centre Pompidou und Louvre Karte S. 104/105

Tour Saint-Jacques

Le Fumoir **22**, die Adresse für bibliophile Feinschmecker: Ausgezeichnete Küche in einem einladenden Ambiente, an den Wänden des hinteren Gastraums stehen die Bücher dicht gedrängt. Selbst deutsche Zeitungen liegen aus! Und auch der Koch hat sein Handwerk gelernt, wahrscheinlich steht in der Küche ein ganzes Regal mit Kochbüchern ... Mittagsmenüs zu 20 und 23,50 €, abends 33 oder 36 €. Sonntagsbrunch 24 €. Nachts bis 2 Uhr Barbetrieb. 6, rue de l'Amiral-Coligny, 75001. Ⓜ Louvre-Rivoli (Linie 1). www.lefumoir.com.

Café de Marly **17**, trotz der Lage in einem Seitentrakt des Louvre ist das Marly keine Touristenfalle, sondern eine attraktive Mischung aus Café und Restaurant, die in erster Linie von den Parisern selbst frequentiert wird. Besonders schön sitzt man unter den windgeschützten Arkaden mit Blick auf

Café de Marly

die Glaspyramide, das Personal ist allerdings etwas überheblich. Tgl. außer So 8–2 Uhr. 93, rue de Rivoli, 75001, ☎ 0149260660. Ⓜ Palais Royal – Musée du Louvre (Linie 1 und 7).

Colette **2**, das im Untergeschoss einer schrillen Boutique gelegene Colette besitzt zwei Markenzeichen: Streng durchgestyltes Ambiente und eine riesige Auswahl verschiedener Mineralwässer. Die Models unter dem Publikum werden dies zu schätzen wissen. Zu Essen gibt es selbstverständlich auch kalorienarme Salate (8–12 €). Tgl. außer So 11–19 Uhr. 213, rue Saint-Honoré, 75001, ☎ 0155353390. Ⓜ Tuileries (Linie 1). www.colette.fr.

🍃 Le Bio d'Adam et Eve **21**, unweit des Hallenviertels findet sich diese kleine, aber ansprechende *Cantine Bio*. Der Imbiss versteht sich auf leckere Salate, Suppen und Sandwiches zu günstigen Preisen. Es gibt aber auch Café und Muffins! Alle Gerichte auch zum Mitnehmen. Mo–Sa 11.30–20 Uhr. 41, rue Saint-Honoré, 75001. Ⓜ Châtelet (Linie 1, 4 und 14). www.lebiodadameteve.com. ■

Sunset & Sunside Jazz Club **24**, unten Jazzclub, oben Kneipe. Tgl. außer So ab 20.30 Uhr. 60, rue des Lombards, 75001, ☎ 0140264660. Ⓜ Châtelet (Linie 1, 4 und 14). www.sunset-sunside.com.

Universal Resto **16**, anspruchsvolles Selbstbedienungsrestaurant im unterirdischen Carrousel du Louvre. Man hat die Wahl zwischen asiatischer, libanesischer und französischer Küche, spanischen Tapas oder amerikanischen Hamburgern. 75001. Ⓜ Louvre – Palais Royal (Linie 1).

Web-Café Milk **20**, Cybercafé, rund um die Uhr geöffnet. 33, boulevard Sébastopol, 75001. Ⓜ Châtelet bzw. Les Halles (Linie 1, 4 und 14).

Einkaufen

≫ Mein Tipp: Colette **2** ein ungewöhnlicher Concept-Store. Mehr präsentiert als angeboten werden Klamotten, Design, Bücher und CDs. Tgl. außer So 11–19 Uhr. 213, rue Saint-Honoré, 75001, ☎ 0155353390. Ⓜ Tuileries (Linie 1). www.colette.fr. ≪

Galerie Patrick Fourtin **9**, „moderne" Antiquitäten aus den 20er bis 50er Jahren. 6,

Für ein paar echte Louboutins stellt man sich geduldig in die Schlange

place de Valois, 75001. Ⓜ Louvre – Palais Royal (Linie 1). www.galeriefourtin.com.

Forum des Halles 🔢, die Shopping-Mall mit vier unterirdischen Etagen und einem Innenhof ist leider nur ein minderwertiger Ersatz für die abgerissenen Hallen, doch findet man in den über 250 Geschäften eine große Auswahl (auch das Medienkaufhaus FNAC ist vertreten), 75001. Ⓜ Châtelet – Les Halles (Linie 1,7 und 14).

Galerie du Carrousel 🔢, in der unterirdischen Einkaufspassage des Louvre findet man zahlreiche einladende Geschäfte. Die ansprechendere Alternative zum Forum des Halles, man setzt auf gut eingeführte Ketten (Virgin Megastore, Esprit, Bodum, etc.), 75001. Ⓜ Louvre – Palais Royal (Linie 1).

Marissal 🔢, gut sortierte deutsche Buchhandlung in unmittelbarer Nähe des Centre Pompidou. Wer versäumt hat, sich mit deutscher Literatur über Paris einzudecken, kann es hier problemlos tun. Mo–Sa 10.30–19.30 Uhr geöffnet. 42, rue Rambuteau, 75003. Ⓜ Rambuteau (Linie 11). www.marisal.com.

Il Bisonte 🔢, Handtaschen, Gürtel und andere schöne Reiseaccessoires. Teilweise echte Handarbeit! 7–9, Galerie Véro-Dodat, 75001, Ⓜ Louvre – Rivoli (Linie 1).

Christian Louboutin 🔢, spätestens seit Sarah Jessica Parker wissen alle Frauen, dass das Leben ohne eine Paar Louboutins nur halb so schön ist. Kein Wunder, dass man das Geschäft leicht an der langen Schlange vor dem Eingang erkennt. 19, rue Jean-Jacques Rousseau, 75001. Ⓜ Louvre-Rivoli oder Châtelet (Linie 1). www.christianlouboutin.com.

Le Louvre des Antiquaires 🔢, rund 250 Antiquitätenhändler sind in diesem „käuflichen" Louvre vereint. Auf ein Schnäppchen braucht man allerdings nicht zu spekulieren. 2, place du Palais Royal, 75001. Ⓜ Palais Royal (Linie 1 und 7).

Herboristerie du Palais Royal 🔢, liebevoll eingerichtete Kräuterhandlung mit riesigem Angebot. 11, rue des Petits-Champs, 75001. Ⓜ Louvre – Palais Royal (Linie 1 und 7).

🌿 **Lémo** 🔢, gut sortierter Biosupermarkt in zentraler Lage. Mo–Sa 10–20 Uhr. 66, boulevard Sébastopol, 75003. Ⓜ Châtelet bzw. Les Halles (Linie 1, 4 und 14). ∎

Habitat 🔢, schöne Designmöbel zu annehmbaren Preisen. 5, rue du Pont Neuf, 75001. Ⓜ Louvre – Rivoli (Linie 1).

Marais

Mit seinem adeligen Touch ist das jüdisch geprägte Marais heute eines der beliebtesten und teuersten Wohnviertel der Stadt. Den Reiz des Marais machen jedoch nicht nur die vornehmen Stadtpaläste aus; das 4. Arrondissement gehört mit seinem besonderen Flair, den attraktiven Kneipen, Restaurants, Modeboutiquen und Galerien zu den lebendigsten Quartieren der Stadt.

Ursprünglich war das Marais eine unwirtliche Gegend – „Marais" bedeutet „Sumpf" – am Rande der Hauptstadt. Doch nachdem das Gebiet im Spätmittelalter trockengelegt worden war, stieg es schnell zur vornehmsten Wohngegend der Stadt auf. Mitglieder der aristokratischen Führungsschicht ließen sich hier ihre „Hôtel" genannten Stadtpaläste errichten, Madame de Sévigné beispielsweise empfing ihre Besucher im Hôtel Carnavalet, das heute das Stadtmuseum von Paris beherbergt. Auch der schönste Platz von Paris, die Place des Vosges, liegt im Marais. Als die Adeligen dem König nach Versailles folgten, begann der allmähliche, aber stete Niedergang des Viertels. Handwerker und Tagelöhner zogen in die herrschaftlichen Häuser, die mehr und mehr verfielen. Ende der sechziger Jahre verfügten zwei Drittel der Wohnungen weder über fließendes Wasser noch über eine eigene Toilette. Doch ein Ende des steten Verfalls nahte: Auf Veranlassung des damaligen französischen Kultusministers André Malraux wurde die historische Bausubstanz des Marais unter Denkmalschutz gestellt und umfassend saniert. Zahlreiche adelige Stadtpalais wie das Hôtel de Sully und das Hôtel Salé wurden seither aufwändig restauriert und einer musealen Nutzung zugeführt; das Marais ist dadurch zu einem der beliebtesten Viertel der Stadt aufgestiegen, wie ein Blick auf die Immobilienpreise zeigt. Ein Appartement an der Place des Vosges können sich heute nur noch sehr gut betuchte Bürger leisten, zu deren erlesenem Kreis auch Jack Lang, Malrauxs Nachfolger als Kultusminister, gehört.

Das Marais ist auch bekannt als das jüdische Viertel von Paris. Zudem hat in den letzten Jahrzehnten eine andere, ebenfalls oft verfolgte Minderheit ihre Liebe für das Marais entdeckt: Die Pariser Gay-Community trifft sich vorzugsweise in den Bars und Kneipen links und rechts der Rue Sainte-Croix de la Bretonnerie. Wer ein „gay-freundliches" Café oder Restaurant sucht, orientiert sich am besten an den gut sichtbar angebrachten Regenbogenfahnen. Bei so viel einvernehmlichem Nebeneinander von Schwulen und Juden verwundert es auch nicht, dass die jüdische Schwulengruppe „Beit Haverim" zu den aktivsten homosexuellen Organisationen gehört. Lohnend ist auch ein Abstecher am Sonntag, denn dann haben die meisten Boutiquen und Geschäfte im Marais geöffnet.

Spaziergang

Die Tour durch das altertümliche Marais beginnt am Hôtel de Ville. Vom Pariser Rathaus aus führt die Rue François Miron an der klassizistischen Fassade der Kirche St-Gervais-et-St-Protais vorbei in Richtung Osten. Aufmerksamkeit verdienen das spätgotische Kircheninnere und einige noch aus dem Spätmittelalter stammende Häuser in der Rue François Miron, so beispielsweise die Fachwerkbauten Nr. 11 und 13. Repräsentativ ist auch das Hôtel de Beauvais, ein Adelspalast aus dem 17. Jahrhundert. In einer Seitenstraße befindet sich das **Mémorial de la Shoa**; an einer von der Rue Saint Antoine abzweigenden Straße liegt das **Maison Européenne de la Photographie**, ein Mekka der Fotokunst. Vorbei an einem spätmittelalterlichen Adelspalais, dem **Hôtel de Sens**, gelangt man zum **Pavillon de l'Arsenal**, der über die aktuellen städtebaulichen Projekte von Paris informiert. Für einen kurzen erholsamen Zwischenstopp bietet sich die Place du Marché Sainte-Catherine mit ihren einladenden Straßencafés an. Wer will, kann anschließend einen Blick in die idyllischen Höfe der Trödler des *Village Saint-Paul* werfen. Um sich auf das Marais einzustimmen, empfiehlt sich ein Abstecher zum repräsentativen **Hôtel de Sully**, dessen

Garten einen direkten Zugang zur **Place des Vosges** besitzt. Der von Häusern aus roten Ziegeln und weißen Bruchsteinen gesäumte Platz strahlt eine faszinierende Atmosphäre aus. Die kleinen, intimen Arkaden ziehen sich wie Logen um das grüne Geviert, das einst als Turnierfeld diente. Viele Schriftsteller wie Alphonse Daudet, Georges Simenon und Victor Hugo haben an der Place des Vosges gewohnt; dem Gedenken an den Autor des „Glöckners von Notre-Dame" widmet sich das **Maison de Victor Hugo**. Das altehrwürdige Marais ist sicherlich das richtige Viertel für ein Museum über die Pariser Stadtgeschichte (**Musée Carnavalet**). Nur einige Häuser weiter beherbergt das **Musée Cognacq-Jay** eine erlesene Privatsammlung; hochkarätige moderne Kunst wird in dem im Hôtel Salé untergebrachten **Musée National Picasso** präsentiert, dessen Besuch auf keinen Fall versäumt werden sollte.

Während man durch das Marais schlendert, lohnt es sich – falls die Möglichkeit besteht –, einen Blick in die „Hinterhöfe" der Stadtpaläste zu werfen, die gelegentlich fast die Größe eines Parks einnehmen. Das **Musée de la Chasse et de la Nature** befindet sich ebenso in einem der typischen Adelspaläste wie das **Musée de l'Histoire de France**. Letzteres liegt an der Rue des Francs-Bourgeois, die der Beatnik Jack Kerouac als „the street of the outspoken middle classes" charakterisierte. In der Rue de Temple, deren Name noch an den bis 1314 hier ansässigen Orden der Tempelritter erinnert, befindet sich das **Musée d'Art et d'Histoire du Judaisme**; es informiert auf sehr ansprechende Weise über die Geschichte und Kultur der jüdischen Gemeinde von Paris. Rund um die Rue Sainte-Croix de la Bretonnerie ist die Pariser Gay-Szene zu Hause. Neben einschlägigen Bars, Restaurants und Sexshops gibt es auch Friseure, Modeboutiquen und Reisebüros, die ihr Angebot speziell auf ihre schwule Klientel abgestimmt haben. In der lang gestreckten Rue de Rosiers, der Hauptstraße des jüdischen Marais, sind traditionell Feinkosthändler und Juweliere ansässig.

Jüdisches Paris

Zwischen Centre Pompidou und Bastille befindet sich das jüdische Viertel von Paris, dessen Ursprünge bis in das frühe 13. Jahrhundert zurückreichen. Zu den alteingesessenen Familien aus dem Elsass und dem Midi sind im Laufe der Zeit zahlreiche Juden aus Osteuropa und Nordafrika gestoßen. Nur ein kleines Stück abseits der großen Boulevards taucht man in den engen Gassen rund um die gewissermaßen als jüdische „Hauptstraße" fungierende Rue des Rosiers in eine eigene Welt mit besonderem Flair ein. Streng orthodoxe Juden mit Hüten, Schläfchenlocken, langen Bärten und bis zu den Füßen reichenden Kaftanen schlendern zwischen orientalischen Spezialitätengeschäften, koscheren Metzgereien und Läden mit hebräischen Kultgegenständen umher. Das Restaurant Jo Goldenberg war bis vor kurzem eine in ganz Paris bekannte Adresse für Liebhaber der jüdischen Küche, erlesene – selbstverständlich koschere – Feinkost findet man bei Florence Finkelsztajn. Nur am Samstag, dem Sabbat, ist das jüdische Viertel verwaist und die Geschäfte sind meistens geschlossen; die Straßen füllen sich erst wieder nach Einbruch der Dunkelheit mit Leben, denn der Sonnenuntergang, und nicht die Uhrzeit, läutet traditionsgemäß das Ende der Sabbat-Ruhe ein.

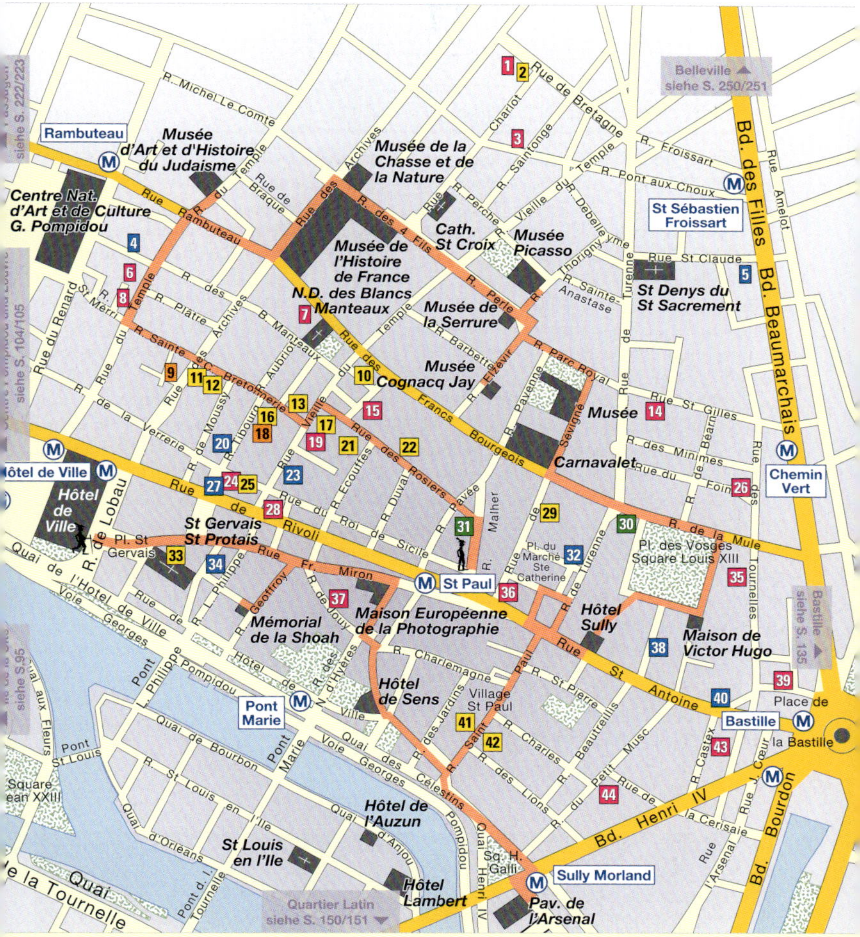

Belleville
siehe S. 250/251
siehe S. 222/223
siehe S. 104/105
siehe S.95
Bastille
siehe S. 135
Quartier Latin
siehe S. 150/151
Rambuteau
Musée d'Art et d'Histoire du Judaïsme
Musée de la Chasse et de la Nature
Centre Nat. d'Art et de Culture G. Pompidou
Musée de l'Histoire de France
N.D. des Blancs Manteaux
Cath. St Croix
Musée Picasso
Musée de la Serrure
St Sébastien Froissart
St Denys du St Sacrement
Musée Cognacq Jay
Musée Carnavalet
Chemin Vert
Hôtel de Ville
St Gervais St Protais
Pl. St Gervais
St Paul
Pl. du Marché Ste Catherine
Pl. des Vosges Square Louis XIII
Mémorial de la Shoah
Maison Européenne de la Photographie
Hôtel Sully
Maison de Victor Hugo
Hôtel de Sens
Village St Paul
Place de la Bastille
Bastille
Pont Marie
Hôtel de l'Auzun
St Louis en l'Ile
Hôtel Lambert
Sq. H. Galli
Sully Morland
Pav. de l'Arsenal
Square Jean XXIII
Pont St Louis
Pont L. Philippe
Pont Marie
Pont d. l. Tournelle
Quai de la Tournelle
Quai d'Orléans
Quai de Bourbon
Quai d'Anjou
Quai des Célestins
Quai Henri IV
Quai de l'Hotel de Ville
Voie Georges Pompidou
Rue de Rivoli
Rue St Antoine
Bd. Henri IV
Bd. des Filles du Calvaire
Bd. Beaumarchais
Bd. Bourdon
Rue de Bretagne
R. Froissart
R. Pont aux Choux
Rue St Claude
Rue St Gilles
R. des Minimes
Rue du Foin
R. de la Mule
Rue des Francs Bourgeois
R. du Parc Royal
Rue des Rosiers
Rue des Archives
R. Michel Le Comte
Rue Rambuteau
R. du Temple
R. Sainte Croix de la Bretonnerie
R. de la Verrerie
Rue du Roi de Sicile
Rue F. Miron
R. Charlemagne
R. St Paul
R. Charles V
R. des Lions
R. du Petit Musc
Rue de la Cerisaie
R. Beautreillis
R. Castex
Rue de Turenne
R. de Sévigné
Rue Vieille du Temple
R. Perle
R. Elzévir
R. Pavée
R. Malher
R. des Jardins
R. de Jouy
R. de Lobau
R. Geoffroy
R. des Nonnains d'Hyères
R. Amelot
Rue des Tournelles
R. de Béarn
R. Debelleyme
R. de Saintonge
R. Charlot
R. Ste Anastase
R. Thorigny
R. Barbette
Rue Ecouffes
R. Duval
R. du Bourg Tibourg
R. de Moussy
R. des Blancs Manteaux
R. du Renard
R. St Merri
Rue de Braque
R. des 4 Fils
200 m
Marais

Übernachten
4 Beaubourg (S. 62)
5 Villa Beaumarchais (S. 61)
0 Bourg Tibourg (S. 62)
3 Caron de Beaumarchais (S. 62)
7 De Nice (S. 65)
2 Grand Hôtel Jeanne d'Arc (S. 65)
4 MIJE Maubuisson (S. 69)
8 De la Place des Vosges (S. 64)
0 Hôtel de la Herse d'Or (S. 66)

Cafés (S. 128-130)
5 The Studio
0 Ma Bourgogne
1 La Loir dans la Théière

Einkaufen (S. 130/131)
2 Marché des Enfants Rouges
10 Muji
11 Fleux
12 Caves du Marais
13 Les Mots à la Bouche
16 Mariage Frères
17 Boulangerie Drahonnet
21 Florence Finkelsztajn
22 Murciano
25 Manz'elle Swing
29 Losco
33 Izraël
41 Village Saint-Paul
42 The Red Wheelbarrow

Essen & Trinken (S. 128-130)
1 Chez Omar
3 Chez Nénesse
6 The Studio
7 Le Dôme du Marais
8 Suan Thai
14 Le Carré des Vosges
15 Chez Marianne
19 Au Petit Fer à Cheval
24 Pozetto
26 Chez Janou
28 L'Alivi
35 Le Bistrot de L'Oulette
36 L'Osteria
37 Métropolitain
39 Bofinger
43 Cucina Napoletana
44 Le Temps de Cerises

Nachtleben (S. 128-130)
9 Open Café
18 Lizard Lounge

Sehenswertes

Mémorial de la Shoah: Nach umfangreichen Umbau- und Erweiterungsarbeiten ist jetzt in Paris das Mémorial de la Shoah (früher Mémorial du Martyr Juif Inconnu) als größtes europäisches Holocaust-Museum wieder eröffnet worden. Insgesamt wurden 23 Millionen Euro investiert, um das Museum um 4000 Quadratmeter zu erweitern. Neu ist auch das Mahnmal: Auf meterhohen Marmorwänden wurden die Namen aller 76.000 Juden eingraviert, die während der deutschen Besetzung Frankreichs bis zum August 1944 in die Vernichtungslager deportiert wurden. Eine 30 Meter lange „Mauer der Gerechten" erinnert zudem an 2693 Franzosen, die während der Nazi-Besatzung Juden gerettet und geschützt haben.

17, rue Geoffroy-l'Asnier, 75004. Ⓜ Saint-Paul – Pont Marie (Linie 1 oder 7). Tgl. außer Sa sowie an jüdischen Feiertagen 10–18 Uhr, Do bis 22 Uhr. Eintritt frei! www.memorialdelashoah.org.

Maison Européenne de la Photographie: Verteilt auf sieben Ebenen, wird im Hôtel Hénault de Cantobre, einem weiteren Adelspalast aus dem 18. Jahrhundert, anspruchsvolle Fotokunst präsentiert. Neben themenbezogenen Ausstellungen aus dem 15.000 Arbeiten umfassenden Fundus (Mapplethorpe, Helmut Newton, Irving Penn, Nan Goldin, Hervé Guibert etc.) finden regelmäßig Retrospektiven statt, die sich dem Werk eines renommierten Fotografen widmen. Eine Buchhandlung und ein nettes kleines Café, das der Architekt Nestor Perkal entworfen hat, sind ebenfalls vorhanden.

5–7, rue de Fourcy, 75004. Ⓜ Saint-Paul (Linie 1). Mi–So 11–20 Uhr. Eintritt 7 €, erm. 4 €; Mi ab 17 Uhr Eintritt frei! www.mep-fr.org.

Pavillon de l'Arsenal : Im Pavillon, einer für das 19. Jahrhundert typischen Glas-Eisen-Konstruktion, wird mit Hilfe von Modellen, Fotos, Videos und Zeichnungen über die gegenwärtigen

Pompös: Hôtel Sully

Spätmittelalterliches Paris – Hôtel de Sens

Veränderungen des Pariser Stadtbilds sowie den Einfluss der Stadtgeschichte auf den Urbanismus informiert. Ein Muss für Architekturfans und Liebhaber von Stadtplanungen.

21, boulevard Morland, 75004. Ⓜ Sully Morland (Linie 7). Tgl. außer Mo 10.30–18.30 Uhr, So 11–19 Uhr. Eintritt: frei! www.pavillon-arsenal.com.

Hôtel de Sens: Zusammen mit dem Hôtel de Cluny (Quartier Latin) gehört das Hôtel de Sens zu den einzigen erhaltenen Stadtpalästen aus dem Spätmittelalter. Typisch für diese Zeit ist der unregelmäßige Grundriss sowie der wuchtige, fast festungsartige Charakter des Gebäudes, das heute die Bibliothek Forney beherbergt. Entspannung bietet der kleine Garten an der Rückseite des Palastes.

1, rue du Figuier, 75004. Ⓜ Saint-Paul (Linie 1). Tgl. außer Mo und So 13–19.30 Uhr, Mi und Do ab 10 Uhr. Eintritt zur Bibliothek ist frei! Bei Sonderausstellungen 6 €, erm. 4 €.

Hôtel de Sully: Der einstige Stadtpalast des Herzogs von Sully gehört zu den imposantesten Adelspalais des Marais.

Glücklicherweise befindet sich das Hôtel de Sully im Besitz der öffentlichen Hand, so dass eine Besichtigung problemlos möglich ist. Die Anlage zeigt typische Merkmale für die Palais im Marais: Hinter dem Eingangsportal öffnet sich der repräsentative Ehrenhof (*Cour d'Honneur*), der den Palast der Straße entrückt und dem Empfang der Gäste diente. Hinter dem breit gelagerten Haupttrakt schließt sich ein Garten an, der von einer Orangerie begrenzt wird. Ein Teil der Räumlichkeiten wird heute von der Nationalen Denkmalschutzbehörde genutzt, der andere steht für wechselnde Fotoausstellungen des Jeu de Paume zur Verfügung, die sich zumeist historischen und sozialkritischen Themen widmen. Im Erdgeschoss befindet sich zudem eine gut sortierte Buchhandlung mit Schwerpunkt Pariser Kunst und Kultur. Der Garten besitzt einen direkten Zugang zur Place des Vosges.

62, rue Saint-Antoine, 75004. Ⓜ Saint-Paul (Linie 1). Tgl. außer Mo 12–19 Uhr, Sa und So ab 10 Uhr. Eintritt zu den Ausstellungen: 5 €, erm. 2,50 €.

Place des Vosges: Beliebter Treff für ein Sonnenbad

Place des Vosges: Dieses regelmäßige, auf Symmetrie bedachte Ensemble steht in dem Ruf, der schönste Platz von ganz Paris zu sein. Der rechteckige Platz wird von 36 identischen zweistöckigen Pavillons mit roten Ziegelsteinfassaden und hoch aufragenden Schieferdächern eingerahmt. Nur der Pavillon des Königs an der Südseite und der gegenüberliegende Pavillon der Königin überragen die anderen Häuser als Ausdruck des hierarchischen Standesbewusstseins um ein Stück. Benannt sind die herrschaftlichen Häuser nach ihren früheren Besitzern, wie beispielsweise das Hôtel de Rohan-Guéménée und das Hôtel Richelieu.

Angesichts dieser aristokratischen Eleganz erscheint es kaum mehr vorstellbar, dass die Häuser an der Place des Vosges zu Beginn des 20. Jahrhunderts völlig heruntergekommen waren und einem Armenquartier glichen. 1924 fand hier ein junger, fast mittelloser Belgier namens Georges Simenon im Haus Nummer 21, das einst Kardinal Richelieu bewohnt hatte, eine günstige Parterrewohnung. Simenons Nachbar soll übrigens ein Pfeife rauchender und Hut tragender Doktor gewesen sein, der unter seinem richtigen Namen Maigret wenig später als kleinbürgerlicher Kommissar in die Literaturgeschichte einging.

Maison de Victor Hugo: Victor Hugo, einer der berühmtesten französischen Schriftsteller, lebte von 1832–1848 im Hôtel Rohan-Guéménée an der Place des Vosges. Das ihm zu Ehren eingerichtete Museum bietet die Möglichkeit, ein Haus an der Place des Vosges von innen kennenzulernen. Präsentiert werden neben Originalmanuskripten und persönlichen Erinnerungsgegenständen auch Bilder, die Hugo gesammelt hat. Zudem beweisen mehrere Gemälde, dass Victor Hugo nicht nur als Schriftsteller Talent besaß. Wer kein ausgewiesenes Faible für die französische Literatur hegt, wird nach dem Besuch des Museums eventuell enttäuscht sein.

6, place des Vosges, 75004. Ⓜ Bastille (Linie 1, 5 und 8). Tgl. außer Mo 10–18 Uhr. Eintritt frei! www.musee-hugo.paris.fr.

Musée Carnavalet: Die absolut sehenswerten Schätze des Pariser Stadtmuseums sind seit 1989 auf zwei benachbarte Adelspaläste verteilt. Da ist einmal das namensgebende Hôtel Carnavalet; es widmet sich den Anfängen der Pariser Stadtgeschichte von der Frühzeit über das Mittelalter bis zur Aufklärung. Erinnert wird auch an Madame de Sévigné, die hier zwischen 1677 und 1696 gewohnt hat und durch ihre Briefe, die Einblicke in die gesellschaftlichen Verhältnisse am Hof des Sonnenkönigs geben, berühmt geworden ist. Das benachbarte Hôtel Le Peletier de Saint-Fargeau dokumentiert die Stadtgeschichte seit der Revolution. Eine Nachbildung von Marcel Prousts Zimmer mit dem Originalbett, in dem Proust große Teile seiner „Suche nach der verlorenen Zeit" geschrieben hat, gehört ebenso zum Fundus wie ein Nachbau der berüchtigten Guillotine.

23, rue de Sévigné, 75003. Ⓜ Saint-Paul (Linie 1). Tgl. außer Mo 10–17.40 Uhr. Eintritt frei! Bei Sonderausstellungen 5 €, erm. 4 €. www.carnavalet.paris.fr.

Musée Cognacq-Jay: Das nach Ernest Cognacq und Louise Jay, dem Gründerehepaar des Kaufhauses La Samaritaine, benannte Museum zeigt wertvolle Gemälde aus dem 18. Jahrhundert. Das aus dem 16. Jahrhundert stammende Adelspalais ist mit erlesenen Möbeln, Porzellan und diversem Nippes eingerichtet, so dass die Werke von Watteau, Fragonard, Boucher und Rubens in einem würdigen Rahmen präsentiert werden. Beachtlich ist das Aufgebot der Museumswärter, in jedem zweiten Raum steht eine in ein rotes Jackett gehüllte Aufsichtsperson.

8, rue Elzévir, 75003. Ⓜ Saint-Paul (Linie 1). Tgl. außer Mo 10–18 Uhr. Eintritt frei!

Musée National Picasso: Der damalige Kultusminister André Malraux verabschiedete ein Gesetz, wonach die Erbschaftssteuer auch in Form von Kunstwerken entrichtet werden konnte. Als Pablo Picasso 1973 starb, kam der französische Staat auf diese Weise in den Besitz von 203 Gemälden, 158 Skulpturen, 88 Keramiken sowie unzähligen Zeichnungen, Fotos und anderen wertvollen Dokumenten. Das weiträumige, im Marais gelegene Hôtel Salé wurde auserkoren, die einzigartige Sammlung zu beherbergen. Den Auftrag, den ehemaligen Palast des königlichen Salzsteuereintreibers umzubauen, erhielt der Architekt Roland Simounet. Ein Glücksgriff, denn Simounet verstand es meisterhaft, den alten Stadtpalast seiner neuen Bestimmung zuzuführen. Fragmentierte Räume und verwinkelte Raumfolgen sorgen für eine überraschende Entdeckungsreise durch Picassos Œuvre; Rampen und Schwellen markieren die Hauptphasen von

Eines der ältesten Häuser von Paris

Marais
Karte S. 121

Picassos künstlerischem Werdegang. Gezeigt werden zudem Werke aus Picassos privater Sammlung (Miró, Cézanne, Matisse, Braque etc.). Im zweiten Stockwerk finden regelmäßig Ausstellungen statt, die sich mit dem Werk Picassos auseinandersetzen. Fazit: Absolut sehenswert!

Achtung: Das Museum bleibt wegen umfangreicher Renovierungsarbeiten bis zum Sommer 2013 geschlossen!

5, rue de Thorigny, 75003. Ⓜ Saint-Paul (Linie 1). Tgl. außer Di 9.30–18 Uhr (Sommer) und 9.30–17.30 Uhr (Winter). Eintritt 8,50 €, erm. 6,50 €. Am 1. So im Monat ist der Eintritt frei! www.musee-picasso.fr.

Musée de la Chasse et de la Nature: Das Museum befindet sich im einstigen Hôtel de Guénégaud des Brosses und beherbergt eine ansehnliche Sammlung zur Jagdgeschichte. Neben einer umfangreichen Waffensammlung kann man noch allerhand ausgestopftes Getier bewundern, das unglücklicherweise irgendwo in Afrika, Asien oder Amerika einem stolzen Jäger vor die Flinte gelaufen ist. Überzeugten Jagdgegnern und Pazifisten ist von einem Besuch daher dringend abzuraten. Daran können auch Gemälde von Chardin, Desportes, Vernet und anderen renommierten Künstlern, die sich im 18. Jahrhundert romantisierend dem Thema Jagd genähert haben, nichts ändern. Da das Hôtel de Guénégaud das einzige noch gut erhaltene Palais ist, das der Architekt François Mansart entworfen hat, lohnt sich aber ein Blick in den Innenhof. Als Schöpfer der nach ihm benannten Mansardendächer hat er den französischen Klassizismus maßgeblich geprägt.

60, rue des Archives, 75003. Ⓜ Hôtel-de-Ville (Linie 1 und 11). Tgl. außer Mo 11–18 Uhr, Mi bis 21.30 Uhr. Eintritt 6 €, erm. 4,50 €. www.chassenature.org.

Musée de l'Histoire de France: Das Historische Museum von Frankreich residiert im Hôtel de Soubise, das durch eine weitläufige, von einem Peristyl aus 56 Säulen umgebene Gartenanlage mit dem Nationalarchiv verbunden ist. Im vornehmen Rokokointerieur sind größtenteils Schriftstücke ausgestellt, die wichtige Ereignisse der französischen Geschichte dokumentieren. Eindrucks-

Stattlich residiert das Musée de l'Histoire de France

voll ist das reich verzierte Treppenhaus; der Museumsfundus ist leider genauso mager wie die Form der Darbietung. Lohnend nur bei Sonderausstellungen. Frei zugänglich sind die ansprechenden neu angelegten Gartenanlagen.

60, rue des Francs-Bourgeois. Ⓜ Hôtel-de-Ville (Linie 1 und 11). Tgl. außer Di 10–12.30 Uhr und 14–17.30 Uhr, am Wochenende erst ab 14 Uhr. Eintritt 3 €, erm. 2 €.

Musée d'Art et d'Histoire du Judaisme: Mit dem erst 1998 eröffneten jüdischen Museum ist das Marais um eine Topattraktion reicher. Untergebracht im Hôtel de Saint-Aignan, einem 1640 errichteten Adelspalast, bietet das Museum einen umfassenden Einblick in die Geschichte und Kultur des Judentums. Neben zahllosen Kultgegenständen (Thora-Rollen, Chanukka-Leuchter etc.) sowie mittelalterlichen Grabsteinen wird auch die Bedeutung der Hofjuden

in der Frühen Neuzeit dargestellt. Die Affäre Dreyfus, die dem jüdischen Offizier Alfred Dreyfus 1894 zu Unrecht die Verurteilung wegen angeblichen Verrats militärischer Geheimnisse an Deutschland einbrachte sowie der Holocaust werden ebenfalls ausführlich behandelt. Der postmoderne Anbau ist den modernen jüdischen Künstlern gewidmet, gezeigt werden beispielsweise Originalgemälde von Chagall, Lipchitz und Soutaine; eine Fotoausstellung, unter anderem mit Bildern von Robert Capa, dokumentiert jüdisches Leben nach dem Holocaust.

71, rue du Temple, 75003. Ⓜ Rambuteau (Linie 11). Tgl. außer Sa sowie an jüdischen Feiertagen 11–18 Uhr, So ab 10 Uhr, Mi bis 21 Uhr. Eintritt 7 €, erm. 4,50 €; bei Sonderausstellungen 9,50 €, erm. 7 €. www.mahj.org.

Marais Karte S. 121

Die Affäre Dreyfus – eine endlose Geschichte?

Jahrzehntelang spaltete die Dreyfus-Affäre die französische Gesellschaft in Gegner und Anhänger des Hauptmanns, in Militaristen und Antimilitaristen. Auf der einen Seite standen Republikaner, Radikale, Sozialisten und Freimaurer, die, angeführt von Emile Zola („J'accuse"), die Rehabilitierung Dreyfus' erreichten, auf der anderen Seite klerikale Reaktionäre und Royalisten. Mehr noch, die Affäre Dreyfus markiert nicht nur die Geburtsstunde des engagierten linken Humanismus, sondern auch den Beginn des europäischen Faschismus.

Der französische Antisemitismus, der ebenfalls in der Affäre Dreyfus wurzelt, wurde und wird in den öffentlichen Diskussionen bis in die jüngste Gegenwart hinein gerne verdrängt. Es verwundert daher auch nicht, dass sich die französischen Militärs aus fadenscheinigen Gründen weigerten, ein 1985 von dem Bildhauer Louis Mittelberg gefertigtes Dreyfus-Denkmal auf dem symbolträchtigen Hof der Pariser Kriegsschule aufzustellen. Im Jahre 1994 sorgte die Dreyfus-Affäre für den vorerst letzten Eklat: In einem Aufsatz zum 100. Jahrestag der Verurteilung von Alfred Dreyfus bezeichnete Oberst Paul Gaujac, der Leiter der Historischen Abteilung des Heeres, Dreyfus' Unschuld nur als eine „These" und bezichtigte ihn indirekt, eine Mitschuld an der französischen Niederlage im Ersten Weltkrieg zu tragen, da er die Integrität der französischen Armee zerstört habe. Der französische Verteidigungsminister François Léotard reagierte unverzüglich und entließ Gaujac trotz heftiger Proteste von Seiten der Militärs, ohne ihn auch nur angehört zu haben.

Izraël – Gewürzbasar mit orientalischem Flair

Praktische Infos (→ Karte S. 121)

Essen, Trinken, Nachtleben

Bofinger **39**, die alteingesessene Brasserie präsentiert sich als glänzender Palast mit üppigem Dekor der Belle Epoque. Ein Klassiker ist das *Choucroute de la mer*, Sauerkraut mit Meeresfrüchten. Samstag- und Sonntagmittag geschlossen. Menüs zu 28,50 und 33,50 €. Leider hat sich auch hier die Unsitte eingeschlichen, dass die Tische am Abend zweimal vergeben werden. Etwas günstiger ist das im Stil der fünfziger Jahre eingerichtete Petit Bofinger auf der gegenüberliegenden Straßenseite: Menüs zu 24,50 und 28,50 € (inkl. Wein). 5, rue de la Bastille, 75004, ✆ 0142728782. Ⓜ Bastille. (Linie 1, 5 und 8). www.bofingerparis.com.

Le Dôme du Marais **7**, in einem fast schwülstig anmutenden Ambiente sitzt man unter einer großen Glaskuppel aus dem 18. Jahrhundert. Serviert wird klassische französische Küche auf hohem Niveau, die Leistungen des ambitionierten Küchenchefs wurden mit zwei Gault-Millau-Hauben bewertet. Menüs zu 26 und 32 € (mittags), abends à la carte 50–60 €. Im Aug. nur abends geöffnet. 53 bis, rue des Francs Bourgeois, 75004, ✆ 0142745417. Ⓜ Rambuteau (Linie 11).

Cucina Napoletana **43**, gilt derzeit als der beste Italiener im Marais-Viertel. Authentisches Trattoriaflair. Hauptgerichte zwischen 11 und 25 €. Keine Kreditkarten. Samstagmittag, So und Mo geschlossen, im Aug. Betriebsferien. 6, rue Castex, 75004, ✆ 0144540661. Ⓜ Bastille (Linie 1, 5 und 8). www.cucinanapoletana.fr.

Le Temps des Cerises **44**, ein herrliches altertümliches Bistro im Stil der Jahrhundertwende. Intime Atmosphäre, bodenständige Kost (*Fricassée de cuisses de grenouilles*, *Steak tartare*). Mittagsmenü 13,50 bzw. 20 €. Mo–Fr 7.30–21 Uhr, Sa 19–24 Uhr. 31, rue de la Cerisaie, 75004, ✆ 0142720863. Ⓜ Bastille (Linie 1, 5 und 8).

Métropolitain **37**, in einem vergleichsweise schlichten Ambiente präsentiert der junge Chefkoch Paul-Arthur Berlan eine marktorientierte französische Küche mit einem tollen Preis-Leistungs-Verhältnis. Hervorragend war das *Carpaccio de poulpe et merlan*, danach eine *Canard aux deux cuissons*. Mittagsmenü 17 oder 22 €. Samstagmittag und So geschlossen. 8, rue de Jouy, 75004, ✆ 0981203738. Ⓜ Saint-Paul (Linie 1).

L'Alivi **28**, empfehlenswertes korsisches Restaurant, das unverputzte Mauerwerk sorgt für eine angenehme Atmosphäre.

Hervorragend schmecken das Kaninchen und das Hühnchen mit korsischem Honig. Da würde selbst Napoléon staunen. Mittagsmenüs zu 19 und 24 €, abends 26 und 30 €. Straßenterrasse. 27, rue du Roi de Sicile, 75004, ☎ 0148879020. Ⓜ Saint-Paul (Linie 1). www.restaurant-alivi.com.

Chez Marianne 🔢, in zwei nebeneinander liegenden Gasträumen wird in diesem Restaurant eine leicht jüdisch inspirierte Küche serviert. Großzügig bemessene Portionen! Beliebt sind das Tamaras sowie das Hühnerleber-Haché, allerdings sind die Hauptgerichte (15 und 25 €) am oberen Ende der Preisskala angesiedelt. Lobenswert ist die große und günstige Weinauswahl. Tgl. 11–24 Uhr. 2, rue des Hospitalières Saint-Gervais, 75004. ☎ 0142721886. Ⓜ Saint-Paul (Linie 1).

Chez Omar 🔢, das noble Szenerestaurant mit ausgezeichneter nordafrikanischer Küche (z. B. Couscous) ist am nördlichen Rand des Marais gelegen. Keine Menüs, Hauptgerichte 15–25 €. Sonntagmittag geschlossen. 47, rue de Bretagne, 75003, ☎ 0142723626. Ⓜ République (Linie 3, 5, 7 und 9).

≫ Mein Tipp: Chez Nénesse 🔢, ein herrliches altertümliches Bistro mit dem Flair eines Familienbetriebs. Monsieur Leplu steht in der Küche, während Madame Leplu zusammen mit dem Sohn den Service schnell und routiniert erledigt. In dem schwarz-weiß gefliesten Gastraum mit zentralem Bollerofen sitzt man an kleinen Tischen mit rot-weiß karierten Tischdecken. Serviert wird eine bodenständige französische Küche, von der Zanderterrine bis zu gebratenen Kalbsnieren. Lecker war das Stockfischpüree (*Estofinade*). Mittags kosten die Vorspeisen und Desserts 4 €, die Hauptgerichte 10 €. Sa und So Ruhetag. 17, rue de Saintonge, 75003, ☎ 0142784649. Ⓜ République (Linie 3, 5, 7 und 9). ≪

Le Bistrot de L'Oulette 🔢, eine authentische kulinarische Einladung nach Südwestfrankreich. Aufgetischt werden beispielsweise *Cassoulet maison aux confits* oder ein exquisites *Gigot d'agneau au romarin*. Menüs zu 13, 18 und 26 € (mittags) sowie zu 41, 49 und 54 €. Samstagmittag und Sonntag geschlossen. 38, rue des Tournelles, 75004, ☎ 0142714333. Ⓜ Bastille (Linie 1, 5 und 8). www.l-oulette.com.

Ma Bourgogne 🔢, Café-Bistro in traumhafter Lage unter den Arkaden der Place des Vosges, was sich auch in den Preisen niederschlägt. Unter den Heizstrahlern kann man hier schon im Frühjahr im Freien sitzen. Gute Weinauswahl, viele Salate Sehr lecker: Friséesalat mit gebratenem Speck! Plat du jour um die 25 €, Menü 38 €. Tgl. 8–1.30 Uhr, im Februar Betriebsferien. 19, Place des Vosges, 75004, ☎ 0142784464. Ⓜ Saint-Paul (Linie 1). www.ma-bourgogne.fr.

≫ Lesertipp: Chez Janou 🔢, das unweit der Place des Vosges gelegene provenzalische Bistro mit seiner schattigen Straßenterrasse ist ein Lesertipp von Dirk Apel: „Urige, etwas gehobene Eckkneipenatmosphäre, immer voll und laut abseits der Touristenströme, bei gutem bis sehr gutem Essen zu absolut vernünftigen Preisen. Das Beste ist eine legendäre *mousse au chocolat* direkt aus der Terrine auf den Tisch." Mittagsmenü 15 €, Hauptgerichte 17–20 €. 2, rue Roger Verlomme, 75003, ☎ 0142722841. Ⓜ Chemin Vert. www.chezjanou.com. ≪

Le Carré des Vosges 🔢, dieses von zahlreichen Gourmetführern gelobte Restaurant bieten in einer Bistro-Atmosphäre eine ansprechende französische Küche mit preislich attraktiven Mittagsmenüs (15 und 17,50 €), abends kosten die Menüs 39 bzw. 60 €. Samstagmittag, So, Mo und im Aug.

Koscheres Gebäck

Marais
Karte S. 121

geschlossen. 15, rue Saint-Gilles, ✆ 0142712221. Ⓜ Saint-Paul (Linie 1). www.lecarredesvosges.fr.

L'Osteria 🔢, gehobene italienische Küche in einem intimen Ambiente. Als Spezialität des Hauses gilt das *Carpaccio de boeuf* für 14,50 €. Nudelgerichte rund 20 €. Mittagsmenü 19 und 23 €. So Ruhetag. 10, rue de Sévigné, ✆ 0142713708. 75004. Ⓜ Saint-Paul (Linie 1). www.l-osteria.fr.

The Studio 🔢, das Restaurant mit einem reizvollen Innenhof – hier sitzt man im Sommer besonders schön – bietet mexikanische Küche. Leckere Salate für ca. 15 € und Tapas ab 5 €. Sonntagsbrunch 20 €. Als Hintergrundmusik hört man manchmal das Geklapper eines Flamencotanzkurses oder klassische Musik. Tgl. 12–24 Uhr, Mo erst ab 19.30 Uhr. 41, rue du Temple, 75004, ✆ 014 2741038. Ⓜ Hôtel-de-Ville (Linie 1 und 11).

Suan Thai 🔢, asiatische Imbisse finden sich in Paris an allen Ecken – dieses kleine Thai-Restaurant wurde sogar von Michelin ausgezeichnet und bietet durchaus anspruchsvolle Kost wie Entenschlegel mit rotem Curry. Mittagsmenü 13,50 und 17 €, abends kosten die Menüs 23–28 €. 35, rue du Temple, ✆ 0142771020. 75004. Ⓜ Saint-Paul (Linie 1).

La Loir dans la Théière 🔢, beliebtes Tagescafé mit viel Patina. Auf den zerschlissenen Sofas und alten Holzstühlen sitzt viel junges Publikum. Serviert werden leckeres Gebäck und ansprechende Kuchen (Bananentorte!), die allerdings oft schon am frühen Nachmittag ausverkauft sind. Wenn es am Wochenende Brunch (17,50 €) gibt, stehen die Gäste oft bis auf die Straße hinaus Schlange. Tgl. vom 9.30–19.30 Uhr, am Wochenende ab 9 Uhr. 3, rue des Rosiers, 75 004, ✆ 0142729061. Ⓜ Saint-Paul (Linie 1).

»» Lesertipp: Pozetto 🔢, die Eisdiele im Marais ist ein Lesertipp von Heinz Kunis: „Wie in Italien üblich werden die aus frischen Zutaten der Saison bereiteten Eissorten und die aus frischen Früchten der jeweiligen Saison hergestellten Sorbets sorgfältig entweder in den Eisbecher oder ins Hörnchen gespachtelt. Genießen Sie das Eis nicht auf der Straße! Setzen Sie sich an einen der kleinen Tische und lassen Sie sich vom aufmerksamen Personal verwöhnen." Tgl. 10.30–22 Uhr, am Wochenende bis 23 Uhr. 39, rue du roi de Sicilie, 75004, ✆ 0142770864. Ⓜ Saint-Paul (Linie 1) oder Hôtel de Ville (Linie 1 und 11). www.pozzetto.biz. «««

Au Petit Fer à Cheval 🔢, zwischen den vielen Szenekneipen der umliegenden Straßen sticht diese altertümliche Bar mit ihrem dominierenden hufeisenförmigen Tresen und dem schönen Mosaikboden heraus. Ganz im Gegensatz hierzu stehen die ultramodernen Toiletten mit ihrem Raumschiffflair – da war angeblich Philippe Starck am Werk … Die Verköstigung ist im Vergleich dazu eher unspektakulär, aber günstig (Salate, *Steak tartare*). Kleine Straßenterrasse. Tgl. 9–2 Uhr. 30, rue Vieille du Temple, 75004, ✆ 0142724747. Ⓜ Saint-Paul (Linie 1).

Lizard Lounge 🔢, beliebte Kneipe mit viel englischsprachigem Publikum. Tgl. von 12–2 Uhr. Sonntagsbrunch ab 12 €. 18, rue du Bourg-Tibourg, 75004, ✆ 0142 728134. Ⓜ Saint-Paul (Linie 1).

Open Café 🔢, der beliebteste Treff der Gay-Szene in der Rue Sainte-Croix de la Bretonnerie (Ecke Rue des Archives). www.opencafe.fr. Weitere Gay-Cafés finden sich in der gleichen Straße, so das **Le Carrefour** oder das **Les Marronniers**. Die Lesbenszene trifft sich abends ab 18 Uhr im **3W Kafé** (gleich um die Ecke, 8, rue des Ecouffes, 75004) oder im **Les Jacasses**, Kneipe mit großem Tresen. Livekonzerte. Mi–So 17–2 Uhr geöffnet. 5, rue des Ecouffes, 75004. Ⓜ Hôtel de Ville (Linie 1 und 11).

Einkaufen

🔖 **Marché des Enfants Rouges** 🔢, am nördlichen Rand des Marais gelegen, gilt der überdachte Lebensmittelmarkt als ältester noch existierender Markt von Paris. Es gibt Wein, Blumen, Käse und mehrere Imbissstände (Bio, italienisch, afrikanisch, asiatisch …). Tgl. außer Mo 9–14 und 16–20 Uhr, Fr und Sa 9–20 Uhr, So 9–14 Uhr. 39, rue de Bretagne, 75003. Ⓜ Temple. ∎

Izraël 🔢, Gewürzbasar mit orientalischem Flair. Egal, ob Nüsse aus Brasilien oder Pistazien aus dem Iran – hier gibt es beinahe nichts, was es nicht gibt. So und Mo geschlossen. 30, rue François Miron, 75004. Ⓜ Saint-Paul (Linie 1).

Caves du Marais 🔢, eine der besten Weinhandlungen im Zentrum. Di–Sa 10.30–13 und 16–20 Uhr. Im August Betriebsferien. 62–64, rue François-Miron, 75004. Ⓜ Saint-Paul (Linie 1).

Losco 🔢, wer auf der Suche nach einem ausgefallenen Ledergürtel ist, wird hier fündig: „Ob für Damen oder Herren, die richtige Form und die passende Schnalle ist hier schnell gefunden und wird bei Bedarf passend gemacht", schrieb uns Christine Pahl. Mi–Sa 11–19 Uhr, So–Di 14–19 Uhr. 20, rue de Sévigné, 75004, ☎ 0148043993. Ⓜ Saint-Paul (Linie 1).

Manz'elle Swing 🟥, dieser kleine Vintage-Shop hat sich samt seiner Besitzerin vollkommen den fünfziger Jahren verschrieben. Bleistiftröcke, Hemdblusen, Kastenjacken und ähnliche Modetrends von anno dazumal. Im Hintergrund trällert die passende Musik. Mo–Sa 14–19 Uhr. 35bis, rue du Roi de Sicile, 75004, ☎ 0148879020. Ⓜ Saint-Paul (Linie 1).

Fleux 🟥, moderne Designaccessoires von skurril bis verspielt. Mo–Fr 11–20 Uhr, Sa 13.30–20 Uhr. 39, rue Sainte Croix de la Bretonnie, Ⓜ Saint-Paul (Linie 1). www.fleux.com.

Boulangerie Drahonnet 🟥, nicht nur Baguette, sondern auch dunkles Brot, leckere Sandwiches und Pizzen gibt es hier zu günstigen Preisen zu erstehen. Angeschlossen ist ein kleiner Stehimbiss. 32, rue Vieille du Temple, 75004. Ⓜ Saint-Paul (Linie 1).

≫ Lesertipp: The Red Wheelbarrow 🟥, die hervorragend sortierte englische Buchhandlung – der Name geht auf ein Gedicht von William Carlos Williams zurück – ist ein Lesertipp von Wolf Ebersberger. Tgl. 10–19 Uhr, So 14–18 Uhr. 22, rue Saint-Paul, 75004. Ⓜ Saint-Paul (Linie 1). ww.theredwheelbarrow.com. ≪

Village Saint-Paul 🟥, rund 50 Antiquitäten-, Trödel- und Nippeshändler, versammelt in mehreren, ineinander verschachtelten Hinterhöfen. 11–19 Uhr, Di und Mi geschlossen. 23–27, rue Saint-Paul, 75004. Ⓜ Saint-Paul (Linie 1).

Les Mots à la Bouche 🟥, schwul-lesbische Spezialbuchhandlung im Marais. 6, rue Saint Croix de la Bretonnerie, 75004. Ⓜ Hôtel de Ville (Linie 1 und 11).

≫ Mein Tipp: Mariage Frères 🟥, eine ideale Adresse für Teeliebhaber, die Christine Pahl empfiehlt. Große Auswahl! Im hinteren Bereich gibt es einen Teesalon (12–19.30 Uhr), in dem es sich auch angenehm frühstücken lässt. 30, rue du Bourg-Tibourg, 75004. Ⓜ Saint-Paul (Linie 1). www.mariagefreres.com. ≪

≫ Lesertipp: Murciano 🟥, die jüdische Feinbäckerei ist ein Lesertipp von Sibylle Feith und Jörg Schlecht: „Sehr zu empfehlen sind die typischen mittel-/osteuropäischen Backwaren wie Strudel Pavot (Mohnstrudel) oder Strudel Hongrais (Apfelstrudel)." 34, rue des Rosiers, 75004. Ⓜ Saint-Paul (Linie 1). ≪

Florence Finkelsztajn 🟥, exzellente jüdische Feinkosthandlung. Im August Betriebsferien. 24, rue des Ecouffes, 75004. Ⓜ Saint-Paul (Linie 1). Gleiches gilt für **Sacha Finkelsztajn** in der 29, rue des Rosiers.

Muji 🟥, Klamotten, Einrichtungsgegenstände und Accessoires im minimalistischen Design. Tgl. außer So 10–19.30 Uhr. 47, rue des Francs Bourgeois. 75004. Ⓜ Saint-Paul (Linie 1).

Marais Karte S. 121

Ansprechende Markthalle mit vielen Imbissstände

Passage du Chantier: Wie aus einem Godard-Film

Bastille

Einst bliesen die Revolutionäre zum Sturm auf die Bastille, heute sind es die Szenegänger, die allabendlich zur Place de la Bastille strömen und das Viertel im „Sturm" erobern. Natur und Erholung findet man im weiter südöstlich gelegenen Bois de Vincennes.

Optischer Fixpunkt des Bastilleviertels ist die an der Place de la Bastille gelegene Opéra de la Bastille. Für den Bau der gigantischen Volksoper wurde der alte Bahnhof von Vincennes abgerissen, denn François Mitterrand konnte sich anlässlich der bevorstehenden Feierlichkeiten des 200. Revolutionsjubiläums keinen symbolkräftigeren Ort vorstellen als die Place de la Bastille, wo 200 Jahre zuvor die Französische Revolution ihren spektakulären Anfang genommen hatte. Fast jede große Demonstration, die in Paris zum Thema „Freiheit" oder „Bürgerrechte" stattfindet, beginnt noch heute an der Place de la Bastille. Zudem galt die Gegend als volkstümliches Viertel, also genau der richtige Platz für eine Oper ohne elitären Charakter.

Durch den Bau der Oper wurde das Flair des Bastilleviertels nachhaltig ver-

ändert: Bestimmten früher fast ausschließlich kleine Handwerksbetriebe das Straßenbild rund um die Place de la Bastille, so gilt die Gegend seit einigen Jahren als *branché*, das einstige Arbeiterviertel mutierte zum Montparnasse der neunziger Jahre. Einst gab es viele Kohle- und Holzhandlungen in den schmalen, unregelmäßigen Gassen des Bastilleviertels, stammte doch ein großer Teil der Bewohner aus der bäuerlichen Auvergne. Dann haben Künstler die in den verwinkelten Hinterhöfen leerstehenden Fabrikhallen zu Ateliers umfunktioniert, Szenekneipen und Galerien sind nachgezogen und verdrängten Zug um Zug die alteingesessenen Möbelschreinereien und Tapisserien. Inzwischen können sich aber auch die Künstler die Mieten für ihre Ateliers kaum mehr leisten, da es in Yuppiekrei-

sen als chic gilt, im 12. Arrondissement ein Loft zu besitzen. Es verwundert auch nicht, dass einst kein Geringerer als Jean-Paul Gaultier in der Rue du Faubourg-Saint-Antoine ein Atelier betrieben hat und nun auch schon Starbucks im Viertel zu finden ist.

Als die Apachen im Pariser Osten herrschten

An der Wende vom 19. zum 20. Jahrhundert gaben in den Arbeitervierteln des Pariser Ostens die „Apachen" den Ton an. Es handelte sich dabei aber nicht um mit Pfeil und Bogen bewaffnete indianische Krieger, sondern um kleine Gauner mit tief in die Stirn gezogenen Schlägermützen, die zwischen Bastille und Belleville ihr Auskommen in der Schieber- und Zuhälterei fanden. Wegen ihres ruppigen und respektlosen Auftretens waren die Apachen in ganz Paris berüchtigt.

Spaziergang

Von der mächtigen Bastille-Festung, die die Revolutionäre am 14. Juli 1789 gestürmt hatten, zeugen heute nur noch Markierungen auf dem Straßenpflaster und ein paar Fundamente, die beim Bau der Métrostation freigelegt wurden. Und auch die markante, mitten auf der Place de la Bastille stehende Colonne de Juillet weist nicht auf die glorreiche Französische Revolution von 1789 hin, sondern erinnert an den Aufstand von 1830, der den Bürgerkönig Louis-Philippe auf den Thron brachte. In einer Krypta am Fuß der Säule fanden rund 700 „Aufständische" ihre letzte Ruhestätte, wohl bewacht von dem auf der Spitze der 47 Meter hohen Säule thronenden „Genius der Freiheit". Am Quai de la Bastille liegen Hausboote und schicke Yachten vertäut (an der Ostseite gibt es einen netten kleinen Park), der nach Norden verlaufende Canal Saint Martin verschwindet unter der Erde, um am Square Frédérick Lemaître wieder ans Tageslicht zu treten. Die Überbauung des Kanals geht noch auf Baron Haussmann zurück, der, die Aufstände im proletarischen Osten fürchtend, die leicht zu verteidigenden Kanalbrücken durch den breiten Boulevard Richard Lenoir ersetzte, um die Wirksamkeit eines Eingriffs von Polizei und Militär zu erhöhen.

Wuchtig schiebt sich auch die gläserne Fassade der **Opéra de la Bastille** dem Platz entgegen. Besonders eindrucksvoll ist die Oper abends, wenn sie beleuchtet ist. Dann herrscht auch im ganzen Viertel Hochstimmung, vor allem in der nahen Rue de la Roquette und der Rue de Lappe, die mit ihrer Mischung aus gestylten Cafés, Tanzlokalen und urwüchsigen Bars beste Voraussetzungen für ausgedehnte Kneipentouren bieten. Schon seit über 75 Jahren ist die kleine Straße eine feste Adresse im Pariser Nachtleben. Tagsüber präsentiert sich die Rue de Lappe allerdings öde und trist. Lebhafter geht es in der benachbarten Rue de Charonne und

Julisäule, Place de la Bastille

der Rue du Faubourg-St-Antoine zu. In den gelegentlich begrünten Hinterhöfen, die weit in das Häusergewirr hineinreichen, findet man zwar noch einige Möbelmanufakturen, doch zumeist sind schicke Ateliers und großzügige Lofts an die Stelle der ursprünglichen Handwerksbetriebe getreten.

In den Räumen einer ehemaligen Kohlenhandlung gibt sich abends das Szenepublikum ein Stelldichein. Die zahlreichen Passagen und Hinterhöfe des Viertels laden regelrecht zu Entdeckungstouren ein. Von der Rue du Fauborg-Saint-Antoine Nummer 64 erstreckt sich die Passage du Chantier, die ihr altertümliches Flair noch bewahren konnte, zur Rue de Charenton. Letztere ist eine typische Vorstadtstraße, in der sich das 12. Arrondissement noch immer von seiner kleinbürgerlichen Seite zeigt. Wer beispielsweise am Vormittag über den *Marché d'Aligre* – er wird seit 1643 auf dem gleichnamigen Platz abgehalten – schlendert, trifft zwischen den Käse-, Obst- und Fischständen ein ganz anderes Publikum als in den Kneipen der Rue de Lappe. Nur zwei Fußminuten weit entfernt, verläuft die Avenue Daumesnil, die von einem alten Eisenbahnviadukt gesäumt wird, das gleich mit zwei Attraktionen aufzuwarten weiß: Der einstige Gleisbereich wurde bepflanzt und zur *Promenade plantée* umgestaltet. Der knapp 5 km lange lineare Garten, der mit Treppen und Aufzügen erreicht werden kann, begeistert mit seinen Wasserbecken und Blumenrabatten – eine kleine Oase in der Stadt. Unter den insgesamt 71 Backsteinbögen bieten Einrichtungsdesigner und Kunsthandwerker ihre teilweise schrillen Kreationen zu happigen Preisen feil. Wer nach dem Spaziergang noch einen Café- oder Restaurantbesuch plant, kehrt entweder in das *Viaduc Café* ein oder steuert die Gare de Lyon an, deren opulent ausgestattetes Restaurant *Le Train Bleu* mit Recht als das schönste „Bahnhofsrestaurant" der Welt gerühmt wird.

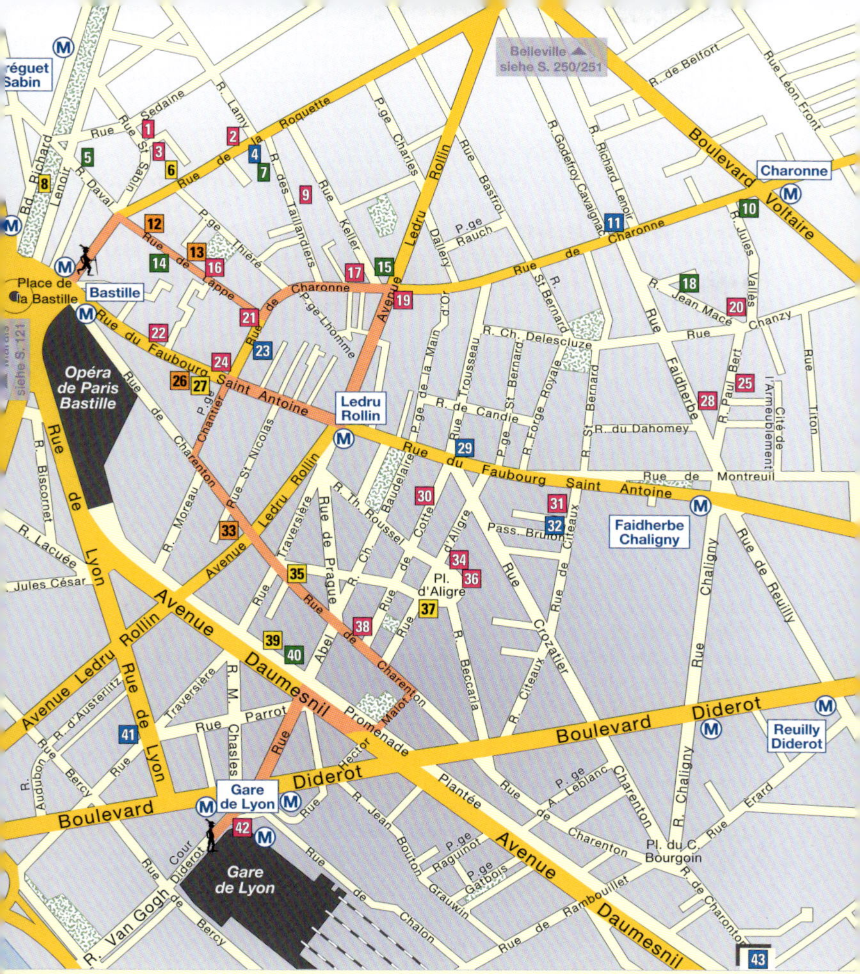

Belleville ▲
siehe S. 250/251

Charonne

Place de
la Bastille

Bastille

Opéra
de Paris
Bastille

Ledru
Rollin

Faidherbe
Chaligny

Reuilly
Diderot

Gare
de Lyon

Gare
de Lyon

Essen & Trinken

(S. 137-140)

1 Café de l'Industrie
2 Blue Elephant
3 Cantine Auguste
4 Café Moderne
6 Les Sans-Culottes
7 Bar à Soupes
8 Pure Café
9 Bistrot du Peintre
20 Chardenoux
21 Chez Paul
22 Sanz Sans
24 Bar de la Fontaine
25 Le Bistro Paul Bert
28 Le Temps au Temps
30 La Gazzetta
31 L'Ebauchoir
34 K-FE d'aujourd'hui

36 La Table d'Aligre
38 Le Cotte- Rôti
42 Le Train Bleu

Cafés (S. 137-140)

5 Au Lèche-Vin
7 Café des Anges
10 L'Armagnac
14 Bar à Nénette
15 Pause Café
18 Pure Café
22 Sanz Sans
40 Viaduc Café

Übernachten

4 Standard Design Hotel
(S. 62)
11 Hôtel des Arts (S. 65)
23 Baudelaire Bastille (S. 66)
29 Auberge Internationale
des Jeunes (S. 69)
32 Color Design Hotel
(S. 61)
41 Corail (S. 63)
43 De la Porte Dorée (S. 64)

Einkaufen (S. 141)

6 Naturalia
8 Marché de la Bastille
27 L'Arbre à Lettres
35 Jacques Bazin
37 Marché d'Aligre
39 Viaduc des Arts

Nachtleben (S. 137-140)

5 Au Lèche-Vin
12 Le Balajo
13 Chapelle des Lombards
26 Barrio Latino
33 Le China

Bastille

200 m

Der göttliche Marquis

Es gab nur einen einzigen berühmten Gefangenen, der sowohl in der Bastille als auch im Chateau de Vincennes einsaß. Die Rede ist vom berüchtigten Marquis de Sade, der heute weniger wegen seiner radikalen Denkansätze als vielmehr wegen gewisser persönlicher Neigungen bekannt ist. Seitdem die Sexualpathologie den Begriff Sadismus geprägt hat, gilt der einem alten provenzalischen Geschlecht entstammende Edelmann als der Inbegriff des Bösen. Dabei hat sich de Sade anfangs ganz im Geist der Aufklärung engagiert und sich entschieden gegen die Todesstrafe ausgesprochen. Aber seine sexuellen Vorlieben, die er als „unabänderlich" und „unheilbar" ansah, brachten den überzeugten Atheisten immer wieder mit dem Gesetz in Konflikt: Mehr als ein Drittel seines Lebens musste der 1740 in Paris geborene Marquis de Sade hinter Gittern verbringen. Über die Entbehrungen der Haft half er sich mit phantastisch-erotischen Gedankenspielen hinweg, deren Veröffentlichung ihn wiederum ins Gefängnis brachte, denn ob Inzest, Ehebruch oder Sodomie – de Sade kannte in seinen Büchern kein Tabu. Doch de Sade war sich sicher: „Nicht meine Art zu denken hat mir Unglück gebracht, sondern die der anderen."

In der Bastille kritzelte er seinen berühmtesten Roman „Die 120 Tage von Sodom oder Die Schule der Ausschweifung" auf eine zwölf Meter lange Papierrolle, um ihn besser vor seinen Bewachern verbergen zu können. Da de Sade am 9. Juli 1789 in das Hospiz von Charenton eingewiesen wurde, glaubte er seine Aufzeichnungen verloren, als die Bastille zehn Tage später im revolutionären Eifer gestürmt wurde und vergoss „blutige Tränen". Erst zu Beginn des 20. Jahrhunderts tauchte das Manuskript wieder auf und konnte publiziert werden. Dies rief allerdings erneut die Richter auf den Plan: Noch 1956 wurde de Sades Verleger Jean-Jacques Pauvert von einem Pariser Strafgericht verurteilt, da diese Literatur „etwas Abscheuliches enthalte, von dem eine zersetzende Wirkung auf die guten Sitten ausgehe".

Sehenswertes

Opéra de la Bastille: Die Pläne zu dem wuchtigen Opernkomplex stammten von dem kanadischen Architekten *Carlos Ott*, der versucht hat, dem Bau durch verschiedene Höhen und Tiefen etwas von seiner Monumentalität zu nehmen. Von seinen Kritikern wird das Musiktheater mit den insgesamt 2700 Zuschauerplätzen dennoch verächtlich als gestrandeter Ozeandampfer tituliert. Bei der Ausführung fehlte es allerdings gelegentlich an der handwerklichen Sorgfalt. So verhindern Netze, dass Passanten durch die herabfallende Fassadenverkleidung verletzt werden. Wie dem auch sei, für 460 Millionen Euro schuf Ott eine imposante Opernarena, die man entweder abends bei einer der jährlich rund 200 Aufführungen oder einer geführten Besichtigung kennen lernen kann.

Place de la Bastille, 75012. Ⓜ Bastille (Linie 1, 5 und 8). Auskunft über die Zeitpunkte der Führungen unter ☎ 0140011970. Eintritt 12 €, erm. 10 bzw. 6 €. www.operadeparis.fr.

Szeneviertel Bastille

Praktische Infos

(→ Karte S. 135)

Bastille
Karte S. 135

Essen, Trinken, Nachtleben

Le Train Bleu , das in der Gare de Lyon untergebrachte Restaurant besticht durch seinen üppigen Dekor im Stil der Belle Epoque. Ansprechende Küche, allerdings kann man in diesem Preissegment anderswo besser essen. Menüs zu 56, 68 und 98 €. Tgl. bis 23 Uhr. 20, boulevard Diderot, 75012, ℰ 0143430906. Ⓜ Gare de Lyon (Linie 1 und 14). www.le-train-bleu.com.

Chardenoux , charmantes Bistro mit faszinierendem, unter Denkmalschutz stehendem Jugendstilambiente aus dem Jahre 1904. Küchenchef Bernard Passavant verhilft auch anspruchsvollsten Zeitgenossen zu wahren Gaumenfreuden. Mit Vorspeise, Hauptgericht und Nachtisch beläuft sich die Rechnung auf rund 50 €, Mittagsmenü 27 €. Kein Ruhetag. 1, rue Jules Vallès, 75011, ℰ 0145620407. Ⓜ Charonne (Linie 9).

Blue Elephant , es gibt zwar in Paris zahllose günstige asiatische Restaurants, doch das Blue Elephant besticht durch seine exquisite Thaiküche (2 Gault-Millau-Hauben!) und ein phantasievolles Pflanzendekor mit Wasserfall. Dies macht sich dann allerdings auch auf der Rechnung bemerkbar ...

Am günstigsten speist man unter der Woche mittags für 18 € (inkl. ein Glas Wein oder Wasser); abends kostet das Menü 48 bzw. 52 €. Samstagmittag geschlossen. 43, rue de la Roquette, 75011, ℰ 0147004200. Ⓜ Bastille (Linie 1, 5 und 8). www.blueelephant.com.

》》 Mein Tipp: Le Bistrot Paul Bert , schräg gegenüber findet sich ein weiteres Bistro, das mit seiner altertümlichen Atmosphäre und der niveauvollen bodenständigen Küche begeistert. Es empfiehlt sich zu Beginn eine *Terrine de lapin* und anschließend ein schön blutiges *Onglet de boeuf* – so zart wie würzig. Freundlicher, zuvorkommender Service, kleine Straßenterrasse. Menüs zu 18 € (mittags), abends 36 €. So und Mo Ruhetag, im Aug. Betriebsferien. 18, rue Paul-Bert, ℰ 0143722401, 75011. Ⓜ Faidherbe-Chaligny (Linie 8). 《《

Le Temps au Temps , es gibt nur ein Dutzend Tische in dem kleinen, sehr preisgünstigen Restaurant. Dennoch besteht kein Zweifel: Hier wird französische Küche auf anspruchsvollem Niveau serviert, wobei es auch moderne Ansätze gibt. Das Menü zu 30 € bietet ein gutes Preis-Leistungs-Verhältnis. Mittags gibt es Angebote von 12–16 €.

Sonntag und Montag geschlossen. 13, rue Paul-Bert, 75011, ☎ 0143796340. Ⓜ Faidherbe-Chaligny (Linie 8). www.tempsautemps.com.

Le Cotte-Rôti , das Ambiente des Bistros ist schlicht, aber modern mit orangefarbenen Wänden. Hervorragende Küche zu attraktiven Preisen, beispielsweise zarte, über sieben Stunden geschmorte Lammschulter. Mittagsmenü zu 19 und 24 €, abends 39 €. So und Mo Ruhetag. 1, rue de Cotte, 75012, ☎ 0143450637. Ⓜ Gare de Lyon (Linie 1).

La Table d'Aligre 36, direkt beim Markt auf der Place d'Aligre bietet das Lokal saisonorientierte, bodenständige Kost in gefälligem Interieur samt 1940er-Jahre-Stühlen. Mittagsmenüs ab 14,50 €, abends 29,50 €. Montags, am 1. So im Monat sowie 3 Wochen im Aug. geschlossen. 11, place d'Aligre, 75012, ☎ 0143078488. Ⓜ Gare de Lyon (Linie 1).

La Gazzetta 30, hinter einer schwarzen Holzfassade befindet sich dieses Bistro im Stil der dreißiger Jahre mit seinem mosaikartigen Fliesenboden. Der Besuch lohnt vor allem wegen der ansprechenden Kreationen des schwedischen Chefkochs Peter Nilsson (zwei Gault-Millau-Hauben). Er kredenzt beispielsweise einen grünen Spargel mit Blutwurst oder Milchlamm mit Joghurt. Mittags gibt es als Vorspeise immer drei *Entrées* im Tapasstil. Menüs zu 17 € (mittags), abends 42 oder 56 €. So, Mo und im Aug. geschl. 29, rue de Cotte. 75012, ☎ 0143474705. Ⓜ Faidherbe-Chaligny (Linie 8). www.lagazzetta.fr.

》》 Mein Tipp: L'Ebauchoir 31, ein Bistro im Stil der fünfziger Jahre mit tollem Mosaikboden. Die Wände sind hell getüncht, das Personal so umsichtig wie unaufdringlich, das Ambiente locker. Die Küche ist ausgezeichnet, so war das *Carré d'agneau* wie gewünscht nicht nur à *point*, auch die Soße und das Auberginenpüree waren perfekt veredelt. Ein Lob verdienen darüber hinaus die offenen Weine (4–5 €), besonders der Rosé. Straßenterrasse. Menüs zu 13,50 € und 25 € (jeweils mittags), abends isst man à la carte für 35–45 €. Kleine Straßenterrasse. Freitag- und Sonntagabend ist eine Reservierung ratsam. Sonntag sowie Montagmittag geschlossen. 45, rue de Citeaux, 75012, ☎ 0143424931. Ⓜ Faidherbe-Chaligny (Linie 8). www.lebauchoir.com. 《《

L'Armagnac 10, in dem zeitlos klassischen Bistro lässt sich bequem der ganze Tag verbringen. Bereits ab 7.30 Uhr (am Wochenende ab 10 Uhr) geöffnet, kann man hier frühstücken, mittagessen und bis 2 Uhr in der Nacht auf ein Glas Wein vorbeischauen. Moderates Preisniveau, Hauptgerichte etwa 15 €. 24, rue Jules-Vallès, 75011, ☎ 0143714943. Ⓜ Charonne (Linie 9). www.armagnaccafe.com.

Die Rue de Lappe gilt als das Zentrum des Nachtlebens

„Before Sunset" im Pure Café

Pure Café 18, wenn man die Eckkneipe mit ihrem dominierenden Tresen sieht, kann man sich gut vorstellen, wie die Gäste hier das Ende des Ersten Weltkriegs gefeiert haben. Doch dann holt einen das Schild „Maison fondée en 2002" wieder aus den Träumen. Das Pure Café ist eine gelungene Neueröffnung im alten Stil! Das Café war einer der Hauptdrehorte für den Film „Before Sunset" (2004) mit Ethan Hawke und Julie Delpy in den Hauptrollen. Straßenterrasse. Gute Küche, Hauptgerichte 16–18 €, zweigängiges Menü 22 €, 3-Gänge-Menü 29 €. Tgl. 7–2 Uhr geöffnet. 14, rue Jean-Macé, 75011, ✆ 0143795040. Ⓜ Charonne (Linie 9).

≫ Mein Tipp: K-FE d'aujourd'hui 34, nettes, von einem jungen Team geführtes Eckbistro mit buntem Terrassenmobiliar. Neben einer festen Speisekarte gibt es mehrere wechselnde Tagesgerichte zu moderaten Preisen (10–12 €), die von 11–23 Uhr durchgehend serviert werden. 1, place d'Aligre, 75012, ✆ 0953939357. Ⓜ Gare de Lyon (Linie 1).
www.cafedaujourdhui.com. **≪**

Les Sans-Culottes 16, die beste Adresse, wenn man ein gutes Restaurant mitten in der Rue de Lappe sucht. Bistroatmosphäre, südwestfranzösische Küche. Menüs zu 18 und 23 €. Nur abends geöffnet, Mo Ruhe-

tag. 27, rue de Lappe, 75011, ✆ 0148 054292. Ⓜ Bastille (Linie 1, 5 und 8).

Chez Paul 21, in diesem Bistro aus den zwanziger Jahren verkehrten schon die berühmten „Apachen" des Viertels. Serviert wird traditionelle Küche (z. B. mit Cognac flambiertes Steak) zu einem guten Preis-Leistungs-Verhältnis. Hauptgerichte um die 20 €. 13, rue de la Charone, 75011, ✆ 014 7003457. Ⓜ Bastille (Linie 1, 5 und 8).
www.chezpaul.com.

Bar de la Fontaine 24, auch von den Leuten aus der Nachbarschaft gern besuchtes Café-Bistro mit Patina. Serviert werden Salate und einfache, auch wechselnde Tagesgerichte. Nette Straßenterrasse. Von 8–2 Uhr. 1, rue de Charonne, 75011, ✆ 0156980330. Ⓜ Ledru Rollin (Linie 8).

Viaduc Café 40, gestyltes Café unter den Bögen eines alten Eisenbahnviadukts. Schöne Straßenterrasse, sonntags gibt es Jazz-Brunch von 12–16 Uhr (25 €). Mittagsmenü 16 oder 21 €. Tgl. von 9–4 Uhr. 43, avenue Daumesnil, 75012, ✆ 0144747070. Ⓜ Gare de Lyon (Linie 1 und 14).
www.leviaduc-cafe.com.

≫ Mein Tipp: Café de l'Industrie 1, geräumige Szenekneipe unweit der Bastille-Oper. Vor allem abends sind die einfachen

Bastille
Karte S. 135

Holztische gut besucht. Lockere Atmosphäre, serviert werden leckere Salate und Vorspeisen (Lachstatar!), Nudel- und wechselnde Tagesgerichte. Schneller Service. Der Laden läuft so gut, dass es eine „Filiale" auf der anderen Straßenseite gibt, die bezüglich Ambiente und Angebot identisch ist. Mittagsmenü 10,50 €, Hauptgerichte 10–16 €. Tgl. 10–2 Uhr. 16, rue St. Sabin, 75011, ✆ 0147001353. Ⓜ Bréduet-Sabin (Linie 5). ◀◀◀

🌿 Cantine Auguste 🔳, mehr ein Imbiss mit Selbstbedienung als ein Restaurant. Es gibt frische Smoothies, leckere Sandwiches und Nudelgerichte – fast alles aus biologischem Anbau! Tgl. außer So 11–19 Uhr. 10, rue Saint-Sabin, 75011. Ⓜ Bastille (Linie 1, 5 und 8). www.augusteparis.com. ■

Bistrot du Peintre 🔳, das schmucke Eckbistro mit seinem Art-nouveau-Dekor gehört zu den ältesten im Viertel. An der langgestreckten Bar oder auf der Straßenterrasse sitzt ein buntgemischtes Publikum, viele wohnen in der Nähe. 116, avenue Ledru-Rollin, 75011, ✆ 0147003439. Ⓜ Ledru Rollin (Linie 8).

Café Moderne 🔳, Szenerestaurant mit lang gestrecktem Tresen. Serviert werden *Couscous* und andere Hauptgerichte zwischen 15 und 20 €. Mittagsmenü 15 €. Sonntagmittag und Montag geschlossen. 19, rue Keller, 75011, ✆ 0147005362. Ⓜ Bastille (Linie 1, 5 und 8).

Café des Anges 🔳, schönes Café-Restaurant mit kleiner, beliebter Straßenterrasse. Gut besucht ist auch der Mittagstisch, *Plat du jour* 8,90 €, als Spezialität gilt das *Onglet de boeuf* in Roquefortsauce (13,50 €). Bis spät in die Nacht trifft sich hier ein buntes Publikum. Tgl. 8–2 Uhr. 68, rue de la Roquette, 75011. Ⓜ Bastille (Linie 1, 5 und 8).

Bar à Soupes 🔳, das erste Pariser Suppenlokal serviert täglich außer Sonntag wechselnd sechs köstliche Suppen für 5–6 €. Beispielsweise eine leckere indische Linsensuppe. Auch zum Mitnehmen. Mittagsmenü mit Wein, Kaffee und Käseteller 9,95 €. 33, rue de Charonne, 75011. Ⓜ Bastille (Linie 1, 5 und 8). www.lebarasoupes.com.

Pause Café 🔳, nicht erst seit dem Film *Chacun cherche son chat* („Jeder sucht sein Kätzchen") ist die bis spätnachts geöffnete Kneipe einer der beliebtesten Treffs der (Lebens-) Künstler im Bastille-Viertel. Man sitzt entweder hinter den großen Schaufensterscheiben oder auf der sonni-

gen (bei schlechtem Wetter beheizten) Straßenterrasse. Mo–Sa 8–2 Uhr, So 3–2 Uhr. 41, rue de Charonne, 75011, ✆ 0148068033. Ⓜ Ledru Rollin (Linie 8).

Au Lèche-Vin 🔳, beliebte Szenebar mit schrillem, religiös-kitschigem Ambiente und – für Pariser Verhältnisse – erstaunlich günstigen Preisen. Tgl. außer So 18–2 Uhr, im Aug. Betriebsferien. 13, rue Daval, 75011. Ⓜ Bastille (Linie 1, 5 und 8).

Sanz Sans 🔳, ein ansprechender Szenetreff im Bastille-Viertel mit bunt gemischtem Publikum. Tagsüber trifft man sich hier auch zum Essen (auch vegetarisch), abends lockere Lounge- und Clubatmosphäre. Im Restaurant kostet das Mittagsmenü 14 €. Kleine Straßenterrasse. Mo–Sa 9–5 Uhr! 49, rue du Faubourg-St-Antoine, ✆ 0144757878, 75011. Ⓜ Bastille (Linie 1, 5 und 8). www.sanzsans.com.

Le China 🔳, fernöstlich angehauchte Bar mit Restaurantbetrieb. Nicht gerade billig, aber dennoch recht beliebt. Tgl. 12–2 Uhr, Do und Fr bis 6 Uhr geöffnet (Samstagmittag geschl.), manchmal finden Konzerte (meist Jazz) statt. Asiatische Küche, Mittagsmenü 16 €, Hauptgerichte rund 20 €. Im August Betriebsferien. 50, rue de Charenton, 75012. Ⓜ Bastille (Linie 1, 5 und 8). www.lechina.eu.

Bar à Nénette 🔳, Bistro mit viel Patina und Gay-Publikum. Tgl. 17–2 Uhr. 28, rue de Lappe, 75011, ✆ 0148070818. Ⓜ Bastille (Linie 1, 5 und 8).

Le Balajo 🔳, traditionsreicher Tanzpalast, in dem bereits Arletty und die Piaf tanzten. Donnerstagnachmittag ist für ältere Herrschaften Rétro-Musette angesagt, abends trifft sich das Szenepublikum. Mi Rock 'n' Roll ab 21 Uhr; Di und Do ab 22.00 Uhr Salsa; Fr und Sa von 23 Uhr bis zum Morgengrauen Disko; So 15–19 Uhr Tanztee. Eintritt mit Getränk zwischen 8 und 20 € (abends). 9, rue de Lappe, 75011. Ⓜ Bastille (Linie 1, 5 und 8). www.balajo.fr.

Chapelle des Lombards 🔳, eine der beliebtesten Adressen, um durch die Nacht zu tanzen. Aufgelegt werden meist Afro-Latino-Rhythmen. Tgl. außer Mo 23.30–7 Uhr. Fr finden oft um 20 Uhr Konzerte statt. Dann Eintritt ab 20 €. 19, rue de Lappe, 75011. Ⓜ Bastille (Linie 1, 5 und 8). www.la-chapelle-des-lombards.com.

Barrio Latino 26, jeden Tag von 12–15 und 18–2 Uhr früh (am Wochenende etwas länger) trifft man sich auf drei Etagen eines ehemaligen Möbelhauses in leicht barockem Ambiente zu latino-kubanischen Klangwelten. Ab 23.30 Uhr legen DJs auf. Mittagsmenü 15,50 und 17,25 €, zwischen 15 und 19 Uhr kann man anschließend Salsa tanzen. 46, rue du Faubourg-Saint-Antoine, 75012. Ⓜ Bastille (Linie 1, 5 und 8). www.buddhabar.fr.

Einkaufen

Marché de la Bastille 8, jeden Donnerstag- und Sonntagvormittag wird auf dem Boulevard Richard-Lenoir zwischen der Place de la Bastille und der Rue St-Sabin eine Art Bauernmarkt abgehalten. 75011. Ⓜ Bastille/Bréguet-Sabin (Linie 1, 5 und 8).

L'Arbre à Lettres 27, gut sortierte Buchhandlung, die sich vor allem auf anspruchsvolle Literatur spezialisiert hat. Die langgestreckten Räumlichkeiten stoßen an einen der typischen Innenhöfe. Mo–Sa 10–20 Uhr, So 14–19 Uhr. 62, rue du Faubourg-Saint-Antoine, 75012. Ⓜ Bastille (Linie 1, 5 und 8).

≫ Mein Tipp: Marché d'Aligre 37, die Markthalle an der Place d'Aligre fasziniert durch ihr authentisches Flair. Eine multikulturelle Käuferschar schiebt sich von Dienstag bis Sonntag durch die Gänge zwischen den Gemüse-, Fleisch- und Fischständen; in der anschließenden Marktstraße (Rue d'Aligre) geht es recht orientalisch zu. Ein Bummel ist besonders am Wochenende zu empfehlen, denn dann lässt sich auf dem angrenzenden Flohmarkt so manches Schnäppchen ergattern. 75012. Ⓜ Ledru Rollin (Linie 8). ≪

🍃 Jacques Bazin 35, eine herrliche Bäckerei im Ambiente des späten 19. Jahrhunderts, nur das Mobiliar auf der Terrasse will nicht ganz dazu passen. Im Angebot sind auch Bio-Backwaren und -Kuchen. Frühstück 3,50 €, *café crème* 1,40 €. Mi und Do geschlossen, August Betriebsferien. 85 bis, rue de Charenton, 75012. Ⓜ Ledru Rollin (Linie 8). ∎

Viaduc des Arts 39, unter den Bögen eines Eisenbahnviadukts haben sich zahlreiche Designer, Kunsthandwerker und innovative Einrichtungshäuser niedergelassen. Avenue Daumesnil, 75012. Ⓜ Gare de Lyon (Linie 1 und 14). www.viaduc-des-arts.com.

🍃 Naturalia 6, die beliebte Naturkostkette unterhält auch im Bastille-Viertel eine große Filiale. Wer will, kann sich mit Ökobrot oder Ökoobst eindecken. 33, rue de la Roquette, 75011. Ⓜ Bastille (Linie 1, 5 und 8). ∎

Bastille
Karte S. 135

Markt auf der Place d'Aligre

Wie eine Brücke in der Seine – das Finanzministerium

Bercy

Ein Abstecher ins südöstlich der Gare de Lyon gelegene Bercy lohnt sich in erster Linie für Liebhaber moderner Architektur. Das **Ministère des Finances** sowie der **Parc de Bercy** mit dem angrenzenden **Palais Omnisports** und dem **American Center** stehen für die ambitionierte Pariser Stadtplanung der letzten beiden Jahrzehnte. Bercy lag einst vor den Toren der Stadt; eine Lage, die die Weinhändler zu schätzen wussten, konnten sie doch hier ihren Rebensaft unter Umgehung des städtischen Zolls verkaufen und ausschenken. In den achtziger Jahren wurde das traditionelle Viertel der Pariser Weinhändler abgerissen und ein Park angelegt.

Sehenswertes

Ministère des Finances: Das 1988 von den Architekten Borja Huidobro und Paul Chemetoff errichtete Finanzministerium ist ein postmoderner Bau, der von seinen Kritikern gelegentlich als „Lego-Architektur" verspottet wird. Der Komplex will Tor und Brücke zugleich sein: Mit zwei Beinen reicht das Ministerium in die Seine und überspannt die Uferstraßen als imposanter Torbogen. Ironischerweise steht der Bau just an jener Stelle, an der sich im

18. Jahrhundert die Mauer der zur Steuereintreibung ermächtigten Generalpächter befunden hatte.
8, boulevard de Bercy, 75012. Ⓜ Bercy (Linie 14).

Parc de Bercy: Der 13,3 Hektar große Landschaftsgarten ist eine der jüngsten Grünanlagen von Paris. Die Architekten integrierten noch vorhandene Gleisanlagen und Weindepots. Der südöstliche Teil des Parks mit seinem Romantischen Garten und dem künstlichem Teich wird bei Sonnenuntergang geschlossen.

Architektonisch interessant ist das sich am östlichen Rand des Parks erstreckende 700 Meter lange „Quartier de Bercy" von Jean Pierre Buffi, der die Wohneinheiten in separate Blocks teilte und sie mit Hilfe von Terrassen und Balkonen verband. Die einfallsreich gestaltete Gartenanlage erstreckt sich parallel zur Seine. Über den Fluss gelangt man vom Parc aus auf einer futuristischen Brücke (Passerelle Simone de Beauvoir), die zur Nationalbibliothek führt.

Rue de Bercy, 75012. Ⓜ Bercy (Linie 14).

Palais Omnisports: Der Palais Omnisports, der von einem gewagten Glasdach gekrönt ist und 17.000 Zuschauer Platz bietet, wird hauptsächlich für Popkonzerte sowie diverse Sportveranstaltungen genutzt. Bei Bedarf kann die Multifunktionshalle sogar in ein Eisstadion verwandelt werden. Markant sind die grasbewachsenen Außenseiten der Tribünen, die künstlich bewässert und mit einem Spezialrasenmäher gepflegt werden müssen.

2, boulevard de Bercy, 75012. Ⓜ Bercy (Linie 14). www.bercy.fr.

La Cinémathèque Française: Das von dem kalifornischen Architekten Frank Gehry in postmoderner Manier entworfene American Center gehört sicherlich nicht zu den gelungensten Beispielen postmoderner Architektur. Es wirkt ein wenig so, als hätte ein kleines Erdbeben die verschiedensten Baukörper wahllos durcheinander gewirbelt. Unlängst wurde das American Center für 60 Millionen Euro umgebaut und beherbergt seit 2006 im 2. Stock das Musée du Cinéma, das anhand von Cinématographen und Projektoren einen Einblick in die Anfänge der Kinogeschichte gibt. Cineasten freuen sich über das Angebot in den vier Kinosälen.

51, rue de Bercy, 75012. Ⓜ Bercy (Linie 14). Tgl. außer Di 12–19 Uhr, am Do bis 22 Uhr, So 10–20 Uhr. Eintritt 5 €, Kino 6,50 €. www.cinematheque.fr.

Postmoderne Spielerei – American Center

Porte Dorée

Bois de Vincennes

Zusammen mit dem Bois de Boulogne ist der Bois de Vincennes das beliebteste Naherholungsgebiet der Pariser Bevölkerung. Der aus einem königlichen Jagdrevier hervorgegangene Park mit seinen Wiesen und Wäldern bietet auf einer Fläche von 995 Hektar reichlich Gelegenheit zum Spazierengehen, Radfahren und Joggen. Auf dem Lac Daumesnil sowie auf dem Lac de Minimes kann man kleine Bootstouren unternehmen. Bei Kindern beliebt sind der **Parc Zoologique** und die Ferme de Georges Ville, ein „echter" bewirtschafteter Bauernhof mit allem, was dazugehört. Reizvoll ist auch der Parc Floral, ein 31 Hektar großer Botanischer Garten mit integriertem Skulpturenpark. Im Hippodrome finden Pferderennen statt und das **Château de Vincennes** kündet vom Glanz des Mittelalters. Empfehlenswert ist auch ein Besuch des nahen **Palais de la Porte Dorée**.

Sehenswertes

Parc Zoologique: Der anlässlich der Kolonialausstellung von 1931 angelegte Zoo gilt – trotz seiner geringen Größe von 15 Hektar – als der schönste von Frankreich. Sein Wahrzeichen ist ein 72 Meter hoher, künstlicher Steinbockfelsen. Neben Giraffen, Elefanten, Eisbären und Nilpferden tummeln sich auch Tiger und Löwen in den Gehegen. Achtung: Aufgrund von dringend anstehen-

den Renovierungsarbeiten, die bis 2013 dauern sollen, ist der Zoos derzeit nicht zugänglich und viele Tiere sind „ausgelagert".

53, avenue de Saint-Maurice, 75012. Ⓜ St-Mandé de Tourelle, Porte Dorée (Linie 8 oder 1). Tgl. 9–17 Uhr. Eintritt 5 €.

Château de Vincennes: Das von mächtigen Gräben und Wallanlagen umgebene Château de Vincennes ist eine der wenigen Möglichkeiten, mittelalterliche Baukunst in der französischen Hauptstadt zu bewundern. Wer aus der Métro emporsteigt, glaubt sich unverhofft ein paar Jahrhunderte zurückversetzt. Das ehemalige Jagdschloss der französischen Könige wird von einem mächtigen, 52 Meter hohen Donjon beherrscht, der wiederholt als Staatsgefängnis diente. Zu den prominentesten Häftlingen gehörten die Aufklärer Mirabeau und Diderot sowie der für seine Ausschweifungen berüchtigte Marquis de Sade. Während die dem Donjon gegenüberliegende Königskapelle (Sainte-Chapelle) deutlich vom spätgotischen Flamboyant-Stil geprägt ist, atmet der vom Pavillon de Roi und vom Pavillon de la Reine eingefasste Ehrenhof den Geist des Klassizismus. Die Burganlage ist übrigens bis auf den Donjon und die Kapelle frei zugänglich.

Avenue de Paris, 75012. Ⓜ Château de Vincennes (Linie 1). Tgl. 10–18 Uhr, im Winter bis 17 Uhr. Eintritt 8 €, erm. 5 €. Für EU-Bürger unter 26 Jahren frei!
www.chateau-vincennes.fr.

Aquarium tropical: Das am westlichen Rand des Bois de Vincennes gelegene tropische Aquarium im Untergeschoss des Palais de la Porte Dorée wurde 1931 anlässlich einer Kolonialausstellung eröffnet. In den rund 100 Aquarien tummeln sich Piranhas, Einhornfische, Muränen, Kugelfische, Lungenfische, Zitterrochen und diverse Haiarten, zudem gibt es ein großes Krokodilterrarium, das allerdings etwas trostlos daherkommt.

293, avenue Daumesnil, 75012. Ⓜ Porte Dorée (Linie 8). Tgl. außer Mo 10–17.15 Uhr, am Wochenende bis 19 Uhr. Eintritt 4,50 €, erm. 3 € (Kombiticket 8 €).
www.aquarium-portedoree.fr.

Musée de l'Histoire et des Cultures de l'Immigration: Das seit 2007 ebenfalls im Palais de la Porte Dorée untergebrachte Museum widmet sich der Immigration nach Frankreich vom frühen 19. Jahrhundert bis zur Gegenwart. Anhand von Fotografien, Schautafeln, Dokumenten sowie Ton- und Videoinstallationen werden die sozialen, wirtschaftlichen und politischen Aspekte der verschiedenen Einwanderungswellen in Frankreich vorgestellt. Anfangs waren es Italiener, später Armenier und Russen, zuletzt Menschen aus Nord- und Westafrika, deren gesellschaftliche Integration bis heute nicht zufrieden stellend vollzogen ist. Beachtenswert sind die Sonderausstellungen.

293, avenue Daumesnil, 75012. Ⓜ Porte Dorée (Linie 8). Tgl. außer Mo 10–17.30 Uhr, am Wochenende bis 19 Uhr. Eintritt 5 €, erm. 3,50 € (Kombiticket 8 €).
www.histoire-immigration.fr.

Imposant: Château de Vincennes

Kultbuchladen Shakespeare and Company

Quartier Latin

Das linke Ufer der Seine ist das traditionelle Viertel der Dichter und Denker. Auf den Grundmauern des antiken Lutetia wurde im Mittelalter die erste französische Universität gegründet. Für exotisches Flair sorgen die Mosquée de Paris, das Institut du monde arabe und die Chinatown im nahen 13. Arrondissement.

Die einstige Gelehrtensprache des Mittelalters gab dem Quartier Latin seinen Namen. Eine Tradition, die bis heute lebendig geblieben ist: Wer in Frankreich die höchsten akademischen Weihen erhalten will, muss das Quartier Latin nicht einmal verlassen. Die berühmtesten Lehranstalten des Landes sind nur einen Steinwurf weit voneinander entfernt: angefangen von den Elitegymnasien Lycée Henri IV und Lycée Louis le Grand über die Ecole Normale Supérieure in der Rue d'Ulm bis hin zur altehrwürdigen Sorbonne und dem Collège de France, in dem Michel Foucault und Claude Lévi-Strauss lehrten. Ihre letzte Ruhestätte finden die großen Denker im Panthéon, dem hehren Ruhmestempel der Grande Nation, wo neben vielen anderen auch Voltaire, Rousseau und Zola begraben liegen. Im legendären Mai '68 war die Sorbonne das Zentrum der studentischen Unruhen, Barrikaden brannten und Pflastersteine flogen durch die Luft. Durch verschiedene Reformen wurde die Pariser Universität auf insgesamt dreizehn Standorte verteilt, wodurch zweifellos auch das Quartier Latin etwas von seiner einstigen Atmosphäre verloren hat.

Spaziergang

Der Boulevard Saint-Michel, der das Quartier Latin von Saint-Germain-des- Prés trennt, führt vom gleichnamigen Brunnen hinauf zum **Musée National**

du Moyen Âge et des Thermes de Cluny. Wem der *Boul' Mich'* mit seinen billigen Boutiquen und Schnellrestaurants zu hektisch ist, kann auch durch das bei Touristen und Studenten beliebte Viertel Saint-Séverin zum Museum schlendern. In den kleinen Gassen rund um die Pfarrkirche Saint-Séverin haben sich zahllose griechische und asiatische Lokale niedergelassen. Anspruchsvolle kulinarische Kost darf man jedoch nicht erwarten, eher muss man sich vor Kommerz und Nepp in Acht nehmen.

Nur einen Steinwurf weit vom Hôtel de Cluny entfernt, befinden sich mit der **Sorbonne** und dem benachbarten **Collège de France** zwei der bekanntesten Pariser „Lehranstalten".Wer noch weiter auf den Spuren der französischen Geistesgeschichte wandeln will, kann einen Abstecher in die Rue d'Ulm unternehmen. Im Haus Nr. 45 „residiert" die *Ecole Normale Supérieure*, eine der renommiertesten Lehranstalten, die unter anderem von Jean-Paul Sartre und Georges Pompidou besucht wurde. Kaum zu übersehen ist das Panthéon, dessen Architektur sowohl von antiken, als auch von gotischen Bautraditionen

geprägt ist. Hier ruhen die großen Denker der Grande Nation. Danach geht es zwischen dem Lycée Henri IV und der Saint-Etienne-du-Mont, einer prachtvollen Kirche mit Stilelementen der Renaissance und Gotik, hindurch, bis rechter Hand die Rue Descartes abzweigt, im Haus Nr. 37 starb 1896 Paul Verlaine und der junge, damals noch unbekannte Ernest Hemingway wohnte von 1921 bis 1925 hier. An dem von Cafés gesäumten abendlichen Szenetreffpunkt Place de la Contrescarpe beginnt die *Rue Mouffetard*, eine farbenprächtige Marktstraße, in der sich zahlreiche griechische Restaurants angesiedelt haben. Nach dem Marktbummel führt der Weg über die Rue Ortolan und die Rue Monge zu den inmitten eines Parks gelegenen Resten des römischen Amphitheaters (**Arènes de Lutèce**). In unmittelbarer Nähe liegt die **Mosquée de Paris**, das Zentrum der Pariser Muslimengemeinde. Ruhe und Entspannung findet man im **Jardin des Plantes**, während das angrenzende **Muséum National d'Histoire Naturelle** mit einem beeindruckenden multimedialen Zugang zum Thema Evolutionsgeschichte aufwartet.

Hinter der in der Universität Jussieu untergebrachten naturwissenschaftlichen Fakultät liegt das **Institut du Monde Arabe**, das durch seine orientalisch-futuristische Architektur begeistert. Zwischen dem Quai Saint-Bernand und der Seine kann man im *Musée de Sculpture en plein air* zeitgenössische Skulpturen bewundern oder ein Sonnenbad am Ufer der Seine nehmen. Zuletzt sollte ein Besuch der berühmten Buchhandlung *Shakespeare and Company* nicht versäumt werden. Die Gegend rund um die aus dem 12. Jahrhundert stammende Kirche Saint-Julien-le-Pauvre (heute griechisch-orthodox) blieb glücklicherweise von den städtebaulichen Maßnahmen des Baron Haussmann verschont, so dass viele Gassen ihr altertümliches Ausse-

hen bis in die Gegenwart bewahren konnten. Apropos griechisch: Von den zahlreichen, auf Massenabfertigung ausgerichteten griechischen Restaurants in der Rue de la Huchette ist dringend abzuraten! Es empfiehlt sich vielmehr eine Besichtigung von **Saint-Séverin**, der wahrscheinlich ältesten Kirche der Stadt, am linken Seineufer gelegen. Wenn noch Zeit bleibt, bieten sich vom Quartier Latin aus Erkundungen durch die nahe Pariser **Chinatown** und eine Besichtigung der **Bibliothèque Nationale de France** an. Wer will, kann via **Passerelle Simone de Beauvoir** hinüber ins 12. Arrondissement zum Parc de Bercy schlendern oder einen Spaziergang durch das geplante Quartier **Masséna** unternehmen.

Wo Hemingway Bücher borgte

Die ursprünglich in Saint-Germain-des-Prés (12, rue de l'Odéon) gelegene Buchhandlung *Shakespeare and Company* war das Zentrum des literarischen Lebens im Paris der zwanziger und dreißiger Jahre. Sylvia Beachs legendäre Buchhandlung war eine Institution, in deren angeschlossener Leihbücherei sich der damals genauso unbekannte wie mittellose Ernest Hemingway Bücher borgte und 1922 „Ulysses" von James Joyce verlegte wurde. Zu den Kunden von *Shakespeare and Company* gehörten unter anderem André Gide, T.S. Eliot, Samuel Beckett, Anäis Nin, Henry Miller, Erza Pound und Scott Fitzgerald. Als die Deutschen 1941 Paris besetzten, musste Sylvia Beach ihre amerikanische Buchhandlung schließen; sie selbst wurde für sechs Monate in ein Internierungslager gesteckt.

Heute befindet sich die Buchhandlung *Shakespeare and Company* (37, rue de la Bûcherie) im Quartier Latin; sie wurde nach dem Krieg von George Whitman (1913–2011), dem Enkel des Dichters Walt Whitman, wieder gegründet, der Teile der privaten Bibliothek von Sylvia Beach (1962) nach ihrem Tod übernommen hatte. Die heute von George Whitmans Tochter geführte Buchhandlung ist eine phantastische Bücherhöhle, in der man stundenlang stöbern und schmökern kann. Darüber hinaus dient die Buchhandlung als Kommunikationszentrum für literarisch interessierte Studenten, vorzugsweise aus dem angelsächsischen Sprachraum. Gegen Mithilfe besteht sogar die Möglichkeit, kostenlos in der Buchhandlung zu wohnen. Am Schwarzen Brett werden Zimmer, Zugtickets und Jobs angeboten.

Hôtel de Cluny

Sehenswertes

Musée National du Moyen Âge et des Thermes de Cluny: Das Nationalmuseum für das Mittelalter befindet sich in den Räumen des Hôtel de Cluny, dem ältesten privaten Wohnhaus von Paris, das sogar eine gotische Kapelle mit Spitzgewölbe besitzt. Gezeigt wird ein breites Sammelsurium mittelalterlicher Kunst. Neben romanischen und gotischen Skulpturen, darunter die fälschlicherweise während der Revolution an der Westfassade von Notre Dame abgeschlagenen „Königsköpfe", finden sich auch Fayencen, Goldschmiedearbeiten, Retabeln und Glasmalereien sowie kostbare Wandteppiche aus dem Spätmittelalter. Bereichert wird die Sammlung durch das Basler Antependium, einen goldenen Altarvorsatz aus dem frühen 11. Jahrhundert. Um die berühmte Tapisserie *Dame à la Licorne* (Dame mit dem Einhorn) entsprechend präsentieren zu können, wurde im ersten Stock extra ein Rundsaal konzipiert.

Im Garten und Untergeschoss des Museums sind noch die Überreste der antiken Thermen zu bewundern. Zu der ausgedehnten Anlage gehörten ein *Caldarium* (Warmwasserbad), *Frigidarium* (Kaltwasserbad), *Tepidarium* (lauwarmes Bad), zwei Gymnastikhallen und ein Schwimmbecken. Das 15 Meter hohe *Frigidarium* ist übrigens der einzige römische Bau Frankreichs, der noch eine intakte Gewölbedecke besitzt.

6, place Paul Painlevé, 75005. Ⓜ Cluny, Odéon, Saint-Michel (Linie 4 oder 10). Tgl. außer Di 9.15–17.45 Uhr. Eintritt 8,50 €, erm. 6,50 €, für EU-Bürger unter 26 Jahren ist der Eintritt frei! www.musee-moyenage.fr.

Sorbonne: Der Name der ältesten und renommiertesten Pariser Universität erinnert an den Hofkaplan Robert de Sorbon, der 1257 ein Kolleg für mittellose Theologiestudenten gegründet hat. Innerhalb kürzester Zeit wurde die Sorbonne zur angesehensten Universität des Abendlandes, an der Albertus Magnus, Thomas von Aquin und Bonaventura

Quartier Latin

100 m

lehrten. Die heutige Sorbonne – das Universitätsgebäude entstand gegen Ende des 19. Jahrhunderts – hat zwar noch einen ausgezeichneten Ruf, aber keine theologische Fakultät mehr. Nicht angehende Theologen, sondern angehende Sprach- und Literaturwissenschaftler erwerben sich hier die akademischen Weihen. Im Inneren steht die Kapelle Sainte-Ursule-de-la-Sorbonne, in der Kardinal Richelieu seine letzte Ruhestätte fand.

17, rue de Sorbonne, 75005. Ⓜ Saint-Michel (Linie 4).

Collège de France: Das von König Franz I. 1530 gegründete Collège de France ist Frankreichs ungewöhnlichste „Bildungseinrichtung". Die Vorlesungen sind für jedermann frei zugänglich, es finden keine Prüfungen statt und es können keine Diplome erworben werden. Die Professoren sind nur verpflichtet, jährlich einen Vorlesungszyklus zu einem neuen Thema zu halten. Ansonsten können sie sich, befreit von „lästigen" Prüfungen und Seminaren, in vollkommener akademischer Freiheit ihrem Forschungsgegenstand widmen. Zu den bekanntesten Geisteswissenschaftlern, die am Collège de France lehrten, gehören der Historiker Jules Michelet, der Psychoanalytiker Jacques Lacan, der Strukturalist Roland Barthes, der Ethnologe Claude Lévi-Strauss, der Philosoph Michel Foucault sowie die Historiker Lucien Febvre und Fernand Braudel. Dabei gibt es am Collège de France keine fest umrissenen Lehrstühle, sondern spezielle Disziplinen, die auf die von den Mitgliedern berufenen Kandidaten zugeschnitten wurden. Michel Foucault beispielsweise lehrte nicht Philosophie, sondern die „Geschichte der Denksysteme".

Rue des Ecoles, 75005. Ⓜ Saint-Michel (Linie 4).

Panthéon: Der Ruhmestempel der *Grande Nation* war von Ludwig XV. eigentlich als Gotteshaus zu Ehren der heiligen Genoveva in Auftrag gegeben

Quartier Latin
Karte S. 150/151

worden. Der Architekt Soufflot entwarf einen von vier Schiffen eingerahmten Zentralbau in Form eines griechischen Kreuzes. Aus Geldmangel zogen sich die Arbeiten aber Jahrzehnte lang hin, und als die Kirche mit ihrer markanten, 83 Meter hohen Kuppel im Jahr 1791 schließlich fertig wurde, herrschten die Revolutionäre über Paris. Statt eines schnöden Gotteshauses sehnten sie sich nach einem nationalen Ruhmestempel: „Den großen Männern des dankbaren Vaterlandes", verkündet eine Inschrift über dem Säulenportikus. An weibliche Helden hatte man nicht gedacht, das wäre wohl zu „revolutionär" gewesen. Selbst als Marie Curie mit großer Verspätung als zweite (!!!) Frau in den Panthéon einzog, musste sie die Gruft mit ihrem Mann teilen. Im dämmrig weihevollen Licht der Krypta, die sich unter der gesamten Fläche des Bauwerks erstreckt, liegen Rousseau, Voltaire, Victor Hugo, Zola und weitere 66 „große Männer". Zuletzt kam Alexandre Dumas hinzu. Unter der Kuppel trat 1851 das Foucault'sche Pendel den eindrucksvollen Beweis an, dass sich die Erde dreht. Jean-Bernand-Léon Foucault konstruierte ein Pendel, bestehend aus einem 67 Meter langen Drahtseil und einer 38 Kilogramm schweren Messingkugel, das sich keineswegs gleichmäßig um die eigene Achse dreht, sondern in Folge der Erdrotation auf der Nordhalbkugel nach rechts abgelenkt wird. Lohnenswert ist es auch, die 261 Stufen zur Aussichtsplattform emporzusteigen; ein toller Panoramablick entschädigt für die kurze Anstrengung!

Place du Panthéon, 75005. Ⓜ Cardinal-Lemoine (Linie 10). 10–18.30 Uhr (Sommer) und 10–18 Uhr (Winter). Eintritt 8,50 €, erm. 5,50 €. Für EU-Bürger unter 26 Jahren Eintritt frei!

Arènes de Lutèce: Das Profil eines abschüssigen Hanges geschickt nutzend, errichteten die Römer im 2. Jahrhundert ein Amphitheater für rund 15.000 Zuschauer. Im Mittelalter war das Amphitheater vollkommen überbaut; erst 1869 wurde es wiederentdeckt und freigelegt. Statt Gladiatorenspielen und Tierhatzen dient das 52 Meter lange und 46 Meter breite Oval heute zum Ausspannen – eine beschauliche Oase inmitten des Quartier Latin.

Selbstverständlich ruht auch Voltaire im Panthéon

47, rue Monge, 75005. Ⓜ Cardinal-Lemoine (Linie 10). Tgl. 8–17.30 Uhr (Winter) sowie 8–22 Uhr (Sommer).

La Mosquée de Paris: Mit dem Bau der Moschee würdigte Frankreich den aufopferungsvollen Einsatz der Nordafrikaner im Ersten Weltkrieg. Von 1922 bis 1925 im maurischen Stil errichtet, weht über der Moschee mit ihrem der Alhambra nachempfundenen Innenhof und dem 33 Meter hohen Minarett ein Hauch von Morgenland. Heute finanziert die algerische Regierung rund 80 Prozent der laufenden Kosten. Ein Besuch des Teesalons oder des nahen türkischen Dampfbades (*Hammam*) bietet sich an.

2, place du Puits-de-l'Ermite, 75005. Ⓜ Place Monge (Linie 7). Tgl. außer Fr 9–12 Uhr und 14–18 Uhr. Eintritt 3 €, erm. 2 €. www.la-mosquee.com. Hammam: 39, rue Geoffroy-Saint-Hilaire. Für Frauen Mo, Mi, Do und Sa 10–21 Uhr, Fr 14–21 Uhr; Männer Di 14–21 Uhr, So 10–21 Uhr. Eintritt 15 €. Massagen kosten extra.

Jardin des Plantes: Der 24 Hektar große Jardin des Plantes kann auf eine bewegte Geschichte zurückblicken. Als „königlicher Garten für Heilpflanzen" gegründet, entstand hier 1795 der erste Pariser Zoo, in dem die Bevölkerung Elefanten und Giraffen bewundern konnte. Die Hungersnot während der deutschen Belagerung von Paris ließ im Winter 1870/71 allerdings zahlreiche exotische Tiere in den Kochtopf wandern. Selbst die beiden Lieblinge der Pariser, die Elefanten Castor und Pollux, mussten ihr Leben lassen. In den nostalgischen, unlängst restaurierten Gewächshäusern (*Grandes Serres*) des Parks wuchern zahlose Farne, Orchideen und seltene Palmen, die schon *Henri Rousseau* zu seinen naiv-phantastischen Dschungelbildern inspirierten. Im Park gibt es außerdem ein kleines Zooareal (*Ménagerie*), einen alpinen Garten (*Jardin Alpin*) sowie eine mineralogische und eine paläontologische Galerie.

Ein Besuch der Moschee lohnt sich

Quartier Latin
Karte S. 150/151

27, rue Cuvier, 75005. Ⓜ Jussieu oder Place Monge (Linie 7 oder 10). Tgl. 7.30–19 Uhr (Sommer), im Winter bis 18 Uhr. Zoo (9–18 Uhr) 10 €, erm. 8 €; Gewächshäuser (10–18 Uhr) 6 €

Muséum National d'Histoire Naturelle (Grande Galerie de l'Évolution): Das 1889 bei seiner Eröffnung als „Louvre der Naturwissenschaften" gerühmte Museum wurde 1994 vollkommen renoviert und neu konzeptioniert. Das war auch notwendig, denn bis dahin wurden unter der gusseisernen Skelettkonstruktion ausgestopfte Tiere in antiquierter Manier gezeigt. Seit der Renovierung steht das Thema Evolution im Mittelpunkt, wobei mit Hilfe audiovisueller Medien ein lebendiges Szenario entfaltet wird, das die Veränderungen durch den Menschen thematisiert. Gelegentlich fühlt man sich noch immer in ein Kuriositätenkabinett der Frühen Neuzeit versetzt, doch wird der reiche Fundus des Museums dank neuer Zwischengeschosse und Brücken heute in wesentlich ansprechenderer Form präsentiert. Ein eigener Saal zeigt Exemplare ausgestorbener Tierarten, so den Tasmanischen Wolf, den Schomburgk-Hirsch oder den Dodo, einen flugunfähigen Vogel. In der großen Ausstellungshalle strebt eine zusammengewürfelte Tierherde einer imaginären Arche entgegen. Faszinierend sind auch die drei riesigen Walskelette, die eindrucksvoll das Thema Meereswelt illustrieren. Einziger Nachteil: Die Schautafeln sind fast ausschließlich in französischer Sprache.

36, rue Geoffroy Saint-Hilaire, 75005. Ⓜ Place Monge (Linie 7). Tgl. außer Di 10–18 Uhr. Eintritt 7 €, erm. 5 €. www.mnhn.fr.

Institut du Monde Arabe: Der 2008 mit dem renommierten Pritzker-Preis („Nobelpreis der Architektur") ausgezeichnete *Jean Nouvel* schuf 1987 das Institut du monde arabe als „Gebäude des Dialogs". Glas und Stahl sind die vorherrschenden Materialien, die klar strukturierte Fassade spielt mit den orientalischen Bautraditionen. Der Clou sind die 35.000 Metall-Ornamente an der Südfassade; sie sorgen für ein morgenländisches Flair und schützen die Innenräume vor der Sonne, da sie sich wie kleine Fotolinsen je nach Lichtintensität öffnen und schließen. Dem Institut, zu dem ein Museum, ein Filmarchiv und eine Bibliothek gehören, ist eine Vermittlerrolle zwischen Frankreich und der arabischen Welt zugedacht. Das sich über mehrere Etagen erstreckende

Musée du Monde Arabe gibt einen Einblick in die arabisch-islamische Kunst und Kultur von den Anfängen bis zur Gegenwart, erfordert aber gewisse Vorkenntnisse, da es kaum Erklärungen zu den Exponaten gibt – wenn doch, sind die Beschriftungen auf Französisch. Insgesamt ist die Ausstellung leider recht nachlässig arrangiert. Nicht versäumen sollte man hingegen die phantastische Aussicht von der Dachterrasse (auch ohne Museumsbesuch frei zugänglich), wo sich auch das libanesische Restaurant Le Ziryab befindet.

1, rue des Fossés – St.-Bernard, 75005. Ⓜ Jussieu, Cardinal Lemoine (Linie 7 oder 10). Tgl. außer Mo 10–18 Uhr, Führungen um 15 Uhr sowie Sa und So um 15 und 16.30 Uhr. Eintritt 8 €, erm. 6 €, Führung 4 €. www.imarabe.org.

Saint-Séverin: Anstelle der von einem Eremiten namens Severinus errichteten Kapelle steht heute eine Pfarrkirche, die großteils im gotischen Flamboyantstil gebaut wurde. Besondere Beachtung verdient ein gerippter Säulenpfeiler im Chorumgang, der als architektonische Meisterleistung gilt.

Von der steinernen Pforte ins gläserne Institut

Chinatown: Das Viertel zwischen Porte d'Italie, Porte d'Ivry und Place d'Italie ist das „goldene Dreieck" von Paris. Ursprünglich war das von Hochhäusern geprägte Wohnviertel des 13. Arrondissements für die junge städtische Mittelschicht konzipiert, doch diese verschmähte den unweit der Avenue d'Ivry gelegenen Hochhauspark „Les Olympiades". In den leer stehenden Wohnungen fanden dann Mitte der siebziger Jahre zahlreiche Vietnamesen, Laoten und Kambodschaner Zuflucht, die durch die Kriegswirren aus den einstigen französischen Kolonien Indochinas vertrieben worden waren. Einwanderer aus Thailand, Hongkong und China folgten nach und verwandelten „Les Olympiades" innerhalb kürzester Zeit in ein schrilles, buntes Chinatown mit buddhistischen Girlanden und asiatischen Werbetafeln. In einer unterirdischen Ladenpassage (*Galeries marchandes des Olympiades*) verlocken einige auf die traditionelle Küche Vietnams spezialisierte Restaurants zur Einkehr. Die größte Dichte an asiatischen Restaurants und Einkaufszentren findet sich an der Ecke der Avenue de Choisy und der Avenue d'Ivry. Ein anderes, beschauliches Paris findet sich rund um die Butte-aux-Cailles, nur wenige hundert Meter westlich der Place d'Italie.

Bibliothèque Nationale de France François Mitterrand: Die von dem Architekten Dominique Perrault auf einem lang gezogenen Pyramidenstumpf errichtete Nationalbibliothek ist der neue Glanzpunkt des 13. Arrondissements. In Form von vier aufgeschlagenen Büchern rahmen vier 78 m hohe, gläserne Türme einen tiefer gelegenen Innenhof ein, der mit einem kleinen Kiefernwäldchen bepflanzt ist, aber nicht betreten werden darf. Eine originelle Idee, denn, obwohl von gläsernen Fensterfronten eingeschlossen, wirkt das Terrain wie aus einer anderen, imaginären Welt. Es handelt sich gewissermaßen um eine spielerische Weiterent-

Gläserne Büchertürme

wicklung des mittelalterlichen Kreuzgangs. Rund um den Innenhof verläuft eine riesige Esplanade aus wetterfestem Teakholz. Die Entscheidung für das Holz aus den tropischen Regenwäldern löste sogar im nicht gerade umweltbewussten Frankreich Proteste aus – aber was kümmerte dies schon die Verantwortlichen, bauten sie doch zum Ruhme der Grande Nation. Bei aller gläsernen Transparenz vergaß der Architekt beinahe, dass Sonnenstrahlen der Bücher Tod sind, und musste das Glas von innen mit Holzjalousien abdecken. Von den Kosten für die Klimatisierung ganz zu schweigen. Von der Sonne geschützt sind hingegen die Mitarbeiter: Unverständlicherweise müssen nämlich zahlreiche Büros ohne Tageslicht auskommen. Vielleicht hätte man auch einen

Bibliothekar in die Wettbewerbsjury aufnehmen sollen ...

Weit über 1,25 Milliarden Euro wurden insgesamt investiert, um den elf Millionen Büchern, die sich auf 400 Regalkilometern aneinander reihen, eine neue Heimat zu geben. Für die Wissenschaftler stehen 2000 Leseplätze zur Verfügung, weitere 1700 warten auf interessierte Leser, die unter 380.000 frei zugänglichen Büchern auswählen können. Für den reibungslosen Ablauf tragen 2850 Mitarbeiter Sorge. Zwei Rolltreppen führen zu den beiden Eingängen des Allerheiligsten hinunter. Wer will, kann durch die mit karminroten Teppichen ausgelegten Gänge der Bibliothek schlendern, einen Café trinken oder sich eine der Wechselausstellungen ansehen. Ein jährliches Budget von 152 Millionen Euro sorgt dafür, dass die Nationalbibliothek auch in Zukunft ihre führende Rolle behält.

Quai François-Mauriac, 75013. Ⓜ Bibliothèque François Mitterrand oder Quai de la Gare (Linie 14). Mo 14–19 Uhr, Di–Sa 9–19 Uhr, So 13–19 Uhr. Eintritt für Ausstellungen 7 €, erm. 5 €. www.bnf.fr.

Die „schöne Ägypterin"

Als der durch Sklavenhandel reich gewordene türkische Statthalter von Ägypten, Mehmet Ali, mit Griechenland Krieg führte, wollte er den französischen König Karl X. milde stimmen und machte ihm ein graziles Wesen namens Zarafa zum Geschenk. Nachdem die langbeinige Schöne in Marseille 1827 erstmals französischen Boden betreten hatte, wurde sie in einem wahren Triumphzug nach Paris gebracht. Zehntausende säumten ihren Weg, um einen Blick zu erhaschen, denn Zarafa war nicht etwa eine reizvolle Haremsdame, sondern die erste Giraffe, die nach Frankreich kam.

Die überschwängliche Begeisterung der Bevölkerung lässt sich damit erklären, dass bereits Napoléons Ägypten-Expedition in Frankreich eine Welle der Ägyptomanie ausgelöst hat, die sich 1822 durch die Hieroglyphen-Entzifferung durch Jean-François Champollions noch steigerte. Selbst Schriftsteller wie Balzac, Flaubert und Stendhal verehrten die Giraffe, die zeitlebens die Hauptattraktion des Jardin des Plantes war. Nur als diplomatischer Geniestreich verfehlte Zarafa ihre Wirkung: Frankreich vernichtete Mehmet Alis Flotte.

Passerelle Simone de Beauvoir: Seit Juli 2006 gelangt man über die Passerelle Simone de Beauvoir ans rechte Ufer der Seine zum Parc de Bercy. Die 304 Meter lange Brücke ist die fünfte Fußgängerbrücke über die Seine und begeistert durch ihre grazil geschwungenen Formen. Der aus Österreich stammende Architekt Dietmar Feichtinger hat es mit seinem Entwurf gekonnt verstanden, die beiden Ufer auf verschiedenen Niveaus miteinander zu verbinden. Von der Brücke hat man einen herrlichen Blick auf die Seine und die Piscine Joséphine Baker. Letzteres ist das einzige „schwimmende" Hallenbzw. Freibad von Paris.

Quartier Masséna: Südöstlich der Gare d'Austerlitz entsteht im 13. Arrondissement ein neues Stadtviertel, das Paris des 21. Jahrhunderts lässt grüßen. Auf einer Fläche von 130 Hektar, die sich über drei Kilometer links der Seine bis zum Boulevard Périphérique erstreckt, wird bis zum Jahr 2025 in großem Stil abgerissen, gebaggert und gebaut. Die Bibliothèque nationale de France ist bereits fertiggestellt, südlich davon ist ein

Bogenbrücke: Passerelle Simone de Beauvoir

neues Wohnviertel geplant. Dem Stararchitekten *Christian de Portzamparc*, der den Wettbewerb für das neue Quartier gewonnen hat, schwebt ein Wohnviertel vor, das die faszinierende Dichte der historischen Pariser Quartiere besitzt. Mithilfe eines flexiblen Parzellenrasters und maximal achtgeschossigen Bauten soll Platz für städtische Erlebnisräume geschaffen werden: öffentliche Freiflächen verschiedener Größe, Durchgänge und Abkürzungen sowie von der Straße uneinsehbare private Gärten. Über den zur Gare d'Austerlitz führenden Gleisanlagen wird die Avenue de France in zehn Metern Höhe als moderner Prachtboulevard errichtet. Die nächsten Jahrzehnte werden zeigen, ob und inwieweit sich Portzamparcs urbane Träume in die Realität umsetzen lassen ...

Praktische Infos

(→ Karte S. 150/151)

Essen, Trinken, Nachtleben

》》 Mein Tipp: Le Pré Verre **7**, sehr beliebtes Bistro in unmittelbarer Nähe der Sorbonne. Klar, dass sich unter den Gästen auch der eine oder andere Professor befindet. Die vielfältige Küche ist gut und der Service so schnell wie zuvorkommend. Preislich kaum zu unterbieten ist das täglich wechselnde zweigängige Mittagsmenü für 13,90 € mit einem Glas Wein und einem Café, wobei man allerdings Vorspeise sowie Hauptgericht nicht selbst wählen darf (was aber kein Nachteil ist!). Das 3-Gänge-Menü hingegen bietet Wahlmöglichkeiten und kostet 29,50 €. Man sollte, wenn möglich, im oberen Gastraum reservieren, der untere Raum ist trotz seiner bunten Wanddekoration nicht so attraktiv. Der Schwerpunkt der Weine liegt auf dem Burgund und der Loire. So und Montagmittag geschlossen, im Aug. Betriebsferien. 8, rue Thénard, 75005, ✆ 014354 5947. Ⓜ Maubert-Mutualité (Linie 10). www.lepreverre.fr. 《《

Tashi Dèlèk **23**, das erste tibetische Restaurant Frankreichs bietet einen authentischen Einblick in die Küche Tibets. Lecker ist z. B. *mamok* (Ravioli mit Rindfleischfüllung), dazu trinkt man einen *thé au beurre* *salé*. Menüs zu 11 € (mittags), abends 17 und 22 €. So und zwei Wochen im Aug. geschlossen. 4, rue des Fossés-Saint-Jacques, 75005, ✆ 0143265555. Ⓜ Cluny-La Sorbonne (Linie 10). RER: Luxembourg.

Perraudin 19, in unmittelbarer Nähe der Sorbonne gelegen, bietet dieses altertümliche Bistro eine bodenständige Küche ohne großen Firlefanz. Auf den rot-weiß gedeckten Tischen landen *boeuf bourguignon* oder *gigot d'agneau*. Während die Pommes frites zu dunkel und ziemlich trocken waren, gab es am *mousse au chocolat* nichts auszusetzen. Gleiches gilt für die offenen Weine, die mit 4,90 € pro Glas allerdings nicht gerade günstig sind. Mittagsmenü 17,50 €, abends 31,90 €. WLAN vorhanden. Sonntag Ruhetag. 157, rue Saint-Jacques, 75005, ✆ 0146331575. Ⓜ Cluny-La Sorbonne (Linie 10). RER: Luxembourg. www.restaurant-perraudin.com.

Métro-Eingang im Jugenstildekor

Les Pipos 14, wer nichts wird, wird Wirt – das hat sich wahrscheinlich auch Pipo, ein ehemaliger Student des nahen Polytechnikums, gedacht und sein eigenes Bistro eröffnet. Keine schlechte Entscheidung, denn in dem zünftigen Lokal mit den rustikalen Holzstühlen wird eine anspruchsvolle traditionelle Küche serviert, die vom *steak tartare* bis zu zarten Kalbsnieren reicht. Wechselnde Tageskarte, Hauptgerichte 15–20 €. Große Weinauswahl, Straßenterrasse. So Ruhetag. Keine Kreditkarten. 2, rue de l'École Polytechnique, 75005. Ⓜ Cardinal-Lemoine (Linie 10). www.les-pipos.com.

Savannah Café 21, ansprechendes „multikulturelles" Restaurant mit gelb gestrichenen Wänden in der Nähe der Rue Mouffetard. Der Wirt stammt aus dem Libanon, es gibt aber auch Carpaccio oder Lammcurry mit Koriander und thailändischem Reis. Moderates Preisniveau, Menü zu 23 €. So geschlossen. 27, rue Descartes, 75005, ✆ 0143294577. Ⓜ Cardinal-Lemoine (Linie 10). www.savannahcafe.fr.

≫ Lesertipp: L'Assiette aux Fromages **26**, das ideale Restaurant für Käseliebhaber ist ein Lesertipp von Gisela und Hans Jürgen Biegert. Bereits die Auslage im Fenster lässt Käsefreunden das Wasser im Mund zusammenlaufen. Ergänzt wird das Angebot durch Raclette oder Fondue (17–19 €). Menüs zu 17,50 und 25 €. Kein Ruhetag. 25, rue Mouffetard, 75005, ✆ 0143369159. Ⓜ Cardinal Lemoine (Linie 10). www.lassietteauxfromages.com. **≪**

Les Cinq Saveurs d'Anada 25, eine ideale Adresse für Tofu-Jünger und Fans makrobiotischer Kost, alles selbstverständlich in Bioqualität. Abwechslungsreiche Hauptgerichte sowie Rohkostsalat für 11,30 €. Mittagsmenü 16,50 €. Bleibt nur noch die Frage zu klären, warum manche Biorestaurants so bieder eingerichtet sind. Mo Ruhetag. 72, rue du Cardinal Lemoine, 75005, ✆ 0143295854. Ⓜ Cardinal-Lemoine (Linie 10). www.anada-5-saveurs.com. ■

La Salle à Manger 31, ländliches Flair im pastellfarbenen Speisesaal, im Sommer sitzt man auf der schönen Terrasse. Frühstück ab 7 €, wechselnde Mittagsgerichte 11–15 €. Tgl. 8.30–19.30 Uhr geöffnet. 136, rue Mouffetard, 75005, ✆ 0155439199. Ⓜ Censier Daubenton (Linie 7).

🌿 Le Jardin des Pâtes **27**, exquisite frische Nudeln zu moderaten Preisen (um die 13 €), mit frischen, biologisch angebauten Zutaten. Einfaches, freundliches Ambiente. Kleine Straßenterrasse. 4, rue Lacépède, 75005, ✆ 01433 15071. Ⓜ Place Monge (Linie 7). ∎

Café de la Mosquée **29**, ein Ausflug nach Nordafrika: Pfefferminztee, Couscous, Tagine (10–15 €) und süße Kuchen sind nicht spektakulär, dafür werden sie im maurischen Ambiente serviert. Es werden übrigens nur alkoholfreie Getränke ausgeschenkt. Tgl. 9–23.30 Uhr. 39, rue Geoffroy-Saint-Hilaire, 75005, ✆ 0143311814. Ⓜ Censier-Daubenton (Linie 7).
www.la-mosquee.com.

Au Buisson Ardent **20**, in historischem Ambiente wird kreative französische Küche serviert, die nicht überteuert ist. Ausgezeichnet ist das *filet de daurade aux légumes provençale*. Menüs zu 17,90 und 23 € (jeweils mittags) sowie 36 €. Kleine Straßenterrasse. Samstagmittag, So und im Aug. geschlossen. 25, rue Jussieu, 75005, ✆ 0143549302. Ⓜ Jussieu (Linie 7 und 10).
www.lebuissonardent.fr.

🌿 Itinéraires **6**, im zeitlos modernen Bistro-Ambiente wird hier kreative Küche serviert, die auf frischen Zutaten basiert (z. B. Steinpilz-Carpaccio) und wöchentlich wechselt, wobei auch viele Bio-Gerichte angeboten werden. Ausgezeichnete Desserts. Zwei Gault-Millau-Hauben! Mittagsmenü zu 29 und 35 €, abends zu 59 (4 Gänge) und 79 € (7 Gänge). Sonntag, Montag und eine Woche im Aug. geschlossen. 5, rue Pontoise, 75005, ✆ 0146336011. Ⓜ Maubert Mutalité (Linie 10). www.restaurant-itineraires.com. ∎

La Tour d'Argent **11**, das Gourmetrestaurant liegt direkt am Ufer der Seine und ist berühmt für seine Ente à la Tour d'Argent (140 €). Seit 1890 wird jede Ente, die in einer Sauce aus Blut, Cognac, Burgunder und Gewürzen zubereitet wird, nummeriert. Ein Klassiker, der seinen Preis allerdings nur wert ist, wenn man zu den beliebten Tische vor den großen Fenstern mit Blick auf die Seine ergattern kann. Ein „Schnäppchen" ist das Mittagsmenü für 65 €, abends muss man mindestens 160 € investieren. So, Mo und im Aug. geschlossen. 15–17, quai de la Tournelle, 75005, ✆ 0143542331. Ⓜ Maubert Mutalité (Linie 10).
www.latourdargent.com.

Rôtisserie du Beaujolais **8**, anspruchsvolle Rôtisserie mit gepflegtem Ambiente. Empfehlenswert ist gegrillte Taube (*pigeon rôti*). Mittagsmenüs zu 24 und 29 €, Hauptgerichte zwischen 20 und 30 €. Kein Ruhetag. 19, quai de la Tournelle, 75005, ✆ 0143541747.Ⓜ Maubert Mutalité (Linie 10).

Le Petit Pontoise **9**, zwei Häuser weiter ein einladendes kleines Bistro im altertümlichen Stil der 1950er-Jahre. Hauptgerichte 20-25 €. Kein Ruhetag. Direkt nebenan gibt es eine „Filiale" namens Le Petit Pontoise Aussi (Samstagmittag und So geschl.). 9, rue Pontoise, 75005, ✆ 0143292520. Ⓜ Maubert Mutalité (Linie 10).

Le Bar à Huîtres **5**, ein Traum für alle Freunde so exquisiter wie frischer Meeresfrüchte. Letztere werden eisgekühlt vor dem Eingang präsentiert. Mittagsmenü 26 €, abends 39 €. Kein Ruhetag. 33, rue Saint-Jacques, 75005, ✆ 0144072737. Ⓜ Cluny-La Sorbonne (Linie 10).
www.lebarahuitres.com.

≫ Lesertipp: Sabraj **22**, das Restaurant im Universitätsviertel bietet einen kulinarischen Ausflug in die Küche Indiens. Mittagsmenü 12 €, Thali 10 €, abends kostet das Menü 22 €. Kein Ruhetag. 175, rue Saint-Jacques, 75005, ✆ 0143267003. Ⓜ Cluny-La Sorbonne (Linie 10). RER: Luxembourg. ≪

≫ Lesertipp: Au Thé Gourmand **17**, „Kleiner Teesalon mit Patisserie und nettem Service – die Tees haben wir nicht probiert, dafür aber die himmlische heiße Schokolade und den günstigen Cappuccino (1,80 € !!!). Traumhaft auch der Schokokuchen und die Tartes, zur Mittagszeit gibt es auch Salate und Quiche (auch zum Mitnehmen). Sehr gutes Preis-Leistungs-Verhältnis, allerdings nur wenige Sitzplätze." Tgl. außer Mi 10–19, So 14.30–18.30 Uhr. 14 rue Descartes, 75005, ✆ 0950827670. Ⓜ Cardinal-Lemoine (Linie 10).
www.authegourmand.fr. ≪

Le Petit Journal **18**, traditionsreiche Adresse im Pariser Nightlife, erst ab 18 Uhr geöffnet. Abends wird ab 21.30 Uhr anspruchsvoller Jazz gespielt. Eintritt und ein Getränkebon: 17 €, Eintritt mit Menü 46 oder 50 €. So und im Aug. geschlossen. 71, boulevard Saint-Michel, 75005, ✆ 0143262859. Ⓜ Cluny-La Sorbonne (Linie 10).
www.petitjournalsaintgermain.com.

Quartier Latin
Karte S. 150/151

Caveau de la Huchette , traditionsreiche Adresse für Jazzfreunde. Ab 21.30 Uhr geöffnet. Eintritt ab 12 €, Getränke ab 5 €. 5, rue de la Huchette, 75005, ℡ 0143266505. Ⓜ Saint-Michel (Linie 4). www.caveaudelahuchette.fr.

Paradis Latin 🔢, kleineres Revuetheater mit ansprechender Show, allerdings nicht so bombastisch wie im Lido. Di geschlossen. 28, rue du Cardinal-Lemoine, 75005, ℡ 0143252828. Ⓜ Cardinal-Lemoine (Linie 10). www. paradis-latin.com.

Le Batofar 🔢, angesagtes Restaurant mit einem Nachtclub, der sich im Maschinenraum eines ehemaligen Seine-Schiffes befindet. Di–Sa ab 23 Uhr. Wer will, kann zudem am Samstag die ganze Nacht hindurch bis 12 Uhr tanzen, bis durch die Bullaugen die Sonne über der Seine aufgeht

Auf dem Weg in die Arche

und die Türme der nahen Bibliothèque nationale deutlich zu sehen sind. Eintritt: Je nach Veranstaltung etwa 8–15 €. Im Sommer kann man bereits ab 18 Uhr (So ab 16 Uhr) auf dem Deck sitzen und chillen. 11, quai François Mauriac, 75013. Ⓜ Bibliothèque François Mitterrand oder Quai de la Gare (Linie 6 oder 14). www.batofar.org.

Einkaufen

»» Mein Tipp: Shakespeare & Company 🔢, George Whitmans (1913–2011) „Neugründung" von Sylvia Beachs legendärer Buchhandlung gehört längst zu den Klassikern unter den Pariser Antiquariaten und wird von seiner Tochter fortgeführt. In den ergründlichen Tiefen der Bücherhöhle kann man stundenlang nach verborgenen Schätzen stöbern. Das schwarze Brett des Ladens ist eine beliebte Kontaktbörse. Tgl. 12–24 Uhr. 37, rue de la Bûcherie, 75005. Ⓜ Maubert-Mutualité (Linie 10). www.shakespeareandcompany.com. **«««**

Gibert Jeune 🔢, auf Studenten spezialisierte Buchhandlung mit mehreren Filialen in der näheren Umgebung. 5, place Saint-Michel, 75005. Ⓜ Saint-Michel (Linie 4).

Album 🔢, ein Eldorado für Comic-Fans. 84, boulevard Saint-Germain, 75005. Ⓜ Saint-Michel (Linie 4).

Crocojazz 🔢, Jazz, Jazz und nochmals Jazz. 64, rue de la Montagne-Sainte-Geneviève, 75005. Ⓜ Maubert Mutualité (Linie 10).

Rue Mouffetard 🔢, der Markt in der Rue Mouffetard (tgl. außer Mo), die von den Einheimischen liebevoll „Mouffe" genannt wird, gilt als einer der letzten authentischen Pariser Märkte (ein Besuch ist besonders am Sonntagvormittag empfehlenswert). Montags sind allerdings viele Geschäfte geschlossen, so dass die Straße dann ziemlich „tot" wirkt. 75005. Ⓜ Censier-Daubenton (Linie 7).

Les Abeilles 🔢 ein Muss für Honigliebhaber. Mehr als 50 Sorten aus allen Teilen der Welt. 21, rue de la Butte-aux-Cailles, 75013. Ⓜ Corvisart (Linie 6).

Tang Frères 🔢, billiger asiatischer Supermarkt in einer ehemaligen Lagerhalle. Das riesige Angebot geht weit über das normaler Asia-Shops hinaus. Di–Sa 10–20 Uhr. 48, avenue d'Ivry, 75013. Ⓜ Porte d'Ivry (Linie 7).

Blick vom Jardin du Luxembourg
auf das Panthéon

Saint-Germain-des-Prés

Noch immer zehren die berühmten Cafés von Saint-Germain-des-Prés von ihrem Ruf, ein Hort geistiger Unruhe und avantgardistischer Umtriebe zu sein. Doch wer genau hinsieht, wird feststellen können, dass das Viertel mittlerweile von Edelboutiquen und Galerien „unterwandert" wurde.

Bereits die Aufklärer trafen sich in den Cafés von Saint-Germain, später veranstaltete Delacroix in seinem Hinterhofatelier Musikabende mit seinem Freund Fréderic Chopin, bei denen auch dessen Muse George Sand nicht fehlte. In den dreißiger Jahren wanderte die surrealistische Künstler- und Literatenszene vom Montparnasse in die Cafés am Boulevard Saint-Germain.

Nach Ende des Zweiten Weltkriegs traf sich in Saint-Germain die intellektuelle Avantgarde Europas. Die Existentialisten um Jean-Paul Sartre und Simone de Beauvoir diskutierten im Flore, während Boris Vian, der „Prinz von Saint-Germain", und Juliette Gréco für die nötige Stimmung in den Jazz-Kellern des Viertels sorgten: *Il n'y a plus d'après / A Saint-Germain-des-Prés / Plus d'après-demain / Plus d'après-midi / Il n'y a qu' aujourd'hui*, dröhnte es aus dem *Tabou*. Dunkle Kleidung und schwarze Rollkragenpullover wurden zum Erkennungsmerkmal einer zwischen Verzweiflung und Lebensfreude hin- und hergeworfenen Generation.

Die Nähe zur Sorbonne, zur Kunsthochschule und zur medizinischen Fakultät belebte bis in die sechziger Jahre hinein das volkstümliche Viertel, die reichen Pariser zogen das rechte Seineufer vor. Erst in den letzten beiden Jahrzehnten wurde es chic, in Saint-Germain zu wohnen. Die Mieten stiegen ins Unermessliche, selbst eine schlichte Dienstbotenkammer unter dem Dach ist heute für den Durchschnittsstudenten nicht zu finanzieren. Nichtsdestotrotz ist Saint-Germain-des-Prés immer noch das Pariser Viertel, in dem die meisten Schriftsteller und Inte-

llektuellen wohnen. Die Kaffeepreise im *Flore* sowie im benachbarten *Les Deux Magots* sind allerdings nur noch Bestsellerautoren zuzumuten. Die alteingesessenen Buchhandlungen kämpfen ums Überleben, Galerien, Edelboutiquen und Luxusläden drängen ins Viertel. Wo sich in der Buchhandlung Le Divan unlängst noch philosophische Literatur auf den Präsentiertischen stapelte, preist nun Dior seine neueste Kollektion an. Der Modemacher ist in guter Gesellschaft: Cartier, Armani, Gucci und Louis Vuitton machen im Schatten der Kirche Saint-Germain-des-Prés ebenfalls stattliche Umsätze. Quo vadis Saint-Germain?

Spaziergang

Der Boulevard Saint-Germain ist „für viele Paris, für manchen Frankreich, der freundliche Boulevard Saint-Michel ist Europa, er ist die Antike, das Mittelalter, die Aufklärung und immer die Revolution, er ist der Traum der bücherverschlingenden Schulkinder von Lille, Bordeaux, Lyon, Marseille … er bedeutet noch immer die intellektuelle und politische Zukunft unserer Welt". Nachdem man im Café Flore noch ein wenig über Wolfgang Koeppens Gedanken aus seinem „Reisen nach Frankreich" sinniert hat, steht eine Besichtigung der Kirche **Saint-Germain-des-Prés** auf dem Programm. Im schräg gegenüberliegenden Eckhaus in der Rue Bonaparte (Nr. 67) wohnte Sartre einige Zeit im dritten Stock. Durch die an der Ecole des Beaux Arts vorbeiführende Rue Bonaparte geht es in Richtung Seine zum **Institut de France**, an der auch die *Académie française* ihren Sitz hat. Nicht mit geistigen Pfunden, sondern mit handfestem Materialismus lockt das benachbarte **Musée de la Monnaie**. Auf der zum Louvre führenden Brücke *Pont des Arts* finden immer wieder anspruchsvolle Kunstausstellungen unter freiem Himmel statt. Rund um die platanenbestandene Place du Furstemberg zeigt sich Saint-Germain ganz malerisch. Dies hat wahrscheinlich schon Delacroix so empfunden, dessen einstiges

Musée d'Orsay

Centre Pompidou und Louvre ▲
siehe S. 104/105

M Solférino

M

Vom Musée d'Orsay zum Eiffelturm
siehe S. 184/185

Quai Voltaire

Quai Malaquais

École
Nat.
Sup. des
Beaux Arts

Institut
de France

Pl. de
l'Institut

Rue de Villersexel
Rue de l'Université
Boulevard Saint

1

Rue du Bac
Rue de Lille
Rue de l'Université
Rue de Verneuil

2

3

St Thomas
d'Aquin

4

6

Pl. St
Thomas
d'Aquin

Rue du Bac

Musée
Maillol M M

Germain

Musée des
Lettreset
Mannscrits

5

M

St Vladimir

12 13
15

St Germain
des Prés

R. des
Beaux Arts

R. Visconti

7

8

10

Musée
Delacroix

Rue de l'Abbaye

St Germain
des Prés

11

Boulevard

17
19
20

18

Pl. St Germain
des Prés

24

Mabillon M

21

Rue du Four

Rue Guisarde

R. Clément

31

33

Sèvres
Babylone M

Square
Chaise
Récamier

Square
Boucicaut

34

36
37

St Ignace

St Sulpice

St Sulpice

Pl. St
Sulpice

35

R. du Vieux Colombier

Rue Saint-

Pl. A.
Deville

R. Coetlogon

40

43

R. de Mézières

Institut
Catholique
de Paris

Blvd. Raspail

Rennes M

Rennes

St Joseph
des Carmes

Rue de Vaugirard

Musée
du Luxembourg
Pala
du Luxembou

Sén-

Jardin

du

Luxembourg

St Placide M

N.-D. des
Champs M

Boulevard

Raspail

N.D. des
Champs

Montparnasse
siehe S. 177 ▼

Musée
Zadkine

Rue Auguste Comte

Pl. A.
Honnora

Rue Michelet

50

Atelier heute ein Museum (**Musée Delacroix**) beherbergt. Die Rue de Buci mit ihrem bunten Straßenmarkt und die lang gestreckte Rue Saint-André-des-Arts gehören zu den lebendigsten des Viertels. In einer Nebenstraße, der Rue des Grand Augustins, hatte Picasso im Haus Nr. 7 sein Atelier, in dem er „Guernica" malte. Picasso gehörte zu den zahllosen Künstlern, die sich, angezogen von der dörflichen Atmosphäre, in den engen, Kopfstein gepflasterten Gassen des Viertels niederließen. Die nahe gelegene Rue de l'Odéon, in der einst Sylvia Beach ihre berühmte Buchhandlung Shakespeare and Company führte (Nr.12), bekam übrigens 1782 als eine der ersten Pariser Straßen ein Trottoir. An ihrem Ende steht das Théâtre de l'Odéon, in dem einst Jean-Louis Barrault („Kinder des Olymp") Regie führte. Der verspielte **Jardin du Luxembourg** bietet sich für ein paar erholsame Mußestunden an, Kunstfreunde besuchen das dortige **Musée du Luxembourg** oder das am südwestlichen Rand des Parks gelegene **Musée Zadkine**. Vorbei an **Saint-Sulpice** und den eleganten Geschäften der Rue Bonaparte gelangt man wieder zurück zum Ausgangspunkt. Literarisch Interessierte können den Boulevard Saint-Germain noch weiter bis zum **Musée des Lettres et Manuscrits** hinunterbummeln.

Sehenswertes

Saint-Germain-des-Prés: Saint-Germain-des-Prés ist das bedeutendste romanische Bauwerk von Paris. Die Kirche geht auf ein Kloster zurück, das der Frankenkönig Childebert im 6. Jahrhundert vor den Toren der Stadt inmitten von Wiesen und Feldern (*prés*) gründete und zur Grablege der Merowinger bestimmte. Mehrfach zerstört und zwischenzeitlich von den Benediktinern übernommen, entstand um das Jahr 1000 die heutige Kirche. Das Kloster gehörte im Hochmittelalter zu den größten und reichsten in ganz Frankreich:

Saint-Germain-des-Prés
Karte S. 164/165

Mehr als 120 Mönche lebten in der Abtei, die über ein berühmtes Skriptorium und einen Grundbesitz von 30.000 Hektar Größe verfügte. Zu den ältesten Teilen des Sakralbaus zählt der romanische Westturm, der die Fassade ersetzt; im 1163 geweihten Chor bedienten sich die unbekannten Baumeister bereits der frühgotischen Formensprache. 1790 wurde die Abtei nach einem blutigen Massaker säkularisiert; die einstige Klosterkirche führte man nach einer kurzen „Zwischennutzung" als Salpeterfabrik wieder ihrer ursprünglichen Bestimmung zu, wobei das Hauptschiff mit Gemälden von Hippolyte Flandrin neu ausgestattet wurde. Neben zahlreichen anderen herausragenden Persönlichkeiten hat auch der Philosoph René Descartes hier seine letzte Ruhestätte gefunden.

Place de Saint-Germain, 75006, Ⓜ Saint-Germain-des-Prés (Linie 4).

Die Unsterblichen

Die vierzig Mitglieder der *Académie française* amtieren auf Lebenszeit, weswegen sie gerne auch als „die Unsterblichen" bezeichnet werden. Nach dem Tod eines Mitglieds suchen die anderen nach einem geeigneten Kandidaten, der per Wahl in den erlauchten Kreis aufgenommen werden soll. Ebenso lang wie die Liste berühmter Zeitgenossen, die zur Akademie gehörten, darunter Victor Hugo und Jean Cocteau, ist die Liste der Nichtberufenen. Dieses „Schicksal" teilen sich unter anderem Descartes, Pascal, Rousseau, Balzac, Zola, Proust und Sartre. Lange Zeit war die *Académie française* ein reiner Männerklub. Es dauerte bis zum Jahr 1980, als Marguerite Yourcenar die erste Frau für würdig befunden wurde. Ihrer Aufnahme ging eine Kampfabstimmung voraus, bei der das Akademiemitglied Jean Dutourd erklärte: „Ich bin gegen die Aufnahme einer Frau in die Académie. Was Marguerite Yourcenar im Besonderen betrifft: Sie hat zu viel gelesen, um gut schreiben zu können …"

Institut de France: Das Institut de France ist eine der renommiertesten akademischen Einrichtungen Frankreichs; fünf Akademien sind hier vereint, die sich der Pflege der französischen Sprache, den Naturwissenschaften, den Altertumswissenschaften, der Kunst sowie den Sozialwissenschaften widmen. Die berühmteste und älteste ist die 1635 von Kardinal Richelieu gegründete *Académie française*. Zu den Aufgaben „der alten Dame vom Quai Conti", wie die Akademie liebevoll-spöttisch genannt wird, gehört die Redaktion des *Dictionnaire de la Langue Française*. In dieser Funktion entscheiden die Mitglieder auf ihrer wöchentlichen Sitzung am Donnerstag, welche Wörter offiziell in die französische Sprache aufgenommen werden.

Quai Conti, 75006, Ⓜ Pont-Neuf (Linie 7).

Musée de la Monnaie: Das in der ehemaligen königlichen Münzprägestätte untergebrachte Museum gibt einen Einblick in das Münzwesen von der Antike bis in die Gegenwart. Ausgestellt sind Medaillen, Münzen, Prägestempel sowie historische Maschinen und Werkzeuge.

11, quai Conti, 75006, Ⓜ Pont-Neuf (Linie 7). Di–Fr 11–17.30 Uhr, Sa und So 12–17.30 Uhr. Eintritt 5 €. www.monnaiedeparis.fr.

Musée Delacroix: Die Wohnung und das Atelier von Eugène Delacroix (1798–1863) beherbergen Dokumente, mehrere Gemälde und Zeichnungen des wohl bekanntesten Vertreters der französischen Romantik, der die letzten Jahre seines Lebens hier verbracht hat. Atmosphäre strahlt vor allem das Atelier aus, das nach Delacroix' Plänen im Hinterhof errichtet wurde.

Gepflegte Idylle – Jardin du Luxembourg

6, rue Furstenberg, 75006. Ⓜ Saint-Germain-des-Prés (Linie 4). Tgl. außer Di 9.30–17 Uhr. Eintritt 5 €, erm. 3 €. Für EU-Bürger unter 26 ist der Eintritt frei!
www.musee-delacroix.fr.

Jardin du Luxembourg: Nicht nur aufgrund seiner zentralen Lage und seiner Größe, sondern vor allem wegen seines heiteren Flairs gehört der Jardin du Luxembourg zu den beliebtesten Parkanlagen der Stadt. Der 23 Hektar große Park verdankt seine Entstehung Königin Maria von Medici, die sich als Witwensitz von 1612 bis 1622 ein klassizistisches Schloss mit Garten am linken Ufer der Seine errichten ließ. In dem später umgebauten **Palais du Luxembourg** tagt heute der Senat, der zusammen mit der Nationalversammlung das französische Parlament bildet.

Schon Diderot soll dem Charme des – liebevoll „Luco" genannten – Gartens verfallen gewesen sein, Rousseau wandelte, den Vergil auswendig lernend, auf seinen Pfaden, während Guy de Maupassant und Anatole France ihn auf ihrem täglichen Schulweg durchquerten. Nur Balzac hatte wenig für die grüne Idylle übrig, die er ein „Stelldichein des langweiligen und sauertöpfischen Alltags und der zudringlichen schreienden Kinderwelt" nannte, „das Elysée der Gichtkranken, das Paradies der Ammen".

Heute begeistert der Park mit seinen vielfachen Möglichkeiten der Freizeitgestaltung. Schon frühmorgens kommen die ersten Jogger, dann die Kindermädchen mit dem ihnen anvertrauten Nachwuchs, später verbringen die Schüler und Studenten der nahen Universität hier ihre Mittagspause. Es gibt ein bereits von Rilke besungenes Kinderkarussell, ein Wasserbecken, auf dem man Segelschiffe fahren lassen kann, und Tennisplätze. Zahllose Metallstühle sind im Park verteilt, so dass man immer ein ruhiges Plätzchen zum Lesen oder Träumen findet. Und ein Café für die kleine Stärkung zwischendurch fehlt natürlich auch nicht …

75006, RER: Luxembourg, Ⓜ Odéon (Linie 4 und 10).

Musée du Luxembourg: Das in der ehemaligen Orangerie untergebrachte Museum war 1750 das erste öffentliche

Museum Frankreichs. Die Besucher konnten die 24 Gemälde bewundern, die Rubens der Königin widmete. Heute zeigt das 2010 komplett renovierte Museum regelmäßig hochkarätige Wechselausstellungen, so im Jahr 2012 „Cézanne und Paris".

19, rue de Vaugiraud, 75006, RER: Luxembourg, Ⓜ Saint-Sulpice (Linie 4). Tgl. 10–20 Uhr, Fr und Sa bis 22 Uhr. Eintritt 12 €, erm. 7,50 €. www.museeduluxembourg.fr.

Musée Zadkine: Das Museum im ehemaligen Wohnhaus und Atelier des russischen Bildhauers *Ossip Zadkine* (1890–1967) gefällt mit seinem idyllischen Garten und seiner authentischen Atmosphäre. Teile der Räumlichkeiten werden für Wechselausstellungen genutzt.

100 bis, rue d'Assas, 75006. Ⓜ Notre-Dame-des-Champs, Vavin (Linie 4 oder 12). Tgl. außer Mo 10–18 Uhr. Eintritt frei! Sonderausstellungen: 4 €.
www.zadkine.paris.fr.

Saint-Sulpice: Mit ihrer zweigeschossigen Schaufassade zählt Saint-Sulpice zu den eindrucksvollsten klassizistischen Kirchenbauten in Paris. Der 1645 begonnene, sich stets verzögernde Bau sollte ursprünglich im Rokokostil ausgeführt werden, dann erhielt aber der Florentiner Giovanni Nicolò Servandoni den Auftrag, seinen klassizistischen Entwurf auszuführen. Der Innenraum wirkt trotz seiner imposanten Ausmaße von 118 Metern Länge und 57 Metern Breite wohl proportioniert. Mit viel Phantasie kann man sich vorstellen, wie hier 1799 für den aus Ägypten heimgekehrten Napoléon ein Bankett gegeben wurde, an dem 750 Gäste teilnahmen. Die Fresken der ersten Kapelle des rechten Seitenschiffs stammen übrigens von Eugène Delacroix.

Place Saint-Sulpice, 75006. Ⓜ Odéon (Linie 4 und 10).

Musée des Lettres et Manuscrits: Der Boulevard Saint-Germain ist die Straße der Literaten und daher sicher der richtige Ort für ein Handschriftenmuseum. Wen die Aura handschriftlicher Originaldokumente fasziniert, der kann hier Briefe von Marcel Proust, Victor Hugo und Charles Baudelaire bewundern. Zum Fundus des Museums gehört neben 70.000 Handschriften auch das einzige erhaltene Exemplar von André Bretons „Surrealistischem Manifest", hinzu kommen Briefe Napoléons, das Testament Ludwig XVI. und Originalpartituren berühmter Musiker.

222, boulevard Saint-Germain, 75007. Ⓜ Rue du Bac (Linie 12). Geöffnet Di–So 10–19 Uhr, Do bis 21.30 Uhr. Eintritt 7 €, erm. 5 €. www.museedeslettres.fr.

Skulptur in Saint-Germain

Das älteste Café der Welt

Am Anfang der Pariser Café-Kultur stand das „Procope", das von sich gar behauptet, das älteste der Welt zu sein. Der aus Acireale stammende Sizilianer Francesco Procopio dei Coltelli ahnte als einer der ersten, welchen Anklang der in Europa damals noch kaum verbreitete Kaffee finden würde. Gegenüber der Comédie Française eröffnete er 1686 ein noch heute existierendes Café, zu dessen Stammgästen Montesquieu, Voltaire und Rousseau genauso zählten wie später Victor Hugo, Emile Zola und Honoré de Balzac, der das Café als „das Parlament des Volkes" charakterisierte. Auch die Tradition des Cafés als öffentliche Schreibstube soll im „Procope" begründet worden sein, denn dort arbeiteten bereits Diderot und d'Alembert an ihrer berühmten Enzyklopädie.

Praktische Infos   (→ Karte S. 164/165)

Essen, Trinken, Nachtleben

L'Atelier de Joël Robuchon **6**, Feinschmecker aus ganz Paris feierten 2003 die Rückkehr von Joël Robuchon. Der zum „Koch des Jahrhunderts" gewählte Robuchon, der mit seinen früheren Restaurants wiederholt mit drei Michelin-Sternen ausgezeichnet worden war, überraschte allerdings mit einem neuen Konzept. Das in schwarz gehaltene „Atelier" besitzt die ungezwungene Atmosphäre einer Sushi-Bar und bietet durchgehend von 11.30–15.30 und 18.30–24 Uhr morgens französische Küchenfreuden auf allerhöchstem Niveau. Weltberühmt ist Robuchon übrigens für seinen Kartoffelbrei, der zu vielen Gerichten als Beilage gereicht wird (und einen besseren haben wir auch noch nirgends gegessen)! Preislich ist das Ganze angesichts der Leistung relativ moderat: Mit Vorspeise, Hauptgang, Dessert und einem Glas Wein öffnet sich der Gourmethimmel ab 120 €. Lohnend ist vor allem das Degustationsmenü für 199 €. Reservierung nur für 11.30 und 14 Uhr sowie für 18.30 Uhr möglich. 5–7, rue de Montalembert, 75007, ℘ 0142225656. Ⓜ Rue-du-Bac (Linie 12). www.joel-robuchon.com.

Lipp 24, die Brasserie gilt trotz nachlassender Küchenleistungen seit Jahrzehnten als „der" Prominenten- und Politikertreff am linken Seineufer. Schon Hemingway kam hierher und trank als „Aperitif" einen Liter Bier, wie man in seinem Buch „Paris – ein Fest fürs Leben" nachlesen kann. Wer einen Platz im bevorzugten unteren Saal bekommt, gehört dazu … Allerdings muss man hierfür mindestens 50 € pro Person investieren. Kein Menü. Die Küche ist durchgehend von 11.45–1 Uhr geöffnet. 151, boulevard Saint-Germain, 75006, ✆ 0145485391. Ⓜ Saint-Germain-des-Prés (Linie 4).

》》 Mein Tipp: L'Alcazar **16**, in dem von dem englischen Edeldesigner Sir Terence Conran entworfenen Restaurant – ehemals ein Cabaret – steht die Küche dem lichtdurchfluteten Ambiente glücklicherweise nicht nach. Das Mittagsmenü für 21, 29 und 37 € (jeweils inkl. einem Glas Wein und Café) bietet eine sehr große Auswahl und lässt sich, was das Preis-Leistungs-Verhältnis betrifft, nur schwer steigern. Egal, ob Thunfisch-Millefeuille, gefüllte Wachtel oder Rochen mit Roter Bete – was die Köche in der einsehbaren Küche kreieren, ist seinen Preis mehr als wert. Abends kosten die Menüs 26 € (Menu Mezzanine, Hauptgericht mit einem Getränk) und 42 €. Bis 2 Uhr geöffnet. Ab 22 Uhr legen DJs von Do–So die neuesten Clubbeats auf, allerdings in respektvoller Lautstärke, so dass man sich noch gut unterhalten kann. 62, rue Mazarine, 75006, ✆ 0153101999. Ⓜ Odéon (Linie 4 und 10). www.alcazar.fr. 《《

》》 Mein Tipp: Ze Kitchen Galerie **9**, Küchenchef William Ledeuil, der 2010 vom Gault Millau zum „Koch des Jahres" ernannt wurde, ist bekannt für seine leichte westöstliche Fusionküche, die selbst vermeintlich einfachen Gerichten eine geheimnisvolle Note verleiht. In einem modernen Ambiente kommt hier ein ganzes Feuerwerk an asiatischen Gewürzen auf den Tisch, kombiniert auch mit typisch französischen Ingredienzien wie Gänseleber oder Austern. Angesichts der tollen Küche ist das Mittagsmenü geradezu ein Schnäppchen! Mittagsmenü zu 39,60 € (zwei Gänge 27 oder 35 €), Degustationsmenü 70 €, jeweils inkl. Wasser und einem Café. Abends à la carte oder ein Degustationsmenü für 82 €, Samstagmittag und So geschlossen. 4, rue des Grands Augustins, 75006, ✆ 0144320032. Ⓜ Odéon (Linie 4 und 10). www.zekitchengalerie.fr. 《《

KGB 23, in der gleichen Straße gibt es noch eine „Filiale" von William Ledeuil, wobei die Vorspeisen (Zors) in Tapasgröße gereicht werden. Der Name hat nichts mit dem sowjetischen Geheimdienst zu tun, sondern steht für „Kitchen Galerie Bis". Lecker ist das Agneau de Lait des Pyrénées, Jus Thaï. Mittagsmenüs zu 28 und 35 €, abends 60 €. So und Mo sowie drei Wochen im Aug. geschlossen. 25, rue des Grands Augustins, 75006, ✆ 0146330085. Ⓜ Odéon (Linie 4 und 10). www.kitchengaleriebis.com.

La Jacobine 28, angenehmer altertümlicher Teesalon in einer kopfsteingepflasterten, vom Boulevard Saint-Germain abzweigenden Passage. Salate und Hauptgerichte 15–20 €, Menü 25,50 €. Tgl. 12–19.30 Uhr. 59, rue St-André des Arts. 75006. Ⓜ Odéon (Linie 4 und 10).

Au Pied de Fouet 13, ein bodenständiges, kleines Restaurant im Intellektuellenviertel. Serviert wird beispielsweise Forellenfilet mit zerlassener Butter. Tgl. wechselnde plat du jour rund 11 €. Sonntag Ruhetag. 3, rue Saint-Benoît, 75006, ✆ 0142965910. Ⓜ Mabillon (Linie 10). www.aupieddefouet.fr.

Le Petit Saint-Benoît 12, seit 1901 ist dieses Restaurant eine beliebte Adresse in Saint-Germain. Zu den Gästen gehörten schon Boris Vian, Jean-Paul Sartre und Marguerite Duras. Servietten der Stammgäste werden hier in einem eigenen hölzernen Schrank aufbewahrt! Hauptgerichte 12–15 €. Große Straßenterrasse. Mo und So Ruhetag. 4, rue Saint-Benoît, 75006, ✆ 0142612060. Ⓜ Mabillon (Linie 10). www.petit-st-benoit.fr.

Le Petit Zinc 15, das schöne Jugendstilambiente ist leider nicht echt, sondern nur ein gutes Imitat, das Flair aber dennoch ansprechend. Klassische französische Küche inkl. Meeresfrüchte – alles aber ohne größeren Anspruch, so dass man irgendwie den Verdacht nicht los wird, für das Ambiente mitzubezahlen … Nette Straßenterrasse. Mittagsmenü 20,30 €, sonst 28,90 €. 11, rue Saint-Benoît, 75006, ✆ 0142612060. Ⓜ Mabillon (Linie 10).

Le Procope 29, das „älteste Café von Paris" präsentiert sich als ein von seinem Ruf zehrendes, nicht gerade günstiges Restaurant. Als Spezialität des Hauses gilt Tête de veau (Kalbskopf). Menüs zu 25,90 € (mittags) und 35 €. 13, rue Ancienne Comédie, 75006, ✆ 0143269920. Ⓜ Odéon (Linie 4 und 10).

La Palette 11, schönes, altertümliches Café mit dem Flair eines Künstlercafés der

1930er-Jahre, in dem schon Henry Miller zu Gast war. Große Straßenterrasse. Tgl. außer So 9–2 Uhr morgens. 43, rue de Seine, 75006, ✆ 0143266815. Ⓜ Mabillon (Linie 10).

Bouillon Racine 🔢, bereits das Jugendstil-Dekor der 1906 gegründeten und sich über zwei Stockwerke erstreckenden Brasserie begeistert. Vor den verspielten Spiegeln wird eine durchschnittliche Küche (*confit de canard*) zu annehmbaren Preisen geboten. Menüs zu 14,90 € (mittags zwei Gänge), abends 29,50 und 41 €. Kein Ruhetag. 3, rue Racine, 75006, ✆ 0144321560. Ⓜ Odéon (Linie 4 und 10). www.bouillonracine.com.

≫ Mein Tipp: Polidor 🔢, dieses bodenständige Restaurant ist seit 1845 eine Institution in Saint-Germain, schon James Joyce hat das Omelette von Polidor gerühmt, auch Hemingway und André Gide waren zu Gast. Das zünftige urwüchsige Vorkriegsambiente mit den rot-weiß karierten Tischdecken, den holzvertäfelten Wänden und dem verzierten Mosaikfußboden gefiel Woody Allens Location-Scouts so gut, dass hier Szenen von „Midnight in Paris" gedreht wurden. Serviert wird eine traditionelle Kost, beispielsweise *Blanquette de veau à l'ancienne* (Kalbsfrikassee) oder Blutwurst (*Boudin noir*), aber auch ein *Pavé de rumsteck* mit Pfeffersoße. Menüs zu 22 und 32 €. Kein Ruhetag. 41, rue Monsieur-le-Prince. 75006, ✆ 0143269534.

Ⓜ Odéon (Linie 4 und 10). www.polidor.com. ≪

La Méditerranée 🔢, angenehm leichte mediterrane Küche auf hohem Niveau zu mehr als akzeptablen Preisen. Schließlich schmeckt eine *Bouillabaisse* (30 €) nicht nur am Hafen von Marseille ... Menüs zu 26 und 30 €. 2, place de l'Odéon, 75006, ✆ 0143260230. Ⓜ Odéon (Linie 4 und 10). www.la-mediterranee.com.

Cinq Mars 🔢, optisch wie auch kulinarisch ansprechendes Restaurant in der Nähe des Musée d'Orsay. Serviert wird eine Bistroküche, die so einfach wie lecker ist. Mittagsmenü zu 17 und 21,50 €. So und drei Wochen im Aug. geschlossen. 51, rue de Verneuil, 75007, ✆ 0145446913. www.cinq-mars-restaurant.com.

Le Flore 🔢, genießt den Ruf, ein Philosophen- und Literatencafé zu sein. Das Café de Flore war der Treffpunkt der Existentialisten um Simone de Beauvoir, Jean-Paul Sartre und Albert Camus. Während des Zweiten Weltkriegs schrieb Sartre: „Simone de Beauvoir und ich haben uns im Flore mehr oder weniger häuslich niedergelassen." Nostalgiker gedenken der Existentialisten bei einer Tasse *Café crème* für 5,50 €. Tgl. 7.30–1.30 Uhr. 172, boulevard Saint-Germain, 75006, ✆ 01454 85526. Ⓜ Saint-Germain-des-Prés (Linie 4). www.cafe-de-flore.com.

Saint-Germain-des-Prés
Karte S. 164/165

Auf den Spuren von Sartre und Beauvoir

Les Deux Magots 🔟, ein paar Häuser weiter befindet sich der zweite Klassiker unter den Cafés von Saint-Germain, in dem bereits Oscar Wilde allmorgendlich frühstückte und Picasso die Bekanntschaft von Dora Maar machte. Stilvolles Ambiente, schöne Straßenterrasse und happige Preise. 6, place de Saint-Germain, 75006, 📞 0145 485525. Ⓜ Saint-Germain-des-Prés (Linie 4). www.lesdeuxmagots.fr.

Jardin du Luxembourg 🔟, nettes, kleines Café im Jardin du Luxembourg unweit des Senatsgebäudes. Im Sommer sitzt man unter Schatten spendenden Bäumen, serviert werden Kleinigkeiten und Salate (5–12 €). Jardin du Luxembourg, 75006. Ⓜ Odéon (Linie 4 und 10).

Les Etages Saint-Germain 🔟, lockerer, ungezwungener Treff inmitten von Saint-Germain. Schöne Straßenterrasse mit alten Metalltischen. Tgl. von 11 bis 2 Uhr morgens trifft sich auf den zwei Etagen viel junges Volk. Ausgesprochen günstige Preise, dafür wirkt alles ein wenig heruntergekommen. 5, rue de Buci, 75006, 📞 0146342626. Ⓜ Mabillon (Linie 10).

Cavern Club 🔟, beliebte Adresse für die Freunde von Live-Musik. Abwechslungsreiches Programm, coole Stimmung. Unter der Woche 19–2 Uhr, Fr und Sa bis 5 Uhr. So und Mo geschlossen. 21, rue Dauphine, 75006, 📞 0146342626. Ⓜ Odéon (Linie 4 und 10). www.lecavernclub.com.

Einkaufen

Marché Saint-Germain 🔟, in der Markthalle und in der angrenzenden Rue Mabillon wird auf den Ständen frisches Obst und Gemüse gestapelt. 3ter, rue Mabillon, 75006. Ⓜ Mabillon (Linie 10).

Marché biologique de Boulevard Raspail 🔟, der größte Biomarkt von Paris! Jeden Sonntagvormittag gibt es hier ein großes Angebot an Obst, Gemüse, Käse, Fleisch und Backwaren aus ökologischem Anbau. Wochentags findet hier ebenfalls ein kleiner Markt – allerdings ohne Bioprodukte – statt. 75006. Ⓜ Sèvres Babylone (Linie 10 und 12). ∎

≫ Mein Tipp: La Hune 🔟, eine der bekanntesten Buchhandlungen des Viertels, bereits 1949 gegründet. Jean Genet soll hier einst des Öfteren Bücher gestohlen haben … Der Schwerpunkt des Sortiments liegt auf französischer Nachkriegsliteratur sowie auf Kunst- und Bildbänden. Autorenlesungen. Tgl. 10–23.45 Uhr, So 11–19.45 Uhr. 170, boulevard Saint-Germain, 75006. Ⓜ Saint-Germain-des-Prés (Linie 4). ≪

Librairie 7L 🔟, die Buchhandlung von Karl Lagerfeld ist auf Kunst- und Bildbände spezialisiert. Minimalistisches Interieur. 7, rue de Lille, 75007. Ⓜ Saint-Germain-des-Prés (Linie 4).

Hédonie 🔟, ein toller Ökoladen! Angefangen von Brot über Obst und Gemüse bis hin zu tollen Tees und Kaffee. Tgl. 11–20 Uhr, Mo erst ab 12 Uhr. 6, rue des Mézières, 75006. Ⓜ Rennes (Linie 12). www.hedonie.fr. ∎

La Chambre Clair 🔟, ein Eldorado für Fotoliebhaber mit über 3500 Titeln zur Kinogeschichte. Große Auswahl im Untergeschoss. Di–Sa 10–19 Uhr. 14, rue Saint-Sulpice, 75006. Ⓜ Odéon (Linie 4 und 10).

Librairie du Moniteur 🔟, die bestsortierte Fachbuchhandlung für Architektur und Design. Mo–Sa 10–19 Uhr. 7, place de l'Odéon, 75006. Ⓜ Odéon (Linie 4 und 10).

Herboristerie 🔟, über 900 medizinische und aromatherapeutische Pflanzen. 42, rue Saint André des Arts, 75006. Ⓜ Odéon (Linie 4 und 10). ∎

≫ Mein Tipp: Taschen 🔟, die opulenten Bildbände aus dem Kölner Taschen Verlag werden in diesem von Philippe Starck gestalteten Flagship-Store besonders eindrucksvoll präsentiert. 4, rue de Buci, 75006. Ⓜ Mabillon (Linie 10). ≪

The Space 🔟, ein Konzeptstore für Vintage-Labels und Newcomer-Designer. Mo–Sa 10–19 Uhr. 21, rue Bonaparte, 75006. Ⓜ Saint-Germain-des-Prés (Linie 4). www.thespace.fr.

Mouton à Cinq Pattes 🔟, hier kann man sich mit Designerkreationen der letzten Saison zu günstigen Preisen eindecken. Zwei weitere Geschäfte finden sich in der Rue

Saint-Placide. Mo–Sa 10.30–19.30 Uhr. 138, boulevard Saint-Germain, 75006. Ⓜ Saint-Germain-des-Prés (Linie 4). www.mouton-a-cinq-pattes.info.

Sonia Rykiel 🔢, Nobelboutique von einer der bekanntesten Pariser Modeköniginnen. 175, boulevard Saint-Germain, 75006. Ⓜ Saint-Germain-des-Prés (Linie 4).

Pâtisserie Ladurée 🔢, die 1862 gegründete Konditorei gilt als eine der schönsten von Paris. Lecker sind die *macarons* in den unterschiedlichsten Geschmacksrichtungen. Für 18 € kann man im zugehörigen Teesalon auch frühstücken. 21, rue Bonaparte, 75006. Ⓜ Saint-Germain-des-Prés (Linie 4).

》Mein Tipp: Poilâne 🔢, Lionel Poilâne ist der wohl berühmteste Bäcker von Paris. Allerdings backt er keine Baguettes, sondern graues Weißbrot mit Nüssen und einer dunklen, bemehlten Kruste. Nur billig ist es nicht: Zwei Pfund können leicht 9 € kosten. Sonntag geschlossen. 8, rue du Cherche-Midi, 75006. Ⓜ Sèvres Babylone (Linie 10 und 12). **《**

Kusmi Tea 🔢, der seit 1867 existierende Hersteller vertreibt seine Tees im eigenen Laden. Klassischer grüner, schwarzer, weißer und roter Tee (Rooibos) in Dosen, aber auch ausgewählte Kräutertees aus Lindenblüten, Minze oder Eisenkraut. 56, rue de Seine, 75006. Ⓜ Mabillon (Linie 10). www.kusmitea.com.

Muji 🔢, die japanische Muji-Kette unterhält in Paris mehrere Shops. Das Konzept setzt auf minimalistisches, funktionales Design (schlichter ist schöner), gute Qualität und günstige Preise. Von der Klobürste bis zum Fahrrad ist hier alles zu haben. Der Schwerpunkt liegt allerdings auf Kleidung und Wohnaccessoires. Achtung: Es gibt in der Straße zwei gegenüberliegende Filialen. Tgl. außer So 10–19.30 Uhr. 27, rue Saint-Sulpice, 75006. Ⓜ Odéon (Linie 4 und 10).

Galerie Adrien Maeght 🔢, der Sohn von Aimé Maeght, dem Gründer der im Hinterland der Côte d'Azur gelegenen Fondation Maeght, führt eine der berühmtesten Kunstgalerien Frankreichs ganz im Sinne seines berühmten Vaters. Tgl. 9.30–19 Uhr. 42, rue du Bac, 75007. Ⓜ Rue du Bac (Linie 12). www.maeght.com.

Historische Restaurants und Cafés; Poilâne-Brot und Kusmi-Tee

Montparnasse

Dem Montparnasse ist leider nur der klingende Name geblieben, das Viertel selbst ist durch mangelnde Sensibilität zu Tode saniert worden. Als abschreckendes Beispiel der Architektur der siebziger Jahre beherrscht die Tour Montparnasse mit ihren 59. Stockwerken den „Parnassos-Hügel".

Den poetischen Namen soll der einstige Steinbruch von den Studenten aus dem Quartier Latin erhalten haben, die sich auf dem Berg der Musen trafen, um Gedichte zu rezitieren. Abgesehen von ein paar Klöstern und Ausflugsgaststätten war am Montparnasse nicht viel los, bis zu Beginn des 20. Jahrhunderts allmählich die Künstler vom Montmartre abwanderten und sich der Montparnasse zum kulturellen Nabel von Paris entwickelte. Man Ray, Henry Miller, Anäis Nin und Ernest Hemingway saßen stundenlang diskutierend in den Cafés. In den Nachtclubs, so im 1927 eröffneten *La Jungle*, spielten Pianisten Ragtime und Blues, die Fratellini-Clowns traten im *Cirque Médrano* auf, während sich die Lesbenszene im *Le Monocle* traf. Zu den Klassikern am Boulevard de Montparnasse gehörten auch das 1897 als bescheidene „Trinkhalle" eröffnete „Café du Dôme", das auch Sinclair Lewis und Walter Bondy aufsuchten, und das „La Rotonde", in dem sich Lenin und Trotzki während des Ersten Weltkriegs ihren politischen Visionen hingaben. Und über allem herrschte Kiki; die ungekrönte Königin vom Montparnasse sang „Canaille-Lieder" voller unanständiger Doppeldeutigkeiten und stellte ihre legendären Reize zur Schau. Für die Surrealisten war Kiki Muse und Modell: Kisling, Pascin und Derain malten sie, Man Ray hat sie mit seinem berühmten Foto *Le Violon d'Ingres* unsterblich gemacht. Dass es in den berühmten literarischen Cafés früher bei weitem nicht so vornehm zuging wie heute, beweist Henry Millers surrealistische Schilderung des „Café du Dôme" in seinem „Wendekreis des Krebses":

„Wenn Ebbe ist und nur ein paar syphilitische Nixen im Schlamm gestrandet zurückbleiben, sieht das Dôme wie eine vom Wirbelwind heimgesuchte Schießbude aus. Alles verrinnt langsam im Abzugskanal. Etwa eine Stunde lang herrscht Totenstille, während das Erbrochene aufgewischt wird. Plötzlich beginnen die Bäume zu zwitschern ... Der Augenblick ist gekommen, die letzte Blase voll Urin auszuleeren. Der Tag kommt geschlichen wie ein Aussätziger."

Infolge der deutschen Besetzung kam das unbeschwerte Leben am Montparnasse im Zweiten Weltkrieg zum Erliegen, den Todesstoß versetzten dem Viertel allerdings die städtebaulichen Maßnahmen der Ära Pompidou, die im Abriss des alten Bahnhofs und dem Bau der Tour Montparnasse gipfelten. Zwar entstanden auch ein paar architektonisch ansprechende Projekte, wie beispielsweise die Häuser an der Place de Catalogne und der Jardin Atlantique auf dem Dach des neuen Bahnhofs, doch das vielbeschworene Flair vom Montparnasse ist unwiderruflich dahin.

Spaziergang

Der Boulevard Montparnasse, an dessen Kreuzung zum Boulevard Raspail das Balzac-Denkmal von Rodin steht, ist lang nicht mehr so prächtig wie einst. Diese Misere bleibt auch trotz der berühmten Literatencafés am Boulevard Montparnasse offensichtlich. Vielleicht sind Äußerlichkeiten auch nur nebensächlich, wie *Samuel Beckett* demonstrierte, als er sich nach dem Erfolg von „Warten auf Godot" zwei Appartements in dem hässlichen Hochhaus am nahen Boulevard Saint-Jacques (Hausnummer 38) kaufte. Ästheten sollten sich lieber der nahe gelegenen **Fondation Cartier pour l'Art Contemporain** zuwenden. Die Stiftung ist ein lobenswerter Versuch des Juweliers Cartier, der Kunst wieder einen Platz am Montparnasse einzuräumen. Ein paar Schritte weiter trifft man auf den Eingang zu den **Catacombes de Paris**. Eine „angenehmere"

Möglichkeit, sich mit den Pariser Toten zu beschäftigen, bietet aber sicherlich ein Spaziergang über den **Cimetière de Montparnasse**. Auf dem Weg dorthin lohnt ein Abstecher durch die Marktstraße Rue Draguerre, deren authentisches Flair begeistert. Den Friedhof muss man wieder durch den südlichen Eingang verlassen, um zur **Fondation Henri Cartier-Bresson** oder zur Place de Catalogne zu gelangen, wo der Spanier Ricardo Bofill mit postmodernen Formen für den sozialen Wohnungsbau experimentierte und eine Wohnanlage mit beschwingten Fronten und gläsernen Halbsäulen geschaffen hat. Der Weg zur Tour Montparnasse führt durch den **Jardin Atlantique**, der auf dem Dach des Bahnhofs Montparnasse an eine surreale Oase in der Großstadtwüste erinnert. Den Vorplatz der Gare de Montparnasse dominiert die dunkel glänzende **Tour Montparnasse** (Panoramablick!), die anstelle des alten Bahnhofs errichtet wurde. Letzterer ist durch einen spektakulären Unfall weltberühmt geworden, als eine Lokomotive durch die Fensterfront des Sackbahnhofs auf die Straße stürzte. In unmittelbarer Nähe des Bahnhofs, wo sich traditionell viele Bretonen niedergelassen haben, liegt das **Musée Bourdelle**, das mit seinen überdimensionalen Bronzeskulpturen lockt. Für Naturwissenschaftler bietet sich noch ein Besuch des **Musée Pasteur** an, während Kunstenthusiasten das Künstleratelier **La Ruche** aufsuchen.

Sehenswertes

Fondation Cartier pour l'Art Contemporain: Durch die 1994 eröffnete Fondation Cartier hat der Montparnasse wieder an seine Vergangenheit als Hort der Kunst anknüpfen können. In dem von Jean Nouvel errichteten postmodernen Gebäude sind hochkarätige Wechselausstellungen zeitgenössischer Kunst zu sehen. Zur Fondation gehört auch der angrenzende kleine Park mit seinen Skulpturen, der von Lothar Baumgarten gestaltet wurde und als Theatrum Botanicum bezeichnet wird. 261, boulevard Raspail, 75014. Ⓜ Raspail (Linie 4 und 6). Bei Ausstellungen tgl. (außer Mo) 11–20 Uhr, Di bis 22 Uhr geöffnet. Eintritt 9,50 €, erm. 5 €. http://fondation.cartier.com.

Catacombes de Paris: Als Ende des 18. Jahrhunderts zahlreiche innerstädtische Friedhöfe geschlossen wurden, überführte man die Gebeine von rund sechs Millionen Toten in die unterirdischen Steinbrüche, die fortan Katakomben hießen. Die dekorativ an den Wänden aufgeschlichteten Knochen und Schädel entwickelten sich schnell zu einer vielbesuchten Sehenswürdigkeit. Heute besuchen alljährlich 200.000 Menschen den makabren Museums-Friedhof. Im Zweiten Weltkrieg erfuhren die Katakomben eine andere Nutzung: Während der deutschen Besatzung nutzte die Résistance den Untergrund als Kommandozentrale für ihre Sabotageakte. Später trafen sich die *Cataphiles*, um im Untergrund verbotene Kunst-Happenings, Partys oder Schwarze Messen zu veranstalten. Insgesamt gibt es 350 Kilometer lange Stollen durch den Untergrund, von denen aber nur dieser Abschnitt zugänglich ist.

Hinweis: Die Begehung des 1,7 Kilometer langen Weges durch die Unterwelt erfolgt auf eigene Faust. Da die Temperatur nur 14 Grad Celsius beträgt, empfiehlt sich im Sommer ein warmer Pullover oder eine Jacke. Die frische Luft erblickt man nach rund 45 Minuten wieder in der Rue Rémy-Dumoncel. 1, avenue Colonel Henri Rol-Tanguy/Ecke place Denfert-Rochereau, 75014. Ⓜ Denfert-Rochereau (Linie 4 und 6). Tgl. außer Mo 10–16 Uhr. Eintritt 8 €, erm. 6 €. www.catacombes-de-paris.fr.

Übernachten
6 Hôtel de la Paix (S. 63)
8 Istria (S. 63)
10 Solar Hotel (S. 66)

Cafés (S. 180/181)
5 Café du Dôme
7 La Closerie des Lilas

Essen & Trinken (S. 180/181)
3 La Rotonde
4 La Coupole
7 La Closerie des Lilas
9 Chez Enzo

Nachtleben (S. 180/181)
2 Le Sélect
5 Café du Dôme

Einkaufen (S. 181)
1 FNAC
11 Marché du Livre Ancien et d'Occasion

Montparnasse

150 m

Cimetière de Montparnasse: Der nach dem Père Lachaise zweitgrößte Pariser Friedhof steht diesem an Berühmtheiten und stimmungsvoller Aura kaum nach. An erster Stelle sind Jean-Paul Sartre und Simone de Beauvoir zu nennen, die rechts vom Haupteingang unter einer schlichten Grabplatte, im Tod vereint, ruhen. Zwischen den teilweise pompösen Grabmälern liegen auch zahlreiche Künstler und Literaten wie Samuel Beckett und Eugène Ionesco, Baudelaire und Serge Gainsbourg begraben; ungewöhnlich ist das

mit Fotografien verzierte Grab des Cineasten Henry Langlois. Ein Tipp: An der Eingangspforte ist die Kopie eines Lageplans der bekanntesten Gräber erhältlich.

Boulevard Edgar Quinet, 75014. Ⓜ Edgar Quinet (Linie 6). Tgl. 8–18 Uhr, So ab 9 Uhr, im Winter nur bis 17.30 Uhr.

Fondation Henri Cartier-Bresson: Die im Frühjahr 2003 eröffnete Fondation widmet sich dem Lebenswerk des berühmten Fotografen und Mitbegründers der Fotoagentur Magnum *Henri*

Cartier-Bresson (1908–2004). Neben einer Bibliothek werden Fotografien von „HCB" sowie anspruchsvolle Wechselausstellungen gezeigt.

2, impasse Lebouis, 75014. Ⓜ Gaité (Linie 13). Tgl. außer Mo 13–18.30 Uhr, Sa ab 11 Uhr, Mi bis 20.30 Uhr. Eintritt 6 €, erm. 3 €. www.henricartierbresson.org.

Tour Montparnasse: Die 1973 errichtete Tour de Montparnasse ist der einzige Wolkenkratzer im Pariser Zentrum. Schon mehrfach wurde vergeblich gefordert, das 209 Meter hohe Scheusal abzureißen. Doch wie schrecklich das Hochhaus auch immer sein mag, vom 56. (Panoramarestaurant) beziehungsweise 59. Stockwerk (Freiluftterrasse), das man in 38 Sekunden mit einem der schnellsten Aufzüge Europas erreicht, bietet sich ein phantastischer Panoramablick.

Tour Montparnasse, 75015. Ⓜ Montparnasse-Bienvenue (Linie 4, 6 und 13). 9.30–22.30 Uhr, im Sommer bis 23.30 Uhr. Eintritt 13 €, erm. 7,50 € und 3 €. www.tourmontparnasse56.com.

Jardin Atlantique: Exakt 18 Meter über den Gleisen des Bahnhofs Montparnasse wurde ein drei Hektar großer, futuristisch anmutender Park mit Spielplätzen und Sporteinrichtungen (Tennis) angelegt. Eine Rolltreppe führt hinauf zu dem experimentellsten der Pariser Gärten. Die gesamte Anlage spielt mit dem Thema Meer, wobei steinerne Wellen sich am Ufer brechen und Gräser Dünen imitieren sollen.

75015, Ⓜ Gaîté – Pasteur (Linie 6 und 12).

Musée Bourdelle: Emile-Antoine Bourdelle, ein Schüler Rodins, lebte und arbeitete bis zu seinem Tod 1929 in diesem Gebäude, das seine Hinterbliebenen zusammen mit einem Teil der Sammlung der Stadt Paris schenkten. Trotz der musealen Nutzung geht von Bourdelles Atelier noch immer eine persönliche Atmosphäre aus. Auch der von der Straße nicht zu erkennende moderne Erweiterungsbau von Christian de Portzamparc stört den Gesamteindruck nicht. Ausge-

Tour Montparnasse und Cimitière de Montparnasse

Makabre Unterwelt

stellt sind vor allem monumentale Plastiken aus Gips und Bronze.

16, rue Antoine Bourdelle, 75015. Ⓜ Montparnasse-Bienvenüe (Linie 4, 6, 12 und 13). Tgl. außer Mo 10–18 Uhr. Eintritt frei! Sonderausstellungen 7 €, erm. 5,50 €. www.bourdelle.paris.fr.

Musée Pasteur: Für Chemiker, Biologen und Mediziner gehört ein Besuch des Museums selbstverständlich zum Pflichtprogramm. In der einstigen Wohnung von Louis Pasteur werden im Rahmen einer sehr persönlichen Führung das nachgestellte Labor sowie wissenschaftliche und persönliche Dokumente gezeigt, die einen guten Einblick in das Werk des großen Gelehrten geben. Mehrere Gemälde beweisen, dass der junge Pasteur auch über ein beachtliches künstlerisches Talent verfügte. Recht pompös ist das mit allegorischen Mosaiken verzierte Grabmal Pasteurs, das sich im Keller befindet.

25, rue du Docteur Roux, 75015. Ⓜ Pasteur (Linie 6 und 12). Mo–Fr um 14, 15 und 16 Uhr, im Aug. geschlossen. Eintritt 7 €, erm. 3 €. www.pasteur.fr.

La Ruche: „Der Bienenkorb" ist eines der legendärsten Künstlerateliers von Paris. Chagall, Léger, Modigliani, Zadkine und Soutine arbeiteten hier. Der Maler und Bildhauer Alfred Boucher ließ 1902 den Weinpavillon der Weltausstellung hier wiedererrichten und führte ihn einer neuen Nutzung als Atelierkomplex zu. Sozial engagiert, wollte er es auch finanzschwachen Künstlern ermöglichen, in einem eigenen Atelier zu arbeiten. Nach einem steten Niedergang in der Nachkriegszeit, entging das Gebäude in den siebziger Jahren nur knapp dem Abbruch und wird heute wieder als Atelier genutzt, so dass eine Besichtigung nur von außen möglich ist.

Passage de Dantzig, 75015. Ⓜ Convention, Porte de Versailles (Linie 12).

Sartre und Beauvoir – eine Caféhausbeziehung

Jean-Paul Sartre und Simone de Beauvoir gelten als das Musterbeispiel einer intellektuellen Beziehung. Da die beiden niemals zusammen eine Wohnung besaßen, spielte sich das gemeinsame Leben von Sartre und Beauvoir vorzugsweise in den Pariser Cafés ab. „Als Lehrer mit nur wenig Geld lebte ich in einem Hotel", erinnerte sich Jean-Paul Sartre, „und wie alle Leute, die in Hotels wohnten, verbrachte ich den größten Teil des Tages im Café." Und als sich Sartre im Zweiten Weltkrieg in deutscher Kriegsgefangenschaft befand, waren die Pariser Cafés für Simone de Beauvoir ein zweites Zuhause, denn dort hatte sie „das Gefühl, zu einer Familie zu gehören, und das bewahrt vor Depressionen". Nach Kriegsende trafen sich Jean-Paul Sartre und Simone de Beauvoir mit Albert Camus und Maurice Merleau-Ponty vorzugsweise im „Café de Flore" oder in der gegenüberliegenden „Brasserie Lipp" und begründeten dadurch den Ruf von Saint-Germain-des-Prés als Treffpunkt der intellektuellen Elite.

Praktische Infos

(→ Karte S. 177)

Essen, Trinken, Nachtleben

La Closerie des Lilas 🔳, von Hemingway als „eines der besten Cafés von Paris" gelobt, erinnert noch ein Messingschild an der Bar an den berühmten Gast. Das angeschlossene Restaurant genießt auch in Feinschmeckerkreisen einen ausgezeichneten Ruf. Ein Klassiker ist das *filet de boeuf Hemingway*. Mittagsmenü 50 € (inkl. einer halben Flasche Wein). 171, boulevard du Montparnasse, 75006, ✆ 0140513450. Ⓜ Montparnasse Bienvenüe (Linie 4, 6, 12 und 13). www.closeriedeslilas.fr.

Kultcafé La Rotonde

Bereits Henry Miller zählte zu den Gästen des Cafés du Dôme

La Rotonde 3, ein weiterer Pariser Klassiker. Die Künstler und Literaten sind verschwunden und auch die Leistungen des Küchenchefs lassen vom einstigen Glanz des Hauses träumen. Dafür begeistert die sonnige Terrasse, auf der man am Morgen herrlich Zeitung lesen kann. Menü zu 39 €. 105, boulevard du Montparnasse, 75006, ℡ 0143266884. Ⓜ Vavin (Linie 4). www.rotondemontparnasse.com.

Café du Dôme 5, das berühmte Literatencafé zehrt noch immer von seinem einstigen Ruhm, den sich der heutige Besitzer gerne bezahlen lässt. Serviert werden vor allem Meeresfrüchte. Tgl. bis 24 Uhr geöffnet. Im Aug. So und Mo Ruhetag. 108, boulevard du Montparnasse, 75014. Ⓜ Vavin (Linie 4).

La Coupole 4, mit 800 Quadratmetern ist das 1927 eröffnete La Coupole fast so groß wie ein Ballsaal. Man speist im distinguierten Art-déco-Ambiente, nur der Service lässt etwas zu wünschen übrig. Ansprechende Menüs zu 28 und 33,50 €. Im Angebot auch Meeresfrüchte. Kostenloses WLAN. Ab 8.30 Uhr geöffnet, Sonntag von 14.30–19 ist „Tanztee". 102, boulevard du Montparnasse, 75014, ℡ 014 3201420. Ⓜ Vavin (Linie 4). www.lacoupoleparis.com.

Le Sélect 2, als erste Bar, die die ganze Nacht geöffnet blieb, wurde das Sélect zum beliebtesten Treffpunkt der Lost Generation. Bis heute ist die Einrichtung samt Stuck relativ unverändert, so dass hier noch am ehesten das einstige Flair des Montparnasse zu spüren ist. Menü für 17 € (inkl. ein Glas Wein). Tgl. 7–2 Uhr morgens geöffnet. 99, boulevard du Montparnasse, 75006, ℡ 0145483824. Ⓜ Vavin (Linie 4).

Chez Enzo 9, eher ein Imbiss als ein Restaurant, aber die leckeren Pizzen und die hervorragende Pasta zu zivilen Preisen (9–13,50 €) lohnen einen Besuch. Die *calzone spéciale* wird gar mit Parmaschinken gefüllt. Samstagabend, So und Montagmittag geschlossen, im Aug. Betriebsferien. 72, rue Daguerre, 75014, ℡ 0143216666. Ⓜ Denfert-Rochereau (Linie 4 und 6).

Einkaufen

FNAC 1, riesiges Angebot an Büchern, CDs und Videos. 136, rue des Rennes, 75015. Ⓜ Saint-Placide (Linie 4).

Marché du Livre Ancien et d'Occasion 11, Bücherfreunde aus ganz Paris treffen sich hier jedes Wochenende ab 9 Uhr. Parc Georges Brassens, 75015. Ⓜ Porte de Vanves, Convention (Linie 12 und 13).

Die Champs de mars werden vom Eiffelturm dominiert

Vom Musée d'Orsay zum Eiffelturm

Das 7. Arrondissement besitzt mit dem Eiffelturm und dem Musée d'Orsay zwei der größten Besuchermagneten Frankreichs. Verglichen mit anderen Vierteln finden sich im Faubourg Saint-Germain nur wenige Wohnbauten, stattdessen prägen Ministerien und diplomatische Vertretungen das Straßenbild.

Im Quartier Faubourg Saint-Germain ist die hohe Politik zu Hause: Im Palais Bourbon tagt die Nationalversammlung, der französische Premierminister regiert im Hôtel Matignon und der deutsche Botschafter residiert in dem in der Rue de Lille gelegenen Hôtel de Beauharnais, das als das schönste Empire-Palais von Paris gilt. Auch die UNESCO, die Organisation der Vereinten Nationen für Erziehung, Wissenschaft und Kultur, hat ihren Sitz im 7. Arrondissement. Am Wochenende, wenn die Diplomaten ausgeflogen sind, ist das Viertel so gut wie ausgestorben. Dafür bewegen sich die Menschenmassen in Richtung Eiffelturm, dem Pariser Wahrzeichen schlechthin. Als leuchtende Metapher ragt der Turm in den nächtlichen Himmel der Seinemetropole und kündet vom Glanz des 19. Jahrhunderts, als die Grande Nation für die Weltausstellung von 1889, die mit dem 100-jährigen Jubiläum der Französischen Revolution zusammenfiel, ein Zeichen setzen wollte. Der Bau des mit über 300 Metern damals höchsten Turmes der Welt schien als monumentales Statussymbol vorzüglich geeignet, sollte er doch „eine Apotheose des Eisens und der Maschine werden, dieser beiden Symbole des Sieges unserer Vernunft über die Mächte der Finsternis".

Ein hohler Kerzenständer?

Es mag aus heutiger Sicht verwundern, doch war der geplante Bau des Eiffelturms alles andere als unumstritten. Wenige Tage nachdem die Arbeiten begonnen hatten, protestierten zahlreiche prominente Schriftsteller und Künstler, darunter Emile Zola, Alexandre Dumas und Guy de Maupassant, in einem öffentlichen Aufruf gegen den Bau „dieses Schandmals", das der Kulturkritiker Joris-Karl Huysmans geringschätzig als „hohlen Kerzenständer" bezeichnete. Auch der berühmte Schweizer Kulturhistoriker Jacob Burckhardt meldete sich zu Wort und sparte angesichts der bevorstehenden Weltausstellung nicht mit Kritik: „Mein spezieller Abscheu bei dieser Enterprise ist der Riesenturm, welcher offenbar als Reklame für die gedankenlosesten Tagdiebe von Europa, Amerika etc. zu wirken bestimmt ist." Selbst nachdem die Arbeiter und Ingenieure vollendete Tatsachen geschaffen hatten, wollten die Kritiker nicht resignieren: Während Paul Verlaine keinen Umweg scheute, dem Anblick des Eiffelturmes zu entgehen, verließ Guy de Maupassant Paris, um seinen Protest gegen den einem „Fabrikschlot" ähnelnden „Metallrumpf" zu unterstreichen. Da Maupassant wusste, dass er mit seiner Ablehnung auf verlorenem Posten stand, ließ er sich zu einem Festessen in das Restaurant des Turmes einladen, „weil es der einzige Platz in Paris ist, wo man ihn nicht sieht".

Spaziergang

Als Ausgangspunkt für die Erkundung des Faubourg Saint-Germain bietet sich die Métrostation Sèvres Babylone an. Die von Adelspalästen gesäumte Rue du Bac liegt in einem Viertel, in dem sich zahllose Galeristen und Antiquitätenhändler

Palais de la Découverte

Petit Palais

Champs-Elysées
siehe S. 208/209

Pl. de la Concorde

Galerie Nationale du Jeu de Paume

Cours la Reine

Musée de l'Orangerie

Pont Alexandre III

Quai d'Orsay

Pl. de Finlande

des Invalides

Pont des Invalides

Rue

Jardin des Tuileries

Voie Georges Pompidou

Quai Anatole France

Palais Bourbon

RER M Invalides

Esplanade

M

l'Université

Rue Fabert

Av. de la Motte Picquet

des

Invalides

Pl. du Palais Bourbon

Assemblée Nationale M

Musée d'Orsay

Musée d'Orsay RER

R. de Solférino

Rue de Lille

l'Université

Rue de Bellechasse

Bd. Saint Germain

R. Saint Dominique

Rue de Bourgogne

Saint Dominique

Rue Las Cases

Solférino

Pl. des Invalides

9 8

Rue de Grenelle

La Tour Maubourg

Musée de l'Armée

Rue de Martignac

Pierre Leroux

Basilique Ste Clotilde

Rue de Grenelle

10

13

Saint-Germain-des-Prés
siehe S. 164/165

Boulevard de la Tour Maubourg

Hôtel des Invalides

St Louis

Av. de Tourville

Musée de l'Ordre de la Libération

Église du Dôme

Varenne M

Musée Rodin

14

Rue de Grenelle

Rue de Grenelle

Rue de Varenne

Musée Maillol

Boulevard des Invalides

Rue du Bac

Avenue de Tourville

Place Vauban

Av. Lowendal

Av. de Breteuil

Rue d'Estrées

R. de Chanaleilles

Rue de Babylone

15

16

Avenue de Ségur

Avenue Duquesne

Bd. des Villars

St François Xavier M

Rue Monsieur

Rue Oudinot

Rue Vaneau

17

Sèvres Babylone M

18

Rue Eble

R. du Gen.-Bertrand

Rue Duroc

Rue Pierre Leroux

Rue Rousselet

Rue de Sèvres

Vaneau M

Rue du Cherche M

Avenue de Saxe

20

Pl. de Breteuil

19

200 m

Vom Musée d'Orsay zum Eiffelturm

niedergelassen haben. Einen ersten Kunstgenuss bietet das in einer Seitenstraße gelegene **Musée Maillol**. Die nur wenige Fußminuten entfernte einstige Gare d'Orsay, ein im Jahre 1900 im Geiste des akademischen Klassizismus entworfenes Bahnhofsgebäude, birgt seit 1986 das überaus ansprechende **Musée d'Orsay**, das alljährlich von 2,5 Millionen Kunstinteressierten besucht wird. Vorbei am Hôtel de Salm und dem Hôtel de Beauharnais, in dem der deutsche Botschafter residiert, schlendert man entlang der Seine zum **Palais Bourbon**, dem Sitz des französischen Parlaments. Über den verspielten Pont Alexandre III. hinweg bietet sich ein schöner Blick hinüber zur Place de la Concorde, nach Süden hin dominiert die Esplanade des Invalides mit der Kuppel des **Dôme des Invalides** die Kulisse. Wer kein Interesse am **Musée de l'Armée** hat, kann sich gleich dem in einem alten Adelspalast untergebrachten **Musée Rodin** widmen, zu dem auch ein lauschiger Garten gehört. Von der Ecole Militaire und dem dahinter liegenden Maison de l'UNESCO führt das nach dem Kriegsgott Mars benannte Feld (Champ-de-Mars) – es diente einst als Übungs- und Paradeplatz der königlichen Militärakademie – zur **Tour Eiffel**, dem eindrucksvollsten Symbol der Weltausstellung von 1889. Auch wenn sich vor den Aufzügen bereits lange Schlangen gebildet haben, eine Besichtigung des Eiffelturms gehört nun mal zum Pflichtprogramm eines Parisbesuchs. Individualisten sind hier falsch am Platz, schließlich haben sich bis heute mehr als 200 Millionen Menschen artig angestellt. Kulturinteressierte können den Spaziergang durch das 7. Arrondissement mit einem Besuch des **Musée du Quai Branly** ausklingen lassen. Zudem bieten sich noch zwei sehr unterschiedliche Alternativen: Entweder kann man in die Abwasserkanäle von Paris (**Egouts de Paris**) hinabsteigen oder durch den im 15. Arrondissement gelegenen **Parc André Citroën** schlendern.

Mehr als 200 Millionen Menschen waren schon oben

Musée d'Orsay – ein Bahnhof der Kunst

Sehenswertes

Musée Maillol: Das Museum bietet einen umfassenden Einblick in das Werk des Bildhauers Aristide Maillol (1861–1944), der vor allem für seine drallen Frauenakte bekannt ist. Seine Einrichtung geht auf eine Initiative von Maillols einstiger Lebensgefährtin und Muse Dina Vierny zurück, die ihm jahrelang Modell gestanden hat. Ergänzt wird die Maillol-Ausstellung durch Werke aus der persönlichen Sammlung Dina Viernys, darunter Gemälde von Picasso, Rodin, Cézanne und Gauguin.

59/61 rue de Grenelle, 75007, Ⓜ Rue du Bac (Linie 12). Tgl. 10.30–19 Uhr, Fr bis 21.30 Uhr. Eintritt 11 €, erm. 9 €.
www.museemaillol.com.

Musée d'Orsay: Das Musée d'Orsay war das große Projekt der Ära Giscard d'Estaing. Der damalige französische Staatspräsident lancierte die Idee, in dem stillgelegten Prachtbahnhof aus der Belle Epoque ein Kunstmuseum des 19. Jahrhunderts einzurichten, damit der Louvre seine bis dahin größtenteils in den Magazinen „versteckten" Schätze ansprechend präsentieren könne. Das Ergebnis ist phantastisch: Der Mailänder Architektin Gae Aulenti gelang es, das filigrane Bahnhofsgewölbe mit Hilfe postmoderner, raumgliedernder Elemente zu einer einzigartigen Ausstellungshalle zu verschmelzen. Gezeigt wird Kunst, einschließlich Architektur und Fotografie aus der Zeit von 1848 bis 1914, also von der französischen Romantik bis zum Ende des Impressionismus. Während die zentrale Mittelachse des Bahnhofsgebäudes den Skulpturen vorbehalten ist, finden sich linker und rechter Hand Gemälde der Schule von Barbizon (Théodore Rousseau, Millet, Corot etc.) sowie weitere Kunstwerke aus dem Zweiten Kaiserreich (Bonnard, Toulouse-Lautrec), darunter auch Gustave Courbets einst als skandalös empfundenes Bild *L'Origine du monde*. Im Zwischengeschoss sind zwar wichtige Werke des Naturalismus, des Symbolismus und des Jugendstils untergebracht, doch der große Besucherstrom strebt vorbei an den Pointilisten Seurat und Signac zu Gaugin und van Gogh. Von Vincent van Gogh sind mehrere Werke aus seiner Zeit in Arles ausgestellt sowie das kurz vor seinem Tod vollendete Gemälde „Die Kirche von Auverse-sur-Oise".

Im Obergeschoss, in dem sich auch der Zugang zur Aussichtsterrasse und ein Café befinden, dreht sich alles um den Impressionismus. Zu sehen sind Werke von Renoir, Degas, Cézanne, Monet, Caillebotte und auch Eduard Manets berühmtes *Déjeuner sur l'Herbe*.

1, rue Bellechasse, 75007. Ⓜ Solférino (Linie 9). Tgl. außer Mo 9.30–18 Uhr, Do bis 21.45 Uhr. Eintritt 9 €, erm. 6,50 €; ab 16.15 Uhr bzw. Do ab 18 Uhr 6,50 €. Kombiticket mit dem Musée de l'Orangerie 14 €. www.musee-orsay.fr.

Palais Bourbon: In dem zwischen 1722 und 1726 für die Duchesse de Bourbon errichteten Stadtpalast finden seit 1871 die Sitzungen des französischen Parlaments (Assemblée Nationale) statt. Die Bibliothek ziert ein monumentales Deckengemälde von Delacroix. Die klassizistische Fassade erinnert an die am rechten Ufer der Seine gelegene Madeleinekirche.

33, quai d'Orsay, 75007. Ⓜ Assemblée Nationale (Linie 8 und 13).

Hôtel et Dôme des Invalides (Invalidendom): Mit seiner vergoldeten Kuppel gehört der Invalidendom, der dem Petersdom in Rom nachempfunden ist, zu den markantesten Gebäuden am linken Ufer der Seine. Die auf dem Grundriss eines griechischen Kreuzes mit zentraler Kuppel von dem Architekten *Jules Hadouin-Mansart* errichtete Kirche gilt als ein Meisterwerk der Epoche Ludwig XIV. Wie der Name Invalidendom erahnen lässt, dient die Kirche heute als Mausoleum. In einem roten Porphyrsarkophag liegen die Gebeine Napoléons, die 1840 von der Insel St. Helena hierher überführt wurden (sein Mantel und Hut sind auch ausgestellt). Auch seine Brüder Jérôme und Joseph Bonaparte, der Festungsbaumeister Vauban sowie Ferdinand Foch und andere bedeutende Marschalle fanden im Invalidendom ihre letzte Ruhestätte. Das sich direkt anschließende **Hôtel des Invalides** ließ der Sonnenkönig für die Veteranen seiner Armee im klassizistischen Stil errichten, um ihnen einen sorgenfreien Lebensabend zu ermöglichen. Voraussetzung für die Aufnahme war allerdings die Ableistung eines zehnjährigen Militärdienstes. Bis zu 6000 ehemalige Soldaten fanden hier eine Unterkunft, Kriegsversehrte genossen im zugehörigen Militärkrankenhaus eine für damalige Verhältnisse ausgezeichnete Pflege. Im West- sowie im Ostflügel des Hôtel des Invalides ist das **Musée de l'Armée** untergebracht. Überzeugten Pazifisten ist von einem Besuch des Militärmuseums dringend abzuraten. Die Grande Nation verherr-

Invalidendom

licht hier mit 300.000 Ausstellungsobjekten ihre von Schlachten begleitete Vergangenheit. Neben unzähligen Uniformen, Waffen aus verschiedenen Epochen und Ländern sowie der vergoldeten Rüstung Charles IX. werden auch die Massenvernichtungswaffen des Ersten und Zweiten Weltkriegs nicht ausgespart. Das sehr weitläufige Musée de l'Armée ist in mehrere Départements aufgeteilt. Das *Département Armes et Armures Anciennes* zeigt Rüstungen, Gemälde und allerlei Kriegsgerät aus der Zeit vom 13. bis ins 17. Jahrhundert, historisch schließt sich dann das *Département Moderne* an, das sich der Epoche von Ludwig XIV. bis Napoléon III. widmet. Am interessantesten ist noch das *Département des Deux Guerres Mondiales*, das sich, im Jahre 1871 beginnend, vor allem mit den beiden Weltkriegen beschäftigt. Neben vielen Uniformen wird auf drei Stockwerken mit Hilfe von Karten, Fotografien und Installationen ein umfassendes Bild jener schrecklichen Epoche gezeichnet, die von den Gasangriffen bis hin zum Holocaust geprägt war.

Im Untergeschoss des Westflügels wurde im Februar 2008 das *L'Historial Charles-de-Gaulle* eröffnet. Auf 2500 Quadratmetern wird das Leben von *Charles de Gaulle* (1890–1970) gewürdigt. Die multimediale Inszenierung, zu der auch ein 25-minütiger Film gehört (auf fünf Leinwänden, Ton über Kopfhörer auf Deutsch), gibt verschiedene Einblicke in das politische Wirken des bedeutendsten französischen Staatsmannes des 20. Jahrhunderts.

Zudem lassen sich im 4. Stock historische Festungsbauten an maßstabsgetreuen Modellen studieren (*Musée des Plans-Reliefs*). Letztere waren übrigens einst ein wichtiger Bestandteil der Landesverteidigung. Ebenfalls auf dem Areal befindet sich das *Musée de l'Ordre de la Libération*, das sich dem befreiten Frankreich, den Deportierten sowie dem Wirken der Résistance widmet.

Napoléons Grab

129, rue de Grenelle, 75007. Ⓜ Varenne, La Tour Maubourg (Linie 8 und 13). Tgl. außer Mo 10–18 Uhr, im Winter nur bis 17 Uhr, von April bis Sept. Di bis 21 Uhr. Eintritt 9 €, erm. 7 €, für EU-Bürger unter 26 Jahren frei! www.invalides.org.

Musée Rodin: Der Bildhauer *Auguste Rodin* (1840–1917) gehörte schon zu Lebzeiten zu den bedeutendsten Künstlern Frankreichs, so dass er es sich leisten konnte, im Hôtel de Biron, einem klassizistischen Adelspalast, ein Atelier einzurichten, das er von 1908 bis zu seinem Tod bewohnte. Zeitweise lebte in dem Haus auch der Dichter *Rainer Maria Rilke*, der für Rodin als Sekretär arbeitete. Rodin vermachte einen Teil seiner Werke und seine persönliche Sammlung dem französischen Staat, der den berühmten Bildhauer mit einem Museum ehrte. Ein Raum ist den Werken seiner Geliebten und Schülerin Camille Claudel gewidmet, deren Arbeiten erst in den letzten beiden Jahrzehnten richtig gewürdigt wurden. In dem angrenzenden, drei Hektar großen Park, der zu den schönsten Grünanlagen der Stadt gezählt werden kann, sind monumentale Bronzeskulpturen aufgestellt, beispielsweise die „Bürger von Calais" und „Der Denker".

77, rue de Varenne, 75007. Ⓜ Varenne (Linie 13). Tgl. außer Mo 10–17.45 Uhr (im Winter nur bis 16.45 Uhr). Eintritt 6 €, erm. 5 €, für EU-Bürger unter 26 Jahren ist der Eintritt frei! Zugang nur zum Park: 1 €. www.musee-rodin.fr.

Vom Musée d'Orsay zum Eiffelturm   Karte S. 184/185

Tour Eiffel: Der Entwurf für den 318,70 Meter hohen Turm stammte nicht von dem namensgebenden *Gustave Eiffel*, sondern von *Maurice Koechlin* und *Emile Nouguier*, zwei in seinem Unternehmen beschäftigten Ingenieuren. Eiffel, ein erfolgreicher Bauunternehmer, stand dem Projekt anfangs skeptisch gegenüber, erst als der Architekt Stephen Sauvestre den ersten Entwurf abänderte, indem er der Konstruktion durch eine Dreiteilung und Rundbögen im unteren Bereich mehr Leichtigkeit verlieh, erwachte Eiffels Interesse und er entschloss sich, das Projekt für die geplante Weltausstellung einzureichen. Das Komitee gab Eiffels verwegenem Turm gegenüber den Plänen von 700 Mitkonkurrenten den Vorzug, und so konnten im Januar 1887 die Arbeiten am Fundament in Angriff genommen werden. Die filigrane Stahlkonstruktion des Eiffelturms ist fraglos eine Meisterleistung der Ingenieurskunst. So sind beispielsweise die Bögen zwischen den Grundpfeilern so berechnet, dass selbst unter extremsten Windbelastungen ein Umkippen durch das Eigengewicht des Turmes ausgeschlossen ist. Eine gewisse Skepsis von Seiten des Komitees blieb jedoch und so musste sich Eiffel verpflichten, für sämtliche Schäden aufzukommen, die ein Einsturz des Turmes verursachen könnte.

Am 31. März 1889 war es soweit: Gustave Eiffel kletterte – es waren noch keine Aufzüge installiert – die 1710 Stufen hinauf, um die Trikolore auf der Spitze des Turmes zu hissen. Paris hatte ein neues Wahrzeichen! Der Turm, der ursprünglich nach 20 Jahren wieder demontiert werden sollte, entpuppte sich für Eiffel als wahre Goldgrube: Bereits bis zum Sommer 1889 pilgerten knapp zwei Millionen Menschen zu dem Monument, so dass die Baukosten von 7.400.000 Francs in kürzester Zeit durch die Eintrittsgelder gedeckt werden konnten. Auch die Dichter und Maler hatten den Eiffelturm nach anfänglicher Skepsis schnell in ihr Herz geschlossen. Künstler wie beispielsweise Signac, Seurat, Dufy, Chagall und immer wieder Robert Delaunay ließen sich von der markanten Silhouette

Gustave Eiffels Turm dominiert ...

inspirieren und Guillaume Apollinaire sprach ehrfurchtsvoll von einer „Schäferin der Wolken".

Ursprünglich war der Turm in Rot- und Gelbtönen gehalten, erst seit 1968 wurde er in einem dunklen Braun angestrichen, das nach oben hin immer heller wird und so die himmelwärts strebende Architektur noch betont. Zuletzt erhielt der Eiffelturm 2010 einen zeitgemäßen bleifreien Öko-Anstrich. Hierfür waren 60 Tonnen Farbe notwendig, die von den schwindelfreien Malern „verteilt" wurden, wobei diese 1500 Pinsel und 2000 Handschuhe verschlissen hatten.

Einen Rekord der besonderen Art stellte im April 2002 der Extremsportler Hugues Richard auf, als er die 747 Stufen des Eiffelturms in 19 Minuten und vier Sekunden erklomm, und zwar mit dem Fahrrad, ohne dass seine Füße ein einziges Mal den Boden berührten!

Praktischer Hinweis: Man muss Wartezeiten von einer Stunde einplanen. Wer in die 2. Etage in den Lift zur 3. Etage wechselt, muss nochmals eine knappe Stunde anstehen. Zeit sparen kann man, indem man sich schon vorab ein Ticket online kauft. Besonders eindrucksvoll ist es, kurz nach Sonnenuntergang auf den Turm hinaufzufahren.

Champs de Mars, 75007. Ⓜ Bir-Hakeim (Linie 6). 9.30–23 Uhr; von Mitte Juni bis Aug. 9–24 Uhr; die Treppen nur bis 18 Uhr. Eintritt 8,50 €, erm. 7 bzw. 4 € (mit dem Aufzug zur 2. Etage); 14 €, erm. 12,50 bzw. 9,50 € (mit dem Aufzug zur 3. Etage); 5 €, erm. 3,50 bzw. 3 € (Treppe bis zur 2. Etage). Online-Tickets unter www.tour-eiffel.fr.

Hinweis: Rollstühle werden nur im Lift bis zur 2. Etage transportiert.

Musée du Quai Branly: Als neues kulturelles Großprojekt der Ära Chirac entstand im Sommer 2006 unweit des Eiffelturms das Musée des Arts et Civilisations, in dem die Bestände des „Musée des Arts Africains et Océaniens" und des „Musée de l'Homme" zusammengeführt wurden. Den Wettbewerb für den 236 Millionen Euro teuren Museumsneubau gewann Stararchitekt Jean Nouvel mit einem postmodernen Entwurf, der sich durch den Einsatz ausgefeilter Hightech-Möglichkeiten auszeichnet: So wird etwa das Tageslicht durch

… die Silhouette der Stadt

Vom Musée d'Orsay zum Eiffelturm
Karte S. 184/185

Metallgitter gefiltert. Der leicht gebogene Museumsbau ruht auf Stelzen, wobei an der Nordseite farbige „Schachteln" herausragen, die Ausstellungsräume bergen. Umgeben ist das Museum von einem an einen Zauberwald erinnernden Garten mit wuchernden Stauden und Gräsern samt einer Pflanzenwand. Auf 39.000 Quadratmetern Ausstellungsfläche werden auf verschiedenen Ebenen die bedeutendsten Sammlungen für Stammeskunst aus Afrika, der Ureinwohner Nord- und Südamerikas, Ozeaniens sowie Asiens gezeigt. Trotz der vielen Exponate mag es den meisten Besuchern nicht leicht fallen, Zugang zu diesen Kunstwelten zu finden, da es hierfür in der europäischen Kunstgeschichte oft keine Entsprechung gibt. Lohnend ist es daher, sich einen Audioguide auszuleihen.

Quai Branly, 75007. Ⓜ Bir-Hakeim (Linie 6). Tgl. außer Mo 11–19 Uhr, Do, Fr und Sa bis 21 Uhr. Eintritt 8,50 €, erm. 6 €. Audioguide 5 €, den es auch auf Deutsch gibt. Kostenloser Eintritt am 1. So im Monat sowie für EU-Bürger unter 26 Jahren. www.quaibranly.fr.

Egouts de Paris: „Unter Paris liegt eine zweite Stadt", schrieb Victor Hugo in seinem Roman „Les Misérables" und spielte dabei auf die Kanalisation an, die damals einem verbotenen Hort gesellschaftlicher Abgründe glich. Heute ist ein Teil der Pariser Kanäle öffentlich zugänglich, eine Multimedia-Show erklärt die Funktionsweise des Systems, eine Ausstellung dokumentiert die Geschichte der Abwasserkanäle.

93, quai d'Orsay, 75007. Ⓜ Alma-Marceau (Linie 9). Sa–Mi von 11–16 Uhr, im Sommer bis 17 Uhr, im Winter bis 15 Uhr, Eintritt 4,20 €, erm. 3,40 €. www.egouts.tenebres.eu.

Geometrisch: Parc André Citroën

Parc André Citroën: Nach dem Abriss der alten Citroën-Fabrik wurde das Areal 1992 in einen 14 Hektar großen Park verwandelt. Obgleich versäumt wurde, die zentralen Achsen auf die Seine hin auszurichten, gehört der Parc André Citroën zu den herausragendsten Beispielen moderner Gartenbaukunst. Die Landschaftsarchitekten Alain Provost und Gilles Clément entwarfen einen abwechslungsreichen Park, dessen Grundmotiv das Rechteck ist. Im Weißen und Schwarzen Garten kontrastieren immergrüne Pflanzen wie Bambus mit Granitsteinen. Effektvoll ist auch die Wirkung der säulenartigen Fontänen, die zwischen den beiden großen Gewächshäusern emporsprudeln. Im Park gibt es auch die Möglichkeit, mit einem Fesselballon bis in 150 Meter Höhe emporzusteigen, grandiose Aussicht auf Paris inklusive.

Quai André-Citroën, 75015, Ⓜ Balard (Linie 8). RER: Boulevard Victor. Ballonfahren: Tgl. 9–18 Uhr. ☎ 0144262000. Kosten: 12 € am Wochenende, sonst 10 €, Kinder je nach Alter 5–10 €. www.ballondeparis.com.

Von Kanonen bewacht: Der Invalidendom

Vom Musée d'Orsay zum Eiffelturm
Karte S. 184/185

Praktische Infos

(→ Karte S. 184/185)

Essen und Trinken

L'Arpège 14, der mit drei Sternen ausgezeichnete Alain Passard ist der ungekrönte König der Gemüse- und Kräuterküche. Seine Zutaten stammen aus drei eigenen Küchengärten und werden jeden Morgen frisch geerntet. Vermeintlich einfache Zutaten wie Pastinaken oder Weiße Rübe werden zu wahren Gaumenfreuden veredelt. Billig ist das Gemüsevergnügen allerdings nicht ... Sa und So Ruhetag. 84, rue de Varenne, 75007, ☎ 0147050906. Ⓜ Varenne (Linie 13. www.alain-passard.com. ■

»» Mein Tipp: L'Epi Dupin 18, gehört derzeit zu den beliebtesten Pariser Bistros, eine Reservierung ist aufgrund der Beengtheit der Räumlichkeiten dringend zu empfehlen. Der Chefkoch hat sein Handwerk bei keinem Geringeren als Joël Robuchon erlernt! In modernem Ambiente wird leichte, aber dennoch klassische französische Küche serviert, beispielsweise *caille rôti* (gegrillte Wachtel). Jeden Tag stehen sechs Vorspeisen und sechs Hauptgerichte zur Auswahl. Ein besonderes Lob verdienen die Desserts. Menüs zu 24 € (zwei Gänge, nur mittags inkl. ein Glas Wein), 34 und 48 €. Samstag, Sonntag und Montagmittag geschlossen, im August Betriebsferien. 11, rue Dupin, 75006, ☎ 0142226456. Ⓜ Sèvres Babylone (Linie 10 und 12). www.epidupin.com. «

Le Pain Quotidien 15, zwar eine Kette (mit sechs Filialen in Paris), aber eine, die man uneingeschränkt empfehlen kann. Im Zentrum stehen Brot und Gebäck, es gibt jedoch auch leckere Suppen, Tartines und Salate – großteils in Bioqualität! Ideal zum Frühstücken oder Brunchen! Man kann in den einladenden Räumlichkeiten mit der langen Tafel aber auch nur einfach einen Café oder Tee trinken. Tgl. 8–22 Uhr geöffnet. 25, rue de Varenne, 75007, ☎ 0145440210. Ⓜ Rue du Bac (Linie 12). www.lepainquotidien.fr. ■

La Marlotte 19, in einem eher gediegenen Rahmen wird hier die passende bodenständige Kost serviert. Kalbsnieren, Blutwurst oder *Andouillette* – alles wird hier auf hohem Niveau zubereitet. Das zweigängige Mittagsmenü kostet mit einem guten Glas Wein lohnenswerte 20,40 €, sonst 26 €. 55, rue du Cherche-Midi, 75006, ☎ 0145488679.

Ⓜ Sèvres Babylone (Linie 10 und 12). www.lamarlotte.com.

Le 122 🔟, im sehr modernen Ambiente mit viel weißem Dekor und durchsichtigen Plastikstühlen wird hier traditionelle französische Küche kreativ interpretiert. Ansprechendes Preisniveau. Mittagsmenü zu 18,50 und 26 €, abends 39 €. Samstag und Sonntag sowie drei Wochen im Aug. geschlossen. 122, rue Grenelle, 75007, ✆ 0145560742. Ⓜ Solférino (Linie 9).

Le Petit Niçois 🄌, wie der Name schon andeutet, hat sich das Restaurant auf die mediterrane Küche spezialisiert. Auf der Weinkarte findet man erwartungsgemäß einen Bandol genauso wie einen Bellet. Zu empfehlen ist die *Bouillabaisse de Nice* (32 €).

Rodins „Denker"

LE PENSEVR

Menüs zu 22 und 29 €. 10, rue Amélie, 75007, ✆ 0145518365. Ⓜ La Tour Maubourg (Linie 8). www.lepetitnicois.com.

L'Ami Jean 🄌, eine ausgezeichnete Adresse für Liebhaber traditionell baskischer Spezialitäten (2 Gault-Millau-Hauben). Das Interieur ist eher rustikal und bodenständig. Menü 42 €. So und Mo geschlossen, im Aug. Betriebsferien. 27, rue Malar, 75007, ✆ 0147058689. Ⓜ Latour Mabourg (Linie 8). www.lamijean.fr.

Café de l'Alma 🄌, das an einer Straßenecke gelegene moderne Restaurant mit vorherrschenden violetten Tönen gefällt mit seiner großen Straßenterrasse. Wer will, kann hier bereits ab 7.30 Uhr frühstücken. Ansprechende französische Küche, von der Wachtel bis zum gegrillten Steinbutt. Menüs zu 55 und 69 €. 5, avenue Rapp, 75007, ✆ 0145515674. Ⓜ Alma-Marceau. www.cafe-de-l-alma.com.

Café de l'Esplanade 🄌, dieses Café in unmittelbarer Nähe des Invalidendoms bietet anspruchsvolles Ambiente verbunden mit einer guten Küche und lockt viel smartes Publikum an – kein Wunder, gehört es doch den gleichen Besitzern wie das Design-Hotel Costes, für das Dekor zeichnet Jacques Garcia verantwortlich. Ein weiteres Plus ist die herrliche, sonnige Straßenterrasse, auf der man seinen Café genießen kann (bei schlechtem Wetter beheizt). Gehobenes Preisniveau! Tgl. 8–2 Uhr. 52, rue Fabert, 75007, ✆ 0147053880. Ⓜ Latour Mabourg (Linie 8).

Le Bistrot du 7 🄌, so geschmackvoll wie preisgünstig präsentiert sich dieses Bistro im noblen 7. Arrondissement. Traditionelle Küche (auch Bodenständiges wie Kalbsnieren oder Andouillette), schneller Service. Mittagsmenü zu 19 €, abends 25 €. Samstag- und Sonntagmittag geschlossen. 56, boulevard de La Tour-Marbourg, 75007, ✆ 0145519308. Ⓜ Latour Mabourg (Linie 8).

Café Branly 🄌, ansprechendes Museumscafé mit großer Terrasse. Wechselnde internationale Gerichte zu 16,50 € inkl. eines Getränks. Tgl. außer Mo 9–18.30 Uhr. 27, quai Branly, 75007, ✆ 0147536800. Ⓜ Pont-de-l'Alma (RER C).

Les Ombres 🄌, dieses Restaurant oben auf dem Dach des Musée du Quai Branly (mit dem Aufzug zu erreichen) ist schon allein seines luftigen Ambientes wegen einen Besuch wert. Vor allem der Blick von

der Dachterrasse auf den Eiffelturm ist ein Traum. Glücklicherweise stehen auch die Leistungen des Küchenchefs nicht hinter dem einzigartigen Ambiente zurück. Menüs zu 26 und 38 € (mittags), abends ab 65 €. 27, quai Branly, 75007, ℡ 0147536800. Ⓜ Pont-de-l'Alma (RER C).
www.lesombres-restaurant.com.

Le Jules Verne , Aussichtsrestaurants stehen in dem Ruf, schlecht und teuer zu sein. Das auf der zweiten Etage des Eiffelturms gelegene Restaurant Jules Verne ist die große Ausnahme, denn hier lässt es sich, Paris zu Füßen, vorzüglich schlemmen. Das Lokal gehört inzwischen zum Imperium von Alain Ducasse und wurde 2007 in modernem Design renoviert. Ein weiteres Plus: Das Restaurant verfügt über einen eigenen Aufzug, so dass man sich nicht in die Schlange der zahllosen „Turm"-Touristen einreihen muss. Mittagsmenü 88 € bzw. 165 € am Wochenende, abends 210 €. Kein Ruhetag, Reservierung ratsam. Tour Eiffel, 75007, ℡ 0145556144. Ⓜ Bir-Hakeim (Linie 6). www.lejulesverne-paris.com.

Le Café du Commerce 🔢, das Café im Stil der zwanziger Jahre ist ein Lesertipp von M. Pietsch, der das lichtdurchflutete Ambiente und die „schmackhaften kleinen Gerichte" lobte. Mittagsmenü zu 14 €. Tgl. bis Mitternacht. 51, rue du Commerce, 75015, ℡ 0145750327. Ⓜ Commerce (Linie 8). www.lecafeducommerce.com.

Einkaufen

≫ Mein Tipp: Bon Marché 🔢, das traditionsreichste und größte Kaufhaus (verteilt auf zwei benachbarte Gebäude) am linken Ufer der Seine führt zahlreiche bekannte Modedesigner (Kenzo etc.). Tgl. 10–19.30 Uhr, Do bis 21 Uhr, Fr und Sa bis 20 Uhr. 22, rue de Sèvres, 75007. Ⓜ Sèvres-Babylone (Linie 12). ≪

The Conran Shop 🔢, anspruchsvolle große und kleine Wohnaccessoires, darunter Produkte des Stardesigners Philippe Starck. 117, rue de Bac, 75007. Ⓜ Sèvres-Babylone (Linie 12).

Deyrolle 🔢, einer der skurrilsten Läden von Paris hat nach längeren Renovierungsarbeiten wieder eröffnet. Deyrolle ist eine Pariser Institution. Seit 170 Jahren kann man hier nicht nur Mineralien und präparierte In-

Seinebrücke

sekten kaufen, sondern auch ausgestopfte Tiger, Giraffen und Zebras ... 46, rue du Bac, 75007. Ⓜ Rue du Bac (Linie 12). www.deyrolle.com.

Marché Saxe-Breteuil 🔢, einer der größten Pariser Märkte mit einem umfassenden Angebot französischer Köstlichkeiten. Jeden Donnerstag und Samstag auf der Avenue Saxe und der Place de Breteuil, 75007. Ⓜ St François Xavier (Linie 13).

Marché Rue Cler 🔢 eine beliebte Marktstraße mit zahlreichen Feinkostgeschäften, besonders gut besucht am Sonntagvormittag. Rue Cler, 75007. Ⓜ Latour Mabourg (Linie 8).

Weit reicht der Blick vom Arc de Triomphe

XVI. Arrondissement

Das 16. Arrondissement ist das traditionelle Wohnviertel der französischen Eliten. Es erstreckt sich vom Palais de Chaillot bis hinüber zum Bois de Boulogne. „Paris ist die Hauptstadt von Frankreich und das 16. Arrondissement ist die Hauptstadt von Paris", bemerkte bereits Victor Hugo.

Eingerahmt von der Seine und dem Bois de Boulogne, bietet das „Seizième" großbürgerlichen Charme mit einem nicht zu übersehenden elitären Touch. Hier werden die höchsten Quadratmeterpreise in ganz Paris bezahlt, dafür dient eine „75016" bzw. „75116" auf der Visitenkarte als Eintrittskarte in die vornehmsten Kreise. Andererseits hat jemand, der in Frankreich einen hohen sozialen Status innehat, kaum eine andere Wahl, als in Auteuil oder Passy zu wohnen. Nur noch das westlich gelegene Neuilly oder das 7. Arrondissement gelten als gleichwertige Adresse. Ein Haus in einem der Vororte oder einem schlecht beleumundeten Arrondissement zu beziehen wäre vollkommen inakzeptabel. Im 16. Arrondissement sorgen Videokameras und abgesperrte Privatstraßen für ein Höchstmaß an In-

timität; schließlich muss man seinen Reichtum nicht allzu offen zur Schau stellen, wurde er doch über Generationen hinweg kultiviert und veredelt. Aus diesem Grund gelingt es auch meist nicht, einen Blick in die gepflegten Gärten der Hautevolee zu werfen. Auch die Reitställe, Schwimmbäder und Tennisclubs, in denen sich die Jugend des „Seizième" vergnügt, sind nur erlesenen Mitgliedern vorbehalten. Einfache Kneipen und Cafés sind Mangelware; „das Leben ist ein langer, ruhiger Fluss".

Diese Welt der NAPs (nach den Anfangsbuchstaben von Neuilly, Auteuil und Passy) bleibt den Fremden zwar vollkommen verschlossen, dafür gibt es im Stadtteil Auteuil ansprechende Architektur der zwanziger Jahre zu entdecken: Prachtvolle Jugendstilhäuser von Hector Guimard, vereinzelt Art déco sowie

kubistisch anmutende Villen von Robert Mallet-Stevens und Le Corbusier erwarten ihre Bewunderer. In Passy erinnert kaum mehr etwas an das alte Dorf der Winzer und Steinbrucharbeiter, in dem der Schriftsteller Julien Green aufgewachsen ist. Wehmütig blickte Green Jahrzehnte später auf den Ort seiner Kindheit zurück: „An einem ein wenig düsteren Wintertag mit einem schneidenden Wind unter einem niedrigen Himmel kann man sich keine bessere Szenerie für einen Selbstmord oder eine Hinrichtung vorstellen."

Spaziergang

Der Spaziergang durch die *beaux quartiers* beginnt am Arc de Triomphe. Die von Modegeschäften gesäumte Avenue Victor Hugo führt am **Musée Dapper** vorbei zur Place Victor Hugo. Dort zweigt die Rue Boissière ab, an deren Ende das kürzlich renovierte **Musée Guimet** steht. In unmittelbarer Nähe befinden sich das **Musée Galliera** und das **Palais de Tokyo**, dessen neoklassizistische Formensprache – die damals auch im faschistischen Rom und nationalsozialistischen Deutschland favorisiert wurde – als Ablehnung der modernen Architektur zu interpretieren ist und den imperialistischen und totalitären Ansprüchen jener Epoche entsprach. Entlang der Seine geht es weiter zu dem 1937 anlässlich der Weltausstellung in einem ähnlichen Stil errichteten **Palais de Chaillot**, auf dessen Treppen jugendliche Inline-Skater ihre Künste vorführen und Souvenirverkäufer ihre Mini-Eiffeltürme feilbieten. Das Palais de Chaillot beherbergt das **Musée national de la Marine** sowie das **Musée de l'Homme** und die **Cité de l'architecture et du patrimoine**. Mit Kindern bietet sich ein Abstecher zu den Haien des **Ciné Aqua** an, allerdings schreckt hier weniger das Meeresgetier als vielmehr der hohe Eintrittspreis. An dem kleinen Cimetière de Passy vorbei, auf dem Debussy und Manet begraben liegen, führt die Rue Benjamin Franklin ins Zentrum von Passy; hier bietet das über einen

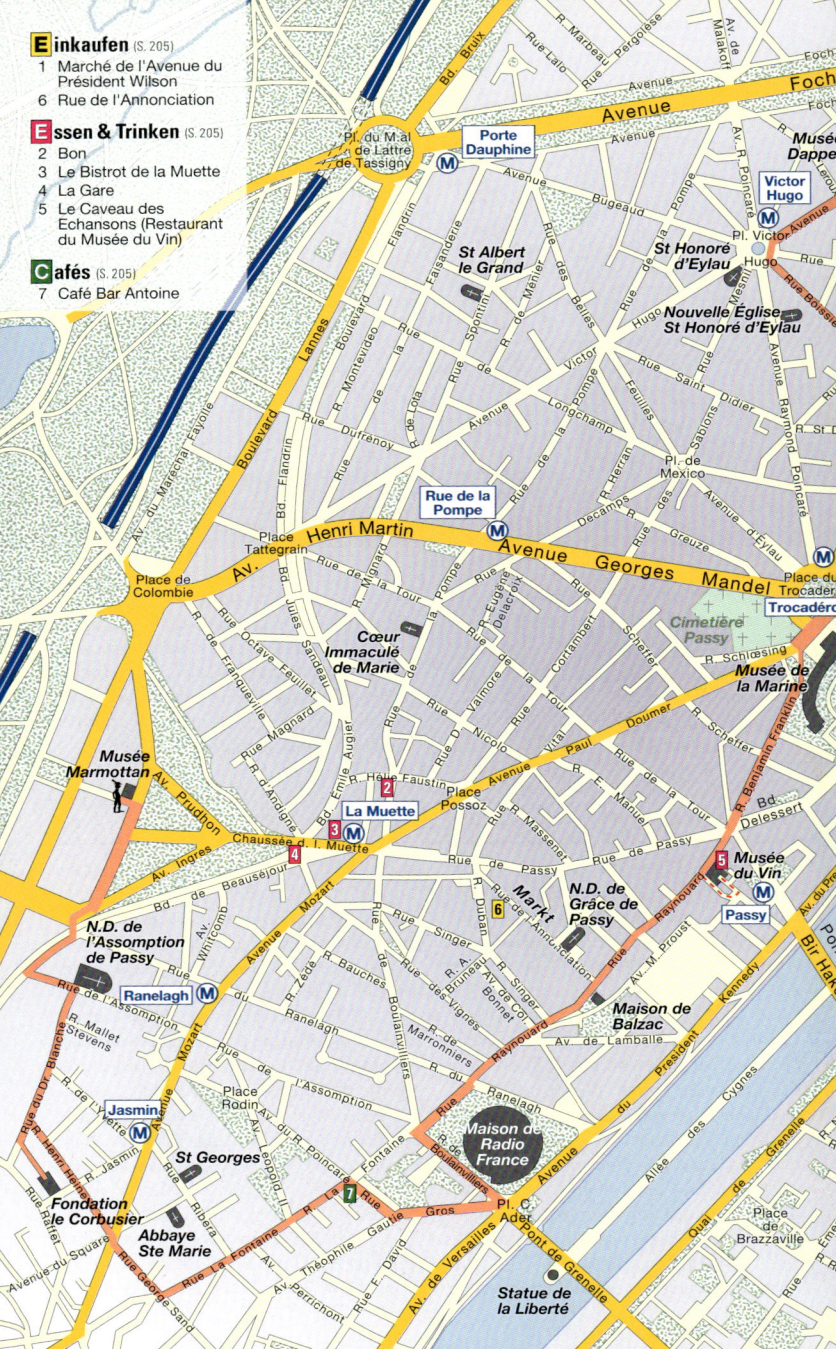

Treppenweg zu erreichende **Musée du Vin** Weinverkostungen an. Cineasten werfen einen Blick auf den *Pont de Bir-Hakeim*, der durch Bertoluccis Film „Der letzte Tango in Paris" mit Marlon Brando in der Hauptrolle berühmt wurde. Ein Abstecher zum **Maison de Balzac**, einem vornehmen Gartenhäuschen, gehört zum Pflichtprogramm der Literaturfreunde. Nicht zu übersehen ist die markante *Maison de Radio France*, der Sitz des staatlichen französischen Rundfunks. Häufig finden hier hochkarätige Konzerte zum Nulltarif statt, ein überpünktliches Erscheinen ist ratsam. Auf der gegenüberliegenden Spitze einer Seineinsel steht eine verkleinerte Ausgabe der Freiheitsstatue, die in Erinnerung ruft, dass das New Yorker Original ein Geschenk Frankreichs ist. Von Hector Guimard, dem französischen Meister des Jugendstils, stammen mehrere Gebäude in der Rue de la Fontaine, darunter auch das Castel Béranger (Nr. 14), das von seinen Kritikern als *Castel dérangé* (verrücktes Haus) verspottet wurde und derzeit renoviert wird. Anderen gefiel die Individualität des Hauses außerordentlich gut; der Maler Paul Signac richtete sich im Castel Béranger sogar ein Atelier ein. Üppig ist die Dekoration vor allem im Treppenhaus, in welchem sie sich schlingpflanzenartig hinaufwindet. Im Haus Nr. 96 erblickte übrigens Marcel Proust das Licht der Welt. In der Avenue Mozart (Nr. 122) steht Guimards Wohnhaus, das er sich nach eigenen Plänen errichten ließ. In unmittelbarer Nähe befindet sich die **Fondation Le Corbusier**, die Gelegenheit bietet, ein Haus des berühmten Schweizer Architekten zu besuchen.

Doch nicht genug der architektonischen Spurensuche: In der **Rue Mallet-Stevens** kann man noch mehrere von dem Pariser Avantgardearchitekten Robert Mallet-Stevens errichtete Häuser bewundern. Ein paar Fußminuten weiter nördlich verspricht das **Musée Marmottan** zum Abschluss noch höchsten Kunstgenuss für alle Monet-Verehrer.

XVI. Arrondissement
Karte S. 198/199

Wer sich nach dem Spaziergang durch das 16. Arrondissement etwas mehr Natur wünscht, gelangt über die Porte de la Mulette direkt in den **Bois de** **Boulogne**. Als nette kleine Gartenanlage zeigt sich auch der Jardin du Ranelagh gegenüber dem Musée Marmottan.

Sehenswertes

Musée Dapper: In dem nach dem niederländischen Geographen Olfert Dapper benannten Museum für afrikanische Kunst finden regelmäßig Wechselausstellungen zu Kunst und Kultur des Schwarzen Kontinents statt. Die neu konzipierte, auf 2000 Quadratmetern untergebrachte Sammlung ist weltweit eine der bedeutendsten zur afrikanischen Kunst.

35bis, rue Paul Valéry, 75116. Ⓜ Victor Hugo (Linie 2). Tgl. außer Di und Do 11–19 Uhr. Eintritt 6 €, erm. 4 €, für EU-Bürger unter 26 Jahren frei! Letzter Mittwoch im Monat: Eintritt frei! www.dapper.com.fr.

Musée Guimet (Musée National des Arts Asiatiques): Das Museum für asiatische Kunst hat nach einer umfangreichen Neukonzeption seine Pforten wieder geöffnet. In ansprechendem architektonischen Rahmen wird asiatische Kunst aus China, Japan, Korea, Laos, Indien, Nepal und Tibet präsentiert. Die Sammlung wurde von dem Lyonnaiser Industriellen Emile Guimet (1836–1918) begründet, der als Mitglied einer Forschungsexpedition mehrere Reisen in den Fernen Osten unternommen hatte. Später kamen noch zahlreiche Schenkungen sowie die asiatischen Werke des Louvre hinzu, so dass der Museumsfundus mit seinen rund 25.000 Objekten heute als größte Sammlung asiatischer Kunst außerhalb Asiens gilt. Zu den Höhepunkten der Sammlung gehören chinesische Keramiken, der afghanische Schatz von Begram sowie Khmer-Skulpturen aus Kambodscha.

Place d'Iéna, 75116. Ⓜ Iéna (Linie 9). Tgl. außer Di 10–18 Uhr. Eintritt 7,50 €, erm. 5,50 €. www.guimet.fr.

Musée Guimet: Hochkarätige asiatische Kunst

Das Musée d'Art Moderne präsentiert auch Mobiliar

Musée Galliera: Das Modemuseum der Stadt Paris ist in einem repräsentativen Palais mit Renaissance-Anklängen untergebracht. Unter den Exponaten finden sich Kostüme und Modeaccessoires aus den letzten 300 Jahren, darunter Kleider von Marie Antoinette bis hin zu Entwürfen von Yves Saint Laurent und Jean-Paul Gaultier. Hinweis: Bis zum Frühjahr 2013 wegen Renovierungsarbeiten geschlossen.

10, avenue Pierre-1er-de-Serbie, 75116. Ⓜ Iéna (Linie 9). Tgl. außer Mo 10–18 Uhr. Eintritt: 8,50 €, erm. 5,50 €.

Musée d'Art Moderne de la Ville de Paris (Palais de Tokyo): Seit 1961 befindet sich in dem anlässlich der Weltausstellung von 1937 errichteten Palais de Tokyo das Städtische Museum für Moderne Kunst. Neben ansprechenden Wechselausstellungen lockt auch die hochkarätige Dauerausstellung. Zum Fundus des Museums, das durch einen spektakulären Kunstraub im Mai 2010 in die Schlagzeilen geriet, gehören neben Raoul Dufys 600 Quadratmeter großem Monumentalgemälde *La Fée Electricité* auch Werke von Vlaminck, Derain, Braque, Picabia, Max Ernst, Léger, Arp, Bonnard, Delaunay und Matisse sowie Skulpturen von Zadkine und Lipchitz. Auch die deutsche Kunst ist durch Gerhard Richter, Baselitz und Sigmar Polke vertreten. Mit anderen Worten: Mehr als nur eine interessante Ergänzung zum Centre Pompidou.

11, avenue de Président Wilson, 75116. Ⓜ Iéna, Alma Marceau (Linie 9). Tgl. außer Mo 10–18 Uhr, Do bis 22 Uhr. Eintritt frei! Sonderausstellungen 9 €, erm. 6 €. www.mam.paris.fr.

Site de Création Contemporaine (Palais de Tokyo): Der Westflügel des Palais de Tokyo beherbergt seit dem Jahr 2002 ein Zentrum für zeitgenössische Kunst. Die großzügige Fläche – sie wurde im April 2012 auf 22.000 Quadratmeter verdreifacht – wird mit Wechselausstellungen „bespielt", wobei der Schwerpunkt auf Installation, Fotografie und Video liegt. Es ist übrigens das einzige Pariser Museum, das – wie auch die zugehörige Buchhandlung – bis Mitternacht geöffnet hat. Stärken kann man sich im ansprechend gestalteten Museumsrestaurant mit dem schönen Namen Tokyo Eat.

13, avenue de Président Wilson, 75116. Ⓜ Iéna, Alma Marceau (Linie 9). Tgl. außer Mo 12–24 Uhr. Eintritt 8 €, erm. 6 €. www.palaisdetokyo.com.

Cité de l'architecture et du patrimoine (Palais de Chaillot): Nach umfangreichen Renovierungsarbeiten konnte im Herbst 2007 die Cité de l'architecture et du patrimoine wieder eröffnet werden, deren Herzstück das **Musée des Monuments Français** ist.

Bauspionage auf höchster Ebene

Die Pariser Weltausstellungen boten den teilnehmenden Nationen stets einen eindrucksvollen Rahmen zur Selbstdarstellung. In diesem Sinne wollte auch die Sowjetunion die Weltausstellung von 1937 nutzen und mit einem eindrucksvollen Monument, das von einer siegesgewiss dahinstürmenden Figurengruppe gekrönt war, ihren moralischen Führungsanspruch demonstrieren. Hitler hatte eine deutsche Teilnahme zunächst entschieden abgelehnt, weil er sich von der Ausstellungsleitung brüskiert fühlte. Vorgesehen war nämlich, dass der deutsche Pavillon genau gegenüber dem sowjetischen Bauplatz stehen sollte, umso auf die totalitäre Korrespondenz der beiden Mächte hinzuweisen. Kurzfristig entschloss sich Hitler doch noch zu einer Teilnahme, da sich sein Lieblingsarchitekt Albert Speer auf einer Erkundungsvisite auf dem Gelände „verirrt" hatte und in einem Nebenraum das geheim gehaltene Modell des sowjetischen Entwurfs studieren konnte. Flugs entwarf Speer einen deutlich höheren Pfeilerbau mit Reichsadler und Hakenkreuz, der den Eindruck erweckte, dem Ansturm der sowjetischen Arbeiter und Bauern zu trotzen. Markante Note am Rande: Für das Modell des Nürnberger Reichsparteitagsgeländes wurde Deutschland ein „Grand Prix" verliehen ...

Auf 22.000 Quadratmetern sind hier Kopien berühmter französischer Bauwerke ausgestellt, die dem Besucher die Möglichkeit geben, auf engem Raum die verschiedenen Architekturepochen und -stile von der Antike bis zum frühen 19. Jahrhunderts in ihren regionalen Ausprägungen zu vergleichen. Neben Modellen von Kirchen und Burgen faszinieren vor allem die Nachbildungen in Originalgröße. Ausgestellt sind Grabmäler, Brunnen, Säulen und Kirchenportale, darunter die der berühmten gotischen Kathedralen von Reims und Chartres. Eine eigene Abteilung zeigt ausschließlich Kopien berühmter mittelalterlicher Wandmalereien und Fresken.

Kopien von imposanten gotischen Kirchenportalen

Auch das 20. Jahrhundert ist mit zahlreichen Architekturmodellen vertreten, interessant ist vor allem der Nachbau einer Wohnung von Le Corbusiers *Cité Radieuse*, die in Marseille gebaut wurde.

1, place du Trocadéro et du 11 Novembre, 75116. Ⓜ Trocadéro (Linie 6 und 9). Tgl. außer Di 11–19 Uhr, Do bis 21 Uhr. Eintritt 8 €, erm. 6 €, für EU-Bürger unter 26 Jahren frei! www.citechaillot.fr.

Musée de l'Homme: Beachtenswerte Darstellung der menschlichen Zivilisation von den Anfängen des Homo sapiens bis zu den gegenwärtigen Problemen der Überbevölkerung einer Welt mit knapp sieben Milliarden Bewohnern. Die Kulturgeschichte der Menschheit wird hier ansprechend erläutert. Achtung: Voraussichtlich bis zum Jahr 2015 ist das Museum wegen umfangreicher Renovierungsmaßnahmen geschlossen.
17, place du Trocadéro, 75116. Ⓜ Trocadéro (Linie 6 und 9). Tgl. außer Di 10–17 Uhr, am Wochenende bis 18 Uhr. Eintritt 7 €, erm. 5 €. www.mnhn.fr.

Musée National de la Marine: Das Marinemuseum besitzt eine umfangreiche Sammlung kunstvoll gefertigter Schiffsmodelle in den verschiedensten Maßstäben. Das Spektrum reicht von der antiken Galeere über herrlich getakelte Fregatten bis zum modernen Flugzeugträger. Hinzu kommen zahlreiche Navigationsinstrumente, Galionsfiguren und Gemälde von bedeutenden Seeschlachten und Häfen (z. B. von Joseph Vernet). Fazit: nichts für Landratten.
17, place du Trocadéro, 75016. Ⓜ Trocadéro (Linie 6 und 9). Tgl. außer Di 11–18 Uhr, Sa und So bis 19 Uhr. Eintritt 7 €, erm. 5 €, für EU-Bürger unter 26 Jahren frei!
www.musee-marine.fr.

Ciné Aqua (Aquarium de Paris): Eigenartige Mischung aus einer Art Multiplexkino und einem Aquarium. Da die Filme auf Französisch gezeigt werden, werden sich die meisten ausländischen Besucher wohl den 43 Aquarien widmen, in denen sich Rochen, Clownfische und anderes Meeresgetier tummelt. Sehenswert ist das große Aquarium mit seinem Glastunnel: Man läuft direkt unter den Haifischen hindurch!
5, avenue Albert de Mun, 75016. Ⓜ Trocadéro (Linie 9). Tgl. 10–19 Uhr, im Winter bis 18 Uhr. Eintritt 19,90 €, erm. 15,50 bzw. 12,90 €. www.cineaqua.com.

Musée du Vin: Frankreich hält viel auf seine Weinkultur. So lag es nahe, auch in der Hauptstadt ein Museum des

Balzacs Arbeitszimmer

Weines einzurichten. In den Kellergewölben eines ehemaligen Klosters, in dem bis zur Revolution am Ufer der Seine Wein angebaut wurde, werden erlesene Rebensäfte verkostet. Der Preis für die Degustation ist im Eintritt nicht inbegriffen.
5, square Charles Dickens, 75016. Ⓜ Passy (Linie 9). Tgl. außer Mo 10–18 Uhr. Eintritt 11,90 €, erm. 9,90 € (inkl. Glas Wein). Degustation 27 €. www.museeduvinparis.com.

Maison de Balzac: Nachdem der Schriftsteller Honoré de Balzac (1799–1850) in jungen Jahren als Verleger Bankrott gegangen war, fühlte er sich zeitlebens von seinen Gläubigern verfolgt. Um ihren Nachstellungen zu entgehen, floh Balzac 1840 in diese „Hütte in Passy", wo er fast unbehelligt an seiner „Menschlichen Komödie" arbeiten konnte. Drang doch einmal ein Gläubiger bis nach Passy vor, verschwand Balzac durch den Hinterausgang. Bis zu 16 Stunden täglich – vorzugsweise allerdings nachts – arbeitete Balzac, der zu den meistgelesenen Romanciers des 19. Jahrhunderts gehört, an seinem Schreibtisch, wobei er sich durch unzählige Tassen Café aufputschte. Der am Hang gelegene Garten eignet sich mit seinen einladenden blauen Stühlen für eine kurze Pause.
47, rue Raynouard, 75016. Ⓜ Passy (Linie 6). Tgl. außer Mo 10–18 Uhr. Eintritt frei! www.balzac.paris.fr.

XVI. Arrondissement Karte S. 198/199

Freiheitsstatue und Eiffelturm

Fondation Le Corbusier: Le Corbusier, der eigentlich Charles-Edouard Jeanneret-Gris hieß, hat als einer der bedeutendsten Architekten des 20. Jahrhunderts den modernen Städtebau maßgeblich beeinflusst. Die Pariser Fondation Le Corbusier ist in zwei, von Corbusier zwischen 1923 und 1925 entworfenen Privathäusern untergebracht. Eines von beiden, die Villa La Roche, kann besichtigt werden; die für seinen Bruder Albert geplante Villa Jeanneret ist nicht zugänglich. Typisch für den Stil des 1965 verstorbenen Le Corbusier sind die Farbgestaltung, die Dachterrassen und die Fensterbänder.

8–10, square du Docteur Blanche, Villas La Roche-Jeanneret, 75016. Ⓜ Jasmin (Linie 9). Mo 13.30–18 Uhr, Di–Do 10–18 Uhr, Fr und Sa 10–17 Uhr; im Aug. geschlossen. Eintritt 4 €, erm. 3 €. www.fondationlecorbusier.fr.

Rue Mallet-Stevens: Die kleine, von der Rue du Docteur Blanche abzweigende Sackgasse ist nach dem avantgardistischen Architekten Robert Mallet-Stevens benannt, der in den zwanziger Jahren mehrere Fassaden für Geschäfte und Bars entworfen hat. In der jetzigen Rue Mallet-Stevens konnte er 1925–1927 seine modernistischen Vorstellungen in einem größeren Umfang verwirklichen. Jedes Haus hat ein eigenes Profil und ist dennoch in das gesamte Ensemble integriert. Mallet-Stevens' Privatvilla (Hausnummer 12) zeigt mit den charakteristischen Außenwänden ein Stilelement, das vor allem bei den Ozeandampfern der damaligen Zeit eingesetzt wurde. Da Mallet-Stevens auch an der Innenausstattung beteiligt war, verschmolzen seine Entwürfe zu einer einzigartigen Harmonie.

Ⓜ Ranelagh (Linie 9), 75016.

Musée Marmottan: Das nach dem Kunstsammler Paul Marmottan benannte Museum beherbergt eine hochkarätige Impressionistensammlung mit Werken von Boudin, Morisot, Sisley, Pissarro, Renoir, Gaugin und vor allem Claude Monet. Da die vornehme Villa abseits der üblichen Touristenpfade liegt, bietet sich die Gelegenheit zum Kunstgenuss in relativ ungestörter Atmosphäre. Zum Fundus des Museums gehört eine wertvolle Kollektion von Monets Seerosenbildern, die Monets Sohn dem Museum vermacht hat. Gemalt hat sie Claude Monet in seinem an der Grenze zur Normandie gelegenen Garten in Giverny. In die Schlagzeilen geriet das Museum im Oktober 1985 durch einen spektakulären Einbruch, bei dem mehrere Gemälde von Claude Monet – darunter das berühmte *Impression, Soleil Levant*, das dem Impressionismus seinen Namen gab – entwendet wurden. Mehr als fünf Jahre forschte die Polizei nach dem Diebesgut, bis die Bilder schließlich wohlbehalten in einer Villa im südlichen Korsika entdeckt werden konnten.

2, rue Louis Boilly, 75016. Ⓜ La Muette (Linie 9). Tgl. außer Mo 10–18 Uhr, Do bis 20 Uhr. Eintritt 10 €, erm. 5 €. www.marmottan.com.

Bois de Boulogne: Der Bois de Boulogne ging aus einem königlichen Waldgebiet hervor, das sich im Westen von Paris erstreckte. Erst als Jagdrevier des Königs genutzt, entwickelte sich der Wald allmählich zu einem beliebten Ziel für Spaziergänger. Nach dem Vorbild des Londoner Hyde-Parks wurde im 19. Jahrhundert unter Napoléon III. ein 845 Hektar großer Landschaftspark gestaltet. Das Gebiet wurde mit Straßen erschlossen, Seen, Wasserfälle (*Grande Cascade*), Sportstätten und die Pferderennbahnen von Longchamps und Auteuil angelegt. Später kam noch der eintrittspflichtige *Jardin d'Acclimatation* hinzu. Der Bois de Boulogne ist rund um die Uhr geöffnet. Von einem nächtlichen Besuch des Terrains sollte man aber Abstand nehmen: Der Park ähnelt dann nämlich stellenweise einem riesigen Freiluftbordell. Doch auch dies hat Tradition. Schon kurz nach der Eröffnung des Parks lästerte der Volksmund: „Les mariages du bois de Boulogne ne se font pas devant Monsieur le Curé." („Die Hochzeiten im Bois de Boulogne werden ohne Pfarrer abgehalten.")

Ⓜ Porte Dauphine oder Porte d'Auteuil, 75016 (Linie 2 und 10).

Praktische Infos

(→ Karte S. 198/199)

Essen und Trinken

Bon ❷, ebenfalls eine Adresse für Designfreunde. Das futuristische Restaurant wurde von keinem Geringeren als Philippe Starck eingerichtet. Auf der Speisekarte dominieren asiatische Anklänge, gehobene Preise (Mittagsmenü zu 25 und 30 €), Sonntagsbrunch von 12–16 Uhr (41 €). Tgl. 12.20–15.30 Uhr und 20–0.30 Uhr. Samstagmittag und im August geschlossen. 25, rue de Pompe, 75016, ✆ 014727000. Ⓜ La Muette (Linie 9). www.restaurantbon.fr.

La Gare ❹, die *jeunesse dorée* des 16. Arrondissement trifft sich gerne in dem historischen Bahnhof. Die Bar im Erdgeschoss bietet sich zum legeren Verweilen an, im Untergeschoss befindet sich ein wohlfeiles Restaurant mit einladendem Garten. Das Angebot bewegt sich zwischen asiatischer und moderner französischer Küche. Unter der Woche gibt es ein Mittagsmenü für 21–23 €, abends kostet es 34 oder 39 €. 19, chaussée de la Muette, 75016, ✆ 0142151531. Ⓜ La Muette (Linie 9). www.restaurantlagare.com.

Le Bistrot de la Muette ❸, das neu eröffnete Bistro im Herzen des Stadtteils bietet eine anspruchsvolle Küche, die sich der französischen Esskultur verpflichtet fühlt. Schönes Ambiente. Wie wäre es mit einer gegrillten Entenbrust in Kirschsoße? Menü zu 42 €. Kein Ruhetag. 10, chaussée de la Muette, 75016, ✆ 0145031484. Ⓜ La Muette (Linie 9). www.bistrocie.fr.

Le Caveau des Echansons (Restaurant du Musée du Vin) ❺, das zum Musée du Vin gehörende Restaurant ist ein uriges Lokal mit Atmosphäre und guter Küche. Der Tradition des Hauses entsprechend werden mehrere Gerichte mit Wein zubereitet (*coq au vin* etc.). Selbstverständlich legt man viel Wert auf die richtige Getränkeauswahl. Neben der umfangreichen Weinkarte bleibt die Wahl zwischen 15 offenen Tischweinen. Von Di bis Sa nur mittags geöffnet. Menüs ab 29,50 € (inkl. Eintritt ins Museum). 5, square Charles-Dickens, 75016, ✆ 0145256326. Ⓜ Passy. www.museeduvinparis.com.

Café Bar Antoine ❼, hinter der zinnoberroten Fassade, über der in typischer Jugendstil-Typographie „Cafe Bar" geschrieben steht, versteckt sich ein größtenteils noch authentisch erhaltenes Jugendstil-Café aus dem Jahre 1911. 17, rue la Fontaine, 75016. Ⓜ Kennedy-Radio France (RER C).

Einkaufen

Marché de l'Avenue du Président Wilson ❶, beliebter Wochenmarkt beim Palais du Tokyo. Jeden Mittwoch und Samstag werden bis 14.30 Uhr leckere Lebensmittel von Fisch bis zu frischen Radieschen feilgeboten. Avenue du Président Wilson, 75016. Ⓜ Iéna (Linie 9).

Rue de l'Annonciation ❻, die schönste Einkaufsstraße (teilweise Fußgängerzone) im noblen Arrondissement. Feinkost- und Lebensmittelgeschäfte, Bäckereien und Modeboutiquen. Rue de l'Annonciation, 75016. Ⓜ La Muette (Linie 9).

Statt vor Charles de Gaulle stehen die Menschen vor Abercrombie & Fitch in der Schlange

Champs-Elysées

Noch immer haben die Champs-Elysées einen klangvollen Namen. Spazier- und Müßiggänger begeisterten sich bereits vor 200 Jahren für die „Gefilde der Seligen", auf denen Napoléon anlässlich seiner Eheschließung mit Ma- rie-Louise von Habsburg-Lothringen ein grandioses Fest gefeiert hatte.

Die Champs-Elysées und der Arc de Triomphe sind ein fester Bestandteil der Pariser Geschichte. Dies ist ein Ort der nationalen Selbstbesinnung, an dem die Bevölkerung 1885 unter großer Anteilnahme dem Schriftsteller Victor Hugo die letzte Ehre erwies und auch Charles de Gaulle nach der Befreiung von Paris im Triumphzug an den jubelnden Massen vorbeizog. Alljährlich am 14. Juli findet anlässlich des Nationalfeiertags eine Parade statt, wenige Tage später radelt der Sieger der Tour de France ins Ziel.

Nichtsdestotrotz hat die berühmteste Prachtstraße von Paris viel von ihrem Flair verloren. Zwar wurden die Champs-Elysées 1994 für etwa 30,7 Millionen Euro saniert und verschönert – die Leuchtreklamen dürfen seither nur noch weiß blinken –, doch konnte dadurch das verlorene Flair nur zaghaft

wiederbelebt werden. Wo einst das betuchte Pariser Bürgertum an exquisiten Restaurants und Cafés entlangflanierte, steht heute die Vorstadtjugend vor den Kinokassen und tummelt sich auf der Suche nach den neuesten Musiktrends im Virgin Megastore und der benachbarten FNAC-Filiale. Klamotten kauft man bei Abercrombie & Fitch oder Esprit. Zwischendurch geht es auf einen kleinen Happen zu McDonald's oder ins noble Fouquet's. Vom Warenangebot unterscheiden sich die Geschäfte kaum mehr von dem der Fußgängerzone irgendeiner anderen Metropole. Was wiederum verständlich ist, denn nur die großen internationalen Ketten sind in der Lage, sich Mieten von über 10.000 Euro pro Quadratmeter zu leisten. Eher selten sieht man die Angestellten der Großbanken und Fluggesellschaften,

die in den Büros mit der prestige-
trächtigen Adresse arbeiten, da sie nach

Feierabend meist auf direktem Weg in
die Métro abtauchen.

Spaziergang

Trotz aller Kritik ist es noch immer ein
eindrucksvolles Erlebnis, auf der großen Achse von der Place de la Concorde bis zum Arc de Triomphe entlangzu-
spazieren. Die Place de la Concorde ist
nicht nur ein idealer Ausgangspunkt,
sondern auch ein makabrer geschichts-
trächtiger Ort, stand hier doch die
Guillotine, unter deren revolutionärem
Fallbeil nicht nur König Ludwig XVI.,
sondern weitere 1342 (!) Verurteilte ihr
Leben lassen mussten. Die Brunnen
und Statuen auf dem Platz gestaltete
der aus Köln stammende Architekt Ja-
kob Ignaz Hittorf (1792–1867), der
auch die Parkanlage links und rechts
der Champs-Elysées plante. Der 1833
aufgestellte Obelisk von Luxor ist ein
Geschenk des ägyptischen Vizekönigs;
der Transport und die Aufstellung des
230 Tonnen schweren und knapp 23
Meter hohen Monuments galt damals
als ein Triumph technischen Könnens.
Ursprünglich gehörte der Obelisk übrigens zu einem Tempel von Ramses II. in
Theben. Kunstliebhaber können ihrer
Leidenschaft im nahen **Musée de l'O-
rangerie** oder der **Galerie Nationale du
Jeu de Paume** frönen.

Die Champs-Elysées gehen auf eine
Idee von Le Nôtre, dem berühmten
Gartenbauarchitekten Ludwigs XIV.,
zurück, der die Hauptachse des königlichen Gartens nach Westen hin verlän-
gerte. Eine planmäßige Bebauung der
zwei Kilometer langen und siebzig Meter
breiten Achse erfolgte erst im 19. Jahrhundert. Das **Petit Palais** und das **Grand
Palais**, in dessen Westflügel das **Palais
de la Découverte** untergebracht ist,
wurden anlässlich der Weltausstellung
von 1900 errichtet. Direkt davor steht
ein überdimensionales Bronzedenkmal
des uniformierten Charles de Gaulle.

Map Labels

St Ferdinand Ste Thérése

Avenue des Ternes

Avenue Mac Mahon

Avenue de la Grande Armée

Avenue Carnot

Avenue Foch

Avenue Victor Hugo

Place Charles de Gaulle

Arc de Triomphe

◄ XVI. Arrondissement siehe S. 198/199

Boulevard de Courcelles

Cathédrale St Alexandre Newsky

Av. Hoche

St Joseph

Avenue Hoche

Avenue de Friedland

Corpus Christi

Ch. de Gaulle Étoile

Lido

Air France

Avenue des Champs Élysées

George V

Franklin D. Roosevelt

Avenue Kléber

Avenue d'Iéna

Avenue Marceau

St Pierre de Chaillot

American Cathedral

St Étienne

George V

Avenue Montaig

Église Arménienne

Crazy Horse

N.D. de Consolatio

Musée Guimet

Palais Galliera

Président Wilson

Palais de Tokyo

Alma-Marceau

Pl. de l'Alma

Palais de Chaillot

Jardins Trocadéro

Pt. de l'Alma

Metro stations
- Courcelles
- Ternes
- Argentine
- Kleber
- Boissière
- Iéna

Map labels

Monceau
Av. Velasquez
Musée Cernuschi
Monceau
Musée Nissim de Camondo
de Ségur
tesse de
R. de Murillo
Rue
urello
Lisbonne
R. de Lisbonne
R. Vézelay
Boulevard Malesherbes
R. du
Rue
Naples
R. Edimbourg
de Madrid
Pl. de l'Europe
Europe
Gare St Lazare
St Lazare
Pl. G.
Peri
Av. de Messine
R. de la Bienfaisance
R. de la Bienfaisance
Direction E.D.F.
Musée Jacquemart André
St Augustin
Laborde
Boulevard Haussmann
Boulevard Haussmann
Pl. St. Augustin
St Augustin
Rue de la Pépinière
Passagen ▶ siehe S. 222/223
Rue de La Baume
Av. Percier
Rue La Boétie
R. d'Astorg
Lavoisier
Miromesnil
Rue La Boétie
Rue de Penthièvre
R. Roquépine
Rue de l'Arcade
Pasquier
St Philippe du Roule
Rue du Faubourg St. Honoré
R. Cambacérès
R. d'Anjou
Rue de Surène
St Philippe du Roule
R. de l'Ville l'Évêque
Boulevard Malesherbes
R. Lagarde
6
Pl. Beauvau
9
R. de Saussaies
R. Montalivet
R. d'Aguesseau
8
St Marie Madeleine
12
10
Palais de l'Élysée
15
Pl. de la Madeleine
18
Madeleine
19
Rond-Point des Champs-Élysées Marcel Dassault
16
Av. de Marigny
17
Rue Royale
20
Franklin Roosevelt
21 23
Avenue Gabriel
Avenue des Champs Élysées
22
Rue Saint-Honoré
24
Champs Élysées Clemenceau
Pl. Clemenceau
Grand Palais
Concorde
25
Palais de la Découverte
Petit Palais
R. de Rivoli
Place de la Concorde
Obélisque
Galerie Nationale du Jeu de Paume
Cours la Reine
Musée de l'Orangerie
Q. des Tuileries
Pont de la Concorde

Montmartre siehe S. 234/235 ▶
Passagen ▶ siehe S. 222/223
Centre Pompidou und Louvre siehe S. 104/105
zum Musée d'Orsay zum Eifelturm siehe S. 184/185 ▼

E inkaufen (S. 217)

5 Louis Vuitton
6 Pierre Oteiza
8 Nicolas
10 Fauchon
11 Monoprix
12 Hédiard
13 Virgin Megastore
14 Disney Store
15 Christian Louboutin
16 Abercrombie & Fitch
17 Marché aux Timbres
18 Marché aux Fleurs
19 Lavinia
20 Maille
24 John Galliano
25 W.H. Smith

200 m

Champs-Élysées

Es wurde am 10.11.2000 (dem 30. Todestag von de Gaulle) aufgestellt, um den Befreier Frankreichs in Paris zu ehren. Während man den Boulevard entlangschlendert, lohnt es sich, das Ergebnis der letzten Verschönerungsarbeiten eingehender zu betrachten: So wurden die Bushaltestellen von Norman Forster entworfen, die Bänke und Ampeln gehen auf den Stardesigner Jean-Michel Wilmotte zurück. Eine Gedenkminute verdient auch der österreichische Schriftsteller Ödön von Horváth, der am 1. Juni 1938 bei einem aufziehenden Gewitter von einem herabstürzenden Ast erschlagen wurde, als er in eines

Pagode in der Rue de Courcelles

der großen Kinos gehen wollte. Wer die neuesten Kreationen der Haute Couture in Augenschein nehmen möchte, kann ein wenig entlang der Avenue Montaigne (Dior, Jil Sander, Valentino etc.) bummeln, bevor es am Revuetheater *Lido* vorbei zum stets vom Verkehr umtosten **Arc de Triomphe** geht, der gefahrlos durch eine Unterführung erreicht werden kann. Ursprünglich stand der Triumphbogen allein auf weiter Flur; erst Baron Haussmann ließ um den Bogen den berühmten Sternplatz anlegen, der schnell zum Sinnbild für die „Hauptstadt des 19. Jahrhunderts" werden sollte.

Über die nach Nordosten abzweigende Avenue Hoche gelangt man direkt in den Stadtteil Faubourg St-Honoré, der sich noch immer einen vornehmen Touch bewahrt hat. Die Avenue Hoche führt direkt zum **Parc Monceau**, einer vornehmen Gartenanlage, die idyllische Mußestunden verspricht. Auffällig ist eine an der Ecke zur Rue de Courcelles gelegene Pagode, die 1926–28 von dem Architekten Fernand Bloch für einen chinesischen Antiquar errichtet wurde. In unmittelbarer Nähe des Parks befinden sich das **Musée Nissim de Camondo** und das **Musée Cernuschi**, wenige Fußminuten entfernt lockt mit dem **Musée Jacquemart-André** eine weitere renommierte Kunstsammlung. Die von den Boutiquen der Haute Couture gesäumte Rue du Faubourg St-Honoré führt vorbei am streng bewachten **Palais de l'Elysée** zur Rue Royale, die ihren nördlichen Abschluss in der Säulenfassade der **Madeleine** findet. Die Geschäfte rund um die Place de la Madeleine gehören zu den edelsten Adressen, die Paris zu bieten hat. Im Haus Nummer 9 ist übrigens der Schriftsteller Marcel Proust aufgewachsen. Die in unmittelbarer Nähe gelegene **Pinacothèque de Paris** zeigt anspruchsvolle Wechselausstellungen.

Paris, die Stadt der Haute Couture

Seit dem 19. Jahrhundert ist Paris die Stadt der *Haute Couture*. Nach dem Ende des Ancien Régime bediente sich das reiche Bürgertum bewusst der Mode, um sich von den mittleren und unteren Schichten sichtbar abzugrenzen. Erst nach dem Zweiten Weltkrieg setzte der stete Niedergang der Haute Couture ein.

Heute richten sich die Entwürfe der „gehobenen Schneiderei" nur an einen kleinen, gut betuchten Käuferkreis. Unter 10.000 Euro ist kein *dernier cri* zu haben, Individualität hat eben ihren Preis. Die maßgeschneiderten Entwürfe verstehen sich als radikale Absage an den Massengeschmack und dienen bei ihrer Präsentation in erster Linie der Selbstdarstellung des jeweiligen Modedesigners. Da das Klientel der Haute Couture derzeit auf gerade mal 2000 Frauen weltweit geschätzt wird, konzentriert sich das eigentliche Geschäft auf den Prêt-á-Porter-Markt. Statt exklusivem Anspruch steht längst wieder die Alltagstauglichkeit im Vordergrund. Die aktuellen Modetrends werden heute in erster Linie von denen bestimmt, die sie im wörtlichen Sinn vom Laufsteg auf die Straße tragen.

Alljährlich im Frühjahr und im Herbst reisen die Mode-Einkäufer – im Schlepptau mehr als 1000 Journalisten und Fotografen – aus aller Welt an, um sich an der Seine über die neuesten Kollektionen des Prêt-à-Porter zu informieren. Die jeweils achttägigen Modeschauen sind die Feuertaufe für jeden Modemacher. Wer vor den kritischen Augen der Fachwelt besteht, ist ein gemachter Mann bzw. eine gemachte Frau. Und das will etwas heißen. Seit Coco Chanels Zeiten werden die schneidern-den Trendsetter in Frankreich wie Halbgötter verehrt, denn der berühmte Pariser Chic ist nicht nur ein Symbol für Eleganz, sondern auch für die laszive Freiheit der Seinemetropole. Nicht grundlos empfing François Mitterrand 1984 als erster Staatspräsident die Pariser Couturiers im Elysée-Palast.

Die meisten Boutiquen liegen in den angestammten Quartieren der Aristokratie und Bourgeoisie, beispielsweise im goldenen Dreieck zwischen Rue du Faubourg Saint-Honoré, Rue Royale und der Place Vendôme. Hier ist der gute Geschmack zu Hause; die Durchschnittstouristen können nur vor den Schaufensterauslagen träu-men, denn die neuesten Entwürfe von Chanel, Yves Saint-Laurent, Christian Lacroix, Dior oder Sonia Rykiel würden die Reisekasse zu sehr strapazieren. Auch Jean-Paul Gaultier, das einstige Enfant terrible der Modeszene, bietet seine neues-ten Kreationen in der edlen Passage Vivienne feil. Seine Boutique in der histori-schen Einkaufspassage mit ihren glänzenden Marmorfußböden ist längst zu einer festen Einrichtung für das Establishment geworden. Gaultier ist inzwischen ein Klassiker, vergleichbar mit Hermès, wo das Pariser Bürgertum traditionell Lederwaren und Seidentücher kauft.

Neben all den wohlklingenden, vielfach europäischen Namen haben sich aber auch afrikanische Modeschöpfer, wie die aus Kamerun stammende Stilistin Ly Dumas, einen festen Kundenkreis erschlossen. In ihrer Auswahl fühlt sie sich den Stoffen ihres Kontinents verbunden, während sich Yohji Yamamoto dem japanischen Mini-malismus verpflichtet zeigt. In Yamamotos großzügiger Boutique werden Kleider wie Kunststücke präsentiert. Vergleichsweise preiswerte Schnäppchen bieten auf Prêt-à-Porter-Mode spezialisierte Secondhand-Läden, die in Paris unter dem Na-men *degriffe* ihre Kunden locken.

Hauptstadt der Mode

Sehenswertes

Galerie Nationale du Jeu de Paume: Im einstigen Ballspielhaus des Tuilerienpalastes werden nach einer anspruchsvollen Totalrenovierung, die das Innenleben des historischen Gebäudes positiv verändert hat, wechselnde Ausstellungen zeitgenössischer Kunst gezeigt. Der Architekt Antoine Stinco verdient für seinen postmodernen Entwurf höchstes Lob. In dem lichtdurchfluteten Ambiente ist auch ein nettes Café integriert.

1, place de la Concorde, 75008. Ⓜ Concorde (Linie 1, 8 und 14). Tgl. außer Mo 11–19 Uhr, Di bis 21 Uhr. Eintritt 8,50 €, erm. 5,50 €. www.jeudepaume.org.

Musée de l'Orangerie: Die der Galerie Nationale direkt gegenüberliegende ehemalige Orangerie beherbergt zwei hochkarätige Sammlungen. Die meisten Besucher kommen zwar wegen Monets berühmter Seerosenserie *Nymphéas*, die als Höhepunkt seines impressionistischen Schaffens gewertet wird und in

zwei elliptischen Räumen im Erdgeschoss präsentiert wird, doch steht die im neu renovierten Untergeschoss gezeigte Kollektion Jean Walter und Paul Guillaume dahinter nicht zurück. Zum Fundus dieser einzigartigen Privatsammlung gehören Werke von Cézanne, Renoir, Rousseau, Modigliani, Laurencin, Derain, Soutine, Utrillo, Matisse und Picasso.

Jardin des Tuileries, 75001. Ⓜ Concorde (Linie 1, 8 und 14). Tgl. außer Di 9–18 Uhr. Eintritt 7,50 €, erm. 5,50 €. www.musee-orangerie.fr.

Petit Palais: Die kleine Schwester des Grand Palais beherbergt eine respektable Kunstsammlung. Gezeigt werden Werke aus der Zeit des 17. bis 19. Jahrhunderts, darunter Gemälde von Joseph Vernet, Courbet, Boudin, Millet, Sisley, Ingres, Delacroix, Pissarro und Renoir. Zudem finden regelmäßig hochkarätige Wechselausstellungen statt. Zu loben ist auch das Ergebnis der jahrelangen

Renovierungsarbeiten, die sich auf 72 Millionen Euro beliefen. Seither ist die Ausstellungsfläche des Petit Palais von 15.000 auf 22.000 Quadratmeter vergrößert worden.

Avenue Winston Churchill, 75008. Ⓜ Champs-Elysées-Clemenceau (Linie 1 und 13). Tgl. außer Mo 10–18 Uhr, Di bis 20 Uhr. Eintritt frei! Sonderausstellungen: 6 €. www.petitpalais.paris.fr.

Grand Palais: Das zur Weltausstellung von 1900 errichtete Grand Palais ist eine Mischung aus barocken Stilelementen und technischer Euphorie. Mit anderen Worten: ein typischer Bau der Belle Epoque. Das Palais ist bekannt für die großen Retrospektiven renommierter Künstler. Im Jahre 2005 erfolgte die Renovierung des Hauptschiffs, das seither wieder für Ausstellungen genutzt werden kann.

3, avenue du Général Eisenhower, 75008. Ⓜ Champs-Elysées-Clemenceau (Linie 1 und 13). Tgl. außer Di 10–20 Uhr, Mi bis 22 Uhr. Eintritt 10 €, erm. 8 €. www.grandpalais.fr.

Palais de la Découverte: Ähnlich wie die Cité des Sciences et de l'Industrie im Parc de la Villette bietet das Museum (bombastische Eingangshalle mit Glaskuppel) einen anschaulichen Einblick in die verschiedensten Bereiche der Naturwissenschaften. Der Bogen spannt sich von der Astronomie, Mathematik und Physik über die Geologie bis hin zur Biologie und Chemie, wobei Themenkomplexe wie Luftdruck, Vulkanismus und Ozon anschaulich erläutert werden. Aufgelockert wird der Besuch durch zahlreiche interaktive Experimente und Computeranimationen. Es empfiehlt sich auch, an einer Vorführung im Planetarium teilzunehmen.

Avenue Franklin D. Roosevelt, 75008 (Linie 1 und 9). Ⓜ Champs-Elysées-Clemenceau. Di–Sa 9.30–18 Uhr, So 10–19 Uhr. Eintritt 8 €, erm. 6 €. Planetarium: zusätzlich 3 €. www.palais-decouverte.fr.

Arc de Triomphe: Ein Triumphbogen nach antikem Vorbild schien Napoléon gerade recht, um seinen imperialen Machtanspruch architektonisch zum Ausdruck zu bringen. Allerdings erlebte der selbsternannte Kaiser der Franzosen die Fertigstellung des Denkmals nicht mehr. Erst unter dem Bürgerkönig

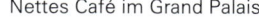

Nettes Café im Grand Palais

Louis-Philippe wurde der Triumphbogen 1836 vollendet; die monumentalen Reliefs künden vom Selbstverständnis der Grande Nation (z. B. „Auszug der Freiwilligen von 1792"). Mit dem 1921 eingeweihten Grabmal des unbekannten Soldaten kam eine symbolische Gedenkstätte hinzu. Ein kleines Museum informiert über die Baugeschichte des Monuments. Wer die 284 Stufen zur Plattform hinaufsteigt, kann einen eindrucksvollen Panoramablick über die zwölf von der Place de Charles de Gaulle sternförmig ausgerichteten Straßen bis hinaus nach La Défense genießen.

Place du Général de Gaulle, 75008. Ⓜ Charles-de-Gaulle-Etoile (Linie 1, 2 und 6). Okt. bis März tgl. 10–22.30 Uhr, Apr. bis Sept. tgl. 10–23 Uhr. Eintritt 9,50 €, erm. 6 €. Für EU-Bürger unter 26 Jahren frei!

Parc Monceau: Der Parc Monceau ist der „Rest" eines verspielten Landschaftsgartens, den der Herzog von Orléans 1778 nach englischem Vorbild anlegen ließ. Im Zuge der Stadtentwicklung wurde er nach 1851 Stück für Stück verkleinert, um Bauplätze für ein neues Villenviertel zu schaffen. Heute erinnern nur noch die an einen Teich grenzenden Kolonnaden aus korinthischen Säulen an den einstigen Lustgarten. Trotz dieses Verlustes ist der Parc Monceau einen Abstecher wert, da er nach wie vor zu den schönsten Parkanlagen der Stadt gehört.

75008, Ⓜ Monceau (Linie 2). Tgl. 7–20 Uhr, im Sommer bis 22 Uhr.

Musée Nissim de Camondo: Das herrschaftliche Stadtpalais mit seinem anmutigen ovalen Innenhof ist ganz im Stil des 18. Jahrhunderts eingerichtet. Edle Möbel, Gemälde, Tapisserien und Porzellan vermitteln eine authentische Vorstellung vom Glanz jener Epoche. In einem Raum neben dem mit weißem Porzellan gekachelten Badezimmer im ersten Stock wird mit persönlichen Dokumenten und Bildern die tragische Familiengeschichte der Familie de Camondo erzählt: Nissim, der einzige Sohn des Sammlers Moïse de Comondo, starb im Ersten Weltkrieg an der Front; Béatrice, die einzige Tochter, wurde 1943 von den Nazis zusammen mit ihrem Mann und ihren Kindern nach Auschwitz deportiert.

63, rue de Monceau, 75008. Ⓜ Villers, Monceau (Linie 2). Mi–So 10–17.30 Uhr. Eintritt 7,50 €, erm. 5,50 €. www.ucad.fr.

Prachtstraße Champs-Elysée

Musée Cernuschi: Hervorgegangen aus einer Sammlung des italienischen Politikers Enrico Cernuschi (1821–1896), bietet das Museum einen breiten Einblick in die asiatische und chinesische Kunst von der Keramik über antike Bronzen und Werken aus Jade bis hin zur zeitgenössischen Malerei. Schwerpunktmäßig widmet sich die Sammlung den Anfängen der chinesischen Kunst bis zum Ende der Song-Epoche.

7, avenue Velasquez, 75008. Ⓜ Villers, Monceau (Linie 2). Tgl. außer Mo 10–18 Uhr. Eintritt frei! www.cernuschi.paris.fr.

Musée Jacquemart-André: Der Bankier Edouard André und seine Frau, die Porträtmalerin Nélie Jacquemart, zwei leidenschaftliche Kunstsammler, statteten ihr prächtiges Stadtpalais mit erlesenen Kunstschätzen aus und vermachten ihre Sammlung testamentarisch dem Institut de France. Das Spektrum der Sammlung reicht von der italienischen Renaissance (Donatello, Bellini etc.) bis hin zu niederländischen Meistern wie Van Dyck, Hals und Rembrandt. Eindrucksvoll ist auch die Einrichtung des Hauses, so verschönert beispielsweise ein überdimensionales Fresko von Tiepolo das Treppenhaus des so genannten Wintergartens. Zu loben ist die hervorragend konzipierte Audioführung, die auch auf Deutsch umfassend über das Sammlerehepaar, das herrschaftliche Anwesen und die Kunstschätze informiert. Das Restaurant im ehemaligen Esszimmer bietet in distinguierter Atmosphäre Salate (8–15 €) und Gebäck.

158, boulevard Haussmann, 75008. Ⓜ Saint Philippe du Roule (Linie 9). Tgl. 10–18 Uhr. Eintritt 11 €, erm. 9,50 €.   www.musee-jacquemart-andre.com.

Palais de l'Elysée: Ursprünglich war der schwer bewachte Amtssitz des französischen Staatspräsidenten die Pariser Stadtresidenz des Comte d'Evreux. Henri de La Tour d'Auvergne – so sein genauer Name – konnte aber nicht ahnen, zu welch geschichtsträchtigem Ort

Streng bewacht – Palais de l'Elysée

sich sein weit vor den Toren der Stadt erbautes Palais entwickeln würde: Einst feierte Marquise de Pompadour hier rauschende Feste, am 22. Juni 1815 unterzeichnete Napoléon im Elysée-Palast seine Abdankung, ein paar Jahrzehnte später ließ sich sein gleichnamiger Neffe an eben jener Stelle zum Kaiser ausrufen. Seit 1879 fungiert der Palast, der nur von außen besichtigt werden kann, als Sitz des französischen Präsidenten.

55, rue du Faubourg Saint-Honoré, 75008. Ⓜ Miromesnil (Linie 9 und 13).

La Madeleine: An der Stelle der mittelalterlichen Magdalenenkapelle plante Ludwig XV. als Abschluss der Rue Royale einen imposanten Kirchenneubau, der allerdings über die Fundamente nicht hinaus kam. Nach der Revolution befand Napoléon ein Gebäude im Stil eines griechischen Tempels als würdig, um dort eine Ruhmeshalle zu Ehren seiner Grande Armée einzurichten. Doch noch bevor das Richtfest gefeiert werden

Champs-Elysées
Karte S. 208/209

konnte, verbrachte Napoléon seinen Lebensabend auf Sankt Helena. Im Zeitalter der Restauration entschied dann Ludwig XVIII., den von Philippe-Henri Lemaire geschaffenen Giebel mit einem Relief des Jüngsten Gerichts zu versehen und den halbfertigen „Tempel" zur Kirche zu weihen. Pläne, das Gebäude zum ersten Pariser Bahnhof umzufunktionieren, hatte man erst kurz zuvor abgelehnt. Eindrucksvoll sind heute vor allem die Ausmaße der Kirche: Sie ist 108 Meter lang, 43 Meter breit und knapp 20 Meter hoch.

Place de la Madeleine, 75008. Ⓜ Madeleine (Linie 8, 12 und 14). Tgl. 9–19 Uhr. www.eglise-lamadeleine.com.

Pinacothèque de Paris: Die Pariser Pinakothek zeigt auf 2000 Quadratmetern anspruchsvolle Wechselausstellungen moderner Kunst, so in der jüngsten Vergangenheit von Roy Lichtenstein über Georges Rouault bis zu Jackson Pollock und Edvard Munch (Frühjahr 2010).

28, place de la Madeleine, 75008. Ⓜ Madeleine (Linie 8, 12 und 14). Tgl. 10.30–18 Uhr. Eintritt 11,50 €, erm. 9,50 €. www.pinacotheque.com.

Der Pont Alexandre erinnert an das französisch-russische Bündnis von 1897

Praktische Infos

(→ Karte S. 208/209)

Essen, Trinken, Nachtleben

Pierre Gagnaire 🔳, Pierre Gagnaire, der das Restaurant im Hotel Balzac betreibt, wird derzeit in Gourmetkreisen als der Kreativste unter den Pariser Küchenchefs gehandelt (3 Michelin-Sterne und 4 Gault-Millau-Hauben). Gewissermaßen das Gegenprogramm zu den Kettenrestaurants entlang der Champs-Elysées. Menüs zu 105 € (mittags) und stolzen 255 €. Sa und Sonn-tagmittag sowie von Mitte Juli bis Anfang Aug. geschlossen. 6, rue Balzac, 75008, ✆ 0158361250. Ⓜ George V (Linie 1). www.pierre-gagnaire.com.

Le Fouquet's 🔳, ein Restaurant mit geradezu legendären Ruf. Und das nicht erst, seit Nicolas Sarkozy im Mai 2007 hier seinen Sieg bei den Präsidentschaftswahlen feierte. Edles Ambiente, viel Prominenz aus Politik und Wirtschaft. Die klassisch-französische Küche ist ausgezeichnet, aber dies scheint zweitrangig zu sein – man kommt hier nicht (nur) zum Essen her. Große Straßenterrasse. Mittagsmenü zu 81 €, abends 89 €. Kein Ruhetag. 99, avenue des Champs-Elysées, 75008. Ⓜ George V (Linie 1). www.fouquets-barriere.com.

L'Atelier Etoile ②, der als „Jahrhundertkoch" gerühmte und derzeit mit insgesamt 26 Michelin-Sternen ausgezeichnete Joël Robuchon hat direkt auf den Champs-Élysées ein weiteres Restaurant eröffnet. Selbstverständlich gibt es auch hier Robuchons berühmten Kartoffelbrei. Degustationsmenü 165 €. Kein Ruhetag. 133 Champs-Élysées, 75008, ✆ 0147237575. www.joel-robuchon.net.

Vin Chai Moi ㉓, die moderne Version einer französischen Weinbar, verbunden mit klassischer französischer Küche. Sämtliche Weine können auch erworben werden. Mittagsmenü zu 22 und 27 €, abends kostet das Menü 38 €. So und Montagmittag geschlossen. 18, rue Duphot, 75001, ✆ 0140 150669. Ⓜ Madeleine (Linie 8, 14 und 12). www.vin-chai-moi.fr.

Mavrommatis ㉑, griechische Küche von Stifado bis Moussaka auf anspruchsvollem Niveau. Angegliederter Feinkostladen. Menüs zu 20 und 26 €. Mittags geöffnet, Do–Sa auch abends, So Ruhetag. 18, rue Duphot, 75001, ✆ 0142975304. Ⓜ Madeleine (Linie 8, 14 und 12). www.mavrommatis.fr.

Virgin Café ⑬, das Café auf der zweiten Etage des Virgin Megastores ist eine der angenehmsten Adressen an den Champs-Elysées, egal, ob man nur einen Schluck trinken oder sich mit einem wohlfeilen Imbiss stärken will. Größtenteils jüngeres Publikum. Ein ansprechender italienischer Salat kostet 15 €. Tgl. bis 23.30 Uhr. 58, avenue des Champs-Elysées, 75008. Ⓜ Franklin-D. Roosevelt (Linie 1 und 9).

Buddha-Bar ㉒, die Bar mit angegliedertem Restaurant (Mo–Fr 12–15 Uhr sowie tgl. ab 18 Uhr) genießt Kultstatus unter den Schönen der Nacht. Das asiatische Ambiente mit einem vergoldeten Riesenbuddha verblüfft, die anspruchsvolle asiatisch-pazifische Küche muss sich dahinter jedoch nicht verstecken. Mittagsmenü 25,90 bzw. 29 € (inkl. Wein), abends 68, 78 und 80 €, darunter ein Bento-Sushi-Menü. Kultstatus genießen auch die Compilation-CDs der Buddha-Bar; sie bieten wunderbar abgemischte Downbeats mit asiatisch-arabi-

schem Einschlag (gibt es im Foyer zu kaufen). Bis 2 Uhr geöffnet. Samstag- und Sonntagmittag geschlossen. 8, rue Boissy d'Anglas, 75008, ✆ 0153059000. Ⓜ Concorde (Linie 1, 8 und 12). www.buddhabar.com.

Queen ④, Szenedisco mit viel Gay-Publikum, um Mitternacht öffnen sich die Pforten. Eintritt mit Getränk: 20 €. 102, avenue des Champs-Elysées, 75008, ✆ 0153890889. Ⓜ George V (Linie 1). www.queen.fr.

Crazy Horse Saloon ㉖, Striptease als erotisches Kunsterlebnis; das Crazy Horse rühmt sich, die schönsten Mädchen aller Revue-Theater engagiert zu haben. Wer sich davon selbst überzeugen will, muss mindestens 50 € investieren (Ermäßigung für Besucher unter 26 Jahren). Shows tgl. um 20.15 und 22.45 Uhr, Sa um 19, 21.30 und 23.45 Uhr. 12, avenue de George V., 75008, ✆ 0147 233232. Ⓜ Alma Marceau (Linie 9). www.lecrazyhorseparis.com.

Lido ③, die mindestens 1,75 Meter großen Tänzerinnen des Lido inszenieren ein fulminantes Revuetheater mit Blick auf Las Vegas. Shows tgl. um 13, 15, 19, 21.30 und 23.30 Uhr. Eintritt ab 70 €. 116, avenue des Champs-Elysées, 75008, ✆ 0140765610. Ⓜ George V (Linie 1). www.lido.fr.

Einkaufen

W. H. Smith ㉕, gut sortierte Pariser Filiale der britischen Buchkette. Tgl. 9–19.30 Uhr, So ab 13.30 Uhr. 248, rue de Rivoli, 75001. Ⓜ Concorde (Linie 1, 8 und 12).

Disney Store ⑭, allerlei Souvenirs, Klamotten und anderer Schnick-Schnack aus Walt Disneys Welt. 44, avenue des Champs-Elysées, 75008. Ⓜ Franklin-D. Roosevelt (Linie 1 und 9).

Virgin Megastore ⑬, bis Mitternacht kann man in dem gigantischen Medienkaufhaus nach Büchern, CDs und Videos suchen oder einfach nur einen Café trinken. Mehr CDs stehen nirgendwo sonst in Paris zur Auswahl. 52, avenue des Champs-Elysées, 75008. Ⓜ Franklin-D. Roosevelt (Linie 1 und 9).

Monoprix ⑪, das kleine Kaufhaus bietet ebenfalls Gelegenheit zum Shoppen bis Mitternacht. Im Erdgeschoss befindet sich eine gut sortierte Lebensmittelabteilung. 54, avenue des Champs-Elysées, 75008. Ⓜ Franklin-D. Roosevelt (Linie 1 und 9).

Louis Vuitton ⑤, edle Lederwaren und Accessoires auf zwei Etagen im Flagship-Store von Louis Vuitton. 101, avenue des Champs-Elysées, 75008. Ⓜ George V (Linie 1).

Abercrombie & Fitch 🎟, im Frühjahr 2011 eröffnete die amerikanische Kultmarke ihren ersten Store in Frankreich. Eigentlich gibt es hier gar keine Klamotten, sondern ein Lebensgefühl mit dem Elch im Logo zu kaufen. Bei Abercrombie & Fitch arbeiten übrigens keine Verkäufer, sondern „Store Models" – alle maximal 25 Jahre alt, schlank, schön, wohlgelaunt und im Firmeneinheitslook. Das Geschäft ist leicht an den langen Warteschlangen davor zu erkennen. 23, avenue des Champs-Elysées, 75008. Ⓜ Franklin-D. Roosevelt (Linie 1 und 9).

Christian Louboutin 🎟, für alle Liebhaberinnen der berühmten Schuhe mit der roten Sohle. Auch Carla Bruni gehört zu den Kundinnen, schließlich liegt der Elysée-Palast direkt gegenüber. 68, rue du Faubourg Saint-Honoré, 75008. Ⓜ Champs Elysées Clemenceau (Linie 1). www.christianlouboutin.com.

Fauchon 🎟, das wohl berühmteste Delikatessengeschäft in Paris, verteilt auf zwei Häuser. Das einladend präsentierte Angebot reicht von Käse, Kaffee und Tee über Schokolade und Konfitüre bis hin zu über 2.000 Weinen. Sonntag geschlossen. 24–26, place de la Madeleine, 75008. Ⓜ Madeleine (Linie 1, 8 und 14). www.fauchon.fr.

Hédiard 🎟, an der nächsten Ecke ein weiteres nobles Delikatessengeschäft mit ähnlichem Angebot. Restaurant im 1. Stock. Sonntag geschlossen. 21, place de la Madeleine, 75008. Ⓜ Madeleine (Linie 1, 8 und 14). www.hediard.fr.

Maille 🎟, die Pflichtadresse für alle Senfliebhaber, egal ob traditionell oder exotisch mit Erdbeer- und Chiligeschmack. Mo–Fr 10–19 Uhr. 6, place de la Madeleine, 75008. Ⓜ Madeleine (Linie 1, 8 und 14). www.maille.com.

Marché aux Fleurs 🎟, Blumenmarkt auf der Place de la Madeleine (tgl. außer Mo). 75008. Ⓜ Madeleine (Linie 1, 8 und 14).

Lavinia 🎟, riesige Weinhandlung (mehr als 6000 Weinsorten) mit angegliedertem Restaurant, in dem man den ausgewählten Wein zum Ladenpreis bekommt, zudem gibt es einen „Weindegustationsautomaten" … (dort werden auch Weine für 900 € ausgeschenkt, zum Probieren 0,3 cl für rund 50 € …). Mo–Sa 10–20 Uhr. 3, boulevard de la Madeleine, 75001. Ⓜ Madeleine(Linie 1, 8 und 14). www.lavinia.fr.

Marché aux Timbres 🎟, jeden Do, Sa und So findet ein Briefmarkenmarkt auf der Avenue Gabriel statt. 75008. Ⓜ Champs-Elysées (Linie 1).

Pierre Oteiza 🎟, baskische Spezialitäten von der Salami bis zum Käse. 15, rue Vignon. Ⓜ Madeleine (Linie 1, 8 und 14).

Nicolas 🎟, die größte Filiale von Nicolas, einer in ganz Paris vertretenen Weinhandlung. 31, place de la Madeleine, 75008. Ⓜ Madeleine (Linie 1, 8 und 14).

John Galliano 🎟, es war ein großes Ereignis, als Designerstar John Galliano 2003 seine erste Boutique in Paris eröffnete. 384, rue St-Honoré, 75001, Ⓜ Concorde (Linie 1, 8 und 12).

La Défense

La Défense ist das Symbol für das moderne Paris. Fernab der Seine entstand eine regelrechte Zitadelle aus Wolkenkratzern, in der inzwischen mehr als 100.000 Menschen arbeiten, weitere 30.000 wohnen in La Défense. Das Einkaufszentrum Quatre Temps und ein IMAX-Kino vervollständigen die Infrastruktur der Reißbrettstadt.

Der Name „La Défense" („Die Verteidigung") erinnert an den deutsch-französischen Krieg, als sich während der dreimonatigen Belagerung von Paris (Oktober 1870 bis Januar 1871) im Nordosten der Stadt der patriotische Widerstand bis zuletzt hielt. Zwölf Jahre nach Ende der Kampfhandlungen errichtete man just an jener Stelle eine Skulpturengruppe mit dem Namen „La Défense". Um den stetig wachsenden Bedarf an Büroräumen zu befriedigen, wurden Ende der fünfziger Jahre neben einer muschelförmig gewölbten Ausstellungshalle CNIT (*Centre National des Industries et des Techniques*), die sich mittlerweile zu einem Bürogebäude mit Hotel, Restaurant und Einkaufszentrum gewandelt hat, die ersten Hochhäuser in La Défense gebaut; aus dieser „Keimzelle" entwickelte sich in den letzten Jahrzehnten ein hypermodernes Büro- und Geschäftsviertel, das als Aushängeschild des modernen Paris gilt. Mit seinen 178 Metern ist der Fiat-Turm aus schwarzem Granit das derzeit höchste Gebäude. Die Szenerie verdankt ihre futuristische Wirkung vor allem auch der unterirdischen Straßen- und Schienenführung, die das Auto zum Fremdkörper werden lässt. Dies zeigt sich besonders eindrucksvoll auf der Esplanade de la Défense, wo mit Wasserspielen und zeitgenössischen Plastiken (Miró, Calder, César etc.) optische Akzente gesetzt wurden. Dank des Inline-Skate-Booms hat die großzügig angelegte Esplanade eine neue Bestimmung gefunden.

Architektonischer Glanzpunkt von La Défense ist zweifellos die **Grande Arche**. Die historische Achse, die bis da-

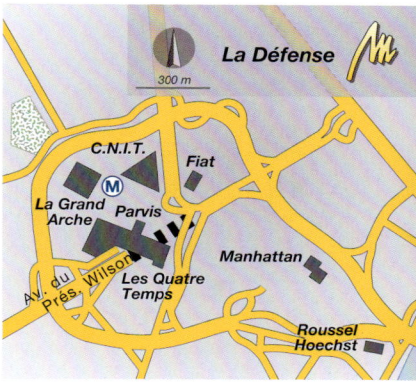

to vom Louvre über die Champs-Elysées bis zum Arc de Triomphe reichte, fand in diesem außergewöhnlichen Bauwerk einen krönenden Abschluss, der zudem noch die Möglichkeit einer zukünftigen Verlängerung offen hält. Weitere moderne Bauten sind bereits angedacht, darunter der *Tour Signal* und der *Tour Phare* (www.ladefense.fr), deren Planung ist allerdings wegen der weltweiten Finanzkrise ins Stocken geraten.

Sehenswertes

Grande Arche: Für umgerechnet fünfhundert Millionen Euro wurde die Grande Arche nach den Plänen des dänischen Architekten Johan *Otto von Spreckelsen* (1929–1987) errichtet, der seinen modernen Triumphbogen als offenen Kubus, als „Fenster zur Welt", konzipiert hat; es könnte aber auch als Tor gedeutet werden, durch das man zu neuen Welten aufbricht. Trotz einer Höhe von 110 Metern und einer Breite von 106 Metern wirkt die Grande Arche geradezu filigran, was sicherlich der Verdienst der den Eingangsbereich überspannenden Kunststoffsegel ist. Diese *Nuages* (Wolken) stammen allerdings nicht von Spreckelsen, sondern wurden nach dessen Tod von Peter Rice in Abänderung

des ursprünglichen Plans entworfen. Weit ausladende Freitreppen führen zu dem mit weißem Carrara-Marmor verkleideten Gebäude, das über rund 80.000 Quadratmeter Bürofläche verfügt.

Ⓜ Grande Arche de La Défense (Linie 1). www.grandearche.com.

Die Welt der Passagen

Das imaginäre Dreieck, das die Eckpunkte Palais Royal, Opéra Garnier und Boulevard Sébastopol aufweist, markiert nicht nur die Welt der Passagen – auch die Börse, die großen Boulevards und billige Sexshops sind typisch für das Viertel.

Die großen Boulevards mit ihren vornehmen Cafés, Komödienhäusern und Vergnügungslokalen waren im 19. Jahrhundert der gesellschaftliche Nabel von Paris. Honoré de Balzac brachte es auf einen Nenner: „Hier tobt das Leben!"; so verwundert es auch nicht, dass Balzac seinem Kollegen Stendhal zum ersten Mal auf dem Boulevard des Italiens begegnet sein soll. Die sich insgesamt über mehrere Kilometer erstreckenden Passagen galten als faszinierendes Einkaufsparadies. Gegen Ende des Jahrhunderts wurden die Passagen jedoch von den großen Luxuskaufhäusern abgelöst. Die Galeries Lafayette und das Kaufhaus Printemps beschäftigten damals jeweils mehr als 2000 fast ausschließlich weibliche Angestellte. Während sich zwischen Opéra und Place Vendôme noch immer die Geschäfte der exklusiven Marken drängen, wandelt sich das Bild, je weiter

man sich dem Boulevard Sébastopol nähert. Das Viertel rund um die Passage du Caire gilt als das Zentrum der französischen Bekleidungsindustrie. Ständig werden Stoffballen angeliefert und Kleiderständer über die Straße gezogen. Trotz der in Hülle und Fülle vorhandenen Konfektionsware zeigt Frau sich in unmittelbarer Nähe eher spärlich bekleidet. Die Damen vom ältesten Gewerbe der Welt buhlen mit den bunten Neonreklamen der Peep-Shows und Sexshops um die Gunst ihrer potentiellen Kunden.

Die Rue Montmartre, die von den Hallen zum Montmartre-Hügel hinaufführt, ist das historische Presseviertel von Paris. Hier gab Théophraste Renaudot 1631 die erste Tageszeitung überhaupt heraus, „La Gazette". Vom 19. bis zum frühen 20. Jahrhundert war, wie Louis Aragon in seinem Roman „Die Viertel der Reichen" schrieb, die Rue Montmartre „das nächt-

liche Herz der Stadt, da, wo die Häuser von den Rotationsmaschinen erzitterten, wo Blut sich in fette Tinte umwandelt, die mit frischen Zeitungsblättern bis in die Gosse der Straße fließt". Das Bild hat sich entschieden gewandelt: Nicht nur, dass von den einst rund 40 Druckereien keine mehr existiert, auch die Verlage haben das Viertel größtenteils verlassen, nur das Verlagshaus von „Le Figaro" kündet an seinem angestammten Platz noch vom Glanz vergangener Tage.

Flanieren unter Glas

„Diese Passagen, eine neuere Erfindung des industriellen Luxus, sind glasbedeckte, marmorgetäfelte Gänge durch ganze Häusermassen, deren Besitzer sich zu solchen Spekulationen vereinigt haben. Zu beiden Seiten dieser Gänge, die ihr Licht von oben erhalten, laufen die elegantesten Warenläden hin, so dass eine solche Passage eine Stadt, eine Welt im kleinen ist, in der der Kauflustige alles finden wird, dessen er benötigt," zitiert Walter Benjamin in seinem „Passagen-Werk" einen im Jahre 1852 erschienenen Parisführer. Während sich die Geschäfte in den nicht asphaltierten Straßen und engen Gassen als ungenügend für die gehobenen Ansprüche des Bürgertums erwiesen, konnte man in den Passagen auch bei schlechtem Wetter flanieren. Im Laufe des 19. Jahrhunderts entstanden weit mehr als hundertfünfzig solcher Ladenzeilen, die zu den unauffälligen, aber dennoch sehr charakteristischen Merkmalen der Pariser Architektur dieser Epoche gehören. Erst als Baron Haussmann in die mittelalterliche Bausubstanz große Schneisen schlagen und breite Boulevards anlegen ließ, entstanden dort große Kaufhäuser, mit deren üppigem Warenangebot die beschaulichen Passagen nicht mehr konkurrieren konnten. Glücklicherweise sind heute noch etwa zwanzig Passagen erhalten, die noch nichts von ihrem Reiz verloren haben. Im Gegenteil: diesen „Zaubersälen" (Ludwig Börne) haftet ein besonderer nostalgischer Charme an, der einen Einkaufsbummel zum kulturellen Erlebnis werden lässt.

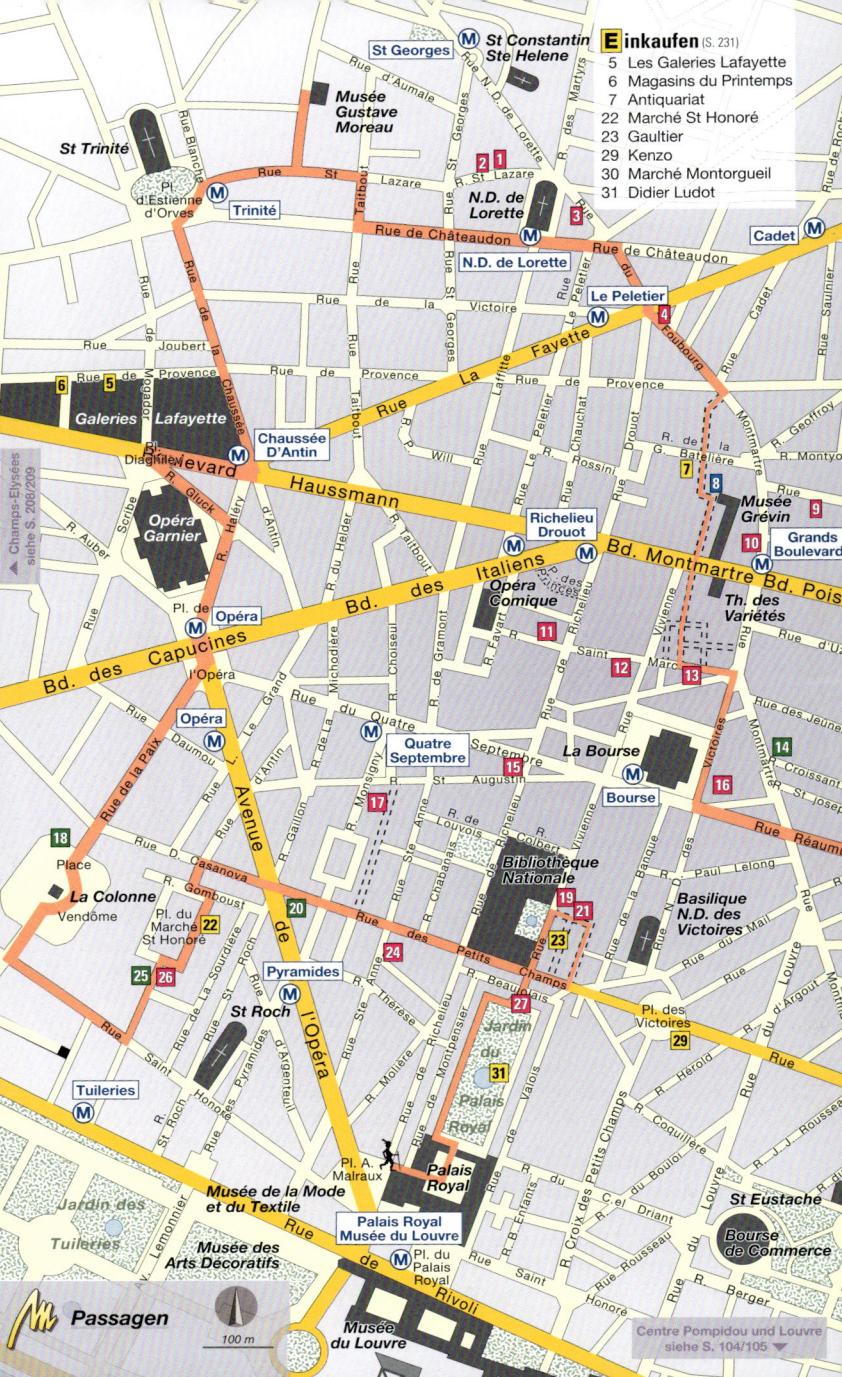

St Constantin
Ste Helene
St Georges

Musée
Gustave
Moreau

St Trinité

N.D. de
Lorette

Rue d'Aumale

Pl.
d'Estienne
d'Orves

Trinité

Rue St Lazare

Rue de Châteaudon

N.D. de Lorette

Rue de Châteaudon

Cadet

Le Peletier

Rue Joubert

Rue de Provence

Galeries Lafayette

Chaussée
D'Antin

La Fayette

Musée
Grévin

Grands
Boulevard

Boulevard Haussmann

Richelieu
Drouot

Bd. Montmartre Bd. Pois.

Opéra
Garnier

Opéra
Comique

Th. des
Variétés

Bd. des Italiens

Opéra

Pl. de
l'Opéra

Bd. des Capucines

Opéra

La Bourse

Quatre
Septembre

Quatre
Septembre

Bourse

Place

La Colonne
Vendôme

Pl. du
Marché
St Honoré

Bibliothèque
Nationale

Basilique
N.D. des
Victoires

Pyramides

St Roch

Pl. des
Victoires

Tuileries

Jardin
du
Palais
Royal

Musée de la Mode
et du Textile

Pl. A.
Malraux

Palais
Royal

St Eustache

Jardin des
Tuileries

Palais Royal
Musée du Louvre

Pl. du
Palais
Royal

Bourse
de Commerce

Musée des
Arts Décoratifs

Rivoli

Musée
du Louvre

Passagen

100 m

▲ Champs-Elysées
siehe S. 200/209

Centre Pompidou und Louvre
siehe S. 104/105 ▼

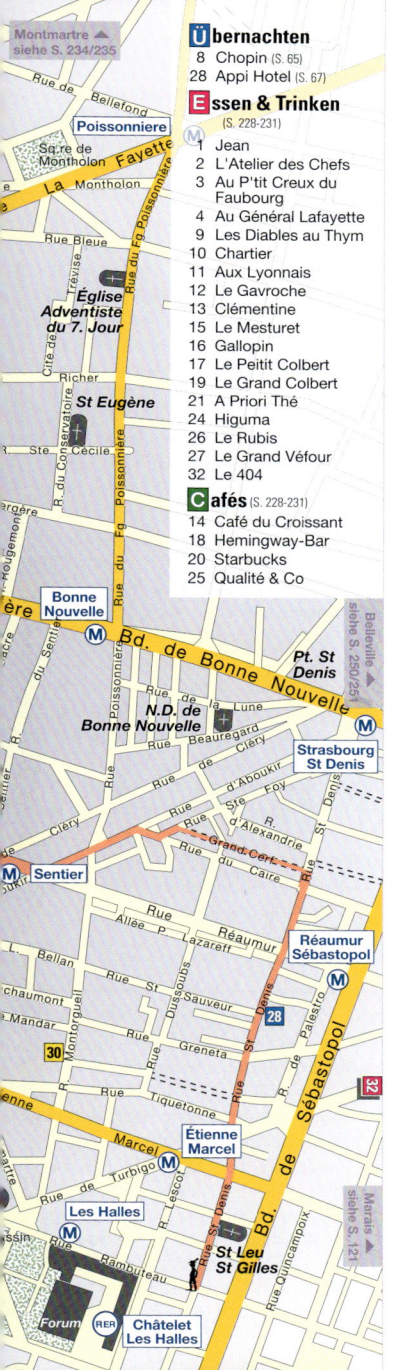

Spaziergang

Wie der Schriftsteller Julien Green einmal bemerkte, „erschließt sich Paris nicht dem Eiligen; es gehört den Träumern, denen, die sich in seinen Straßen zu vergnügen wissen". In diesem Sinne sollte man diesen Spaziergang durch die Welt der Passagen vielleicht auf einer Parkbank im idyllischen Innenhof des **Palais Royal** beginnen, das ursprünglich als Residenz von Kardinal Richelieu errichtet wurde. Die benachbarte Comédie Française sieht sich als französisches Staatstheater den Klassikern von Racine über Molière bis zu Beckett und Ionesco verpflichtet. In unmittelbarer Nähe des Palais Royal liegen auch zwei der schönsten Passagen von Paris, die *Galerie Colbert* und die *Galerie Vivienne* mit ihren geometrischen Mosaikböden. Nicht grundlos hat der längst zum Klassiker avancierte *Jean-Paul Gaultier* gerade hier eine Boutique eröffnet. Direkt nebenan befindet sich die traditionsreiche **Bibliothèque Nationale**. Weitaus betriebsamer geht es in der von Schuhgeschäften dominierten Passage Choiseul zu, die im Jahre 1827 eingeweiht wurde. Eine moderne, gläserne Variante der alten Markthallen hat der Katalane Ricardo Bofill auf der Place du Marché Saint-Honoré geschaffen, wo man auch ein paar nette Cafés finden kann. Jules Hardouin-Mansart, ein renommierter „Kollege" Bofills hat an der Wende zum 18. Jahrhundert die zurückhaltend vornehme **Place Vendôme** entworfen. Die Rue de la Paix führt direkt zur Pariser Oper, die ihre imposante Wirkung der zentralen Lage und damit der Haussmann'schen Städteplanung verdankt. Den letzten großen künstlerischen Höhepunkt erlebte die **Opéra Garnier**, als Rudolph Nureyew von 1983–1989 das Pariser Ballett leitete. Am Boulevard Haussmann liegen mit den *Galeries Lafayette* und den benachbarten *Magasins du Printemps* die

Karte S. 222/223

Passagen

bekanntesten Konsumtempel von Paris. „Ich liebe es, auf den Großen Boulevards zu flanieren, denn dort gibt es so viel, so viel, so viel zu sehen", besang Yves Montand dieses Viertel. Sehenswert ist vor allem die imposante Jugendstil-Glaskuppel, die sich über das Lafayette spannt. Das Printemps besitzt eine Aussichtsplattform mit Cafeteria. Weiter nördlich lohnt das **Musée Gustave Moreau** einen Abstecher, bevor nun eine ausführliche „Exkursion" durch die Passagenwelt ansteht. In der *Passage Verdeau* werden Hirschgeweihe und seltene Briefmarken feilgeboten; auf der gegenüberliegenden Straßenseite kommen in der *Passage Jouffroy* Liebhaber handgefertigter Schirme genauso auf ihre Kosten wie Sammler antiquarischer Filmplakate. Eine besondere Attraktion sind die historischen Spazierstöcke, die Miguel und Gilbert Segas für ihre erlesene Kundschaft bereithalten. In der Passage befindet sich auch der Eingang zum **Musée Grévin**. Auf der anderen Straßenseite setzt sich die gläserne Welt mit der aus dem Jahr 1800 stammenden *Passage des Panoramas* fort. Die Lieblingspassage von Heinrich Heine kann als Archetyp der Pariser Passagen gelten. Man fühlt sich sogleich an Walter Benjamins Worte erinnert: „Die Passagen sind ein Zentrum des Handels in Luxuswaren. In ihrer Ausstattung tritt die Kunst in den Dienst des Kaufmanns. Die Zeitgenossen werden nicht müde, sie zu bewundern."

An der klassizistischen Börse (*La Bourse*) und der Marktstraße *Rue Montorgueil* vorbei, gelangt man zu der kurz nach Napoléons Ägyptenfeldzug errichteten *Passage du Caire*. Diese mit 370 Metern längste und zugleich schmalste Pariser Passage ist fest in der Hand von Stoffgrossisten. Weiter nördlich zweigen von der Rue Saint-Denis weitere Passagen ab (*Passage du Prado, Passage de l'Industrie, Passage Brady, Passage Reilhac*), die teilweise ein recht exotisches Flair besitzen. Ihren Schlusspunkt findet die Rue Saint-Denis in der Porte Saint-Denis, einem 1672 errichteten Triumphbogen. Für Technikliebhaber empfiehlt sich ein Abstecher zum **Musée National des Arts et Métiers des Techniques**, bevor es weiter zur *Passage du Grand-Cerf* geht. Der von zwei Peep-Shows umrahmte Eingang beweist, dass in Paris die Kauf- und Sinneslust nicht allzu weit voneinander entfernt sind. Die Rue Saint-Denis, vor deren Hauseingängen die Kolleginnen von „Irma la Douce" seit jeher auf Kundschaft warten, führt weiter in Richtung Forum des Halles. Davon, dass diese Straße jahrhundertelang eine der schönsten und prächtigsten Straßen von Paris war, ist nichts mehr zu sehen.

Sehenswertes

Palais Royal: Zu den schönsten Ecken am rechten Seineufer gehört das Palais Royal, ein beschauliches Karree mit aristokratischem Touch. Das Flair schätzten bereits Colette, Jean Cocteau und Jean Marais, die in den fünfziger Jahren hier wohnten. Fern jeglicher Großstadthektik laden die Galerien und der Garten mit seinen geometrisch ausgerichteten Baumreihen zum Lustwandeln ein; die im Ehrenhof aufgestellten schwarz-weiß gestreiften Säulen des Schweizer Künstlers Daniel Buren bilden einen spannungsreichen Gegensatz zu dem altehrwürdigen Palais.

Angesichts dieser verschlafenen Idylle ist es heute nur schwer vorstellbar, dass das Palais Royal einst ein Hort der Revolution und der Prostitution war. Da die Polizei zu dem Palast, der damals dem Herzog von Orléans gehörte, keinen Zugang hatte, versammelten sich die revolutionär gesinnten Geister mit Vorliebe in den dortigen Cafés und Lasterhöhlen. Am Nachmittag des 12. Juli 1789 stieg dann ein gewisser Camille

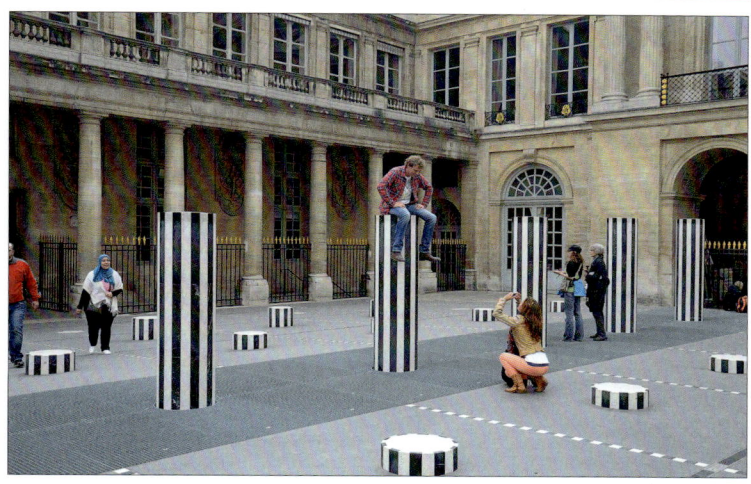

Palais Royal: Kunst zum Anfassen und Herumklettern

Desmoulins auf einen Tisch und forderte, mit einer Pistole wild umher fuchtelnd, die Umstehenden auf, zu den Waffen zu greifen. Eine Rede mit folgenschwerem Ausgang: Zwei Tage später stürmten aufständische Bürger die Bastille! Noch im 19. Jahrhundert rühmte Balzac das Palais Royal als „Tempel des käuflichen Gewerbes", zu dem die Freudenmädchen nach Anbruch der Nacht aus allen Teilen von Paris eilten.

Bibliothèque Nationale: Seit die Bestände der Nationalbibliothek in die neue, im 13. Arrondissement gelegene *Bibliothèque nationale de France François Mitterrand* transferiert wurden, hat das ansehnliche Gebäude seine eigentliche Bestimmung verloren. Glücklicherweise sind die Franzosen aber nie um ein neues Großprojekt verlegen und so soll nun in die einstige Nationalbibliothek das *Institut National d'Histoire de l'Art*, ein Zentralinstitut für Kunstgeschichte, einziehen. 500 Millionen Francs – die Summe entspricht 76 Millionen Euro – wurden für den Umbau und die Einrichtung des Instituts bewilligt. Berühmt ist vor allem das 1863 fertig gestellte Lesesaal (*Salle du travail*) von Henri Labrouste, dessen neun Kuppeln von einer grazilen Metallkonstruktion getragen werden; die zentralen Rundfenster sorgen für eine gleichmäßige Beleuchtung der 360 Arbeitsplätze. Ein würdevoller Ort: Es gibt kaum einen angesehenen französischen Geisteswissenschaftler des 20. Jahrhunderts, der nicht hier gearbeitet hätte. Über eine Besucherloge kann man einen Blick in den Lesesaal werfen. Achtung: Wegen Renovierungsarbeiten ist bis 2014 keine Besichtigung möglich.

58, rue Richelieu, 75002. Ⓜ Palais Royal (Linie 1 und 7). Tgl. außer Di–Fr 9–18 Uhr, Mo 14–18 Uhr, Sa 9–17 Uhr. www.bnf.fr.

Place Vendôme: Die Place Vendôme mit ihrem achteckigen Grundriss ist einer der vornehmsten Plätze von ganz Paris, der vor allem durch seine Geschlossenheit und seine harmonischen Proportionen besticht. Da sich rund um die Place Vendôme mehrere Juweliere und das mittlerweile schon legendäre Hotel Ritz niedergelassen haben, kann man auch vom wohl teuersten Platz der Stadt sprechen. Seinen optischen Fixpunkt

Karte S. 222/223

Passagen

erhielt der Platz durch Napoléon, der 1810 zur Erinnerung an die siegreiche Schlacht von Austerlitz aus den erbeuteten Kanonen die 44 Meter hohe Colonne Vendôme gießen und in der Mitte des Platzes aufstellen ließ. Der Trajansäule in Rom nachempfunden, verherrlichen die Bronzereliefs die napoleonische Kriegskunst. Als „Symbol der brutalen Gewalt und des falschen Stolzes" wurde die Colonne Vendôme von den Kommunarden im Mai 1871 umgestürzt, wenig später aber wieder mit Napoléon an der Spitze aufgerichtet. Im Haus Nr. 12 starb 1849 übrigens der Komponist Frédéric Chopin.

Opéra Garnier: Mit ihrem verschwenderischen Dekor zählt die Opéra Garnier zu den Prachtbauten des Zweiten Kaiserreiches. Den 1861 ausgeschriebenen Wettbewerb gewann der damals 36-jährige Architekt Charles Garnier, der mit einer ungewöhnlichen ornamentalen Fülle den „Stil Napoléon III." erfand. Das Bauwerk verbindet Klassizismus und Realismus im Sinne einer funktional ausgerichteten Architektur. Garnier konzipierte einen kugelartigen Bau, der den Besucher von der Außenwelt abschirmte und ihm gestattete, in eine musikalische Traumwelt einzutauchen. Schon bald nach ihrer Eröffnung entwickelte sich die Oper, die insgesamt 1900 Sitze aus rotem Samt beherbergt, zu einer „Kathedrale der Bourgeoisie" (Théophile Gautier). Wer in Paris etwas auf sich hielt, zeigte sich regelmäßig im Opernhaus. Garnier revolutionierte mit seiner Architektur die gesellschaftlichen Sitten: Statt während der Pausen in ihren Logen Gäste zu empfangen, flanierten die Besucher durch die Gänge und trafen sich in dem von Baudry in zehnjähriger Arbeit dekorierten Foyer. Noch heute beeindrucken die Dimensionen der Bühne mit einer Breite von 48,5 Metern, einer Tiefe von 27 Metern und einer Höhe von 60 Metern! Beachtenswert sind die Treppe im Foyer und das 1964 von Marc Chagall geschaffene Deckengemälde im Zuschauerraum.

Karten für die Opéra Garnier, in der seit 1989 fast ausschließlich Ballett geboten wird, sind schwer zu bekommen. Wie sagte doch einst der Direktor zu einem Kritiker: „Gleichgültig, was und wie

Bombastisch: Opéra Garnier

Technik aus zwei Jahrhunderten: Musée des Arts et Métiers

bei uns gesungen wird, mit der Monumentaltreppe und dem luxuriösen Foyer werde ich stets ein volles Haus haben." Apropos volles Haus: Auf dem Dach der Oper steht ein Bienenstock, der Hobbyimker vertreibt seinen Honig über das Feinkostgeschäft „Fauchon" ... Ein Flügel der Opéra wurde 1992 im Rahmen umfassender Renovierungsmaßnahmen zu einem Bibliotheksmuseum umgebaut und kann ebenfalls besichtigt werden.

Place de l'Opéra, 75009. Ⓜ Opéra (Linie 3, 7 und 8). 10–17 Uhr. Eintritt 8 €, erm. 5 €. www.operadeparis.fr.

Musée Gustave Moreau: Der Maler Gustave Moreau (1826–1898), ein schwärmerischer Romantiker, bevorzugte mythologische und biblische Themen, die er mit phantastischem Pathos gestaltete. Unmittelbar nach seinem Tod wurde in dem von ihm bewohnten Stadtpalais ein Museum eingerichtet, das noch deutlich den Geist des Künstlers atmet, da sich der Nachlassverwalter genau an die Vorgaben Moreaus hielt.

14, rue de la Rochefoucauld, 75009. Ⓜ Trinité (Linie 12). Tgl. außer Di 10–17.15 Uhr. Eintritt 6,50 €, erm. 4,50 €. www.musee-moreau.fr.

Musée Grévin: Das bekannte Wachsfigurenkabinett ist das Pariser Pendant zu Madame Tussauds. Unter einem Dach vereint, tummeln sich in nachgestellten Szenen aus der französischen Geschichte so berühmte Persönlichkeiten wie die Nationalheldin Jeanne d'Arc, Ludwig XIV., Napoléon und Marat; aber auch Filmgrößen wie Jean-Paul Belmondo dürfen nicht fehlen.

10, boulevard Montmartre, 75009. Ⓜ Grands Boulevards (Linie 8 und 9). Tgl. 10–18 Uhr, am Wochenende und in den Ferien bis 19 Uhr. Eintritt 22 €, erm. 19 bzw. 15 oder 12 €. www.grevin.com.

Musée National des Arts et Métiers des Techniques: Nach umfangreichen Renovierungsarbeiten öffnete das 1794 gegründete Museum der technischen Fachhochschule im Herbst 1999 wieder seine Pforten. Untergebracht im ehemaligen Kloster Saint-Martin-des-Champs, gehört zum Fundus des Museums unter anderem die weltweit größte Sammlung von Mikroskopen. Ein Muss für Technikfreaks!

60, rue Réaumur, 75003. Ⓜ Arts et Métiers (Linie 3 und 11). Tgl. außer Mo 10–18 Uhr, Do 10–21.30 Uhr. Eintritt 6,50 €, erm. 4,50 €. Am 1. So im Monat und am Do ab 18.30 Uhr ist der Eintritt frei! www.arts-et-metiers.net.

Passagen Karte S. 222/223

Literatur-Passagen

Die Pariser Passagen haben auch ihre Spuren in der Literaturgeschichte hinterlassen: So lernte der im Exil lebende Heinrich Heine in der Passage des Panoramas seine Mathilde kennen, Charles Baudelaire flanierte unter dem gleichen Glasdach auf der Suche nach Inspirationen für sein lyrisches Werk und Emile Zolas „Nana" wartete dort auf ihre Freier. Die zwischen Oper und Nationalbibliothek gelegene Passage Choiseul spielt ebenfalls eine wichtige Rolle in einem von düsterer Atmosphäre getragenen Roman: Louis-Ferdinand Céline schildert in „Tod auf Borg", wie ein kleiner Junge sein Leben in der Passage als niederdrückend empfindet. Er wächst in einer überfüllten Ladenwohnung mit zu dünnen Wänden auf und leidet unter dem trüben und gefilterten Licht des Glasdachs, das den Blick auf den Himmel versperrt. Eine öde und leere Kindheit, ohne den belebenden Wechsel der Jahreszeiten. Louis Aragon schildert in einem Teil seiner surrealistischer Schrift „Der Bauer von Paris" die verlorene Welt der Passage de l'Opéra, die 1924 dem Ausbau des Boulevard Haussmann weichen musste.

Praktische Infos

(→ Karte S. 222/223)

Essen und Trinken

Le Grand Véfour 27, wer Essen will wie Gott in Frankreich, ist im Grand Véfour richtig. Das Restaurant befindet sich bereits seit 1782 in der zum Palais Royal gehörenden Galerie Beaujolais. Phantastisch ist das Ambiente, das mit seinen roten Velourbezügen und vielen Spiegeln vom mondänen Glanz des Ancien Regime kündet. Der Küchenchef Guy Martin, ein gebürtiger Savoyonarde, zählt zu den Könnern seines Fachs und verblüfft mit raffinierten Kreationen, was ihm bisher vier Gault-Millau-Hauben und zwei Michelin-Sterne eingebracht hat. Das Mittagsmenü für 96 € erscheint daher keinesfalls als übelteuert, das abendliche *dîner* kostet allerdings stolze 282 Euro! Sa, So und im Aug. geschlossen. 17, rue de Beaujolais, 75001, ✆ 0142965627. Ⓜ Pyramides (Linie 7 und 14). www.grand-vefour.com.

Au P'tit Creux du Faubourg 3, einfache, aber einladende Vorstadtgaststätte mit guter, bodenständiger Küche. Menüs zu 12, 15,50 € (inkl. ein Getränk), ein Viertel Wein ab 3 €. Abends und Sonntags geschlossen, Ende Juli Betriebsferien. 66, rue du Faubourg-Montmartre, 75009. Ⓜ Notre-Dame-de-Lorette (Linie 12).

Au Général Lafayette 4, beliebte Brasserie im Stil der Jahrhundertwende mit anspruchsvoller Küche. Hier treffen sich in erster Linie die Pariser. Bierfreunde haben es schwer: Rund 100 Sorten Gerstensaft stehen zur Auswahl. Wechselnde Tagesgerichte, Menü zu 31 € (inkl. einem Glas Wein). Tgl. bis 2.30 Uhr geöffnet. 52, rue Lafayette, 75009, ✆ 0147705908. Ⓜ Le Peletier (Linie 7).

Jean 1, im wohlfeilen distinguierten Ambiente wird hier die hohe gastronomische Kunst gepflegt (ein Michelin-Stern), wobei der Chefkoch sich von der asiatischen Küche inspirieren lässt. Mittagsmenü 48 €, abends zu 52, 65 und 95 €. Mo im Winter Ruhetag. 8, rue Saint Lazare, ✆ 0148786273. Ⓜ Notre-Dame-de-Lorette (Linie 12). www.restaurantjean.fr.

≫ Mein Tipp: L'Atelier des Chefs 2, kein richtiges Restaurant, sondern ein Kochstudio mit einem zugehörigen Laden für Küchenartikel und Kochzutaten. Täglich werden mehrere Kochkurse angeboten, die von 30 Minuten bis zwei Stunden dauern. Ausgerüstet mit Plastikkochschürzen bereitet man in lockerer Atmosphäre die saisonal wechselnden Gerichte zu. Anschließend werden die Köstlichkeiten gemeinsam mit den anderen rund zwölf Kursteilnehmern an einer langen Tafel verspeist. So lecker wie ungewöhnlich! Allerdings sollte man über Grundkenntnisse der französischen Sprache verfügen. Die Rezepte bekommt man anschließend per Mail zugeschickt. Mittagskurse (*L'En-Cas*) für 15 € (ein Hauptgericht), das 3-Gang-Menü (*Le Menu*) für 54 €. Eine Vorabanmeldung ist fast unumgänglich! 20, rue Saint Lazare, 75009, ✆ 0149709750. Ⓜ Notre-Dame-de-Lorette (Linie 12). www.atelierdeschefs.fr. **«**

Chartier 🔟 kein Juwelier, sondern eine der letzten authentischen Pariser „Suppenküchen", etwas versteckt in einem Hinterhof gelegen. Unabhängig von Rang und Namen, alle treffen sich unter den hohen Decken. Geboten wird ein authentisches Flair und ein sehr moderates Preisniveau. Es gibt keine Haute Cuisine, sondern einfache bodenständige Kost ohne kulinarischen Anspruch, von deftigen Speisen wie *Andouillette grillée* (*Wurst aus Innereien*) für 11,60 € bis hin zu einem Kalbsfrikassee (*Blanquette de veau a l'ancienne riz*) für 11 €. Als Vorspeise wählt man beispielsweise einen Karottensalat für 1,80 € und zum Dessert Pfirsich Melba für 3,50 €. Wechselndes Menü zu 19 €. Keine Reservierung möglich, weswegen sich zu manchen Zeiten lange Schlangen vor dem Eingang bilden. Von 11.30–22 Uhr durchgehend geöffnet. 7, rue du Faubourg-Montmartre, 75009, ✆ 0147708629. Ⓜ Grands Boulevards (Linie 8 und 9). www.restaurant-chartier.com.

Les Diables au Thym 9️⃣, raffinierte Küche, ausgesuchte Weine – was will man mehr? Lecker sind die gegrillten Wachteln auf Rosinen oder das *Filet de Rascasse*. Menüs zu 24 bzw. 30 €. Samstagmittag, So und im Aug. geschlossen. 35, rue Bergère, 75009, ✆ 0147707709. Ⓜ Grands Boulevards (Linie 8 und 9).
www.lesdiablesauthym.com.

Gallopin 🔟6, historisches Bistro mit schmuckem Ambiente, direkt hinter der Börse. Die klassische französische Küche bietet ein hervorragendes Preis-Leistungs-Verhältnis. Menüs zu 19,90 und 24,50 € (mittags), sonst 34 und 38 €. Kein Ruhetag. 40, rue Notre-Dame-des-Victoires, 75002, ✆ 0142364538. Ⓜ Grands Boulevards (Linie 8 und 9). www.brasseriegallopin.com.

Le Grand Colbert 1️⃣9️⃣, begeisterte Cineasten kennen das nach dem Finanzminister des Sonnenkönigs benannte Restaurant durch den Film „Was das Herz begehrt", in dem sich Jack Nicholson, Diane Keaton und Keanu Reeves gegen Ende des Films in der Brasserie an der Bibliothèque Nationale treffen. Abgesehen von dieser Referenz, versprüht das „LGC" mit seinem authentisch historischen Ambiente aus dem 19. Jahrhundert ein verspielt-romantisches Flair samt Palmen und offeriert eine bodenständige Küche zu passablen Preisen. Serviert werden beispielsweise Meeresfrüchte, Froschschenkel (*Cuisses de grenouilles à la provençale*) oder Jakobsmuschel-Spießchen. Auffallend sind die üppigen Portionen; so lässt sich die Lammschulter kaum bewältigen (66 € für zwei Pers.) — leider fehlt ihr dafür jedoch auch jegliche Raffinesse. Mittagsmenüs zu 25,50 und 32,50 € (werktags und ab 22.30 Uhr). Kein Ruhetag. 2, rue Vivienne, 75002, ✆ 0142868788. Ⓜ Bourse (Linie 3). www.legrandcolbert.fr.

Le Petit Colbert 1️⃣7️⃣, die „Filiale" des LGC gefällt mit ihrem Ambiente samt verspiegelten Wänden. Kleine Straßenterrasse. Vergleichbares kulinarisches Niveau. Mittagsmenü zu 23,50 €, sonst 29,50 €. Kein Ruhetag. 8, rue Monsigny, 75002, ✆ 0140204216. Ⓜ Quatre-Septembre.

A Priori Thé 2️⃣1️⃣, unter dem Glasdach der Galerie Vivienne gelegen, ist dies einer der schönsten Teesalons von Paris. Gereicht werden hervorragende Patisserien. Am Wochenende gibt es Brunch. Tgl. 9–18 Uhr, Sa bis 18.30 Uhr, So 12–18.30 Uhr. 35-37, Galerie Vivienne, 75002, ✆ 0142974875. Ⓜ Bourse (Linie 3).

Le Mesturet 1️⃣5️⃣, ein klassisches Pariser Eckbistro. Zu den guten Weinen werden Klassiker wie *Blanquette de veau* serviert. Menüs zu 23,50 und 29,50 €. Samstagmittag und Sonntag geschlossen. 77, rue de Richelieu, 75002, ✆ 0142974068. Ⓜ Bourse (Linie 3). www.lemesturet.com.

»» Mein Tipp: Aux Lyonnais 1️⃣1️⃣, ein echter Bouchon Lyonnais an der Seine! Faszinierend auch das originalgetreue Ambiente aus dem Jahr 1880 mit gekachelten Wänden und viel Stuck. Auf der Karte des inzwischen zum Imperium von Alain Ducasse gehörenden Restaurants finden sich Lyoner Klassiker wie *Quenelle de brochet* (Hechtklößchen in Krebssoße). Mittagsmenü 28 €. Samstagmittag, Sonntag und Montag geschlossen. 32, rue Saint-Marc, 75002, ✆ 0142966504. Ⓜ Richelieu Drouot (Linie 8 und 9). www.auxlyonnais.com. **«**

Passagen
Karte S. 222/223

Le Gavroche , das Weinbistro in unmittelbarer Nähe zur Börse besitzt das Flair einer Vorstadtkneipe. Man kommt, um das Ambiente zu genießen, weniger wegen der Küche – die ist bodenständig, aber es fehlt ihr leider jede Raffinesse. Hauptgerichte zwischen 12 und 15 €, Mittagsmenü 20 €. So und im Aug. geschlossen. 19, rue Saint-Marc, 75002, ℰ 0142968970. Ⓜ Richelieu Drouot (Linie 8 und 9).

Clémentine, eine kleine Zeitreise bietet dieses im Jahre 1906 eröffnete Bistro mit seinen verspiegelten Wänden und den altertümlichen Tischdecken. Klassische Küche von *fricassée* bis hin zu *emincé de canard*. Menüs zu 23 oder 30 €. Am Wochenende geschlossen. 5, rue Saint-Marc, 75002, ℰ 0140410565. Ⓜ Richelieu Drouot (Linie 8 und 9). ww.restaurantclementine.com.

»» Mein Tipp: Higuma, westlich der Nationalbibliothek haben sich zahlreiche japanische Suppenküchen angesiedelt, die sich großer Beliebtheit erfreuen, weshalb sich mittags oft lange Schlangen vor den Eingängen bilden. Zu den besten gehört das Higuma: Leckere Ramen-Suppen (hier *Lamen* genannt), sehr einfaches Ambiente, schneller Service. Hauptgerichte 7,50–8,50 €. Tgl. 11.30–22 Uhr. 32bis, rue Sainte Anne, 75001, ℰ 0147033859. Ⓜ Pyramides (Linie 7 und 14). http://higuma.fr. «««

Café du Croissant, noch immer von Journalisten und Redakteuren gern besuchtes Café (1820 eröffnet) inmitten des historischen Presseviertels. Am 31. August 1914 verübte hier übrigens ein national gesinnter Fanatiker ein Attentat auf den bekannten Pazifisten und Sozialisten Jean Jaurès … Viel Holz und Patina, schöne Straßenterrasse. Hauptgerichte 15 €. Mo–Sa 7–1 Uhr. 146, rue Montmartre, 75002, ℰ 0142333504. Ⓜ Grands Boulevards (Linie 8 und 9). www.le-croissant.com.

Le Rubis, uriges Weinbistro mit nostalgischem Flair. Auf der Straße stehen ein paar große Fässer als Tischersatz. Zum Ausschank kommen rund zwei Dutzend offene Weine, ein kleines Glas kostet zwischen 1,60 und 3,80 €, der Café am Tresen 1,10 €. Mittags, wenn der meist bodenständige *plat du jour* (10–12 €) serviert wird, ist es fast immer brechend voll. Bis 22 Uhr geöffnet, Samstagabend, So und drei Wochen im Aug. geschlossen. 10, rue du Marché-Saint-Honoré, 75001, ℰ 0142610334. Ⓜ Pyramides (Linie 7 und 14).

Qualité & Co, schräg gegenüber von Le Rubis findet sich das Kontrastprogramm: Ein moderner Imbiss mit ZenAtmosphäre. Zu essen gibt es absolut leckere Salate, Sandwiches, Wraps, Joghurt und süße Desserts (alles auch zum Mitnehmen, die Tuilerien sind nicht weit!). Zudem werden Risotto und wechselnde Tagesgerichte (8,90 €) angeboten. Fast alles in Bioqualität! WLAN. Tgl. 8.30–18 Uhr, Sa und So 11–18 Uhr. 7, rue du Marché-Saint-Honoré, 75001. Ⓜ Pyramides (Linie 7 und 14). www.qualiteandco.com. ∎

Günstig und frisch: Japanische Suppenküchen

Starbucks 20, die amerikanische Kaffee-hauskette unterhält inzwischen auch an der Seine ein paar Filialen. Wenig parise-risch, aber der Kaffee ist ausgezeichnet, und die Toiletten sind in der Regel sauber. 24, avenue de l'Opéra, 75001. Ⓜ Pyramides (Linie 7 und 14).

Hemingway-Bar 18, die Bar im Hotel Ritz, die Hemingway „höchstpersönlich" von der deutschen Besatzung befreit haben will, genießt Kultstatus. Die Preise sind hoch (Cocktails 15–20 €), die Chancen, „zufällig" einen Prominenten zu treffen, stehen nicht schlecht. Tgl. 18.30–2 Uhr geöffnet. Achtung: Voraussichtlich bis 2014 wegen Renovierung geschlossen. 15, place Vendôme, 75001. Ⓜ Opéra (Linie 3, 7 und 8).

Le 404 32, veredelte nordafrikanische Gau-menfreuden in einem alten Palais samt arabischem Flair. Ende Aug. zwei Wochen Betriebsferien. Mittagsmenü zu 17 €, abends à la carte 45–50 €. 69, rue Gravil-liers, 75003. ✆ 0142745781. Ⓜ Arts et Mé-tiers (Linie 3 und 11). www.404-resto.com.

Einkaufen

Didier Ludot 31, exklusive Second-hand-Mode. Jardins du Palais Royal. 24, galerie Montpensier, 75002. Ⓜ Palais-Royal (Linie 1 und 7).

Gaultier 23, das einstige Enfant Terrible ist längst zum Klassiker mutiert. 6, rue Vi-vienne, 75002. Ⓜ Palais-Royal (Linie 1 und 7).

Kenzo 29, der japanische Edeldesigner ist selbstverständlich auch mit einer Boutique in Paris vertreten. 3, place des Victoires, 75002. Ⓜ Palais-Royal (Linie 1 und 7).

Les Galeries Lafayette 5, berühmter Kon-sumtempel mit großer Auswahl an Kosme-tik und Designermode. Jeder berühmte Modemacher und jeder berühmte Kosmetik-hersteller hat hier seinen „Altar". Vor einigen Jahren machte das Kaufhaus Schlagzeilen, als lebendige Schaufensterpuppen die neu-este Wäschekollektion der Designerin Chan-tal Thomass präsentierten. Nur mit einem BH und Slip, Unterrock oder Nachthemd be-kleidet, bewegten sich mehrere Mannequins in den Schaufenstern, die in eine Art „Zim-mer" verwandelt wurden. Nachdem die fran-zösischen Frauenorganisationen landesweit protestiert hatten, wurde die Modenschau ins Kaufhaus verlegt. Tipp: Von der großen Dachterrasse im 7. Stock aus hat man

Noble Adresse: Jean-Paul Gaultier

einen tollen Blick auf die Opéra! 40, boule-vard Haussmann, 75009. Ⓜ Chaussée d'Antin (Linie 7 und 9). www.galerieslafayette.com.

Magasins du Printemps 6, ebenfalls ge-krönt von einer farbenprächtigen Glaskup-pel, findet sich auf acht Etagen alles, was das französische Herz begehrt. Lohnend ist auch ein Besuch der im 5. Stock unterge-brachten „World Bar", eines witzigen De-sign-Cafés. 64, boulevard Haussmann, 75009. Ⓜ Havre-Caumartin (Linie 3).

Antiquariat 7, in der Passage Jouffroy können Bücherfreunde stundenlang an den Büchertischen kramen. Passage Jouffroy, 75009. Ⓜ Richelieu Drouot (Linie 8 und 9).

Marché Montorgueil 30, der Straßenmarkt in der Rue Montorgueil erinnert noch ein wenig an das Flair im einstigen Hallenvier-tel. Auf beiden Seiten der Straße finden sich viele Cafés und Bistros. Lohnend! 75002. Ⓜ Sentier (Linie 3).

Marché St Honoré 22, kleiner Straßenmarkt mit Lebensmitteln. Mittwochnachmittag und Samstagvormittag. 75001. Ⓜ Pyramides (Linie 7 und 14).

Karte S. 222/223   Passagen

Über den Dächern thront Sacré-Cœur

Montmartre

Der Montmartre besitzt eigentlich zwei Wahrzeichen: Zum einen die strahlend weiße Kuppel von Sacré-Cœur, zum anderen das legendäre Moulin Rouge, die wohl berühmteste „Windmühle" der Welt. Größer können Gegensätze kaum sein.

Seinen Namen erhielt der Montmartre (*Mons Martyrium*) wahrscheinlich durch den Märtyrertod des heiligen Dionysius (*Saint Denis*), der hier im Jahre 287 enthauptet wurde und anschließend noch bis zum heutigen Pariser Vorort gelaufen sein soll, so jedenfalls behauptet es die christliche Legende. Jahrhundertelang ereignete sich kaum etwas am Montmartre, sieht man einmal von der Gründung einer Benediktinerabtei ab. Zur Zeit der Französischen Revolution hatte die Gemeinde Montmartre gerade einmal 638 Einwohner, von denen ein Großteil in den Kalksteinbrüchen arbeitete. Im 19. Jahrhundert wurde der Hügel von Montmartre – die Revolutionäre nannten den Berg *Mont Marat* – mit seinen Weinbergen, billigen Schenken und lustigen Windmühlen zu einem beliebten sonntäglichen Ausflugs- und Vergnügungsziel der Pariser Bevölkerung, denn der Märtyrerberg lag bis 1860 noch außerhalb des Stadtgebietes, so dass die Lokalsteuer, der *Octroi*, dort nicht erhoben wurde. Bald folgten die ersten Künstler nach, von dem Flair und den billigen Mieten angezogen. Renoir, Degas, Van Gogh, Toulouse-Lautrec, Picasso, Braque, Utrillo, Modigliani und viele mehr verhalfen dem schönen Hügel zur Unsterblichkeit. Das in seiner ursprünglichen Form nicht mehr existierende „Bateau Lavoir" auf der Place Emile Goudeau gilt als Geburtsstätte des Fauvismus und Kubismus. Picasso mal-te 1907, als er hier mit Fernande Olivier zusammenlebte, eines seiner berühmtesten Gemälde: *Les Demoiselles d'Avignon*. Erst jüngst ist der Montmartre durch zwei Kinofilme wieder in den Mittelpunkt gerückt: Da ist einmal Baz Luhrmanns „Moulin Rouge", mit Nicole Kidman in

der Hauptrolle, zu nennen, der jedoch an Beliebtheit von dem französischen Filmmärchen „Die fabelhafte Welt der Amélie" weit in den Schatten gestellt wurde.

Wer Lust hat, kann noch durch die Straßen südlich der Place Pigalle streifen. Das ehedem schlecht beleumundete Viertel erlebt zur Zeit eine Renaissance: „SoPi" (South Pigalle) gilt als chic, die Stundenhotels und Drogendealer sind verschwunden, trendige Hotels wie das „Amour" haben eröffnet. Mit anderen Worten: Die Gentrifizierung hat längst begonnen.

Spaziergang

Wer von der Gare du Nord dem Montmartre zustrebt, taucht ein in die multikulturelle Welt der Pariser Armenviertel. Ein Hauch von Afrika liegt in der Luft, der indische Subkontinent zeigt sich in der Rue Faubourg Saint Denis von seiner farbenprächtigsten Seite. Das bekannteste Markenzeichen dieser Gegend ist das am Anfang des Boulevard Rochechouart gelegene Kaufhaus *Tati*, das Konsumparadies der Unterschicht und der Immigranten. Das Viertel mit dem malerischen Namen *Goutte d'Or* (Goldtropfen), wo Zola 1877 seinen Trinker-Roman „L'Assommoir" ansiedelte, ist bekannt für seinen hohen Immigrantenanteil. Augenfällig wird hier der große Kontrast zu der von Touristen umschwärmten Kuppel von Sacré-Cœur. Von der Métrostation Anvers führt der Weg direkt hinauf zur **Basilique du Sacré-Cœur**. Wem der Aufstieg zur *Butte*, wie der 130 Meter hohe Hügel genannt wird, zu beschwerlich ist, kann mit einer normalen Métrofahrkarte auch die „Drahtseilbahn" (*funiculaire*) benutzen. Im Sommer trifft sich ein buntes Publikum auf den Treppen unterhalb der Kirche, Musiker geben eine kurze Kostprobe ihres Repertoires. Kunsthistorisch wertvoller ist die direkt nebenan gelegene Eglise Saint-Pierre; sie geht auf eine Benediktinerabtei aus dem frühen 12. Jahrhundert zurück und zählt somit zu den ältesten Kirchen von Paris. Das Herz von Montmartre ist die idyllische Place du Tertre.

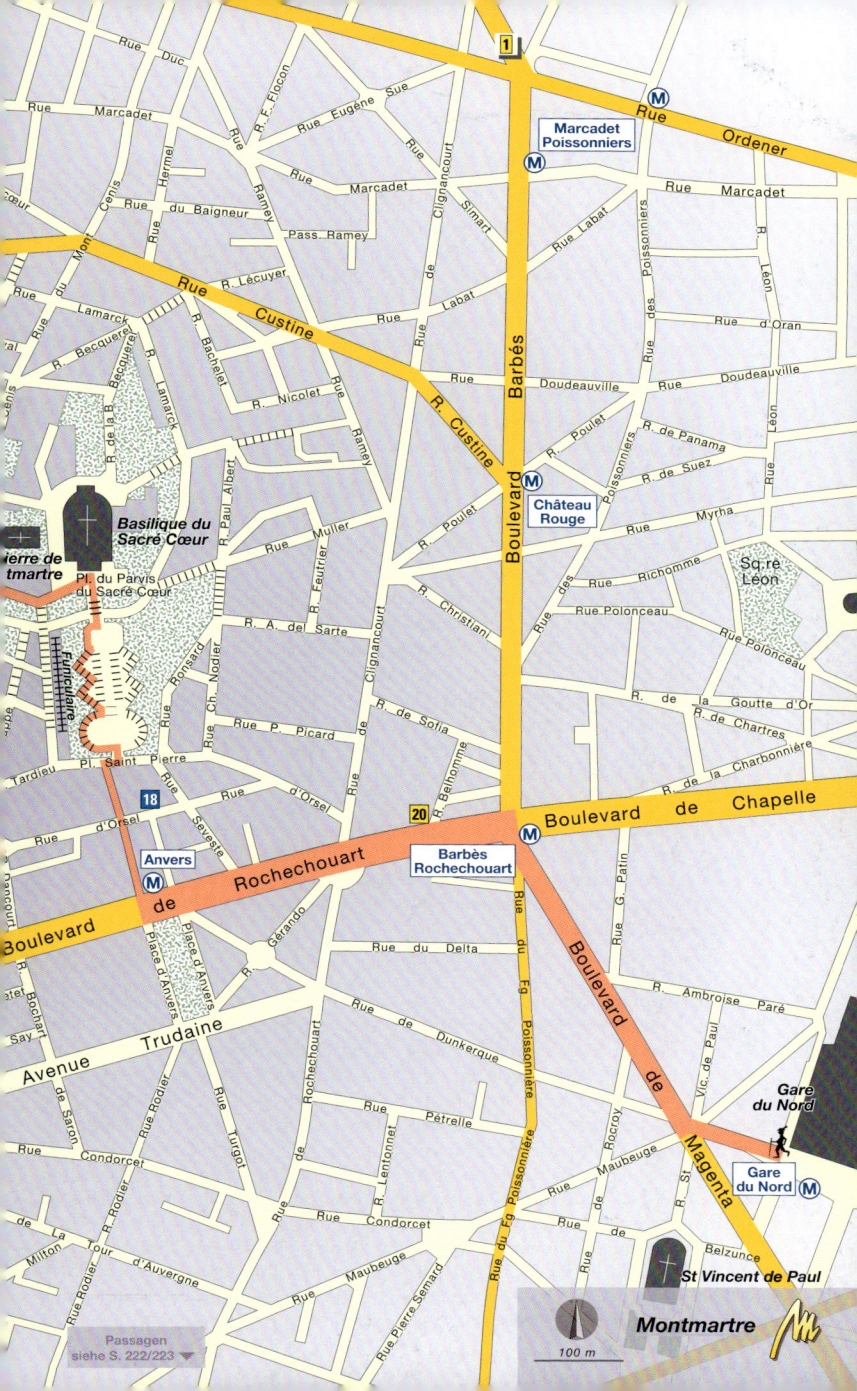

Quartiere der Lust

Paris hat den schier unverwüstlichen Ruf, eine Stadt der Liebe und des Lasters zu sein, dessen erotisches Zentrum rund um die Place de Pigalle zu finden ist. Bereits im frühen 18. Jahrhundert soll es in der Rue de Clichy eine *Folie*, ein Lusthaus, gegeben haben, dessen gewagte Feste in der ganzen Stadt bekannt waren. Selbst Ludwig XV. und seine Mätresse, die Marquise de Pompadour, sollen sich 1730 von dem wilden Treiben höchstpersönlich überzeugt haben. Berühmt geworden sind die einschlägigen Etablissements am Montmartre vor allem durch Henri de Toulouse-Lautrec (1864–1901). Der Abkömmling eines uralten französischen Adelsgeschlechts ist ein Sonderfall. Mehr als jeden anderen Maler hat Toulouse-Lautrec die Lasterhaftigkeit der französischen Hauptstadt geradezu magisch angezogen. In dem Halbweltmilieu von Tingeltangel und Bordells fand er die Modelle und Sujets, die dank seiner Kunstfertigkeit unsterblich wurden. So wurde Toulouse-Lautrecs Stammlokal, das Moulin Rouge, erst durch die von ihm gemalten Plakate zu einer Pariser Institution, und wer würde sich noch an die damals berühmte Tänzerin La Goulue erinnern, hätte „Monsieur Kaffeekanne" sie nicht gemalt?

Die Freudenhäuser, die *Maisons de tolérance*, in denen der männliche Nachwuchs des Bürgertums einst seine Unschuld verlor, sind allerdings längst verschwunden. Am 13. April 1946 hatte die Nationalversammlung die Schließung aller französischen Bordelle beschlossen – eine fatale Entscheidung, die Prostitution ist nicht verschwunden, sie ist nur unkontrollierbarer geworden. Pikante Note am Rande: Die Gegner des Beschlusses fanden heraus, dass die prominente Pariser Stadträtin Marthe Richard, die sich damals vehement für die Abschaffung der Freudenhäuser einsetzte, von 1905 bis 1907 in Nancy selbst als Prostituierte registriert gewesen war …

Heute ist der Boulevard de Clichy mit seinen Peepshows und Pornoshops, seinen tristen Videotheken und Imbissbuden zu einer regelrechten Bannmeile des Begehrens mutiert. Auf der Suche nach dem erotischen Kitzel streifen die Touristen und Provinzfranzosen an den neonlichterhellten Etablissements vorbei und landen irgendwann vor dem Moulin Rouge, der berühmtesten Windmühle der Welt.

Allerdings wird der fotogene Platz von Touristen regelrecht überschwemmt, die umstehenden Häuser sind in der Hand von schlechten, überteuerten Restaurants, vor denen dritt- und viertklassige Künstler ihre Bilder anbieten und Touristen karikieren. Anspruchsvollere Kunst bieten das nahe **L'Espace Montmartre-Dalí** und das **Musée de Montmartre**, das unverständlicher Weise nur von wenigen Touristen aufgesucht wird. Direkt hinter dem Museum liegt der berühmte, zwei Hektar große städtische Weinberg des Montmartre, dessen wenig berauschender Wein für 40 € pro Flasche zugunsten sozial schwacher Kinder verkauft wird. Noch ein kleines Stück weiter steht noch das kleine rosa Haus (*La Maison Rose*), in dem einst Utillo wohnte und arbeitete. An der Moulin de la Galette – eine der letzten beiden von einst vierzig Windmühlen am Montmartre – vorbei gelangt man zum Friedhof von Montmartre. Nicht alle Bereiche des sieben Hektar großen **Cimetière de Montmartre** strahlen die sprichwörtliche Friedhofsruhe aus. Im Südosten wird der Fried-

Place du Tertre – das Herz von Montmartre

hof ziemlich brutal von der viel befahrenen Rue Caulaincourt durchschnitten, der Lärm der Gegenwart mischt sich mit dem Schweigen der Toten (der Eingang liegt übrigens am Ende der Avenue Rachel). Am Boulevard de Clichy warten wieder die Freuden des Diesseits. Allerdings ist die Erotik dieser glänzenden Scheinwelt schon längst im Neonlicht erstarrt. Über diese Tatsache hilft auch ein Besuch des **Musée de l'Erotisme** nicht hinweg. Interessanteres hat da schon das im neuen Trendviertel South Pigalle gelegene **Musée de la Vie Romantique** zu bieten. Die langgestreckte Rue Lepic, deren unterer Teil als Marktstraße genutzt wird, führt von der Place Blanche wieder hinauf in die schönste Gegend des Montmartre-Viertels. Van Gogh hat übrigens eine Zeit

lang im Haus Nr. 56 gewohnt. Die Rue des Abbesses wird von einigen netten Cafés und kleinstädtischen Geschäften gesäumt. Sie endet am gleichnamigen Platz mit der Métrostation Abbesses, deren Wetterschutzdach noch ein Jugendstiloriginal von Hector Guimard ist. Es bietet sich an, ein wenig weiter durch die umliegenden Gassen und Straßen zu schlendern; in der Rue d'Orsel befinden sich beispielsweise noch mehrere Handwerksbetriebe. Ein kleines Stück oberhalb der Place des Abesses stößt man auf die begrünte Square Jehan Rictus. Hier befindet sich *Le mur des je t'aime*, eine 40 Quadratmeter große, blau gekachelte Mauer, auf der in mehr als 300 Sprachen und Dialekten „Ich liebe dich" steht: eine poetische Hommage an Paris, die Stadt der Liebe.

Sehenswertes

Basilique du Sacré-Cœur: Das bekannteste Wahrzeichen des Montmartre ist die im „Zuckerbäckerstil" errichtete Herz Jesu Kirche. Genau genommen ist die Basilika ein Symbol für die zu-

tiefst reaktionäre Geisteshaltung der 1870er Jahre, als Frankreich religiös und politisch am Boden lag. Als weithin sichtbares Zeichen der nationalen Sühne sollte die strahlend weiße

Montmartre Karte S. 234/235

Kirche an die Niederlage im Deutsch-Französischen Krieg von 1870/71 und die Verbrechen während der darauffolgenden Pariser Kommune erinnern. Mit diesen „Verbrechen" war allerdings weniger das Niedermetzeln der Aufständischen durch die Regierungstruppen gemeint, sondern in erster Linie der Aufstand an sich. Über den byzantinisch angehauchten Stil der Kirche lässt sich vortrefflich streiten, das Schönste an Sacré-Cœur ist sicherlich der Ausblick von der Kuppel. Nachdem 237 Treppenstufen bewältigt sind, liegt einem ganz Paris zu Füßen!

Tipp: Jeden Sonntag um 9.45 Uhr finden kostenlose Chorproben statt!

Tgl. 9–17.45 Uhr, im Sommer bis 19 Uhr. Ⓜ Anvers + Funiculaire (Linie 2). Eintritt für die Krypta und die Aussichtsplattform: 5 €.

Blick auf das Wahrzeichen von Montmartre – Sacré-Cœur

L'Espace Montmartre-Dalí: Dalí war bekanntlich einer der größten und geschäftstüchtigsten Selbstdarsteller unter den Künstlern des 20. Jahrhunderts. In dieser Tradition steht auch diese multimediale Ausstellung, in der auf 1000 Quadratmetern mehr als 300 Zeichnungen, Gemälde und Skulpturen präsentiert werden. Das Ganze hat allerdings einen recht kommerziellen Beigeschmack, die gut sortierte Dalí-Boutique bietet einiges, um die eigenen vier Wände aufzupeppen.

11, rue Poulbot, 75018. Ⓜ Lamarck-Caulaincourt (Linie 12). Tgl. 10–18 Uhr. Eintritt 11 €, erm. 7 bzw. 6 €. www.daliparis.com.

Musée de Montmartre: In dem kleinen, einladenden Haus lebten und arbeiteten einst Auguste Renoir, Suzanne Valadon, die Mutter von Maurice Utrillo, Raoul Dufy und Othon Friesz. Renoir malte in diesen Räumen sein berühmtes Gemälde *Le Bal du Moulin Rouge*, das heute im Musée d'Orsay ausgestellt ist. Es lag daher nahe, hier ein Museum zur Geschichte des Montmartre einzurichten. Ausgestellt sind zudem zahlreiche Bilder, die alte Ansichten des Viertels zeigen, mehrere Plakate von Toulouse-Lautrec sowie die Einrichtung einer alten Kneipe mit einem echten Zinktresen. Da sich nicht allzu viele Touristen hierher verirren, erscheint der kleine Garten vor dem Haus wie eine Oase der Ruhe im Montmartretrubel. Zwei Gärten hinter dem Museum werden bis 2014 für das Publikum geöffnet.

12, rue Cortot, 75018. Ⓜ Lamarck-Caulaincourt (Linie 12). Tgl. 10–18 Uhr. Eintritt 8 €, erm. 5 bzw. 4 € (inkl. Audioguide). www.museedemontmartre.fr.

Cimetière de Montmartre: Nur ein paar Minuten vom Boulevard de Clichy entfernt, ist der Friedhof von Montmartre ein fast vergessener Ort der Toten inmitten des Großstadttrubels. Aufgeteilt in Divisionen, liegen hier unter anderem François Truffaut und Edgar Degas begraben. Nijinsky, der „Gott des Tanzes", und Adolphe Sax, der Erfinder des Saxo-

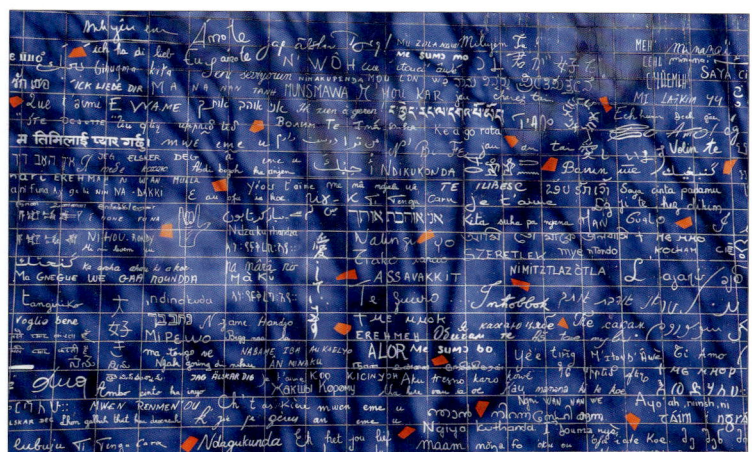

Le mur des je t'aime

phons, fanden genauso wie die Schriftsteller Alexandre Dumas und Stendhal, der eigentlich Henri Beyle hieß, auf dem Friedhof von Montmartre ihre letzte Ruhestätte. Auf dem Grabmal von Heinrich Heine (Avenue Hector Berlioz), der 1856 im Pariser Exil starb, steht geschrieben:

„Werd' ich wo in einer Wüste
eingescharrt von fremder Hand?
Oder ruh' ich an der Küste
eines Meeres in dem Sand?"

20, avenue Rachel, 75018. Ⓜ Blanche (Linie 2). Tgl. 8–17.30 Uhr, im Sommer bis 18 Uhr, Sa und So ab 9 Uhr.

Musée de l'Erotisme: Kein Sexclub und doch nicht ganz jugendfrei, zeigt das Erotikmuseum Skulpturen aus dem afrikanischen, ozeanischen und asiatischem Kulturkreis, die den männlichen Phallus auf unterschiedliche Art und Weise verherrlichen. In den oberen Stockwerken finden regelmäßig Wechselausstellungen statt.

Über den künstlerischen Wert der ausgestellten Gemälde und Zeichnungen kann man allerdings durchaus geteilter Meinung sein. Fazit: Die 9 € für den Eintritt sind wahrscheinlich in einem Café besser angelegt.

72, boulevard de Clichy, 75018. Ⓜ Blanche (Linie 2). Tgl. 10–2 Uhr. Eintritt 10 €, erm. 7 €. www.musee-erotisme.com

Musée de la Vie Romantique: Wie der Name andeutet, widmet sich das Museum dem romantischen Zeitalter. Es ist untergebracht im ehemaligen Haus des niederländischen Malers Ary Scheffer, der hier im 19. Jahrhundert einen bekannten Freitagssalon unterhielt. Zu den illustren Gästen, die sich regelmäßig bei Scheffer einfanden, gehörten die Musiker Rossini, Franz Liszt und Frédéric Chopin sowie der Romancier Charles Dickens und die Schriftstellerin George Sand. George Sand, der sich die Dauerausstellung ausführlich widmet, gilt als eine der ersten Frauen vom Typ *femme fatale*, da sie demonstrativ Männerkleidung trug und öffentlich rauchte. Eine weitere Attraktion des Museums ist der idyllische Garten, in dem sich ein kleines Café befindet.

16, rue Chapal, 75009. Ⓜ Saint-Georges (Linie 12). Tgl. außer Mo 10–18 Uhr, Do bis 22 Uhr. Eintritt frei, außer bei Sonderausstellungen (7 €).

Montmartre Karte S. 234/235

ktische Infos

(→ Karte S. 234/235)

Essen, Trinken, Nachtleben

Au Clair de la Lune 🔳, rund um die Place du Tertre wimmelt es vor Touristenfallen, daher empfiehlt es sich, ein paar Schritte um die Ecke zu gehen. Das Restaurant Claire de Lune bemüht sich um anspruchsvolle französische Küche mit internationalem Einschlag. Mittagsmenü 18,50 €, abends zu 25 und 32 €. Das Menü zu 32 € bietet beispielsweise Salat mit Lachsstreifen sowie Hühnerfrikassee auf indische Art, zum Nachtisch gibt es Käse oder Dessert. So und Montagmittag geschlossen, von Mitte Aug. bis Mitte Sept. Betriebsferien. 9, rue Poulbot, 75018, ℡ 0142589703. Ⓜ Lamarck-Caulaincourt (Linie 12).
www.auclairdelalune.fr.

Le Moulin de la Galette 🔳, direkt unter einer alten Windmühle am Montmartre vermutet man eher eine Touristenfalle, aber erfreulicherweise wird in modernem Ambiente französische Küche auf hohem Niveau geboten (zwei Gault-Millau-Hauben). Menüs mittags zu 19 und 27 €, abends gibt es ein Degustationsmenü für 59 €. Kein Ruhetag. 83, rue Lepic, 75018, ℡ 0146068477. Ⓜ Abbesses (Linie 12).
www.lemoulindelagalette.fr.

Le Sancerre 🔳, das einfache, aber nette Café gehört zu den beliebtesten Adressen am Montmartre. Auf der lebhaften Straßenterrasse trifft sich ein vorwiegend junges Publikum. Tgl. von 7–2 Uhr, Fr und Sa bis 4 Uhr. 35, rue des Abbesses, 75018, ℡ 0142580 820. Ⓜ Abbesses (Linie 12).

La Fourmi 🔳, altes, zum Szenetreffpunkt umfunktioniertes Bistro im Retro-Industriedesign. Hier finden sich gute Musik und coole Gäste. Kleine Straßenterrasse. Plat du jour und ein Café 10 €. Tgl. 8–2 Uhr, Fr und Sa bis 4 Uhr, So ab 10 Uhr. 74, rue des Martyrs, 75018, ℡ 0142647035. Ⓜ Pigalle (Linie 12).

Le Bouclard 🔳, unweit des Friedhofs von Montmartre kann man sich hier auf „unsterbliche" Weise verwöhnen lassen. In einem zeitgenössischen Ambiente wird aufgetischt wie zu Großmutters Zeiten, vorzüglich ist der *Cabillaud aux courgettes grillées*. Mittagsmenü 25 €, Abendmenü 37 €. Samstagmittag, So und Montagmittag geschlossen, im Aug. Betriebsferien. 1, rue Cavalotti, 75018, ℡ 0145226001. Ⓜ Place de Clichy (Linie 2 und 13). www.bouclard.com.

L'Annexe 🔳, das Bistro – es liegt direkt gegenüber dem Musée de la Vie Romantique – strahlt selbst ein nostalgisches Flair aus. Hauptgerichte (*Steak tartare*) um die 16 €. Sa, So und im Aug. geschlossen. 15, rue Chaptal, 75009, ℡ 0148 746552. Ⓜ Saint-Georges (Linie 12).
www.annexe-restaurant.fr.

≫ Mein Tipp: A la Cloche d'Or 🔳, das 1928 vom Vater von Jeanne Moreau gegründete Lokal ist eine feste Adresse im Pariser Nachtleben. Jeden Tag werden hier bis spät in die Nacht traditionsreiche Gerichte zu anständigen Preisen serviert. Altertümliches Flair. Mo bis 1 Uhr, sonst bis 4 Uhr früh geöffnet. Mittagsmenü zu 20,50 € inkl. ein Glas Wein, abends zu 34,50 €. Samstagmittag, Sonntag sowie im Aug. geschlossen. 3, rue Mansart, 75009, ℡ 0148744888. Ⓜ Blanche (Linie 2).
www.alaclochedor.com. **≪**

Wepler 🔳, die Brasserie, zu deren Gästen schon Henry Miller und Pablo Picasso gehörten, ist eine historische Institution am Montmartre. Das distinguierte Ambiente, die gute Küche und die ausladende Straßenterrasse sind auch heute noch ein großer Anziehungspunkt. Die Spezialität des Hauses sind Meeresfrüchte. Mittagsmenüs zu 21,50 und 27,50 €, abends 33,50 €. 14, place de Clichy, 75018, ℡ 0145225324. Ⓜ Place de Clichy (Linie 2 und 13). www.wepler.com.

A la Pomponnette 🔳, Restaurant mit liebevoll altertümlichem Ambiente aus dem Jahre 1909, unter den Gästen finden sich zweifellos echte Montmartroises. Serviert wird selbstverständlich klassische französische Küche. Menüs zu 18 € (mittags) und 37 €, die Flasche Wein ab 20 €. So und Montagmittag geschlossen, im Aug. Betriebsferien. 42, rue Lepic, 75018, ℡ 0146060836. Ⓜ Blanche (Linie 2).
www.pomponnette-montmartre.com.

Le Dürer 🔳, weniger die traditionelle französische Küche als der Name des Restaurants weckte das Interesse des aus Nürnberg stammenden Autors ... Menü zu 21

Hier wurde „Die fabelhafte Welt der Amélie" gedreht

und 29 €. 19, rue Yvonne-le-Tac, 75018, ☏ 0146060302. Ⓜ Abbesses (Linie 12).

Café Tabac des Deux Moulins , Cineasten werden in dem Café sofort den Drehort des surrealistisch inspirierten Kassenschlagers „Die fabelhafte Welt der Amélie" wiedererkennen, da die Dekoration der fünfziger Jahre sowie das Mobiliar nahezu unverändert geblieben sind. Tgl. 8–2 Uhr geöffnet. 15, rue Lepic, 75018. Ⓜ Blanche (Linie 2).

Le Progrès 🄳, einladendes Café mit dem Charme vergangener Zeiten. Unter hohen Decken sitzt man bei Wein auf einfachen Holzstühlen. Morgens Frühstück, mittags Restaurantbetrieb, abends Kneipenstimmung. 1, rue Yvonne le Tac, 75018. Ⓜ Abbesses (Linie 12).

Au Lapin Agile 🄳, das flinke Kaninchen ist das älteste Kabarett vom Montmartre. In dem Etablissement verkehrten schon Apollinaire, Renoir und Picasso. Eine Zeitreise mit französischen Chansons, auch zum Mitsingen. Tgl. außer Mo von 21–2 Uhr geöffnet. Eintritt 24 € inkl. Getränk (für Studenten außer Sa 17 €). 22, rue de Saules, 75018, ☏ 0146068587. Ⓜ Lamarck-Caulaincourt (Linie 12). www.au-lapin-agile.com.

La Machine de Moulin Rouge 🄳, seit einigen Jahren ist der Montmartre bei den jungen Parisern wieder angesagt. Direkt am Boulevard de Clichy gibt es, verteilt auf drei Etagen beherbergt die „Maschine" ein Café, eine Champagner Bar und einen coolen Club mit Live Konzerten. Mi–Sa ab 19 Uhr geöffnet. 90, boulevard de Clichy, 75018, ☏ 0153418889. Ⓜ Blanche (Linie 2). www.lamachinedumoulinrouge.com.

Rose Bakery 🄳, beliebtes Szene-Café mit Minilebensmittelgeschäft in einem ehemaligen Lagerraum, das für seine leckeren Salate, Suppen und seinen Karottenkuchen bekannt ist, wurde 2002 von einer Engländerin eröffnet, die auf ökologische Zutaten Wert legt. Wechselnde Tagesgerichte, beispielsweise ein Risotto mit Spinat und Butternuss-Kürbis für 16 €. Einziges Manko sind die etwas beengten Räumlichkeiten. Tgl. 9–16 Uhr, Sa und So ab 10 Uhr, zwei Wochen im Aug. Betriebsferien. 46, rue des Martyrs, 75009, ☏ 0142821280. Ⓜ Saint-Georges (Linie 12). ∎

Moulin Rouge 🄳, die „rote Mühle" ist seit Toulouse-Lautrecs Zeiten das legendäre Etablissement auf dem Montmartre. Das Schema ist seit über 100 Jahren gleich: viel Federn, Strass, Pailletten, zauberhafte Dekors, originelle Musik und natürlich wunderschöne Frauen. Abend für Abend werden ganze Busladungen von Touristen zur „Wiege des French Cancan" gekarrt, wo

die Herren mit „Kennerblick" darüber urteilen, welches der Mädchen die schönsten Beine und welches den wohlgeformtesten Busen hat. Shows tgl. um 19, 21 und 23 Uhr. Eintritt mit Menü ab 175 € (19 und 21 Uhr), sonst ab 95 € (23 Uhr, ohne Getränke). 82, boulevard de Clichy, 75018, ✆ 0153098282. Ⓜ Blanche (Linie 2).
www.moulin-rouge.com.

Einkaufen

Tati 🔟, berühmtes, 1948 gegründetes Billigkaufhaus, dessen Kundschaft sich größtenteils aus Arabern und Schwarzafrikanern zusammensetzt. Die weiß-rosa karierte Plastiktüte ist das oft karikierte Accessoire der ethnisch bunt gemischten Käuferschicht. Mo–Sa 10–19 Uhr. 4–28, boulevard Rochechouart, 75018. Ⓜ Barbès (Linie 2 und 4). www.tati.fr.

Librairie Buchladen 🔢, kleine, gut sortierte Buchhandlung für deutsche und französische Literatur. Di–So 11–19.30 Uhr. 3, rue Burq, 75018. Ⓜ Abbesses (Linie 12).

Chez Virginie 🔢, das traditionsreiche Geschäft ist ein Paradies für Käsefreunde! Ausgesuchte Gaumenfreuden aus allen Teilen Frankreichs. Mo, Sonntagvormittag sowie von 13–14 Uhr geschlossen, im Aug. Betriebsferien. 54, rue Danrémont, 75018. Ⓜ Camarck-Caulaincourt (Linie 12). www.chezvirginie.com.

≫ Mein Tipp: Le Grenier à pain 🔢, das Baguette des aus dem Senegal stammenden Djibril Bodian wurde als „Meilleure baguette de Paris" ausgezeichnet. Zu Recht: Alles andere als Supermarktware, auch die Sandwiches sind absolut lecker! Di und Mi Ruhetag. 38, rue des Abbesses, 75018. Ⓜ Abbesses (Linie 12). ≪

Herboristerie de la Place Clichy 🔢, ein Kräuterladen wie aus dem Bilderbuch. Bei fast tausend verschiedenen Heilkräutern gibt es für jedes Gebrechen das richtige Mittel. Di–Fr 10–13 und 14–19 Uhr geöffnet. 87, rue d'Amsterdam, 75008. Ⓜ Place de Clichy (Linie 2 und 13). www.pharma-concept-fr.biz.

Marché aux Puces de Saint-Ouen 🔢, der größte und berühmteste Flohmarkt der Stadt ist ein Eldorado für Trödelfreunde, es wird allerdings auch viel billiger Ramsch verkauft. Über mehrere Kilometer ziehen sich die Stände der Trödler hin. Es gibt verschiedene Markthallen mit unterschiedlichen Schwerpunkten. Sa, So und Mo von 10–17.30 Uhr. Ⓜ Porte de Clignancourt (Linie 4). www.st-ouen-tourisme.com.

Szenecafé Le Progrès

La Géode

Parc de la Villette

Auf dem Gelände des ehemaligen Pariser Schlachthofs gestaltete Bernhard Tschumi von 1987 bis 1991 einen 30 Hektar großen Park, der den Erfordernissen des 21. Jahrhunderts entsprechend mehr für Aktivitäten als für Ruhe und Erholung bestimmt ist. Ein Symbol für das kreative und innovative Paris der Gegenwart, dessen Wahrzeichen das Kugelkino „Géode" ist.

Ursprünglich war La Villette ein kleines Dörfchen vor den Toren der Metropole; das im frühen 19. Jahrhundert im Zusammenhang mit der Wasserversorgung von Paris entstandene Bassin de La Villette war ein beliebtes Ausflugsziel mit Gartenlokalen, im benachbarten Pantin drehten sich die Getreidemühlen munter im Wind. 1867 fand die ländliche Idylle ein Ende: Wenige Jahre nach der Eingemeindung des Dorfes wurde der Pariser Schlachthof in La Villette errichtet. Als der Schlachthof nicht mehr den modernen Anforderungen genügte, sollte er 1969 durch einen zeitgenössischen Bau ersetzt werden. Das Projekt wurde allerdings nach wenigen Jahren gestoppt, da der Schlachthof zusammen mit den Großmarkthallen nach Rungis verlegt wurde. Der franzö-

sische Staat erwarb das brachliegende Gelände, um hier das Prestigeobjekt „Parc de la Villette" zu verwirklichen. Den ausgeschriebenen Architekturwettbewerb gewann der Schweizer Bernhard Tschumi, der mit offenen „Kulturräumen" das städtische Leben in einem Zustand ständiger Veränderung abbilden wollte. Die markantesten Gebäude sind die **Cité des Sciences et de l'Industrie** – sie ist übrigens dreimal so groß wie das Centre Pompidou –, das Kugelkino **La Géode**, das U-Boot **L'Argonaute** und die **Cité de la Musique**. Die historische Rinderauktionsbörse **Grande Halle**, eine kühne Metallkonstruktion, und die *Rotonde des vétérinaires* wurden unter Denkmalschutz gestellt und in den modernen Wissenschaftspark integriert, zu dem auch eine

Konzerthalle (*La Zénith*) gehört. Tschumis Entwurf, der von dem Philosophen Jacques Derrida als Musterbeispiel dekonstruktivistischer Architektur gelobt wurde, spielt mit einem System von Oberflächen, Linien und Punkten. Letztere sind besonders markant, hat er doch insgesamt 25 knallrote Eisenkonstruktionen – „Folies" genannt, wie die Lustschlösser des 18. Jahrhunderts –

über das Areal verteilt, die Aktivitäten wie Ausstellungen, Cafés, Konzerte und Computeraktionen anzeigen. Ausblick: Im Jahr 2008 gewann der renommierte Architekt Jean Nouvel mit einem futuristischen Entwurf eine weitere Ausschreibung auf dem Areal und wird neben der Cité der la Musique eine Philharmonie für 2400 Zuhörer zu errichten.

Sehenswertes

Dekonstruktivistische Architektur

Cité des Sciences et de l'Industrie: In der futuristischen, von Adrien Fainsilber entworfenen „Stadt der Wissenschaften und der Industrie" sind die 30.000 Quadratmeter große Dauerausstellung „Explora" sowie ein Planetarium, ein Aquarium und eine Mediathek untergebracht. Technikinteressierte können in dem 270 Meter langen Komplex spielend einen ganzen Tag verbringen. Die Dauerausstellung ist den Themen Weltraum, Ozean, Gesteine und Vulkane, Medizin, Umwelt, Treibhaus, Automobil, Luftfahrt und Energie gewidmet. Wer will, kann mit dem Simulator das Flugzeug seiner Wahl steuern oder mit Hilfe eines Industrieroboters einen Prototypen bauen. Zudem werden auch verschiedene Formen der Kommunikation (Töne, Informatik, Bilder, Ausdruck und Verhalten) vorgestellt. In drei gesonderten Altersbereichen bietet die Cité des Enfants auch den kleinen Besuchern ein attraktives Programm.

Sie können beispielsweise ihren Gleichgewichtssinn testen, die Etappen des Getreideanbaus und der Brotherstellung verfolgen, sich mit der Pumpentechnik und der Elektrizität beschäftigen und mit Robotern experimentieren. Ⓜ Porte de la Villette (Linie 7), 75019. Tgl. außer Mo 10–18 Uhr, So bis 19 Uhr. Eintritt 11 €, erm. 8 €. Cité des Enfants. Vorführungen: Di–Fr um 10, 11.45, 13.30 und 15.15 Uhr; Sa und So um 10.30, 12.30, 14.30 und 16.30 Uhr. Eintritt 8 €, erm. 6 €. www.cite-sciences.fr.

La Géode: Hinter den 6433 polierten und zu einer Kugel geformten Stahlplatten verbirgt sich ein Kino mit 400 Sitzplätzen und einer 180-Grad-Leinwand

mit einer Größe von 1000 Quadratmetern. Abwechselnd werden vier verschiedene Filme gezeigt: *L'Egypte des pharaons* („Das Ägypten der Pharaonen"), *Everest*, *Effets spéciaux* („Spezialeffekte") und *Le grand frisson* („Das große Gruseln").

Ⓜ Porte de la Villette (Linie 7), 75019. Tgl. außer Mo 10–21 Uhr. Eintritt 10,50 €, erm. 9 €.

Sous-marin Argonaute: Das 400 Tonnen schwere U-Boot aus den 1950er-Jahren, das rund 10-mal die Erde umrundet hat, liegt seit 1989 auf dem Trockenen und kann besichtigt werden.

Ⓜ Porte de la Villette (Linie 7), 75019. Tgl. außer Mo 10–17.30 Uhr, So bis 18.30 Uhr. Eintritt: 3 €.

Grande Halle: In dem renovierten, weit ausgreifenden Stahlbau, den Jules de Mérindol 1867 errichtete, finden regelmäßig Ausstellungen, Messen und Konzerte statt.

Cité de la Musique: Die von dem Architekten Christian de Portzamparc in Zusammenarbeit mit dem Komponisten und Dirigenten Pierre Boulez geschaffene Cité de la Musique soll Musik für den Besucher über den traditionellen Konzertbetrieb hinaus zum Erlebnis werden lassen; das Gebäude fasziniert durch seine futuristische Formensprache, ein grandioses Architekturdenkmal bar jeglicher Symmetrie. Neben Konzertsälen, einer Mediathek und einer Spezialbuchhandlung ist auch das **Musée de la Musique**: Bestandteil des Konzepts. Das Museum mit einer weltweit einzigartigen Sammlung von 900 Musikinstrumenten zeigt den Wandel in der Geschichte der Musik und des Instrumentenbaus vom 16. Jahrhundert bis zu den zeitgenössischen technischen Innovationen auf. Mithilfe eines infrarot gesteuerten Kopfhörers gewinnt man auf einem Rundgang eindrucksvolle Klangerlebnisse, zudem werden auch ausgewählte musikalische Werke vorgestellt.

221, avenue Jean Jaurès, 75019. Ⓜ Porte de Pantin (Linie 5). Di–Sa 12–18 Uhr, So 10–18 Uhr. Eintritt 8 €, erm. 5,60 €. www.cite-musique.fr.

Praktische Infos (→ Karte S. 245)

Essen und Trinken

Café de la Musique ∎, ansprechendes Café mit schöner Straßenterrasse direkt neben der Cité de la Musique. Die Leitung von Alain Boudou bürgt für Qualität, das Ambiente und die Lage ziehen vor allem Künstler und Musiker an. Vorzüglich mundet das Carpaccio. Die lockere Stimmung setzt sich bis frühmorgens um 2 Uhr fort. Toller Sonntagsbrunch von 11–16 Uhr (21 €). 213, avenue Jean Jaurès, 75019, 0148031591. Ⓜ Porte de Pantin (Linie 5).

Architektonische Spielwiese – Cité de la Musique

Bd. Macdonald

Rue de la Clôture

L.P. Techniques du Cirque

Bd. Macdonald

Esplanade de la Rotonde

Cité des Sciences et de l'Industrie

Argonaute

Géode

Zénith

Boulevard

Sérurier

Galerie de l'Ourcq

Galerie de la Villette

Allée du Belvédère

Allée du Zénith

Hall de la Chanson

Place du Charolais

Grande

Quai du Metz

Halle

Musée

Pavillon Tusquets

Cité de la Musique

Quai de la Garonne

Place de la Fontaine aux Lions

Salle de Concert

1

Rue Edgar Vares

R. Adolphe Mille

Cité de la Musique

Avenue Jean Jaurès

St Claire

100 m

Parc de la Villette

RUE
DES
SAULES

GILE

STIQUE

AU
LAPIN AGILE
CABARET

Poèmes et Chansons

VEILLÉES VERS 21ʰ.
(Sauf Lundi)

Das älteste Cabaret
auf dem Montmartre

Beliebt: Marché Belleville

Belleville und Père Lachaise

Zwischen dem malerischen Canal Saint Martin und dem Père Lachaise liegen die Quartiere Belleville und Ménilmontant, die als die exotischsten Viertel von Paris gelten. Seit Generationen haben Emigranten aus fast allen Ländern der Welt links und rechts des Boulevard de Belleville eine neue Heimat gefunden.

Der Name Belleville leitet sich von „Belle vue", der schönen Aussicht, ab, denn der höchste Punkt im Parc de Belleville überragt den Montmartre um ganze acht Meter und bietet einen eindrucksvollen Panoramablick auf Paris. Belleville ist ein klassisches Viertel der kleinen Leute, bewohnt von einfachen Arbeitern, Schuhmachern und Handwerksgesellen. Ihr Freiheitsdrang und ihre antimonarchistische Einstellung spielte bereits während der Pariser Kommune eine große Rolle. Rund um die Kirche Saint-Jean Baptiste de Belleville zeigt das Viertel seinen ganzen provinziellen Charme. Baudelaire, Apollinaire und Maurice Chevalier haben Belleville gemocht und dort gelebt; Edith Piaf wurde am 19. Dezember 1915 auf den Treppenstufen – so will es jedenfalls die Legende – des Hauses Nummer 72 in der Rue de Belleville in ärmlichen Verhältnissen geboren. Zu Beginn des 20. Jahrhunderts fanden die ersten Emigranten aus Armenien hier eine neue Heimat; ihnen folgten Griechen, spanische Franco-Gegner und Juden aus Osteuropa nach. In den sechziger Jahren waren es die Einwanderer aus Nordafrika, Pakistan und Asien, die Belleville zu einem kosmopolitischen Schmelztiegel mit Rasta-Friseuren und Kebab-Ständen werden ließen. Mittlerweile haben die Straßenzüge einen

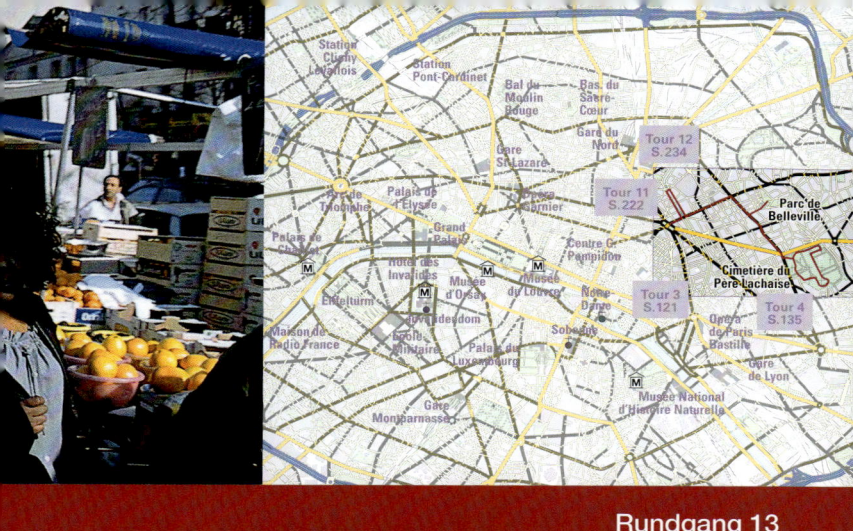

asiatischen Touch erhalten, da sich verstärkt Chinesen im Pariser Nordosten niederlassen.

Belleville ist arm an Sehenswürdigkeiten, der Cimetière Père Lachaise bildet die große Ausnahme. Gegenwärtig ist Belleville ein Viertel im Umbruch: Vergammelte Häuserzeilen wurden abgerissen, um Platz für moderne Wohnblocks mit Tiefgaragen zu schaffen. Damit ändert sich allmählich das Klima des Stadtteils; die Ärmsten werden infolge dieser „Sanierungspolitik" zwangsläufig in die trostlose Banlieue hinausgedrängt. Besonders aktiv setzt sich die Bürgerinitiative *La Bellevilleuse* für den Erhalt der alten Bausubstanz ein. Eine sanfte Sanierung ist aber sicherlich angebracht, da sich viele Wohnungen in einem trostlosen Zustand befinden. Absolut im Trend liegt die Rue Oberkampf, deren Kneipen und Discos derzeit zu den beliebtesten von ganz Paris gehören. Dort, wo einst kleine Schuhfabriken und Hinterhofma-

nufakturen existierten, Kunstschreiner und Vergolder vor sich hin werkelten, findet man heute Werbeagenturen und Architekturbüros, die sich nahtlos in die umgebende Struktur eingegliedert haben und sich dem Viertel verpflichtet fühlen. So hat beispielsweise der Pariser Stararchitekt *Jean Nouvel*, der sein Büro in einer der hier typischen Sackgassen unterhält, unlängst das Café Place Vert in der Rue Oberkampf „aufgepeppt". Zwei Häuser weiter findet sich in einer ehemaligen Kohlenhandlung das alteingesessene Café Charbon, das seit Jahrzehnten als Wohnzimmer der Szene gilt. Der Name Oberkampf übrigens erinnert nicht etwa an eine Schlacht, sondern geht auf den französischen Tuchfabrikanten und Philantropen *Christophe-Philippe Oberkampf* (1738–1815) zurück, der aus dem süddeutschen Wiesenbach stammte. Oberkampf betrieb die erste Baumwollspinnerei Frankreichs und beschäftigte zeitweise bis zu 2000 Arbeiter.

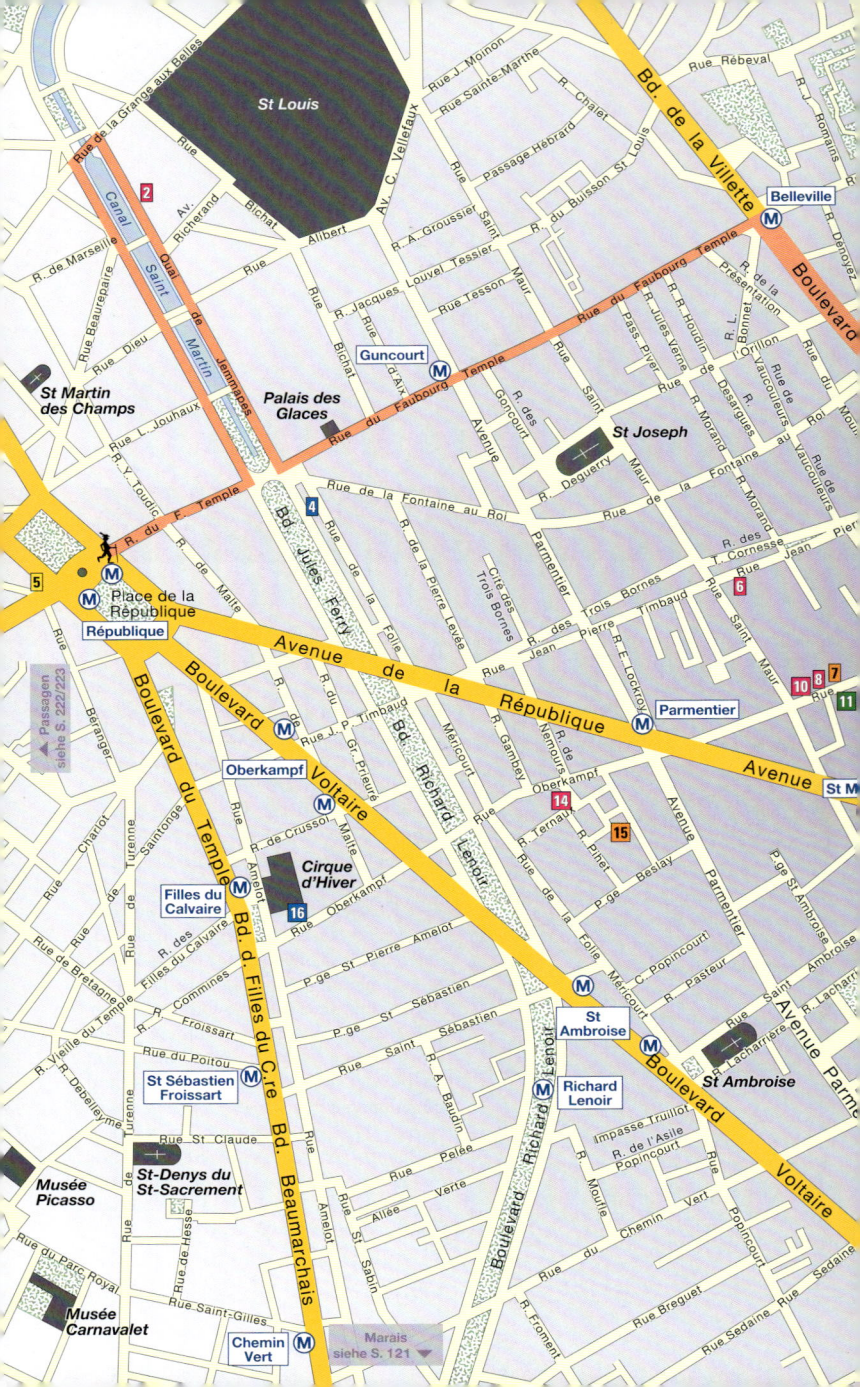

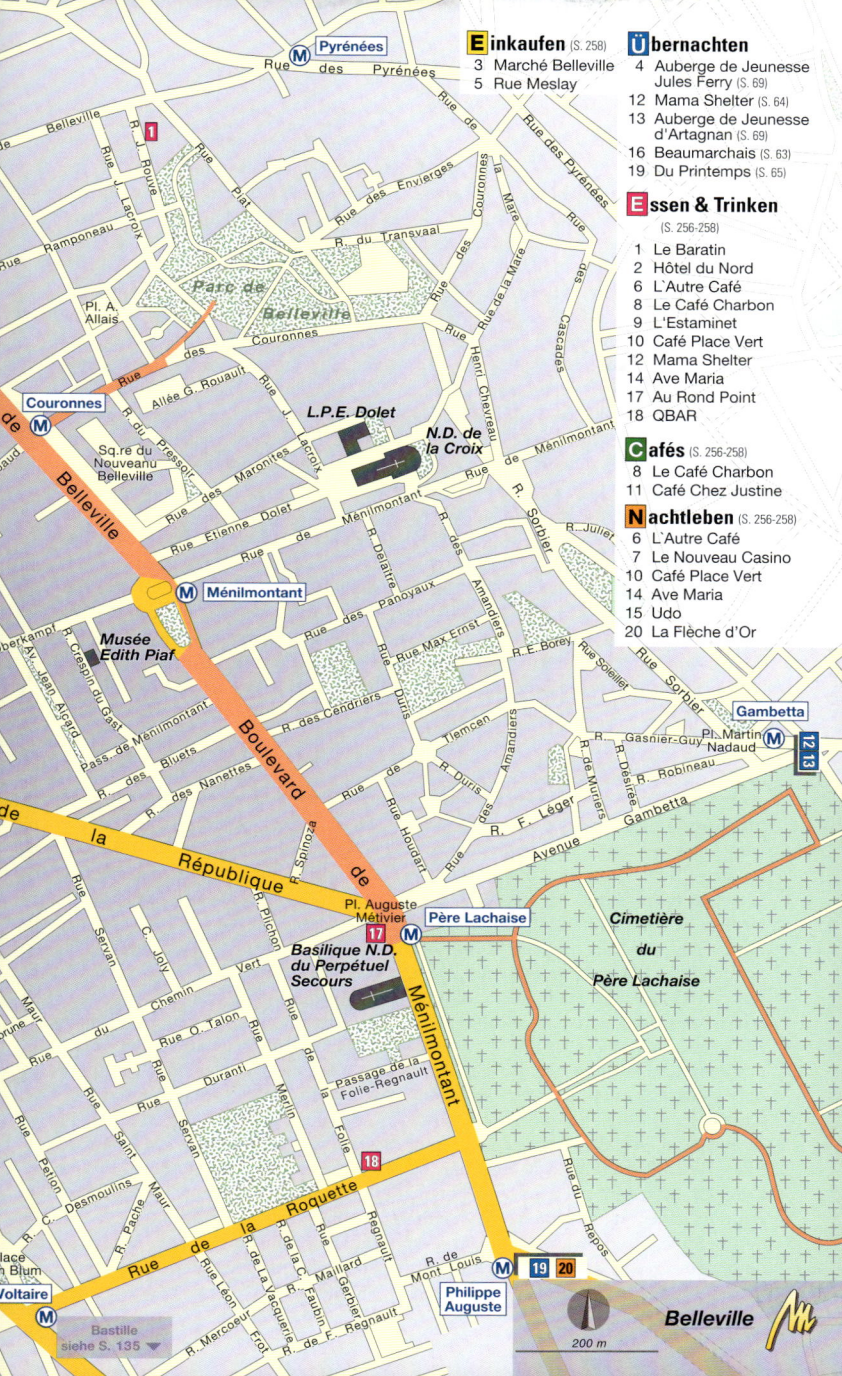

Einkaufen (S. 258)
3 Marché Belleville
5 Rue Meslay

Übernachten
4 Auberge de Jeunesse Jules Ferry (S. 69)
12 Mama Shelter (S. 64)
13 Auberge de Jeunesse d'Artagnan (S. 69)
16 Beaumarchais (S. 63)
19 Du Printemps (S. 65)

Essen & Trinken
(S. 256-258)
1 Le Baratin
2 Hôtel du Nord
6 L'Autre Café
8 Le Café Charbon
9 L'Estaminet
10 Café Place Vert
12 Mama Shelter
14 Ave Maria
17 Au Rond Point
18 QBAR

Cafés (S. 256-258)
8 Le Café Charbon
11 Café Chez Justine

Nachtleben (S. 256-258)
6 L'Autre Café
7 Le Nouveau Casino
10 Café Place Vert
14 Ave Maria
15 Udo
20 La Flèche d'Or

Belleville

200 m

Auf die Barrikaden!

Nach der am 28. Januar 1871 unterzeichneten Kapitulation im deutsch-französischen Krieg wählte das Département Seine am 26. März einen Generalrat, in dem Republikaner sozialistischer und radikaler Prägung dominierten.
Aus dem Generalrat und dem Stadtkomitee setzte sich die Regierung des
Stadtstaates zusammen, die als Commune de Paris die Stadt in der marxisti-
schen Tradition verwaltete und zu reformieren versuchte. Es kam zum
Bruch mit der von Präsident Adolphe Thiers geführten Nationalversammlung. Das Heer wurde mobilisiert und mit der militärischen Niederschla-
gung des „Aufstandes" beauftragt. Nach einer mehrwöchigen Belagerung
drangen die Regierungstruppen am 21. Mai in Paris ein. Die „Blutige Woche", die rund 30.000 Todesopfer fordern sollte, begann. Eine Barrikade nach
der anderen nehmend, rückten die waffentechnisch überlegenen Soldaten
auf den Pariser Osten zu, wo sich die letzten Aufständischen hielten. Die
Kommunarden, die sich verzweifelt zur Wehr setzten und zahlreiche Gebäude – darunter die Tuilerien – in Flammen aufgehen ließen, hatten letztlich
keine Chance. Auf dem Friedhof Père Lachaise erinnert noch die Mur des
Fédérés, die Mauer der Föderierten, an das tragische Ende der Pariser Kommune: Am Morgen des 28. Mai 1871 wurden die 147 Überlebenden des letzten Gefechts an die Friedhofsmauer gestellt und erschossen. Weitere 215
Kommunarden wurden zum Tode verurteilt und mehrere tausend in die
Strafkolonien nach Neukaledonien deportiert. Der für das Massaker verantwortliche Thiers wurde übrigens ebenfalls auf dem Père Lachaise begraben.

Spaziergang

Im Gegensatz zum Montmartre und
dem Quartier Latin gehört die Gegend
um den Canal Saint Martin und die **Place de la République** bis heute zu den
weißen Flecken auf der touristischen
Landkarte. Von den meisten Reisenden
achtlos links liegen gelassen, findet sich
hier im Osten der Stadt ein authentisches Paris, weit entfernt von den Glit-
zerwelten der Boulevards und den Treff-
punkten der Bohème. Es ist ein Paris
der kleinen Leute mit provinziellem
Charme, das lange einem Stillstand,
Armut und Verfall verharrte. Von der
Place de la République gelangt man in
wenigen Minuten zu dem von hohen
Bäumen gesäumten **Canal Saint Martin**,
den bereits Alfred Sisley gemalt, und in
dem Kommissar Maigret schon so
manche Leiche gefunden hat. Mit

seinen alten Schleusen und eisernen
Fußgängerstegen wirkt der Kanal wie
eine ländliche Idylle in der hektischen
Metropole. An seiner östlichen Seite
liegt das *Hôtel du Nord*, vor dessen
Kulisse 1938 Filmgeschichte geschrieben wurde. Wer will, kann einen kurzen
Abstecher zum Hôpital Saint-Louis
unternehmen und den wohl propor-
tionierten, frei zugänglichen Innenhof
besichtigen. Kurz vor der Rue du Faubourg du Temple verschwindet der Canal Saint Martin unter dem Asphalt,
um erst wieder an der Bastille aufzutau-
chen. Die Rue du Faubourg du Temple
führt direkt ins Zentrum von Belleville,
das durch seine multikulturelle Atmosphäre fasziniert. Auf dem Boulevard de
Belleville, der in den Boulevard de
Ménilmontant übergeht, wird zweimal

in der Woche einer der buntesten Märkte von Paris abgehalten. Ein Abstecher zum 1988 eröffneten Parc de Belleville, von dessen höchsten Punkt man eine phantastische Aussicht auf die Stadt hat, bietet sich an. Zu Füßen liegt das im 19. Jahrhundert als „Gemüsegarten von Paris" bezeichnete Viertel „les choux". In einer Parallelstraße zum Boulevard de Ménilmontant befindet sich das **Musée Edith Piaf**; ihre sterblichen Überreste liegen auf dem nahen **Cimetière du Père Lachaise** begraben. Der größte und berühmteste unter den Pariser Friedhöfen präsentiert sich als eindrucksvolle Totenstadt mit Totenalleen und Totenhäusern, durch die man stundenlang schlendern kann. Balzac hat den Friedhof in seinem Roman „Ferragus" sehr anschaulich beschrieben: „Es ist noch einmal das ganze Paris mit seinen Straßen, Ladenschildern, seinen Gewerben, seinen Häusern; aber gesehen durch das Verkleinerungsglas einer Lorgnette, ein mikroskopisches Paris, zusammengedrängt in die kleinen Ausdehnungen der Schatten der Larven, der Toten, eine Menschheit, der außer ihrer Eitelkeit keine Größe mehr eignet."

Sehenswertes

Place de la République: Der mit einer Ausdehnung von 340 x 100 Metern zweitgrößte Platz von Paris hat eine bewegte Geschichte hinter sich. Ursprünglich stand hier ein Tor samt Bastion, das die mittelalterliche Stadtmauer absicherte. Obwohl Baron Haussmann 1854 die riesige Place de la République so gestaltete, dass man sie auch als Exerzierplatz nutzten konnte, versammelten sich hier 1871 während der Pariser Kommune die Aufständischen und errichteten ihre berühmten Barrikaden. Schon immer herrschte im Pariser Osten ein raueres Klima als in anderen Teilen der Stadt; die Bevölkerung war sensibilisiert für politische Umschwünge und jederzeit bereit, einen Aufstand zu wagen. Diese Tradition wird auf friedliche Weise fortgesetzt: Heute ist die Place de la République ein beliebter Ausgangspunkt für Demonstrationen jeglicher Couleur. Inmitten des Platzes erhebt sich ein kolossales Denkmal mit einer Statue, das in den 1880er Jahren errichtet wurde, um die Republik zu ehren.

Canal Saint Martin: Um die Wasserversorgung von Paris besorgt, gab Napoléon Bonaparte den Bau eines Kanals in Auftrag, mit dessen Hilfe seit 1825 Wasser von der Ourcq zur Seine geleitet wurde. Fast wäre der Canal Saint Martin 1963 der autogerechten Stadt zum Opfer gefallen, doch konnten die Pläne, die Wasserstraße durch eine Autobahn zu ersetzen, mithilfe des damaligen Kulturministers André Malraux in letzter Minute verhindert werden. Die Wohnungen entlang der Wasserstraße erfreuen sich einer steigenden Beliebtheit, verkörpert das mit kühn geschwungenen Brücken dekorierte Kanalensemble doch ein zeitlosromantisches Paris. Im Schatten der Platanen kann man auf der Uferbefestigung herrlich picknicken oder in einem Buch schmökern, vielleicht in *Eugène Dabits* hier spielendem Roman „Hôtel du Nord". Besonders schön lässt es sich am Sonntagnachmittag flanieren, denn dann sind die Straßen entlang des Kanals für den Autoverkehr gesperrt. In den letzten Jahren wurde der Wasserweg für mehrere Millionen Euro restauriert, damit er besser von Ausflugsbooten befahren werden kann. Lastkähne sind selten geworden.

Musée Edith Piaf: Das in der einstigen Wohnung von Edith Piaf untergebrachte Privatmuseum zeigt persönliche Erinnerungsgegenstände wie Kleider und Schuhe sowie Dokumente und Plakate aus dem Leben der großen Sängerin.

Belleville – Père Lachaise
Karten S. 250/251 u. S. 255

Ein Tempel für die Ewigkeit

Mit ihren bewegenden Chansons (*La vie en rose*, *Non je ne regrette rien* etc. ...) hat sich der am 11. Oktober 1963 verstorbene „Spatz von Paris" nicht nur einen Platz in der Musikgeschichte gesichert, sie wird bis heute von den Parisern tief verehrt.

5, rue Crespin-du-Gast, 75011, ☎ 0143555272. Ⓜ Ménilmontant (Linie 2). Nur nach telefonischer Voranmeldung geöffnet Mo–Mi 13–18 Uhr. Juni und Sept. geschlossen. Eintritt frei!

Cimetière du Père Lachaise: Der Cimetière Père-Lachaise ist der wohl berühmteste Friedhof der Welt. Sein Name erinnert an Pater (Père) de la Chaise, den Beichtvater Ludwig XIV., der hier auf einem einst dem Jesuitenorden gehörenden Landgut gelebt hat. Um die unter akutem Platzmangel leidenden Pariser Friedhöfe zu entlasten, wurde 1804 im Pariser Nordosten der später auf eine Fläche von 47 Hektar erweiterte Friedhof Père Lachaise eröffnet. Eine Verordnung gestattete Privatleuten, „ewige" Konzessionen auf Gräber zu erwerben und diese mit individuellen Grabmonumenten zu schmücken. Da

sich anfangs dennoch nur wenige Pariser hier beerdigen lassen wollten – im Jahre 1805 waren es nur drei (!) Personen –, startete man eine „Werbekampagne" und überführte einige berühmte Tote auf den Père Lachaise: Im ältesten, verwilderten Teil des Friedhofs steht seither das romantische Denkmal der Liebenden, ruhen Abélard und Héloïse unter einem neugotischen Baldachin – im Tod vereint. Die Zeiten haben sich geändert: Inzwischen kostet eine Grabstelle mehr als 4000 Euro.

Orientierungshilfe: Ein beim Pförtner erhältlicher Lageplan weist den Weg zu den letzten Ruhestätten der Schriftsteller Balzac, Proust, Molière, Paul Éluard, Raymond Roussel und Oscar Wilde, der Komponisten Bizet, Rossini und Chopin, der Maler Pissarro, Delacroix und Modigliani sowie anderer bedeutender Persönlichkeiten wie Sarah Bernhardt, Colette, Yves Montand und Edith Piaf. Letzterer hatte die katholische Kirche eine Totenmesse verweigert, da sie „in Sünde gelebt" hatte; dies hielt allerdings 40.000 Menschen nicht

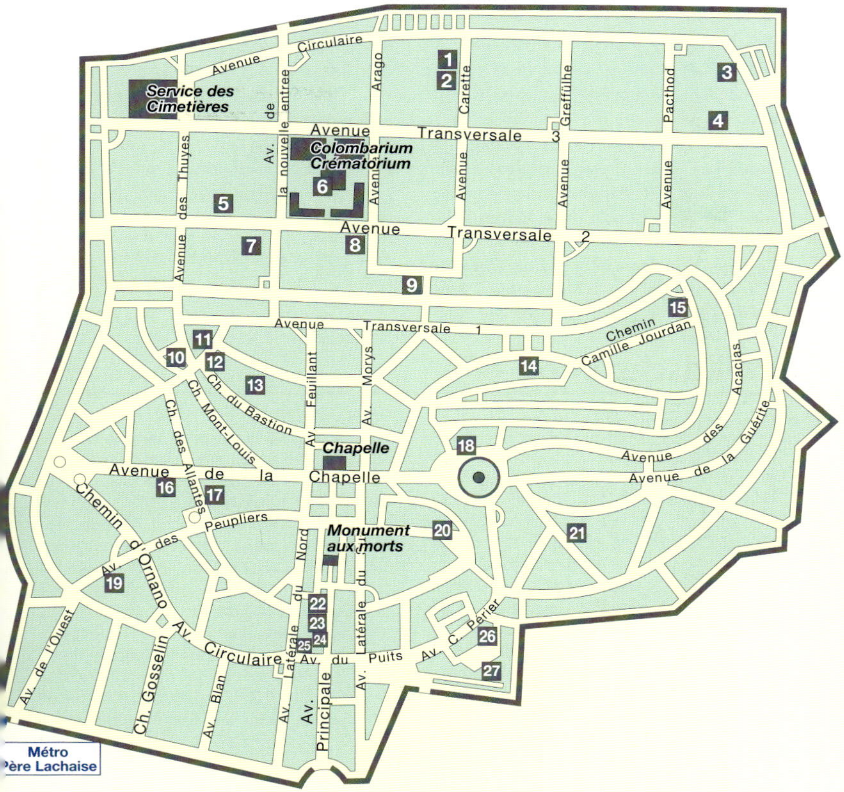

Le Père Lachaise

80 m

#		#	
1	Raymond Roussel (1877-1933)	**15**	Joachim Murat (1767-1815)
2	Oscar Wilde (1854-1900)	**16**	Georges Bizet (1838-1875)
3	Paul Éluard (1895-1952)	**17**	Raymond Radiguet (1903-1923)
4	Edith Piaf (1915-1963)	**18**	François Raspail (1794-1878)
5	Marcel Proust (1871-1922)	**19**	Georges Seurat (1859-1891)
6	Max Ernst-*2102* (1891-1976)	**20**	Frédéric Chopin (1810-1849)
	Maria Callas-*16258* (1923-1977)	**21**	Jim Morrison (1943-1971)
	Paul Dukas-*4938* (1865-1976)	**22**	Georges Eugène Haussmann (1809-1891)
7	Guillaume Apollinaire (1880-1918)	**23**	Gioacchino Rossini (1792-1868)
8	Simone Signoret (1921-1985)	**24**	Louis Visconti (1791-1853)
9	Sarah Bernhardt (1844-1923)	**25**	Sidonie-Gabrielle Colette (1873-1954)
10	Honoré de Balzac (1799-1850)	**26**	Héloise (1101-1164) et Abélard (1079-1142)
11	Eugène Delacroix (1798-1863)	**27**	Camille Pissarro (1830-1903)
12	Jules Michelet (1798-1874)		
13	Maurice Merleau-Ponty (1908-1961)		
14	Alphonse Daudet (1840-1897)		

davon ab, der Piaf das letzte Geleit zu geben. Mit offenen Augen lässt sich so manch eindrucksvolle Grabplastik entdecken, wie diejenige von Victor Noir, einem 1870 vom Neffen des Kaisers ermordeten Journalisten. In den letzten Jahren hat der zunehmende Vandalismus der Besucher zu erheblichen Schäden geführt; dies zeigt sich vor allem bei Oscar Wilde (inzwischen durch Glas geschützt) und in der Nähe von Jim Morrisons Grab, wo „Fans" sogar die Büste entwendeten. An manchen Tagen kann man sich dort des Eindrucks nicht erwehren, dass nur die Mona Lisa mehr Menschen anzieht als der 1971 in Paris verstorbene Sänger der Doors, der mit bürgerlichem Namen James Douglas hieß.

Boulevard Ménilmontant (Haupteingang), 75020. Ⓜ Père Lachaise oder Gambetta (Linie 2 oder 3). Tgl. 8–18 Uhr, im Winter bis 17.30 Uhr, Sa ab 8.30 Uhr, So ab 9 Uhr. Ein Lageplan ist am Eingang kostenlos erhältlich. www.pere-lachaise.com.

Praktische Infos

(→ Karte S. 250/251)

Essen, Trinken, Nachtleben

Le Baratin ■, das Lokal gehört zu dem immer seltener werdenden Typus der Pariser Vorstadtrestaurants. Die argentinische Köchin ist zwar Autodidaktin, doch versteht sie es, auf der Basis stets wechselnder Zutaten den Gast und den Geldbeutel zu erfreuen. Vor allem das Mittagsmenü für 18 € bietet ein ausgezeichnetes Preis-Leistungs-Verhältnis. Großes Angebot an französischen Weinen. Bis 1 Uhr geöffnet. Samstagmittag, So und Mo sowie die ersten zwei Augustwochen geschlossen. 3, rue Jouye-Rouve, 75020, ✆ 0143493970. Ⓜ Belleville (Linie 2 und 11).

Hôtel du Nord ■, am nördlichen Rand von Belleville, an der sechsten Schleuse des Canal Saint Martin, liegt das Hôtel du Nord, das durch Marcel Carnés gleichnamigen Klassiker in die Filmgeschichte einging. Jean Gabin und die legendäre Arletty („Atmosphäre? Atmosphäre? Sehe ich nach Atmosphäre aus?") weilen zwar nicht mehr unter den Lebenden und auch vom Hotel steht nur noch die Fassade, doch erfreut sich das gleichnamige Restaurant nicht nur unter Nostalgikern einer gewissen Beliebtheit. Ansprechende Küche! Mittagsmenü 13,50 €. Hauptgerichte 16–22 €. Tgl. 9–1.30 Uhr geöffnet. 102, quai de Jemmapes, 75010, ✆ 0140407878. Ⓜ Républi-

Noch immer verehrt: Colette

que (Linie 5, 8, 9 und 11).
www.hoteldunord.org.

Mama Shelter , im Erdgeschoss des gleichnamigen Design-Hotels befindet sich eine Pizzeria (Pizza ca. 13 €), ein gutes Restaurant sowie eine coole Bar. Beheizte Terrasse über einer aufgelassenen Bahntrasse. 109, rue de Bagnolet, 75020, ☎ 0143484848, Ⓜ Alexandre Dumas (Linie 2). www.mamashelter.com.

≫ Mein Tipp: Le Café Charbon 8, das in einer ehemaligen Kohlenhandlung untergebrachte Café mit altmodischem Flair und reicher Innenausstattung gilt seit Jahrzehnten als Fixpunkt in der Rue Oberkampf. Hier trifft sich tagsüber und am Abend das vorwiegend junge Szenepublikum. Serviert werden Salate, aber auch eine ansprechende internationale Küche mit gegrilltem Thunfisch oder Lammcarrée sowie vegetarische Gerichte. Kleine Straßenterrasse. Tgl. 9–2 Uhr (die Küche schließt um 24 Uhr), am Wochenende bis 4 Uhr, zwei Wochen im Aug. sowie vom 24.12. bis 31.12. Betriebsferien. 109, rue Oberkampf, 75011, ☎ 0143575513. Ⓜ Parmentier (Linie 3). ≪

Le Nouveau Casino 7, direkt neben dem Charbon finden jeden Abend Konzerte statt, bei denen sich die Szene der Rue Oberkampf bei neuen elektronischen Klangwelten trifft. Tgl. ab 20 Uhr geöffnet. Eintritt ab 5 €. 109, rue Oberkampf, 75011, ☎ 0143575740. Ⓜ Parmentier (Linie 3). www.nouveaucasino.net.

Café Chez Justine 11, eine weitere beliebte Adresse der „Oberkampf-Szene". Atmosphäre und Preise sind gleichermaßen gastfreundlich. Tgl. 10–2 Uhr. 96, rue Oberkampf, 75011, ☎ 0143574403. Ⓜ Saint-Maur (Linie 3).

Ave Maria 14, in einer Seitenstraße der Rue Oberkampf gelegen, ist dieses leicht abgeranzte Kneipenrestaurant ein Hot-Spot im Nachtleben des 11. Arrondissement. Die skurril-bunte Deko ist ein Abbild der Speisekarten und mixt wahllos Elemente aus Brasilien, Tibet, Thailand und Nordafrika (Hauptgerichte 16–18 €). Zum Nachtisch stirbt man den Schokoladentod: *Mort au Chocolat*. Das zumeist recht junge Publikum amüsiert sich aber auch einfach bei einem Bier oder Cocktail auf der Straße respektive Straßenterrasse. Tgl. 18.30–2 Uhr. Keine Reservierungen. 1, rue Jacquard, 75011. Ⓜ Saint-Maur (Linie 3).

Fixpunkt im Nachtleben: Café Charbon

Udo 15, für alle, die Heimweh haben, bietet die von einer Deutschen eröffnete Szenebar auch Currywurst (4,50 €) und ein Paulaner Hefe-Weizen (3,50 € für 0,3 l). Ein wenig Kreuzberg-Flair an der Seine, DJ-Mischpult inklusive. Allerdings meist proppevoll. Di–Sa 18.30–2 Uhr. 4 bis, rue neuve Popincourt, 75011. Ⓜ Parmentier (Linie 3). www.udobar.com.

L'Estaminet 9, nette Eckkneipe mit zünftigem Ambiente. Wenn es oben zu voll ist, gibt es noch weitere Plätze im Keller. Hautgerichte um die 16 €. 116, rue Oberkampf, 75011, ☎ 0143573429. Ⓜ Parmentier (Linie 3).

Café Place Vert 10, das Szenecafé wurde von keinem Geringeren als Stararchitekt Jean Nouvel „aufgefrischt". Einfache Gerichte, große und sehr beliebte Straßenterrasse. Tgl. 9–2 Uhr, am Wochenende bis 4 Uhr. 105, rue Oberkampf, 75011, ☎ 0143573410. Ⓜ Saint-Maur (Linie 3).

Belleville – Père Lachaise
Karten S. 250/251 u. S. 255

L'Autre Café , dieses einladende Eckcafé erfreut sich den ganzen Tag großer Beliebtheit, nur das Publikum wechselt. Sonntagsbrunch 18 €. Tgl. 8–2 Uhr geöffnet. 62, rue Jean-Pierre Timbaud, 75011, ℡ 0140210307. Ⓜ Parmentier (Linie 3).

》》 Lesertipp: Au Rond Point ⓲, in unmittelbarer Nähe zum Père Lachaise gelegen, bietet diese Brasserie ein gutes Preis-Leistungs-Verhältnis. Mittagsmenü 13,80 €, abends 25 € für drei Gänge mit einem Viertel Wein. 67, boulevard de Ménilmontant, 75011, ℡ 0140211335. Ⓜ Père Lachaise (Linie 2 und 3). www.aurondpoint.com. 《《

》》 Lesertipp: Q BAR ⓳, dieses thailändische Restaurant mit Loungeflair ist ein Lesertipp von Barbara Egner, die das Preis-Leistungs-Verhältnis und die Atmosphäre lobte. Mittagsmenü 11 €, abends 19 oder 23 €. Tgl. 8–2 Uhr. 50, rue Folie Regnault, 75011, ℡ 0143670621. Ⓜ Philippe Auguste (Linie 2). 《《

La Flèche d'Or ⓴, der vor allem beim jüngeren Publikum beliebte Szenetreff wurde 1995 von zehn Kunststudenten in einem ehemaligen Bahnhofsgebäude eingerichtet. Multikulturelles Flair über den Gleisen.

Live-Konzerte. Für Pariser Verhältnisse erstaunlich günstig. Di–Do 20–2 Uhr, Fr und Sa bis 6 Uhr, So 18–24 Uhr, Mo geschlossen. 102 bis, rue de Bagnolet, 75020, ℡ 0143720423. Ⓜ Porte de Bagnolet (Linie 3), Bus Nr. 26 und 76. www.flechedor.fr.

Einkaufen

Marché Belleville ❸, Dienstag- und Freitagvormittag (bis 14 Uhr) verwandelt sich der Boulevard de Belleville in eine lang gestreckte, rund einen Kilometer lange Marktallee mit dem Flair eines orientalischen Basars. Angeboten werden unter anderem Unmengen billiger Schuhe sowie exotische Süßigkeiten aus dem Nahen Osten. Gemüse und Obst sind recht preiswert. 75011 und 750 20. Ⓜ Belleville (Linie 2).

Rue Meslay ❺, die unweit der Place de la République abzweigende Einbahnstraße ist ein Eldorado für Schuhliebhaberinnen, die in Scharen zu den rund 60 Schuhgeschäften pilgern, die hier Ausverkaufsware (manchmal auch von namhaften Herstellern) zu günstigen Preisen anbieten. Keine Sorge: Es werden auch Herrenschuhe verkauft …! rue Meslay, 75010. Ⓜ République (Linie 3, 5 und 9).

Von Asien nach Afrika in fünf Sekunden …

PARIS CANAL

Fontainebleau – eines der schönsten Schlösser Frankreichs

Versailles und Ile de France

Im Umland von Paris bilden alte Schlösser und supermoderne Satellitenstädte einen spannungsreichen Gegensatz. Abgesehen von Versailles und Fontainebleau, wird die Ile de France, das französische Herzland, von den meisten Parisreisenden kaum wahrgenommen.

Die Provinzen, die das Krongut der mittelalterlichen Könige ausmachten, waren ein wichtiger Faktor in der Geschichte Frankreichs. Und dies nicht nur, weil die französischen Adeligen auf ihren Schlössern in der Ile de France zu residieren pflegten, um ihrem König nahe zu sein. Viel bedeutender war ihre Funktion als Kornkammer der Nation. Lohnenswert ist es, die touristischen Trampelpfade zu verlassen und auf eigene Faust zur Erkundung der *Banlieue* aufzubrechen. Während sich in Saint-Quentin-en-Yvelines und den anderen *Villes Nouvelles* die urbanen Vorstellungen von ihrer schönsten Seite zeigen, wird man in La Courneuve oder Sarcelles mit dem tristen Vorstadtalltag und den damit verbundenen sozialen Problemen konfrontiert. Der französische Zentralismus bringt jedoch einen großen Vorteil mit sich: Fast alle Ziele der Ile de France lassen sich von Paris aus schnell und unkompliziert mit öffentlichen Verkehrsmitteln erreichen.

Saint-Denis

Seit der Fußballweltmeisterschaft von 1998 wird der Pariser Vorort Saint-Denis zumeist nur noch mit dem von Aymeric Zublena errichteten „Stade de France" gleichgesetzt. Schade, denn nur fünf Fußminuten von der Métrostation entfernt erhebt sich eine der prächtigsten Kirchen von ganz Frankreich, die Basilika von Saint-Denis. Mehr noch: Seit jeher wurden in Saint-Denis nicht nur die französischen Herrscher begraben, einige, wie Pippin der Kurze, empfingen hier ihre Königsweihe. Auch für die Kunsthistoriker ist Saint-Denis von großer Bedeutung: Die als Abteikirche „konzipierte" Basilika gilt als die Geburtsstätte der Gotik. Der renommierte französische Historiker Georges Duby verwies auf die Kathedrale von Saint-Denis, als er schrieb: „Das Licht, das Wandeln auf den Spuren eines menschgewordenen Gottes, Einsicht und Logik: dies sind die Merkmale der gotischen Architektur."

Der Neubau im frühgotischen Stil geht auf den Abt Suger (1081–1151) zurück.

Der seit 1122 als Abt wirkende Suger ließ den Chor der alten karolingischen Kirche abtragen und eine breitgelagerte Krypta errichten, auf deren soliden Grundmauern ein Chor mit doppeltem Umgang und Kapellen entstand. Durch die spätere Verkürzung des Querschiffes und die Verlängerung der Seitenschiffe rund um den Chor wurde der Raum von einem einzigen Richtungszug klar beherrscht. Mit sichtbarer Anmut streben die Säulen dem Himmel entgegen, die bunten Glasmalereien der bis zu zehn Meter hohen Fenster erfüllen den Raum mit sanftem Licht.

Umgebung von Paris

An der westlich der romanischen Kirche errichteten Fassade wurde erstmals in der abendländischen Architektur eine Fensterrose als Schmuckelement über dem Hauptportal eingefügt. Im Tympanon des Hauptportals finden sich Szenen des Jüngsten Gerichts. Der Gesamteindruck der Fassade leidet allerdings unter den Folgen eines Blitzschlages, der den Nordturm im 19. Jahrhundert so schwer beschädigte, dass er abgetragen werden musste.

Im Chorumgang sowie in der Krypta fanden zahlreiche französische Könige ihre letzte Ruhestätte. Als Erster wurde der Merowinger Dagobert im Jahre 639 in Saint-Denis bestattet, mehrere Karolinger, darunter Karl Martell, Pippin der Kurze und Karl der Kahle, folgten nach. Seit Hugo Capet (997) wurden alle französischen Könige mit Ausnahme von Philipp I., Ludwig VII. und Ludwig XI. hier beerdigt. Die Grüfte sind allerdings leer. Der Nationalkonvent beschloss 1793 im revolutionären „Übereifer", die sterblichen Überreste von mehr als 100 Königen, Königinnen, Prinzen und Prinzessinnen in einem Massengrab

verscharren zu lassen, mehrere Gräber wurden zerstört beziehungsweise stark beschädigt. Nichtsdestotrotz gehört die Nekropole von Saint-Denis mit ihren rund 70 Grabfiguren zu den eindrucksvollsten Zeugnissen der mittelalterlichen Grabbildhauerkunst in Frankreich. Prächtig erhalten sind die Gisants, liegende Grabfiguren aus zumeist weißem Marmor. Das aus der Mitte des 12. Jahrhunderts stammende Grabmal von Childebert I. zeigt die älteste erhaltene Grabfigur in Nordfrankreich. Reich dekoriert ist beispielsweise das Grabmal von Ludwig XII. und Anne de Bretagne, das der Florentiner Bildhauer Giovanni Gusti in Form eines Katafalks gestaltet hat. Die Liegefiguren besitzen zwar individuelle Gesichtszüge, doch kann nach Meinung der Kunsthistoriker von Realismus noch keine Rede sein; sie entspringen einer Ideologie des Königtums, nicht einer Suche nach persönlicher Ähnlichkeit.

Ein Tipp: Wer dienstags, freitags und sonntags nach Saint-Denis fährt, kann auf dem Marktplatz über einen lebhaften Wochenmarkt schlendern.

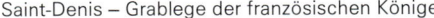

Saint-Denis – Grablege der französischen Könige

Anfahrt: Métro 13 bis Saint-Denis-Basilique. Adresse: 1, rue de la Légion d'Honneur. 10–18.15 Uhr (im Sommer), 10–17.15 Uhr (im Winter), So erst ab 12 Uhr. Empfehlenswert ist der Audioguide (auch auf Deutsch). Eintritt zur Nekropole 7,50 €, erm. 4,50 €. Für EU-Bürger unter 26 Jahren frei!

Disneyland

Zusammen mit sechs Hotels, einem Feriendorf, zahlreichen Restaurants, Frei- und Hallenbädern, künstlichen Seen sowie einem Golfplatz stellt das 1992 eröffnete Disneyland Paris einen imposanten Freizeitkomplex auf einer Fläche von fast 2000 Hektar dar. Auf dem einstigen Rübenacker im Osten der Hauptstadt entwickelte sich nach anfänglichen Schwierigkeiten eine der Top-Touristenattraktionen in Europa. Rund 15 Millionen Besucher strömen alljährlich zu Mickey Mouse und Co, wo sie von den 12.000 Angestellten des Freizeitparks umsorgt werden. Über die im Stil der Jahrhundertwende errichtete „Main Street USA" werden die Besucher auf die verschiedenen „Themenländer" verteilt: Man hat die Wahl zwischen Frontierland, Adventureland, Fantasyland und Discoveryland. Cinderella, Pinocchio und Alice im Wunderland wecken Kindheitserinnerungen, Abenteuerlustige kommen in einer scheinbar außer Kontrolle geratenen Goldgräberbahn, im Space Montain oder bei einer anderen der rund 50 Attraktionen auf ihre Kosten. Anlässlich seines 10-jährigen Jubiläums im Jahre 2002 wurde Disneyland Paris um einen zweiten Park auf demselben Gelände erweitert. Die neue, 600 Millionen Euro teure Anlage (Walt Disney Studios Park) ist den Themen Film und Fernsehen gewidmet. Gezeigt werden spektakuläre Stunt-Shows sowie das Originalfahrzeug aus dem Film „Armageddon".

Anfahrt: RER Linie A (Richtung Marne-la-Vallée) oder Autobahn A 4 Richtung Metz. April–Sept. 9–23 Uhr, sonst 10–18 Uhr. Eintritt: Tageskarte für einen Themenpark je nach Saison und Alter 55–61 €. www.disneylandparis.com.

Asterix & Co.

Disneyland ist bei weitem nicht der einzige Freizeitpark im Pariser Umland. An zweiter Stelle der Beliebtheitsskala steht der Parc Astérix in Plailly (RER Linie B 3 bis Roissy und weiter mit dem Bus, ✆ 0344623131, www.parcasterix.fr, April bis Okt. 10–19 Uhr, Eintritt 39 €, von 3–11 Jahren 29 €). Asterix, Obelix, Miraculix, Majestix und all die anderen Gallier beweisen ihre Tüchtigkeit im Kampf gegen die Römer in inszenierten Gladiatorenkämpfen und Wagenrennen. Wie Gulliver auf Reisen fühlt man sich im Lilliputland France Miniature (RER Linie C 7 bis Saint-Quentin-en-Yvelines, Adresse: 125, route du Mesnil, 78990 Elancort, ✆ 0130624079, www.franceminiature.fr, von März bis Okt. tgl. 10–18 Uhr, im Sommer bis 19 Uhr, Eintritt 19,50 €, erm. 13,50 €). Ein vier Kilometer langer Rundweg führt an über 200 Modellen – Maßstab 1:30 – berühmter französischer Bauwerke vorbei. Geeignet für alle, die schon immer einmal den Mont-Saint-Michel, den Eiffelturm und die Arena von Arles an einem Tag besichtigen wollten. Tierfreunden ist ein Besuch des im Westen von Paris gelegenen Safariparks von Thoiry zu empfehlen. Mit dem Auto geht es auf einem Rundkurs durch die französische „Steppenlandschaft", wobei man Nashörner, Löwen und andere exotische Tiere (tgl. 10–17 Uhr, im Sommer bis 18 Uhr, Eintritt 27,50 €, erm. 21 €) ohne die üblichen Gitterstäbe beobachten kann. www.thoiry.net.

Versailles und Île de France Karte S. 261

Vaux-le-Vicomte

Unter den zahlreichen Adelssitzen, die im 17. Jahrhundert entstanden sind, ragt Vaux-le-Vicomte heraus. Mehr noch als Versailles ist es das eigentliche Meisterwerk der klassischen Architektur, basierend auf den Grundpfeilern Klarheit und Rationalität. Beim Bau von Vaux-le-Vicomte wurden erstmals Architektur, Landschaftsgestaltung und Innendekoration zu einer vollkommenen Einheit verschmolzen. Bauherr war der französische Finanzminister Nicolas Fouquet, der sich das Schloss von dem Architekten Louis Le Vau errichten ließ, für die Innenausstattung war Charles Le Brun zuständig, während André Le Nôtre die Gartenanlagen gestaltete. Nach der Fertigstellung gab Fouquet am 17. August 1661 ein glanzvolles Einweihungsfest mit einem von Molière geschriebenen Ballett, zu dem auch Ludwig XIV. eingeladen war. Der junge Sonnenkönig erblasste angesichts der Pracht und seiner leeren Staatskasse vor Neid. Doch drei Wochen später hatte er sich wieder gefangen und einen Entschluss gefasst: Fouquet, der sich auf Staatskosten bereichert hatte, saß bis zu seinem Lebensende (1680) im Gefängnis, während Ludwig XIV. die Herren Le Vau, Le Brun und Le Nôtre für den Bau eines neuen königlichen Schlosses in Versailles engagierte.

Anfahrt: Autobahn A6 oder A4 bis Ausfahrt Melun-Sénart. In Melun Richtung Meaux fahren. Bahn (RER D) ab Gare de Lyon bis Melun, dann weiter mit dem Bus oder Taxi. April–Okt. tgl. außer Mi 10–18 Uhr, im Juli und Aug. auch Mi. Eintritt: 14 € (Schloss, Musée des Equipage und Garten), erm. 11 €. www.vaux-le-vicomte.com.

Versailles

Statt den Pariser Louvre zu einer würdigen Barockresidenz auszubauen, entschied sich Ludwig XIV. für einen prunkvollen Neubau im klassizistischen Stil. Als geeigneter Platz erschien ihm eine Landdomäne im Westen von Paris, wo bereits ein Jagdschlösschen Ludwig XIII. stand. Die Entfernung zur Hauptstadt war geschickt gewählt, bot sich so doch die Möglichkeit, eine gewisse Distanz nach Paris zu halten und gleichzeitig die Verbindung nicht völlig abreißen zu lassen. Zug um Zug wurde in den folgenden Jahren das Schloss erweitert. Allein durch seine Kosten und den Arbeitsaufwand sprengte Versailles den zeitgenössischen Rahmen: Zeitweilig war eine regelrechte Armee von 36.000 Arbeitern und 6000 Pferden auf der Baustelle beschäftigt! Insgesamt beliefen sich die Baukosten auf 70 Millionen Pfund und entsprachen damit der durchschnittlichen Jahreseinnahme der französischen Krone.

Ludwig XIV. schwebte kein barockes Lustschloss vor; das disziplinierte, rationale Kunstverständnis des Königs verlangte nach einem schlichten und zugleich kraftvollen Bau, der vor allem durch seine ausgewogenen Proportionen begeistern sollte. Wenn Ludwig es für nötig hielt, änderte er die Baupläne einfach ab; so ließ er beispielsweise die von Le Vau errichtete, ungedeckte Terrasse in der Mitte des ersten Stockwerks zu einer 73 Meter langen und 10 Meter breiten Spiegelgalerie umbauen. Der Spiegelsaal gilt als die Krönung von Versailles. 17 Fenster lassen das Licht auf die gegenüberliegenden 17 Spiegel fallen, wodurch eine faszinierende Raumwirkung hervorgerufen wird. In seinen letzten Lebensjahren ließ Ludwig XIV. noch eine Schlosskapelle errichten, die die übrigen Bauten von Versailles um ein paar Meter überragt. Zusammen mit den Gärten, Statuen, Gemälden, Wasserspielen und Kapellen schufen der Sonnenkönig und seine Architekten aus Versailles ein Gesamtkunstwerk, das für den französischen Klassizismus richtungsweisend wurde. Seit dem Jahre 1682 residierte der Hof ständig in Versailles, das der Sonnenkönig zum Zentrum seines absolutistischen

Versailles: der Palast des Sonnenkönigs

Herrschaftsanspruches machte, wobei er Architektur und Kunst geschickt zu nutzen wusste. Man denke nur an die *Escalier des Ambassadeurs*, die große Gesandtentreppe, mit welcher der König gleich beim Empfang ausländischer Botschafter seine Macht demonstrierte.

Seit der Revolution verwaist, rettete Napoléon das Schloss vor dem weiteren Verfall. Unter dem Bürgerkönig Louis-Philippe wurde das Schloss in ein „Museum über die Geschichte Frankreichs" verwandelt. Dennoch blieb Versailles ein symbolträchtiger Ort: So verwundert es kaum, dass sich der preußische König Wilhelm I. nach der französischen Kapitulation am 18. Januar 1871 im Spiegelsaal von Versailles zum Deutschen Kaiser ausrufen ließ und die Grande Nation dadurch zusätzlich demütigte. Gewissermaßen zur Wiedergutmachung des verletzten Stolzes wurde dann am 28. Juni 1919 an gleicher Stelle der Friedensvertrag von Versailles unterzeichnet. Da Versailles bis heute als Symbol des französischen Zentralis-

mus gilt, verübten bretonische Separatisten im Juni 1978 einen Bombenanschlag auf das Schloss, der schwere Schäden anrichtete.

Es gibt zwei Möglichkeiten, das Schloss zu besichtigen. Die meisten Besucher drängen sich auf der Standardtour durch die königlichen Gemächer (*Grands Appartements*) hin zum Spiegelsaal. Letzteren erreicht man auch auf dem tonbandgeführten Rundgang (1 Stunde) zum königlichen Schlafzimmer (*Chambre du Roi*), der zudem durch die Gemächer des Thronfolgers und seiner Gemahlin führt. Das Schlafzimmer Ludwig XIV. sowie das Vorzimmer des Königs, in dem sich der Rat versammelte, blicken auf den „Marmorhof", während die Fenster der Empfangsräume, in denen sich der Hofstaat aufhielt, zur Parkseite zeigen. Beide Besichtigungstouren hinterlassen einen guten Eindruck von den kostbar ausgestatteten Prunkgemächern. Entspannter, da weniger besucht, ist die Führung durch das königliche Schlafzimmer.

Im Spiegelsaal wurde am 28. Juni 1919 der Versailler Vertrag unterzeichnet

Bezieht man den über 800 Hektar gro-ßen **Parc de Versailles** mit in die Be-sichtigung ein, so lässt sich spielend ein ganzer Tag in Versailles verbringen. Die von André Le Nôtre geschaffenen Park-anlagen gelten als die Krönung baro-cker Gartenbaukunst. Die architektoni-sche Wirkung des Schlossbaus wurde durch das Zusammenspiel der Gärten, Terrassen, Wasserbassins und anderer Landschaftselemente noch erhöht. Ge-schickt weisen die Achsen ins Unendli-che; kleine Details wie die venezian-schen Gondeln auf dem Grand Canal, die Kaskaden oder die farblich abge-stimmten Blumenbeete formten den Garten zu einem lebendigen Organis-mus. Auf dem weitläufigen Areal fand sich auch Platz für die Gartenschlösser **Grand Trianon** und **Petit Trianon**. Letz-teres ließ Ludwig XV. für seine Mät-resse Madame de Pompadour errich-ten. In unmittelbarer Nähe folgte auch Marie-Antoinettes **Hameau**, ein maleri-sches Miniaturdorf mit strohgedeckten Häusern, einer Mühle und einer Molke-rei, in dem sie mit ihren Hofdamen „Landleben" spielte.

Nicht nur Kleingärtnern, sondern allen, die noch Zeit und Muße haben, ist ein Besuch des königlichen Gemüsegartens **(Le Potager du Roi)** zu empfehlen. Von Ludwig XIV. in Auftrag gegeben, hatten die Gärtner die Aufgabe, erlesenes Obst und Gemüse für die königliche Tafel anzubauen. Der Sonnenkönig war be-kanntlich kein Kostverächter und wollte bereits im März die ersten Erdbeeren genießen. Seit 1874 fungiert der Pota-ger du Roi übrigens als Sitz der Natio-nalen Gartenbauschule, in der die Elite der französischen Landschaftsgestalter ausgebildet wird.

Anfahrt: RER C5 bis Versailles Rive Gauche. Tgl. außer Mo 9–18.30 Uhr, im Winter bis 17.30 Uhr. Eintritt zu den Grands Apparte-ments und dem Chambre du Roi (Schlaf-zimmer des Königs) 15 €, ab 15 Uhr erm. 13 € bzw. für EU-Bürger unter 26 Jahren ist der Eintritt frei! Marie-Antoinette-Ticket (Grand Trianon und Petit Trianon) 10 €, erm. ab 15 Uhr 6 €. Der Eintritt zum Park von Ver-sailles ist Mo sowie Mi–Fr kostenlos! Am Wochenende sowie am Di zwischen An-fang April und Okt. finden Musikveranstal-tungen im Garten statt (Eintritt 8 €). Wer langes Anstehen vermeiden will, kann Tickets im Internet erwerben: www.chateau versailles.fr. Wegen der Sicherheitskontrollen muss man an Ostern, Pfingsten etc. dennoch mit Wartezeiten von zwei Stunden rechnen. Der Potager du Roi ist von April–Okt. tgl. außer Mo 10–18 Uhr geöffnet. Eintritt 6,50 bzw. 4,50 €, erm. 3 €. www.chateau versailles.fr und www.potager-du-roi.fr.

Ein königlicher „Hirschpark"

Bekanntlich war Ludwig XV. kein Kind von Traurigkeit und einem erotischen „Abenteuer" nie abgeneigt. Seine Mätresse, Madame de Pompadour, kannte die königlichen „Vorlieben" bis ins kleinste Detail. Als sie allmählich in die Jahre kam, führte sie Ludwig XV. blutjunge Geschöpfe zu, die dieser auf seine Weise in die Geheimnisse der Liebe einweihte. In einem abgelegen Waldstück, in dessen umzäunten Areal seit den Zeiten Franz I. Hirsche gehalten wurden, ließ die Pompadour ein Lustschlösschen, die „Eremitage", errichten, in dem mit der Zeit ein ganzer Harem versammelt war. Eine ehemalige Äbtissin erteilte den Mädchen Benimmunterricht und Tanzstunden. Als Chefin des „Hirschparks" kümmerte sich die Pompadour auch diskret um die Folgen des königlichen Triebes. Wenn der alte Lustmolch wieder einmal ein zwölfjähriges Mädchen geschwängert hatte, fand die Pompadour stets einen verarmten Adeligen, der sich nach einigen finanziellen Zuwendungen bereit erklärte, die Vaterschaft zu übernehmen und das Mädchen zu heiraten. Nachdem Ludwig XV. 1774 an den Folgen eines syphilitischen Leidens gestorben war, löste sein Nachfolger Ludwig XVI. den „Hirschpark" unverzüglich auf.

Fontainebleau

Der Name des Schlosses und der benachbarten Kleinstadt erinnert an die Quelle „fontaine de Bliaut", die einst in dem ausgedehnten Waldgebiet gesprudelt haben muss. Seit dem 12. Jahrhundert pflegten die französischen Könige in den Wäldern von Fontainebleau zu jagen. Als Unterkunft diente der Jagdgesellschaft ein kleines Schlösschen – zu klein befand König Franz I. und beauftragte 1528 den Architekten Gilles le Breton mit dem Bau eines repräsentativen Landsitzes im Stil der Renaissance. Von den Zeitgenossen als besonders beeindruckend empfunden wurde die Galerie François Ier, die die beiden Schlossteile miteinander verbindet. Fast alle seine Nachfolger, angefangen von Heinrich II. über Heinrich IV. und Ludwig XIII. bis zu Ludwig XV., gestalteten das Schloss von Fontainebleau nach ihren Vorstellungen und fügten Gebäudetrakte oder Einrichtungsdetails hinzu. Le Nôtre zeichnete sich für die Gartenanlagen verantwortlich. Auch Napoléon Bonaparte weilte oft in Fontainebleau. Am 20. April 1814 schritt der selbsternannte Kaiser der Franzosen die Freitreppe hinab, verabschiedete sich von seiner angetretenen Garde und begab sich in die Verbannung nach Elba. Der Wald von Fontainebleau entwickelte sich im 19. Jahrhundert zu einem riesigen Freiluftatelier. Zu der sog. „Schule von Barbizon" gehörten rund sechzig Künstler, darunter Millet, Rosseau, d'Aubigny, Corot und Troyon. Heute ist der 20.000 Hektar große Wald von Fontainebleau mit seinen Grotten und Wanderwegen ein beliebtes Ziel von Ausflüglern aus Paris, die pittoresken Felsen ziehen Freeclimber aus ganz Europa an.

Anfahrt: Mit dem Zug ab Gare de Lyon, vom Bahnhof in Fontainebleau mit dem

Versailles und Ile de France   Karte S. 261

„Bus Château". Autobahn A6, Ausfahrt Fontainebleau. Tgl. außer Di 9.30–18 Uhr, Nov.–März bis 17 Uhr. Eintritt 10 €, erm. 8 €. www.musee-chateau-fontainebleau.fr.

Saint-Germain-en-Laye

Das im Westen von Paris auf einer Anhöhe über der Seine gelegene Saint-Germain-en-Laye gehört wegen seiner guten Verkehrsanbindung und der ausgedehnten Wälder in der Umgebung zu den bevorzugten Wohngebieten einer vermögenden Klientel. Touristisch interessant ist die elegante Kleinstadt (41.700 Einwohner) vor allem durch ihr Renaissance-Schloss, in dem Ludwig XIV. residierte, bevor er 1682 mit seinem Hofstaat nach Versailles zog. Das Schloss selbst beherbergt das Musée des Antiquités Nationales mit Funden zur französischen Vor- und Frühgeschichte sowie die gotische Chapelle Saint-Louis, die in ihren Mauern Reste eines Vorgängerbaus birgt. Faszinierend ist der frei zugängliche, von André Le Nôtre angelegte Park, dessen Herzstück eine über zwei Kilometer lange Terrasse bildet, die sich hoch über der Seine erstreckt und einen herrlichen Blick auf Paris bietet – die Hochhäuser von La Défense sind deutlich auszumachen.

Anfahrt: RER A1 bis Saint-Germain-en-Laye (Zone 4). Tgl. außer Di 10–17 Uhr. Eintritt 6 €, erm. 4,50 €. www.musee-antiquitesnationales.fr.

Villes Nouvelles

Seit Ende der sechziger Jahre hat die Ile de France durch die Gründung der *Villes Nouvelles* wieder an Bedeutung gewonnen. Mit dem Bau der Trabantenstädte **Cergy-Pontoise** im Nordwesten von Paris, **Saint-Quentin-en-Yvelines** im Südwesten, **Marne-la-Vallée** im Osten, **Melun-Sénart** im Südosten und **Evry** im Süden ist der Versuch verbunden, den ungebrochenen Zuzug in den Pariser Großraum in den Griff zu bekommen und zugleich die Grundlagen für einen zukunftsweisenden Urbanismus zu schaffen. Die „Neuen Städte" sollten gleichermaßen Wohnraum, Arbeitsplätze und attraktive Freizeitanlagen bieten, aber auch Verwaltungs- sowie Kulturzentren sein, Parks und Kaufhäuser durften ebenfalls nicht fehlen.

Saint-Germain-en-Laye: Schloss und …

Da viele Familien, die durch die hohen Mieten aus dem Zentrum hinausgedrängt wurden, nur über ein bescheidenes Einkommen verfügen, war auch eine neue Dimension des sozialen Wohnungsbaus gefragt. Man wollte vermeiden, dass es zu ähnlichen sozialen Konflikten kommt wie in den monotonen Vorstädten der Pariser *Banlieue*, unter denen hauptsächlich die Jugendlichen zu leiden haben. Insbesondere die Kinder der nordafrikanischen Einwanderer haben es dort schwer, in Frankreich gelten sie als Menschen zweiter Klasse und das Herkunftsland ihrer Eltern kennen sie nur aus deren Erzählungen. Drogen, Gewalt, Vandalismus und Rassismus gehören daher zum Alltag der Häuserschluchten von Sarcelles und Garges-la-Gonesse. In Saint-Quentin-en-Yvelines, einer der Villes Nouvelles, wurden mit den in einen See hinausragenden „Arcades du Lac" erfolgreich klassische Architekturtraditionen mit den Bedürfnissen des sozialen Wohnungsbaus in Einklang gebracht. Cergy-Pontoise diente Eric Rohmer als authentische Filmkulisse für „Der Freund meiner Freundin" (1987). Das cineastische Gegenprogramm findet sich in Mehdi Charefs „Tee im Harem des Archimedes", der die sozialen Konflikte in der von nordafrikanischen Einwanderern dominierten Banlieue aus einer ganz anderen Perspektive schildert.

Die Villes Nouvelles entwickelten sich von Anfang an zu einer Spielwiese für renommierte Städtebauer und Architekten wie Ricardo Bofill, Manolo Nuñez, Roland Castro und Mario Botta. Über das eine oder andere spektakuläre Bauwerk lässt sich vorzüglich streiten, so beispielsweise über die Arènes de Picasso in Marne-la-Vallée, ein scheibenförmiges Gebäude mit achteckigen Fensteröffnungen, die im Volksmund „Camemberts" genannt werden. Auch die „weinenden" Türme von Nanterre und Bofills Wohnkubus „Abraxas" erregen noch heute die Gemüter. Doch eines wird eindrucksvoll unter Beweis gestellt: Keine andere europäische Metropole zeigt sich gegenüber zeitgenössischen Architekturströmungen so aufgeschlossen wie Paris.

Verbindungen: Cergy-Pontoise: RER, Linie A 3; Saint-Quentin-en-Yvelines: RER, Linie C 7; Marne-la-Vallée: RER, Linie A 4; Melun-Sénart: RER, Linie D 6.

… Terrasse

Giverny

Giverny ist Monet. Diese einfache Gleichung spiegelt die Geschichte des kleinen Dorfes an dem Flüsschen Epte vortrefflich wider. Hätte Claude Monet 1883 nicht den Entschluss gefasst, sich in dem Ort niederzulassen, würde sicher kaum jemand hier Station machen. Dank Monet entwickelte sich Giverny zu einem Mekka des Impressionismus.

Im Sommer ertrinkt das Dorf regelrecht im Ansturm der Kunstfreunde. Dennoch gehört ein Besuch von Claude Monets Garten und seines berühmten Seerosenteiches zum Pflichtprogramm eines jeden Liebhabers impressionistischer Malerei.

Anreise: Mit dem Zug von der Gare Saint-Lazare nach Vernon (Hin- und Rückfahrt ca. 25 €). Von dort entweder per Bus (4 €), Fahrrad (Vermietung am Bahnhof) oder zu Fuß ins 6 km entfernte Giverny.

Malerlandschaften

Nicht nur die Seinemetropole, auch die ländliche Umgebung, die so genannte Ile de France, übte stets eine besondere Anziehungskraft auf die Maler aus. Zur Zeit der Renaissance waren es die Angehörigen der Schule von Fontainebleau, die durch die Wälder streiften, in der Mitte des 19. Jahrhunderts lebten im nahen Barbizon die großen Landschaftsmaler Corot, d'Aubigny, Millet und Théodor Rousseau. Im nahen Moret-sur-Loing schwang Alfred Sisley den Pinsel und Claude Monet frönte in dem an der Grenze zur Normandie gelegenen Giverny seiner Seerosenleidenschaft. Selbst Vincent van Gogh verbrachte die letzten 70 Tage seines Lebens im Pariser Dunstkreis, genau genommen in Auvers-sur-Oise. Vor ihm hatten bereits Pissarro, Monet, Cézanne und Renoir dort gemalt und auch van Gogh war von dem Ort angetan: „Auvers ist sehr schön, viele alte Strohdächer unter anderem, das wird allmählich rar", schrieb er an seinen Bruder Theo. Innerhalb weniger Wochen hat van Gogh die Straßen und Häuser von Auvers mehrfach auf der Leinwand festgehalten, darunter auch das berühmte Bild der Dorfkirche, das im Pariser Musée d'Orsay zu bewundern ist.

Fondation Claude Monet: Das farbenfrohe Haus, in dem Claude Monet von 1883 bis zu seinem Tod im Jahre 1926 gelebt hat, sowie der berühmte Garten und das Atelier können besichtigt werden. Das Haus beherbergt einige Einrichtungsgegenstände des Malers sowie eine große Zahl von Replikaten seiner Bilder. Das Kultobjekt schlechthin ist der von Monet künstlich angelegte Seerosenteich mit der japanischen Holzbrücke – er ist durch eine Unterführung problemlos vom Garten aus zu erreichen.

Von April–Okt. tgl. 9.30–18 Uhr. Eintritt 9 €, erm. 5 €. Kombiticket mit dem Musée des Impressionismes 15,50 €, erm. 9,50 €. www.fondation-monet.com.

Musée des Impressionismes Giverny: Das ehemalige Museum für amerikanische Kunst in Giverny – ein ansprechender Bau aus dem Jahr 1992 – wird heute vom Département Eure betreut und bietet regelmäßig hochkarätige Wechselausstellungen. Die Ausstellungsräume befinden sich im Souterrain und bestechen durch ihre auffällige Farbgebung.

Von April–Okt. tgl. 10–18 Uhr. Eintritt: 6,50 €, erm. 4,50 €. Am 1. So im Monat ist der Eintritt frei! www.museedesimpressionnismes giverny.com.

Speiselexikon

Allgemeines

S'il vous plaît, Madame! (Monsieur!)	*Bedienung!*
La carte, s'il vous plaît!	*Die Speisekarte, bitte!*
Je voudrais bien ...	*Ich hätte gerne ...*
Est-ce que vous avez ....?	*Haben Sie ...?*
L'addition, s'il vous plaît!	*Die Rechnung bitte!*
l'assiette	*Teller*
l'addition	*Rechnung*
l'auberge	*Landgasthof*
bien cuit	*gut durchgebraten*
bleu	*bei großer Hitze nur wenige Sekunden angebraten*
boire	*trinken*
la brasserie	*eigentlich Brauhaus; heute v. a. Bezeichnung für Cafés mit Mittags- und Abendtisch*
la carte	*Speisekarte*
... des vins	*Weinkarte*
... du jour	*Tageskarte*
le cendrier	*Aschenbecher*
chaud(e)	*heiß*
la commande	*Bestellung*
compris(e)	*inbegriffen*
le couteau	*Messer*
la cuillère	*Löffel*
cuit(e)	*gekocht*
le déjeuner	*Mittagessen*
demi-anglais	*fast durchgebraten (rosafarbener Kern)*
dur(e)	*hart, zäh*
l'entrée	*Vorspeise*
l'épice	*Gewürz*
la fourchette	*Gabel*
froid(e)	*kalt*
fumé(e)	*geräuchert*
le garçon	*Kellner, Ober*
en gelée	*gesülzt*
la glace	*Eis*
le glaçon	*Eiswürfel*
la goutte	*Tropfen*
le gratin	*Auflauf, Überbackenes*
les grillades	*Gegrilltes*
grillé(e)	*gegrillt*
les herbes de Provence	*Kräuter der Provence*
l'hors-d'œuvre	*Vorspeise*
l'huile	*Öl*
libre-service	*Selbstbedienung*
maigre	*mager*
manger	*essen*
mijoté(e)	*geschmort*
moulin à poivre	*Pfeffermühle*
la note	*Rechnung*
l'ouvre-bouteilles	*Flaschenöffner*
la peau	*Haut, Schale*
le petit déjeuner	*Frühstück*
le pichet	*Weinkaraffe*
la pincée	*Prise*
plat	*Gericht, Platte*
... du jour	*Tagesgericht*
poêlé	*in der Pfanne gebraten*
à point	*auf den Punkt gebraten (außen knusprig, innen gerade noch rosa)*
le pot	*Topf*
le pourboire	*Trinkgeld*
prêt(e)	*bereit, angerichtet*
quart	*ein Viertel*
quelle cuisson?	*wie gebraten?*
les quenelles	*Klößchen, Röllchen*
râpé(e)	*geraspelt, gerieben*
réchauffer	*aufwärmen*
recommandé(e)	*empfohlen, empfehlenswert*

le relais	Landgasthof
la rouille	scharfe rote Soße
saignant	nur kurz angebraten (blutig)
salé(e)	gesalzen
le salon de thé	Teesalon
service (non) compris	Bedienung (nicht) inbegriffen
servir	bedienen, auftragen

le sel	Salz
la soupe	Suppe
tendre	zart
la terrine maison	Pastete nach Art des Hauses
le thym	Thymian
tiède	lauwarm
la tranche	Schnitte, Scheibe

Fleisch, Wild und Geflügel

l'agneau	Lamm
les aiguillettes du canard	Fleischstreifen von der Ente
l'andouillette	Kuttelwurst
l'assiette anglaise	kalte Platte
la bavette	Lendenstück
le bifteck	Beefsteak
la blanquette de veau	weißes Kalbsfrikassee
le bœuf	Ochse oder Rind
le boudin	Blutwurst
la brochette	Spießchen
la caille	Wachtel
le canard	Ente
le carré d'agneau	Lammrückenstück
le cerf	Hirsch
la charcuterie	Wurstaufschnitt
le cheval	Pferd
la chèvre	Ziege
le chevreuil	Reh
le cochon	Schwein
le confit de canard	in Entenschmalz eingelegtes Entenfleisch
le coq	Hahn
le coq au vin	Hähnchen in Rotweinsoße
le coquelet	Brathähnchen
la côte	Rippenstück
... d'agneau	Lammkotelett
... de veau	Kalbskotelett
la cuisse de canard	Entenschlegel
la dinde	Pute
le dindon	Truthahn

l'entrecôte	Zwischenrippenstück
l'épaule d'agneau	Lammschulter
l'escalope	Schnitzel
les escargots	Weinbergschnecken
le faisan	Fasan
le filet	Lendenstück
le filet mignon	kleines Steak aus dem schmalen Teil des Rinderfilets
le foie	Leber
le gibier	Wild
le gigot	Keule
la goulache	Gulasch
la grenouille	Frosch
le jambon	Schinken
le jambonneau	Schweinshaxe
le jarret	Haxe
la joue de bœuf	Ochsenwange
la langue de bœuf	Ochsenzunge
le lièvre	Hase
le lapin	Kaninchen
le magret de canard	Entenbrust
le mouton	Hammel, Schaf
la noisette d'agneau	Lammnüsschen
l'oie	Gans
l'onglet	Zwerchfell- oder Nieren- zapfenstück vom Rind
l'os	Knochen
le paleron braisé	Geschmortes Bugschauffelstück (Rindsschulter)
la paupiette	Roulade

le perdreau	junges Rebhuhn	le porcelet	Spanferkel
la perdrix	Rebhuhn	la poularde	Masthuhn
les pieds de cochon	Schweinsfüße	le poulet	Brathähnchen
le pigeon	Taube	la queue	Schwanz
le pintadeau	Perlhuhn	les rognons	Nieren
la poitrine	Brust	le rôti	Braten
le porc	Schwein		

Meeresfrüchte / Fische

l'anchois	Sardelle (Anchovis)	le maquereau	Makrele
l'anguille	Aal	la morue	Stockfisch
le bar	Barsch	les moules	Muscheln
le barbeau (barbillon)	Barbe	les noix de Saint Jacques	Jabobsmuscheln
la bargue	Meerbutt	le perche	Seebarsch
la baudroie	Seeteufel	la plie	Scholle
la bouillabaisse	kräftige Fischsuppe mit mehreren Fischarten	le poisson	Fisch
		... de rivière	Flussfisch
la brandade de morue	pürierter Stockfisch	le poulpe	Tintenfisch
		la praire	Venusmuschel
le cabillaud	Kabeljau	la raie	Rochen
la carpe	Karpfen	la rascasse	Drachenkopf
le congre	Meer- bzw. Seeaal	le rouget	Rotbarbe
les coquillages	Muscheln	le sandre	Zander
les crevettes	Garnelen	les sardines à l'huile	Ölsardinen
le denté	Zahnbrasse	le saumon	Lachs
les écrevisses	Flusskrebse	la seiche	Tintenfisch
le flétan	Heilbutt	les seiches farcies	mit Gemüse und Hackfleisch gefüllte Tintenfische
le gambas	Garnelen, Krabben		
le grondin	Knurrhahn		
le homard	Hummer	la sole	Seezunge
les huîtres	Austern	le st-pierre	St.-Petersfisch
la lotte de mer	Seeteufel	la tanche	Schleie
le loup de mer	Wolfsbarsch	le thon	Thunfisch

Gemüse/Beilagen

les artichauts	Artischocken	les chanterelles	Pfifferlinge
les asperges	Spargel	les pois chiches	Kichererbsen
le béchamel	weiße Sahnesoße	le chou	Kohl
la blette	Mangold	le chou-fleur	Blumenkohl
les cèpes	Steinpilze	le chou vert	Grünkohl

la choucroute	Sauerkraut	le millet	Hirse
le concombre	Gurke	les nouilles	Nudeln
les courgettes	Zucchini	les oignons	Zwiebeln
les crudités	Rohkost	la pâte	Teig
l'échalote	Schalotte	les pâtes	Nudeln
les épinards	Spinat	le pain	Brot
le fenouil	Fenchel	les petits pois	Erbsen
les fleurs de courge	Zucchini-Blüten	le poireau	Lauch, Porree
la garniture	Beilage	la poirée	Mangold
le gingembre	Ingwer	les pommes de terre	Kartoffeln
les girolles	Pfifferlinge	le radis	Rettich
les haricots verts	grüne Bohnen	la ratatouille	geschmortes Gemüseallerlei zumeist aus Auberginen, Zucchini, Paprika und Tomaten
la laitue	Kopfsalat		
les légumes	Gemüse		
les lentilles	Linsen		
la mâche	Feldsalat	la salade	Salat
le mesclun	Salatmix (Chicorree, Rucola, Kerbel, Portulak)	la sauge	Salbei
		la semoule	Grieß

Obst, Dessert, Gebäck und Käse

l'abricot	Aprikose	la noix	Walnuss
les amandes	Mandeln	la pâtisserie	Konditorei, Gebäck
le beignet	Krapfen	la pêche	Pfirsich
la brioche	Hefegebäck	le pélardon	Ziegenkäse
la confiserie	Süßwaren	le petit gâteau	Teegebäck
la crème brûlée	Vanillecreme mit flambierter Karamellkruste	le pignon	Pinienkern
		la poire	Birne
		la pomme	Apfel
doux, douce	süß	les primeurs	Obst und Gemüse
le flan	Pudding		
la figue	Feige	le pruneau	Back- oder Dörrpflaume
le fromage	Käse		
la framboise	Himbeere	la pulpe	Mark, Fruchtfleisch
les fruits	Früchte, Obst		
le gâteau	Kuchen	les raisins	Weintrauben
l'île flottante	Eischnee in einer crème anglaise schwimmend	le ramequin	kleiner Käsekuchen
		le plateau de fromage	Käseplatte
la macédoine de fruits	Obstsalat	le sablé	Sandgebäck
les myrtilles	Heidelbeeren	le sorbet aux fruits	Früchtesorbet
la noisette	Haselnuss	le soufflé	Eierauflauf

le sucre	Zucker
	(sucré: gesüßt)
le sirop	Sirup

la tarte	Kuchen
la tartelette	Törtchen

Diverses

l'aïoli	Knoblauch-Mayonnaise
le beurre	Butter
la ficelle	sehr dünnes, langes Weißbrot
la graisse d'oie	Gänseschmalz
le jaune d'œuf	Eigelb
la menthe	Pfefferminz
le miel	Honig
la moutarde	Senf
l'œuf brouillé	Rühri
l'œuf dur	hart gekochtes Ei
le persil	Petersilie
la poivrade	Pfeffersoße
la pissaladière	mit schwarzen Oliven, Zwiebelscheiben und Sardellen bedeckter Brotteig

le potage	Suppe
la potée	Eintopf
les rillettes d'oie	Gänsepastete
la soupe au pistou	mit Basilikum, Knoblauch und Olivenöl verfeinerte Gemüsesuppe
la tapenade	ein mit Anchovis und Kapern verfeinertes Olivenpüree (Brotaufstrich)
les truffes	Trüffel
le velouté	Crèmesuppe
le vinaigre	Essig
le yaourt	Joghurt

Getränke

l'alcool	Alkohol
la bière (brune) blonde	helles (dunkles) Bier
(la biere à) la pression	Bier vom Fass
la boisson	Getränk
la bouteille	Flasche
le café	Kaffee
... crème (au lait)	Milchkaffee
le digéstif	Verdauungsschnaps
demi	halb
demi -sec	halbtrocken
l'eau	Wasser
... gazeuse	Mit Kohlensäure
... naturelle	natürliches Mineralwasser
... de vie	Branntwein
le génépy	Kräuterlikör
l'infusion	Kräutertee
le jus	Saft

le lait	Milch
... entier	Vollmilch
le pastis	Anisschnaps, der mit Wasser zu einer gelblichen Flüssigkeit verdünnt wird
les rafraîchissements	Sammelbegriff für Erfrischungsgetränke
le thé	Tee
le verre	(Trink-)Glas
le vermouth	Wermut
le vin	Wein
... blanc	Weißwein
... de pays	Landwein
... de table	Tischwein
... du pays	einheimischer Wein
... rouge	Rotwein

Etwas Französisch

Zahlen

1	un	15	quinze	90	quatre-vingt-dix
2	deux	16	seize	100	cent
3	trois	17	dix-sept	200	deux cents
4	quatre	18	dix-huit	1000	mille
5	cinq	19	dix-neuf	einmal	une fois
6	six	20	vingt	zweimal	deux fois
7	sept	21	vingt et un	der erste	le premier
8	huit	22	vingt-deux		(la première)
9	neuf	30	trente	der zweite	le deuxième
10	dix	40	quarante	die Hälfte von ...	la moitié de ...
11	onze	50	cinquante		
12	douze	60	soixante	ein Drittel	un tiers
13	treize	70	soixante-dix	ein Viertel	un quart
14	quatorze	80	quatre-vingt	ein Paar...	une pair de...

Konversation

Grüsse

guten Tag	bonjour
guten Abend	bonsoir
gute Nacht	bonne nuit
auf Wiedersehen	au revoir
bis bald	à bientôt
bis gleich	à toute à l'heure

Minimalwortschatz

danke	merci
bitte (!)	s'il vous plaît
Entschuldigung	pardon
ja	oui
nein	non
vielleicht	peut-être
und	et
oder	ou
schön	beau (bel, belle)
groß/klein	grand(e)/ petit(e)
viel	beaucoup de

wenig	peu de
es gibt/es gibt nicht	il y a/il n'y a pas
wo/wohin	où
wann	quand
wie viel/wie viele	combien
warum	pourquoi
..., bitte! (Aufforderung)	..., s'il vous plaît!

Fragen und Antworten

Wie geht es dir?	Comment vas-tu?
Wie geht es Ihnen?	Comment allez-vous?
Mir geht es gut, und dir (Ihnen)?	Je vais bien, et toi (vous)?
Wie heißen Sie?	Comment vous appelez-vous?
Wie heißt das auf Französisch?	Comment cela se dit en français?
Ich bin ...	Je suis ...
Deutsche/r	Allemand/ Allemande

Österreicher/in	Autrichien/ Autrichienne
Schweizer	Suisse/Suissesse
Deutschland/ deutsch	l'Allemagne/ allemand/e
Sprechen Sie Deutsch?	Parlez-vous allemand?
(Englisch, Italienisch)?	(anglais, italien)?
Kennen Sie...?	Connaissez-vous...?
Ich habe nicht verstanden	Je n'ai pas compris
Ich weiß (es) nicht	Je ne (le) sais pas
Ich suche	Je cherche
Geben Sie mir ..., bitte!	Donnez-moi ..., s'il vous plaît!
einverstanden! o.k.!	d'accord!

Unterwegs

Ich suche ...	Je cherche ...
Wo ist ... ?	Où est ...?
Ich möchte ...	Je voudrais ...
Ich möchte nach ... gehen	Je voudrais aller à ...
Wann kommt ... an?	A quelle heure arrive ... ?
Wann fährt/fliegt ... nach ... ?	A quelle heure il y a-t-il... pour ...?
Um wie viel Uhr ?	A quelle heure ?
um (4) Uhr	à (quatre) heures
Weg	le chemin
Straße	la rue
Überlandstraße	la route
Autobahn	l'autoroute
Kreuzung	le carrefour
Kreisel	le rond-point
Ampel	les feux, le feu rouge
abbiegen	tourner
links	à gauche
rechts	à droite
geradeaus	tout droit
Abfahrt, Abflug	le départ

Ankunft	l'arrivée
Information	l'information
Fahrkarte	le billet
einfach	aller simple
hin und zurück	aller retour
Flughafen	l'aéroport
Flugzeug	l'avion
Hafen	le port
Schiff	le bateau
Fährschiff	le ferry-boat
Bahnhof	la gare
Zug	le train
Bus	le bus
Busbahnhof	la gare routière

Unterkunft

Haben Sie ...?	Avez-vous ...?
ein Zimmer reservieren	réserver une chambre
Doppelzimmer	la chambre double
Einzelzimmer	la chambre single
Wie viel kostet das?	Combien ça coûte?
Das ist zu teuer.	C'est trop cher.
ein billigeres Zimmer	une chambre moins cher
mit Dusche/ mit Bad	avec douche/ avec salle de bain
für eine Nacht	pour une nuit
für (3) Tage	pour (trois) jours
voll (alle Zimmer belegt)	complet
Vollpension	pension complète
Halbpension	demi-pension
Frühstück	le petit déjeuner
Ich nehme es (das Zimmer).	Je la prends.
Zeltplatz	le camping
Zelt	la tente
im Schatten	à l'ombre
elektrischer Anschluss	le branchement électrique
Dusche	la douche
Waschmaschine	le lave-linge

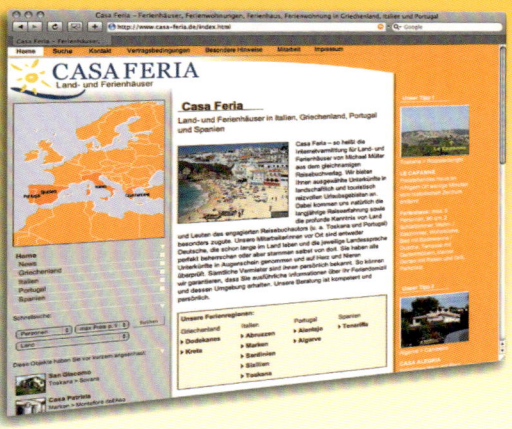

Abruzzen • Ägypten • Algarve • Allgäu • Allgäuer Alpen • Altmühltal & Fränk. Seenland • Amsterdam • Andalusien • Andalusien • Apulien • Athen & Attika • Australien – der Osten • Azoren • Bali & Lombok • Baltische Länder • Bamberg • Barcelona • Bayerischer Wald • Bayerischer Wald • Berlin • Berlin & Umgebung • Bodensee • Bretagne • Brüssel • Budapest • Bulgarien – Schwarzmeerküste • Chalkidiki • Chiemgau • Cilento • Cornwall & Devon • Dresden • Dublin • Comer See • Costa Brava • Costa de la Luz • Côte d'Azur • Cuba • Dolomiten – Südtirol Ost • Dominikanische Republik • Ecuador • Eifel • Elba • Elsass • Elsass • England • Fehmarn • Franken • Fränkische Schweiz • Fränkische Schweiz • Friaul-Julisch Venetien • Gardasee • Gardasee • Genferseeregion • Golf von Neapel • Gomera • Gomera • Gran Canaria • Graubünden • Griechenland • Griechische Inseln • Hamburg • Harz • Haute-Provence • Havanna • Ibiza • Irland • Island • Istanbul • Istrien • Italien • Italienische Adriaküste • Kalabrien & Basilikata • Kanada – Atlantische Provinzen • Kanada – der Westen • Karpathos • Kärnten • Katalonien • Kefalonia & Ithaka • Köln • Kopenhagen • Korfu • Korsika • Korsika Fernwanderwege • Korsika • Kos • Krakau • Kreta • Kreta • Kroatische Inseln & Küstenstädte • Kykladen • Lago Maggiore • La Palma • La Palma • Languedoc-Roussillon • Lanzarote • Lesbos • Ligurien – Italienische Riviera, Genua, Cinque Terre • Ligurien & Cinque Terre • Liparische Inseln • Lissabon & Umgebung • Lissabon • London • Lübeck • Madeira • Madeira • Madrid • Mainfranken • Mainz • Mallorca • Mallorca • Malta, Gozo, Comino • Marken • Mecklenburgische Seenplatte • Mecklenburg-Vorpommern • Menorca • Midi-Pyrénées • Mittel- und Süddalmatien • Mittelitalien • Montenegro • Moskau • München • Münchner Ausflugsberge • Naxos • Neuseeland • New York • Niederlande • Niltal • Norddalmatien • Norderney • Nord- u. Mittelgriechenland • Nordkroatien – Zagreb & Kvarner Bucht • Nördliche Sporaden – Skiathos, Skopelos, Alonnisos, Skyros • Nordportugal • Nordspanien • Normandie • Norwegen • Nürnberg, Fürth, Erlangen • Oberbayerische Seen • Oberitalien • Oberitalienische Seen • Odenwald • Ostfriesland & Ostfriesische Inseln • Ostseeküste – Mecklenburg-Vorpommern • Ostseeküste – von Lübeck bis Kiel • Östliche Allgäuer Alpen • Paris • Peloponnes • Pfalz • Pfälzer Wald • Piemont & Aostatal • Piemont • Polnische Ostseeküste • Portugal • Prag • Provence & Côte d'Azur • Provence • Rhodos • Rom & Latium • Rom • Rügen, Stralsund, Hiddensee • Rumänien • Rund um Meran • Sächsische Schweiz • Salzburg & Salzkammergut • Samos • Santorini • Sardinien • Sardinien • Schleswig-Holstein – Nordseeküste • Schottland • Schwarzwald Mitte/Nord • Schwarzwald Süd • Schwäbische Alb • Shanghai • Sinai & Rotes Meer • Sizilien • Sizilien • Slowakei • Slowenien • Spanien • Span. Jakobsweg • St. Petersburg • Südböhmen • Südengland • Südfrankreich • Südmarokko • Südnorwegen • Südschwarzwald • Südschweden • Südtirol • Südtoscana • Südwestfrankreich • Sylt • Teneriffa • Teneriffa • Thassos & Samothraki • Toscana • Toscana • Tschechien • Tunesien • Türkei • Türkei – Lykische Küste • Türkei – Mittelmeerküste • Türkei – Südägäis • Türkische Riviera – Kappadokien • Umbrien • Usedom • Venedig • Venetien • Wachau, Wald- u. Weinviertel • Westböhmen & Bäderdreieck • Wales • Warschau • Westliche Allgäuer Alpen und Kleinwalsertal • Westungarn, Budapest, Pécs, Plattensee • Wien • Zakynthos • Zentrale Allgäuer Alpen • Zypern

Reisehandbuch   MM-City   MM-Wandern

Register

Vielen Dank für die Leserbriefe, E-Mails und Faxe!

Michael Ankele, Dirk Apel, Karin Atteneder, Christoph Bannwart, Frank Baumann, Horst Bayreuther, Johannes Beck, Sarah Beck, Ulrike Becker, Jürgen Bernhard, Sandra Berger, Tanja und Malte F. Bethle, Anne Beyer, Gisela und Hans Jürgen Biegert, Manfred Bloedorn, Mayken Brünings, Ellen Buendgens, Martin Burger, Hanna Cialon, Dr. Cristopher Curran, Svenja Dirks, Barbara Durst, Wolf Ebersberger, Barbara Egner, Dr. Franz Erzner, Bardo Fassbender, Ina Feist, Sibylle Feith, Dr. Stefan Finger, Eberhard Fohrer, Thomas Geiser, Yves Georgen, Renate Gerling-Halbach, Silke Glück, Klaus Goerke, Annika und Michaela Götz, Dr. Renate Gola, Katja Grigull, Susanne Gross, Renate Grützemacher, Joachim Heilmann, Christoph Matthey, Monica Hesels, Irmgard Hestler, Ingolf Hintner, Thomas Hölting, Helmut Hof, Dr. Bernhard Hofstetter, Tonja Jünger, Hanni Keller, Gunther Kempf, Sigrid Klammer, Roland Kleber, Dr. Michael Kliem, Yorck Kollert, Susanne Kordowich, Alexander Koschel, Dr. Franz Kotrba, Heinz Kunis, Christoph Kunz, Hiltrud Limpinsel, Stefan Link, Stephan Lützenkirchen, Brigitte Meinass, Rüdiger Mensack, Andrea Mewes, W. Muelder, Michael Müller, Michaela Neger, Ralf Niederhauser, Doris Noll, Dieter Ortmann, Cornelia Otto, Kathrin Osterholt, Ariane Ouaden, Christine Pahl, Thrassyvoulos Papadopoulos, Harry Petschinka, Manfred Pietsch, Rudolf Polzer, Ulla Raczinski, Tobias J. Rapp, Monika Reiss, Hans Ritzel, Kristina Rosenfeld, Alexis Russopulos, Jörg Schlecht, Thomas Schmid, Brigitte Schneider, Markus Scholten, Andrea Scholz, Margareta Schratzenstaller, Hansjörg Schubert, Martin Schupp, Henriette Schuppener, Daniel Schuster, Thomas Schweizer, Hermann Seider, Anja Sinkowicz, Elise Stegemann, Eric Teitler, Isabel Teschke, Dr. Gerhard Thomas, Barbara Timme, Katharina Tomek-Jäger, Lindy und Michael Vieth, Bernhard Völker, Jutta Wasserrab, Daniela Weiland, Andrea Welslau, Harald Wenk, Freddy Werner, Monika Westemeier, Frank Wieland-Kluge,Peter Wigand und Christina Zimmermann.

ISBN 978-3-89953-757-4

© Copyright Michael Müller Verlag GmbH, Erlangen 2000, 2001, 2003, 2005, 2007, 2009, 2011, 2013. Alle Rechte vorbehalten. Alle Angaben ohne Gewähr. Druck: Stürtz GmbH, Würzburg.